Georges VERMARD

La Tradition Hermétique

Héri-tep

TOME I

Roman

Georges Vermard

La Tradition Hermétique

Héri-tep

Tome I/3

Publié par

Omnia Veritas Ltd

OMNIA VERITAS

www.omnia-veritas.com

© Omnia Veritas Ltd – Georges Vermard – 2017

Tous droits réservés. Aucune partie de cette publication ne peut être reproduite par quelque moyen que ce soit sans la permission préalable de l'éditeur. Le code de la propriété intellectuelle interdit les copies ou reproductions destinées à une utilisation collective. Toute représentation ou reproduction intégrale ou partielle faite par quelque procédé que ce soit, sans le consentement de l'éditeur, de l'auteur ou de leur ayants cause, est illicite et constitue une contrefaçon sanctionnée par les articles L-335-2 et suivants du Code de la propriété intellectuelle.

L'intuition a guidé cet ouvrage.

L'intuition est à la conscience supérieure

ce que l'instinct est au cérébral

et le réflexe au corps.

PRÉSENTATION	3
CHAPITRE I	5
CHAPITRE II	46
CHAPITRE III	82
CHAPITRE IV	124
CHAPITRE V	164
CHAPITRE VI	204
CHAPITRE VII	255
CHAPITRE VIII	289
CHAPITRE IX	316
GLOSSAIRE	372
DÉJÀ PARUS	380

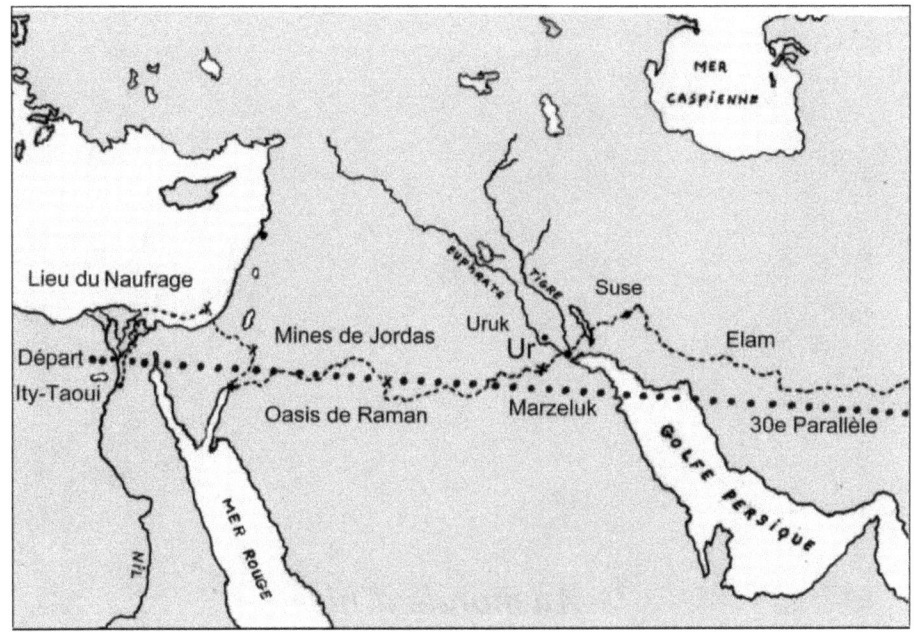

Héri-tep – Tome 1 -

La grande ligne droite représente le 30ème parallèle.

La petite ligne matérialisée représente l'itinéraire du voyage

GEORGES VERMARD

Au monde d'hier…

À celui de demain…

Présentation

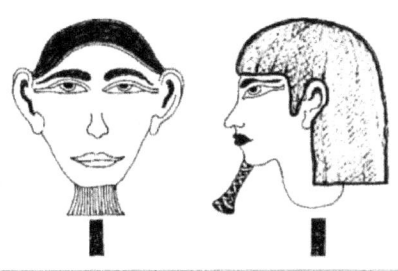

Héri-tep

Cher lecteur, peut-être envisagez-vous de vivre avec cet ouvrage un de ces moments privilégiés et relaxants où la pensée buissonnière vagabonde aux frontières rassurantes de l'irresponsabilité. Il se peut qu'il en soit ainsi. En ce cas, cette entreprise aurait le mérite de remplir son office, justifiant par le fait même de sa qualité de « roman ». Mais il se pourrait également que ces écrits suscitent en vous une analyse plus subjective, qu'ils contribuent sous une forme de « quête » à vous faire entrevoir les aspects d'un monde étrange à la fois révolu et familier, hors de portée d'une banale intellection.

Dès lors, vous ne serez plus le spectateur passif d'une aventure importée circonscrite en l'imaginaire, mais vous deviendrez l'examinateur d'une démarche singulière, disposé à appréhender les énigmes de :

La Tradition Primordiale.

Entendons par ce vocable peu usité, l'initiation aux arcanes d'une connaissance mystique qui fut délivrée à des hommes contemporains de la plus Haute Antiquité.

Peut-être réaliserez-vous avec surprise que des êtres intemporels se sont employés à fixer dans la pierre un témoignage spirituel, certes cryptographié, mais plus concret que ces pseudos faits historiques qui nous sont officiellement dispensés.

Fruit d'une connaissance cachée d'un niveau transcendant, ce message est resté, des millénaires durant, enfoui sous l'épais boisseau des secrets de traditions. Il n'était révélé à l'ombre des naos qu'en de rares occasions à une élite « sapientielle » sélectionnée. Si, aujourd'hui, quelques pages choisies de ces mystères se trouvent accessibles au grand public, ce n'est pas par esprit de vulgarisation et moins encore par divulgation d'une tradition séculaire. Les heures que nous vivons sont extrêmement graves pour la pérennité de la vie sur Terre, ces révélations, propagées dans l'urgence d'une réforme salutaire, devraient logiquement aider à une prise de conscience générale du phénomène humain. Si ce n'est pas le cas, l'humanité devra dès les décennies prochaines en assumer les cruelles conséquences.

Revenons, si vous le voulez bien à la lecture de ce premier tome. Quel intérêt a-t-on de tenter de pénétrer le caractère abscons de ces mythologies éculées qui n'ont jamais eu aux yeux des experts de réalité admissible ? Je me propose de vous prouver le contraire, mieux encore, de vous procurer à travers elles une raison de vivre et d'espérer.

Ce premier tome que vous tenez en main, débute avec l'histoire d'un homme que l'on éveille. Le temps est en effet venu où nous avons besoin d'être éveillés à une autre réalité pour entreprendre un voyage. Le parcours effectué ne sera pas sans aléas, mais les aléas ne sont-ils point à l'échelle de la vie, risques, naufrages, descentes aux abysses, traversées du désert, rejets des autres, exactions, solitudes intérieures, gloires éphémères, puis, dédoublement de la personnalité pour une meilleure vision du soi ?

En ces dédales, nous retrouvons le cheminement de l'état de conscience à travers les chaos existentiels. C'est là, cher lecteur, le tome (1) de notre voyage initiatique. Il a trait à une approche morale et philosophique, mais aussi à une sollicitation intuitive, celle motivée par notre désir d'évolution.

Chapitre I

Une lumière fibreuse conquérait les haies de chaume sur la colline de Sakoum. Bientôt, ces blondeurs atteindraient l'enclos des mastabas et chasseraient loin vers le Nil les derniers creux de ténèbres. L'homme dormait d'un sommeil profond. Cette main malmenant son épaule ne parvenait qu'imparfaitement à l'éveiller.

- *Héri-tep... ! Rê déjà a percé l'horizon et je te rappelle, mon Maître, que l'Our'ma en personne désire cet entretien... Entends-tu Maître ?*

L'Our'ma... ! La seule évocation de ce nom arracha le Grand Prêtre à cette langueur qui l'envahissait. La violence du contre-jour l'obligea un instant à garder les yeux mi-clos. Devant lui, le prêtre servant s'affairait à de menues tâches et sa silhouette sombre se découpait sur le fond du Ciel. Héri-tep eut la fugitive vision de ces papyrus qu'enfant il ciselait, au foyer de tante Oudy.

- *Le jour est-il avancé, Shem'sou ?*
- *Certes, non ! Rê n'en est qu'au premier degré d'horizon. Mais il est temps que tu t'apprêtes, Maître, le temple n'est pas à un brûlot d'ici..., et puis la fraîcheur matinale, tu le sais... facilite la marche !*

D'un geste vif, Héri-tep rejeta la peau d'antilope qui recouvrait sa nudité. Avec une attitude hésitante, il orienta ses pas vers l'unique ouverture qui donnait sur le dehors. Une incisive lumière tissait d'étoule d'or les murs chaulés, elle empourprait de ses feux scintillants les miroirs d'argent, haut chevillés sur leurs jalons de cuivre.

- *Le sel bed et les linges sont placés près des perséas. Ne te prélasse pas trop dans le bain, Maître ! Je me permets de te rappeler qu'il y a un insigne honneur à être reçu par l'Our'ma. Nul mortel, fut-il en titre, ne saurait faire attendre ce familier des dieux !*

Héri-tep feignit de ne pas entendre ces sempiternelles recommandations. Tout en étirant ses membres indolents, il se contenta de sourire aux observances de son prêtre servant.

- *Je subodore qu'avant de te mettre au monde, ta mère a eu des rapports extraconjugaux avec une clepsydre, Shem'sou !*
- *Oui... et cela me permet de juger combien sont précieuses les parcelles du temps qui nous rendent tributaire de la réalité des choses !*

Héri-tep préféra en rester là, car tenter de museler Shem'sou était une gageure que plus personne n'osait braver. Le Grand Prêtre sauta allègrement les quelques marches qui allaient de la terrasse de l'observatoire astronomique au miroitant bassin d'agrément.

Les pratiques rigoureuses, imposées par la prêtrise, avaient depuis son plus jeune âge tonifié ses membres et modelées les formes de son corps. N'avait-il pas pratiqué le saut à la perche, la nage, la musculation et les courses d'endurance ? La quarantaine largement atteinte refusait, chez lui, de se soumettre à ce relâchement du corps qui atteste à l'ordinaire de l'accumulation des années. Grand, nanti de larges épaules, Héri-tep avait le crâne rasé, tel qu'il convenait aux Maîtres de Connaissances. Cette particularité soulignait les traits de sa physionomie, le nez pouvait paraître un peu fort et les sourcils épais, mais le sourire éclatant était généreux et l'intelligence transcendait derrière le velours ébène du regard.

Son entourage témoigne volonté d'un charisme attaché à sa personne, il s'accompagnerait d'une indéniable aptitude à exhorter les forces spirituelles dans les engagements qui relèvent de son ministère.

- *Je vais devoir me priver de tes conseils Shem'sou. Après tant d'années de service, cette perspective m'est pénible... tu sais ?*
- *En ces contrées où il t'est demandé de te rendre, Maître, mes conseils seraient de peu d'utilité ! Par Seth, il s'agit d'une épreuve*

à ta mesure… non à la mienne !
- *Tu es bien louangeur ! J'ai pleinement conscience de mes faiblesses et, quelquefois même de mes égarements. Non, je regretterai plutôt, la pertinence de tes opinions…qui ne me tourmenteront plus… !*

Malmenés en leur eau paisible, les lotus bleus tanguaient mollement sous l'impulsion des vaguelettes que provoquaient ses brasses vigoureuses. Alors qu'Héri-tep revigorait ainsi son corps en la fraîcheur de l'onde, une forme svelte parcourut la haie de l'enclos, elle longea le muret de tourbe et parvint rapidement à la hauteur de la terrasse. Shem'sou, qui revenait avec des vêtements propres, marqua un temps d'arrêt, lequel se transforma bien vite en stupéfaction. Réalisant alors la qualité du personnage, le prêtre servant se courba jusqu'à toucher le sol de son front. Héri-tep assista de loin à la scène. Il s'extirpa rapidement du bassin, en tentant de nouer autour de son corps sa serviette de lin. Le nouvel arrivant dirigea aussitôt ses pas vers le Grand Prêtre. Sa démarche était altière et sa toilette soignée. Il semblait conscient du caractère peu conventionnel de sa visite, ce qui justifiait peut-être ce sourire espiègle sur son visage finement maquillé.

- *Héri-tep, mon bon Maître, nous sommes venus te dire adieu, hors protocole. Celui-ci, tu le sais, n'autorise pas la moindre effusion de sentimentalité. Ma Majesté sait ce qu'elle te doit ; ne l'as-tu point préparée à ses fonctions de prêtre, de connaissant et de gouvernant ?*
- *Ce fut un plaisir plus qu'un devoir, Votre Majesté… !*
- *Héri-tep, tu as largement contribué à ce que j'assume au mieux cette charge régalienne, il est de mon devoir de t'en remercier.*
- *Je ne suis Sahâ, que l'un de ceux qui ont participé à votre enseignement. Les responsabilités qui échoient désormais à Votre Majesté sont à la hauteur des capacités qui nous apparaissent inhérentes à votre personne.*
- *Par devoir de naissance, nous acceptons les obligations qui sont nôtres, Héri-tep. Toutefois, ces exigences ne peuvent nous faire oublier que nous sommes Prêtre d'Iounou. Tu n'ignores pas qu'au-delà des titres, les liens fraternels sont indéfectibles !*

L'attention du souverain se porta sur Shem'sou, lequel avait conservé son attitude révérencielle, échine résolument courbée vers le sol.

- *Shem'sou... Ma Majesté est seulement Prêtre parmi vous. Nous sommes frères... et nous ne saurions en ce lieu être un monarque adulé. Redresse ton corps, je te prie, mon frère !*

La physionomie empreinte de perplexité, Shem'sou redressa une échine récalcitrante à sa propre volonté.

- *Cette modestie honore Votre Divine personne… !*
- *Nous apprécions beaucoup ton loyalisme, un jour viendra où tu te tiendras au pied du trône de Kemet, pour conseiller Notre Sagesse.*
- *Si cela agrée à Votre Majesté, qu'elle laisse encore le temps éprouver mon humilité à l'ombre de ces murailles.*

Shem'sou se courba encore puis s'éloigna telle une feuille furtive sous la poussée du vent. Pharaon souri à ce comportement d'humilité.

L'absence de ce prêtre fidèle te privera de conseils en maintes circonstances, Héri- tep !

- *Tous me manqueront, vous le premier mon roi ! Mais les devoirs ont leurs impératifs et les sentiments leur dignité.*
- *À ce sujet, mon bon Maître, sache que nous t'avons fait confectionner des présents, que tu auras devoir d'offrir à la noblesse des royaumes traversés. Il serait souhaitable que tu y sois agréablement accueilli, afin d'assurer la quiétude de ta progression et le succès de ta mission.*
- *Cela ne pourra qu'accroître chez nos hôtes étrangers votre généreuse réputation, Majesté !*
- *Prends soin de toi, Héri-tep ! Ces régions sont le plus souvent hostiles et peu civilisées, pratique ta science, utilise ton amabilité plus que ton dédain, impose respect plus que crainte. Ce sont là les*

valeurs que tu m'as enseignées et que tu te devras en ces heures de pratiquer.

- *Je reviendrai, Sahâ, enrichi d'autres cultures et je vous dévoilerai les secrets arcanes des mystes du bout du monde.*
- *Mon bon maître, nous aimerions ô combien, poursuivre cet entretien, mais des délégations nous attendent et nous ne pouvons faillir à nos obligations. Nous nous reverrons officiellement au dernier point du jour. Permets, Héri-tep, mon bon maître, mon compagnon de devoir, que je te serre une dernière fois dans mes bras.*

Le Roi et son précepteur Grands Initiés, fermèrent rituellement le triangle de feu en se donnant les trois baisers symboliques sur les épaules et le front. Puis le jeune Pharaon détourna rapidement son regard que brouillaient des larmes de nature inconvenantes.

***

Une heure plus tard, Héri-tep gravissait à grandes enjambées la rampe qui menait au temple solaire d'Atoum-Rê. Un petit groupe de Prêtres se tenait sur le parvis du temple, face à la salle hypostyle. Ils accueillirent son arrivée avec une joyeuse sympathie. Le Grand Prêtre pénétra à l'intérieur du sanctuaire. Une lumière indigente baignait en une pénombre calme les immenses colonnes renflées. Aussi fut-il contraint de marquer une pause pour accoutumer sa vision à ce brutal éteignoir.

Il n'était pas seul en ces lieux, des Prêtres, parmi les plus élevés de la hiérarchie protocolaire, l'attendaient. L'un d'eux se détacha du groupe. La blancheur de sa parure contrastait avec sa peau brune. Son crâne était rasé, l'une de ses épaules était dénudée et son tablier formait une géométrie rigide de la taille au milieu des cuisses. En sa main gauche, il maintenait le *djam* de mesures, noble attribut de sa fonction :

- *Tu es en retard, Héri-tep… ce n'est point dans tes habitudes ?*

Le Grand Prêtre cassa son buste vers le sol :

- *Pardonne-moi, Second Prophète et très respectable Keprou, ma passion pour les luminaires de Nout a largement entamé ma nuitée. Sans doute ai-je présumé de mes aptitudes à me maintenir éveillé !*
- *Voilà une céleste raison de te pardonner. Nous allons, les Pairs et moi, te guider jusqu'à l'Our'ma... Es-tu prêt à cet entretien solennel ?*
- *Oui, Très Respectable Pair !*
- *Alors, allons… !*

Trois portefaix précédaient la colonne. Chacun d'eux maintenait élevée au sommet d'une perche une vessie lumineuse qui ne dégageait aucune fumée. Deux Prêtres assistants fermaient la marche. Ils suivirent de longs couloirs pavés de dalles d'albâtre. Les plafonds démesurément hauts étaient constellés d'étoiles peintes sur fond d'encre bleue. Les bas-reliefs décrivaient des scènes mythologiques où les divinités se tenaient campées en des attitudes hiératiques. La délégation longea d'étroits couloirs, franchit plusieurs portes avant de pénétrer à l'intérieur d'une vaste pièce. Celle-ci était peuplée d'une rangée de colonnades papyriformes du plus bel aspect. Sur une stèle aux couleurs vives, un immense Oùdjat semblait s'enquérir de la qualité des visiteurs alors que, sculptés sur une porte magistrale, s'inscrivaient les corps jumelés de deux déesses. Ces divinités avaient un doigt placé sur la bouche. Par cette gestuelle, sans doute invitaient-elles le visiteur à se taire et à méditer.

Le Second Prophète adressa à Héri-tep un sourire paternel :

- *Tu te trouves à pied d'œuvre, mon fils. L'Our'ma est en méditation dans la crypte stellaire, nous l'avons prévenu de ton arrivée. Patiente et sois digne des honneurs qui te sont prodigués. Nous nous rendrons demain à l'embarcadère, pour te procurer nos ultimes encouragements avant ta montée à bord.*

Héri-tep s'inclina respectueusement et la petite délégation se fondit dans les dédales obscurs de la crypte. La solitude sépulcrale de l'endroit, le silence et l'inconfort de la situation, incitèrent le Grand Prêtre à se remémorer les épreuves qu'il avait naguère affrontées, lors des différentes étapes de son noviciat. Toute notion de temps était ici abolie, seules les intenses pulsations de son cœur lui procuraient la certitude d'exister.

C'est en cette vigilance intérieure qu'il perçut un bruit feutré. Les deux battants d'un portail venaient de pivoter sur leurs gonds, dévoilant une vaste pièce aux contours absorbés. Une faible clarté parvenait d'un orifice pratiqué dans le plafond. Elle dessinait un cercle pâle sur la surface des dalles. Au centre se trouvait une forme, auréolée de zones grises, dont il s'efforçait de distinguer les contours diffus. Héri-tep était placé comme il convenait dans la position de méditation brahmanique, mais depuis peu l'ankylose gagnait ses membres, aussi s'interrogeait-il sur la suite à donner à cette situation, lorsque soudain, une voix infiltra le silence. Elle avait les inflexions graves qui semblaient convenir dans ces lieux de mystères !

- *Héri-tep… mon fils, avance jusqu'à moi !*

Sur une natte circulaire posée à même le sol, une forme humaine précisa sa nature. Le Grand Prêtre fit quelques pas mal assurés en direction de ce qui était encore une évanescence. *L'Our'ma !* Le crâne de l'Hiérarque luisait un peu à la pâleur du rayonnement, son corps était amaigri par les jeûnes successifs et ses jambes étaient repliées en cette position qu'appréciaient les Sages gymnosophistes en pays de Kemet. Les âges n'avaient point amoindri l'hiérophante, son échine demeurait droite, telle une tige de papyrus.

- *Approche, mon fils… afin que ma voix te parvienne sans effort !*

Empreint d'une humilité craintive, Héri-tep pénétra le cercle de lueur. Aussitôt, il discerna en la pénombre environnante, la présence d'une statue de vingt pieds de haut. Elle paraissait servir de dossier à un trône royal inoccupé. En cette forme monolithique, il identifia le dieu Ptah, principe actif de la création corporelle. L'omniprésence de la divinité était fascinante, les yeux de diorite bleue que nimbait un rayon de lumière sondaient l'âme.

- *Nous sommes-nous déjà rencontrés, Héri-tep ?*

Comme l'exigeait le protocole, le Grand Prêtre toucha le sol de ses lèvres :

- *Ô, divin Pair ! J'étais parmi les Prêtres qui ont dressé le Djed au dernier jubilé. Tu m'as remis, ce jour-là, l'âq-ib d'agathe.*
- *Ah oui ! Dis-moi, Héri-tep, es-tu prêt à affronter les affres et les épreuves d'un aussi long voyage ?*
- *Deux navires attendent sur le Nil, les nautoniers nous guideront jusqu'à l'embouchure du fleuve. Après quoi, l'un de ces bâtiments transportera ma personne sur la Grande Verte, jusqu'en pays de Canaan où a lieu le départ des caravanes.*
- *Lorsque je dis : Es-tu prêt ? Je ne fais pas allusion à des préparatifs. Es-tu prêt physiquement, mentalement et surtout spirituellement à entreprendre cette quête ?*

Quelque-peu désappointé par cette rigueur sémantique, Héri-tep marqua un court silence.

- *Je n'ai eu de cesse jusqu'ici de m'en préoccuper, Ô Divin Pair !*
- *Cette réponse ne me rassure qu'à demi, mon fils. Il te faudra du courage, car tu ne peux te faire une idée des dangers que tu vas devoir affronter. Ils seront perfides, telle l'humeur imprévisible de la nature. À maintes reprises, tu devras utiliser ta science, pour percevoir le côté caché des choses. Si la clémence divine permet ta réussite, nous serons à même de restaurer ces 3 pyramides, œuvres des dieux témoins de l'harmonie universelle.*

L'Our'ma marqua une légère pause, comme s'il eut eu subitement besoin de réintégrer un souffle vital qui tendait à se dérober :

Ne nous leurrons pas mon fils, ce ne peut être que dans les âges, vers la fin du demi-cycle précessionnel, que les mystères seront révélés. Des millénaires durant, ces édifices continueront à être des énigmes pour les générations à venir.

- Divin Pair, n'est-il pas manifeste que nos populations grandissent en sagesse. Dans un futur proche, les générations seront à même de voir en ces œuvres, l'évidente manifestation du pouvoir divin. Ces monuments passeront pour êtres les témoignages d'une présence extrahumaine en un illustre passé, Divin Pair !
- N'en crois rien, mon fils ! Ath-kâ-ptah dégénérera, pour n'être plus que sable, dans les âges du futur.
- Se pourrait-il, Vénérable Pair ? Les bords du Nil n'ont jamais rassemblé autant de principes culturels, autant d'esprits brillants. Ta-meri notre terre natale, n'a jamais eu autant d'audience, elle n'a jamais bénéficié d'autant de respect auprès des peuples étrangers.
- C'est parfaitement exact... ! Mais toute chose a son ascension et son déclin, tout périgée son apogée, mon fils !
- Un temps viendra où la spiritualité sera dépréciée, travestie ou vilipendée, la connaissance détournée et la symbolique inintelligible au cœur des hommes. Un temps viendra mon fils où le disque de lumière deviendra « la roue », outil commun des peuples. Ceux-là iront au combat sur des bêtes fulminantes crachant fer et feu. On construira davantage de palais que de temples. L'or ne dotera plus les ornements symboliques, ce divin métal sera abaissé à un rôle d'échange. Des invasions barbares dénatureront d'un sang allogène les peuples du Nil. Théocratie, Sapience et Synarchie seront méprisées pour glorifier l'hédonisme, fleuron du matérialisme. Lentement s'immiscera en les esprits dévoyés, le déclin et l'oubli de la présence divine. Un temps viendra, mon fils où des scélérats, ayant usurpé le titre de Prêtre, déroberont les offrandes des temples. Des Rois criminels et des Reines courtisanes régneront sous le Khepresch sacré. Le bâton ne servira plus la justice, mais le despotisme, la lettre ne servira plus le cœur, mais l'esprit de conquête. L'homme ira vers le savoir cumulé, méprisant la raison intuitive. Les Dieux nous quitteront, mon fils, comme l'on quitte une barque aux lames disjointes, que personne n'écope. Les dunes mouvantes de l'incohérence recouvriront alors les ruines de nos cités.

Héri-tep était consterné par cette litanie apocalyptique, une humeur froide glaçait ses veines et son état de conscience s'insurgeait.

- *Divin Pair,* ânonna-t-il, *à quoi bon chercherions-nous à entretenir en ces formes pyramidales tant de connaissances, si aucun être dans les âges ne saura se montrer assez lucide pour vibrer à de tels ravissements ? À quoi bon tant d'efforts, Pair, si les monuments saccagés par le temps et les hommes perdront dans le futur que tu prophétises mesure et vocation ? Que pourrions-nous servir, alors, si ce n'est notre vanité du moment ?*

- *Ne sois point aussi désabusé, Héri-tep. J'ai lu dans les sept astres immuables le destin de ce pays. Des siècles s'écouleront avant que ne s'accomplisse cette prédiction. Même en ce jour lointain, tout espoir ne sera point perdu. Les dieux n'abandonneront jamais la totalité des hommes. Ils guideront certains d'entre eux, avec une attention d'autant plus évidente, qu'ils ne seront que quelques-uns, d'âge en âge, à vibrer à leur appel. Ces hommes d'exception deviendront les fanaux des humanités futures.*

- *Divin Pair, devons-nous considérer que par notre labeur, nous rétablirons les mesures de ces pyramides à seule fin d'instruire les générations à venir, seulement dans... dans des millénaires ?*

- *Dans des millénaires... Oui, mon fils !*

- *Pardonne mon insistance, très Respectable Pair, mais le temps ne manquera pas d'altérer ces édifices. Qui plus est, des hordes sacrilèges pourront à tout moment se mobiliser pour ruiner leurs structures, bafouer leur mémoire, usurper leur mission ?*

- *Les Rois à venir protégeront ces monuments sacrés et les armées sacrilèges s'épuiseront sous le poids de leurs pierres. Je te le dis, mon fils, longtemps Shotis brillera en Rê, avant que ces pyramides ne séduisent de nouveau un être humain et imprègnent sa conscience de leurs sublimités.*

Héri-tep fit un rapide calcul. La conjonction du Soleil avec Sirius se produit tous les 1460 ans, quatre grands levers héliaques axés sur la coïncidence des années vagues réalisent 5 840 années. La chose paraissait ahurissante, mais l'Our'ma ne pouvait s'égarer.

- *Vénéré Pair, cela alourdit singulièrement le poids de ma mission ! Suis-je assez qualifié pour tenter pareille aventure ? N'aurais-tu point présumé de ma science, de mes capacités, mais aussi de ma détermination à triompher des épreuves ?*

- *Conduis-toi en digne fils d'Osiris. Souviens-toi : « L'initiation ne donne nulle supériorité en la Connaissance, elle donne seulement connaissance en la Supériorité. »*
- *Ces paroles de vérité seront désormais inscrites en mon cœur, Divin Pair !*
- *Une dernière chose, mon fils ! Vois cette boule à quelques pas de toi, en la pénombre. Approche-toi d'elle et observe-la avec attention.*

S'étant détourné, Héri-tep fut surpris de constater la présence d'une sphère de trois pieds de haut, qu'il n'avait pas remarquée jusque-là.

- *Serait-ce le Royaume de Geb, dieu de la planète Terre sur laquelle nous sommet réincarné, très Vénérable Pair ?*
- *Oui... Cette sphère possède un trésor particulier... Ouvre-la !*

Héri-tep eut une légère hésitation.

- *Ouvre-la, te dis-je, elle se sépare par son milieu !*

Le Grand Prêtre s'arc-bouta pour déboîter cette boule récalcitrante. Elle finit par céder au niveau de la ligne équatoriale. L'Our'ma surveillait l'opération d'un regard attentif, qui lui apparut un soupçon malicieux.

- *C'est bien... ! Plonge ta main à l'intérieur et s'il y a lieu, empare-toi de ce qui s'y trouve, mon fils.*

Le Vénérable Maître s'exécuta. Une sueur froide perlait à son front. Sa main glissa à l'intérieur sur la surface polie. Force lui était de constater qu'aucun objet ne se trouvait là. Le silence devint plus lourd qu'un ciel d'orage sur la savane. Il rendit compte d'une voix éteinte.

- *Il n'y a... il n'y a rien de prégnant à l'intérieur, Divin Pair !*

La réponse du Très-Sage ne se fit point attendre :

- *Serait-elle emplie de tes lacunes à moins qu'elle ne le soit de ton innocence Héri-Tep ? Empare-toi donc de ce vide apparent et place-le dans ton cœur, il cheminera jusqu'à l'Esprit de Vérité, pour être comblé par lui au jour de Thot !*

Ces paroles sibyllines troublèrent bien plus encore le grand prêtre. Il dissimula son désarroi, prit une poignée de ce vide et fit mine de le placer sur son cœur. L'Our'ma hocha alors gravement de la tête.

- *En ce lieu où tu as placé ce vide, la raison est foi et le chemin symbole. Ainsi les quatre fils d'Horus ont été conçus. Lorsqu'ils seront nés, ils partageront le cercle en leur endroit, comme les quatre arcs de feu, sous les pieds du vainqueur.*

Le Pair des Pairs observa un léger silence avant de lever vers le Grand Prêtre une main pâle, vibrante et en partie décharnée.

- *Va mon fils, tu es sous l'égide des dieux ! Fais en sorte de ne point leur déplaire. Tu as fait choix du sentier le plus scabreux, mais c'est celui de l'éminence.*

Héri-tep se sentait ivre d'émotion contenue. Il balbutia une formule de bienséance, avant de s'incliner vers le sol. L'hiérophante joignit ses mains, qu'il déplaça à hauteur de son front.

- *Mon cœur t'accompagne, sois digne de ceux qui t'ont enseigné. Va, mon fils et reviens-nous grandi de tes épreuves !*

Le corps cassé, par volonté de soumission à l'Autorité Suprême, le consultant ne put ajouter mot. Après avoir cheminé à reculons jusqu'à la porte, il s'engouffra prestement en la nuit des couloirs. Ses idées ne se remirent en place qu'en franchissant le seuil de l'Ouskit. C'est alors seulement qu'il réalisa qu'il venait d'effectuer le trajet de retour dans l'obscurité la plus complète, sans trébucher ni se tromper une seule fois. La chose lui parut à ce point étonnante qu'il fit quelques pas en arrière, pour voir si ses réflexes conscients étaient de nouveau capables d'une telle prouesse. Mais il se cogna durement au mur et les marches rapides lui ôtèrent férocement l'une de ses sandales. Troublé, les méninges disloquées, il s'assit à même les dalles.

Le cadran solaire affichait la douzième heure du jour. Le parvis était désert. La délégation avait quitté les lieux. Seules les banderoles, témoins de la fête de Min, battaient au vent du Sud. Héri-Tep sursauta sous le poids de cette main qui venait de se poser sur son épaule.

- *Maître, j'ai rencontré le Grand Chambellan ! Il m'a fait savoir que l'entretien accordé par Sa Majesté était avancé d'une heure. Il a prétendu que la raison en était protocolaire. Aussi est-il temps que nous nous acheminions vers le palais, Maître.*

Devant le silence amphigourique d'Héri-tep, le Prêtre Servant réalisa le côté singulier de la situation :

- *Que fais-tu là, mon Maître vénérable, sur ces marches, l'œil hagard et les membres inertes tel Passepassoute ?*
- *Shem'sou, j'ai rencontré l'Our'ma. Je suis tout à la fois impressionné et désemparé par les propos qu'il m'a tenus !*
- *Le voyage sera long, Maître. Sans doute auras-tu le temps de cerner tes pensées sur le sujet.*
- *Je crains que non, Shem'sou. Les préoccupations sont semblables aux pierres du parcours. Plus on chemine, plus il y en a. Mais tu as raison, ne manquons pas l'heure de cet entretien.*

Le Grand Prêtre s'étant levé, tous deux hâtèrent le pas en direction du mur d'enceinte qui cernait la cité de Pharaon.

***

Pour rejoindre au Septentrion les jardins du palais, il fallait traverser la ville basse. Cette partie de la cité était animée et bruyante. Les commerces y fleurissaient et son artisanat réputé dépassait le cadre du Nome. Le clergé appréciait cette main-d'œuvre qualifiée, aussi puisait-il abondamment parmi ces peintres, ces coloristes ou ces ciseleurs, pour parachever çà et là, temples et édifices.

Les deux Prêtres s'engagèrent sur la voie d'accès qui menait à l'observatoire. À l'heure où déclinait le jour, le flot passant ondulait à travers les ruelles, formant un chatoyant ballet aux couleurs des prairies. Des échoppes étalaient leurs étoffes, leurs poteries, leurs onguents, mais aussi leurs godets de bière et de gâteaux aux miels.

Les pharmacopées répandaient leurs essences, les épices d'Orient mêlaient leurs fragrances aux odeurs plus fades des volailles et des viandes.

Le corps recroquevillé sur des nattes, le dos protégé du Soleil par des parasols en roseau, des Scribes publics remplissaient de caractères calligraphiques des feuilles de papyrus finement pressées.

Des soldats allaient et venaient parmi la foule, maintenant haut leur lance à la pointe de bronze. Ils étaient précédés d'un chef de rang, muni du grand médou, ce bâton de justice qui inspirait la crainte.

Parfois, les corolles blanches de quelques dignitaires émergeaient de la multitude. Leurs attitudes impassibles contrastaient avec le comportement insouciant de cette population à la gestuelle exaltée.

Le regard des Prêtres ne se portait guère sur les femmes et les fruits. Leurs yeux le plus souvent mélancoliques étaient empreints d'horizons inexistants. Cette attitude les rendait étranges et parfois semblables aux statuaires des dieux. Les dieux étaient partout, figés dans le basalte ou le grès. Ils apparaissaient au carrefour des rues, sur les places publiques, auprès des fontaines. Ils étaient peints sur les vases canopes ou sculptés sur les pierres d'autel. La religion s'immisçait en toutes choses, elle s'infusait en la vie, guidait la morale, présidait aux échanges, justifiait plaisirs et châtiments.

Nombreux à cette heure du jour, les laboureurs se reconnaissaient à leur manière d'être et de s'exprimer. Le mancheron de la houe avait le plus souvent atrophié leur corps et chahuté leur démarche. Séduites par l'attrait des belles choses, leurs mains calleuses accrochaient les voiles passants, provoquant la vindicte des marchands d'étoffes. Des bêtes de somme, ânes et bœufs, accompagnaient généralement ces gens de la terre. Sur leurs flancs cahotaient des cages de joncs où s'ébattaient, en des nuées de plumes, des volailles apeurées.

Il arrivait que des oies hargneuses mordillent de leur bec jaune les perruques logées à leur portée. Il en résultait des attroupements criards, bruissant de caquètements d'où jaillissaient de pittoresques invectives.

Loin de dédaigner ces scènes inopinées, Héri-tep et Shem'sou s'en distrayaient. Leur rang toutefois ne leur permettait pas de s'y complaire. À chaque pas, ils pouvaient constater l'attitude déférente, parfois pensive qu'inspirait leur présence. Ils pouvaient constater que les conversations animées s'amenuisaient à leur approche. Les femmes remontaient d'instinct le voile qui dissimulait leur gorge et les enfants, accrochés aux robes des mères, lançaient en leur direction des regards obliques. Peut-être voyaient-ils en eux les fascinants personnages des légendes, dont les exploits étaient relatés par les conteurs publics. Maraîchers et poissonniers de corporations gouailleuses s'occupaient soudainement aux tâches les plus effacées. Tout un monde gommait sa nature ou modifiait tant soit peu son comportement.

Mais eux, les Prêtres de haut rang ne s'en souciaient guère, immuables, solidement campés en leur éthique, ils ne tiraient point parti de ce privilège. N'était-il pas de tradition en pays de Kemet que, s'il en était jugé digne, tout égyptien pouvait accéder à la prêtrise. Cette discipline engageait des études de haut niveau, que l'on prétendait empreintes de mystères.

***

Alors qu'ils étaient en vue du palais, ils pouvaient distinguer les larges allés pourfendent l'atoll de verdure sur lequel se tenait la demeure de Méritem-Atef, Roi d'Ath-Kâ-Ptah. Qu'elles fussent ou non seigneuriales, toutes les résidences des nilotiques étaient bâties en matériaux légers, briques cuites, étayées de quelques blocs de calcaire. Cette simplicité était entretenue à dessein pour ne pas s'opposer au tribut prélevé par le Neter du temps. Seuls les temples et monuments dédiés aux dieux bénéficiaient, en Ta Meri, du privilège de franchir les siècles. Si la résidence de Pharaon échappait à cette règle, elle égalait, par l'élégance de ses lignes, les palais de Sumer ou les demeures royales de Cnossos.

Vues de l'extérieur, des salles à péristyles s'étageaient sur trois hauteurs de piliers dont les murs d'enceinte étaient composés de briques crues recouvertes de pierres cannelées. Soixante-douze marches d'accès partaient de l'espace septentrional et montaient au zénith du Royaume de Rê. Au deuxième étage se trouvait un toit-terrasse sur lequel était érigée la salle du trône. Sa base carrée et ses murs légèrement inclinés vers l'intérieur donnaient à ce bâtiment l'aspect d'une pyramide tronquée.

Héri-tep et Shem'sou parvinrent au pied du portail de cèdre savamment ouvragé qui séparait la cour hypostyle des dépendances royales. La garde noire du pays de Pount en défendait l'entrée. L'incorruptibilité de ces soldats, leurs armes de fer et leur légendaire adresse en faisaient des hommes de guerre redoutables et redoutés. Le haut clergé, dont Héri-tep était le légat missionné, demeurait identifiable à ses emblèmes de rang. On pouvait aisément déceler sur le pectoral d'or qui ornementait leur poitrine, attributs et charges les concernant. Aussi n'eurent-ils aucune difficulté à franchir les bornages d'enceinte, alors même que deux officiers étaient désignés pour leur ouvrir la voie.

Le petit groupe traversa une série de cours intérieures dont les murs sculptés étalaient des scènes de la vie quotidienne. Celles-ci honoraient le travail sous la protection d'un logo divin. Précédés par les hommes à la peau d'ombre, les hôtes contournèrent les obélisques au bord de la piscine des oracles, longèrent l'allée des Rois et, après avoir gravi quelques marches, parvinrent au seuil du deuxième niveau.

Il y avait là une porte dont les dimensions pouvaient paraître disproportionnées aux visiteurs non-initiés. Les Prêtres savaient que sa hauteur correspondait à la circonférence d'un cercle ayant pour diamètre sa largeur. C'était le signe évident qu'ils allaient franchir un tracé informel regroupant des numériques sacrés. Le pavé, en effet, s'était transformé en un dallage de marbre où alternaient le rouge et le blanc. En cet endroit précis, les officiers de la Garde Royale marquèrent l'arrêt. Leur attitude figée laissait clairement paraître qu'il ne leur était pas permis d'aller plus loin.

Sans qu'il eût été nécessaire d'actionner un contrepoids, la porte monumentale bascula alors sur l'ensemble de sa hauteur, livrant passage à une petite délégation, attachée à l'ordonnance royale. Parmi eux marchait un homme à l'allure martiale. Son imposant gorgerin était incrusté de pierres aux couleurs vives. Sa main gauche maintenait le Sekhem, insigne bâton des hauts fonctionnaires. Héri-tep reconnut le Maître du Protocole. Celui-ci s'inclina courtoisement.

- *Sois le bienvenu en ces lieux, Maître ! Sa Divine Majesté m'a ordonné de te conduire jusqu'à Elle !*

Ils traversèrent le déambulatoire composé de vingt-huit colonnes papyriformes, montèrent neuf marches, et ce n'est qu'après avoir franchi une troisième porte qu'ils parvinrent à l'intérieur de la salle du trône où siégeait Pharaon.

Sa Majesté se trouvait en compagnie de la Reine Iah-Mès, son épouse. Tous deux étaient entourés d'un aréopage de dignitaires, administrateurs de Nomes venus d'horizons divers. Sans doute, ces Seigneurs profitaient-ils de leur présence au palais pour saluer ce Grand Prêtre d'Iounou, le temple d'Héliopolis. Ne prétendait-on pas que ce noble prêtre allait se rendre aux confins du monde, chargé qu'il était d'une étrange mission, concernant les 3 pyramides dégradées du plateau de Sokar ?

Héri-tep s'avança seul jusqu'aux marches du trône. Le jeune Saha affichait un indicible sourire, mais au sein du protocole, Héri-tep était en présence de Méritem-Atef le digne héritier d'Horus, Roi divin des nilotes.

Pharaon était assis sur un cube de pierre, que surmontait un dossier sculpté à l'effigie de Khepra, le scarabée sacré. Sa tête était couronnée du Khepresch bleu, prépondérant attribut de sa royauté. Sur sa poitrine s'étalait un Ousekh, plastron de pierres précieuses. Ses bras étaient cerclés d'or et ses sandales se bouclaient en ankh de vie.

Assise à sa gauche, sur un siège d'ébène aux incrustations de nacre, se tenait la Reine. Une longue perruque de cérémonie tombait sur sa robe de soie sauvage. Sa tendre jeunesse et sa troublante beauté amenuisaient le blond éclat de ses bijoux. Près d'elle, le corps recouvert d'une peau de panthère, le Grand Hem-Néter pourvoyait à ses désirs de s'informer. Aussi, lui communiquait-il à voix basse ses inspirations et ses craintes.

Héri-tep s'inclina jusqu'à toucher de ses lèvres la surface des dalles.

- *Ankh, Oudja, Seneb... Vie, force et santé à Votre Majesté !*
- *Relève-toi, cher Maître. Ma Majesté a invité ta personne à se présenter à nous, afin que tu puisses t'exprimer sur ton voyage en pays du Toit du Monde. Mais aussi, cher Maître, afin que les honorables autorités qui nous assistent en ce Royaume, apprécient les qualités qui animent à l'ordinaire ta nature.*
- *Divine Majesté, le serviteur que voici n'est qu'un Prêtre parmi d'autres. Il aime à croire que seuls l'ont distingué les effluves ludiques de l'indicible hasard.*
- *Comment cela, Héri-tep ? À l'accoutumée, ne te donnes-tu point grand mal à prôner en tes enseignements que le hasard est un leurre, que de tels choix relèvent de la manifestation de l'ailleurs ? En d'autre temps, ne prétendais-tu point, qu'un Neter animait cette influence qui outrepasse les lois ? Tu ajoutais même, il m'en souvient encore, que la plupart des hommes en leur vie, se montrent peu aptes à lire en l'intuitif l'ascendant du destin !*
- *Le serviteur que je suis, affirmait cela, tout en distinguant l'instinct de l'intuition et le hasard de la destinée, Ô Pharaon ! Mais*

le doute, aujourd'hui, effleure mon raisonnement. Cela tend à prouver que la flamme de connaissance, que le serviteur détient en son cœur, a besoin d'être avivée par la comparaison et transcendée par l'épreuve. Si Ptah, le divin boiteux, se plaît à guider ses pas, alors, le serviteur que je suis, aura l'honneur de déposer entre les mains de Votre Majesté, les données numérales du temple d'Isis. Afin qu'Ath-Kâ-Ptah s'embaume du lien Terre-Ciel retrouvé !

- *Ma Majesté ne saurait douter de ta volonté d'aboutir Héri-tep. L'estime que les Maîtres te portent a entériné notre choix. Ceux-là louent ta foi, ta persévérance, ta droiture. Ils apprécient ton adresse, l'immense connaissance que tu détiens et ton art pour ce qui est de soigner les corps. Mis à part ces états de fait, il est à noter que tu es le moins âgé de nos Maîtres Vénérables et, sans doute, le plus apte à triompher des difficultés.*

- *Ô ! Divine Majesté, ce panégyrique trouble la modestie de votre serviteur, de même remplit-il son cœur d'une secrète crainte. Le serviteur n'est pas immunisé contre les viles passions, contre la vindicte des hommes et l'ire des dieux. Il n'est qu'un Prêtre instruit de la fragilité des sentiments et de la précarité des choses, Votre Majesté.*

- *Nous apprécions grandement ton humilité, Héri-tep. Quel est donc celui qui pourrait prétendre traverser un cours d'eau sur pavés, sans mouiller son ombre ? N'est-ce point là l'une des bases les plus élémentaires de la sagesse que tu nous enseignais !*

Pharaon détourna imperceptiblement son regard : *Renseigne-nous sur ce point de connaissance Vénérable Grand prêtre Héraikhou.*

L'impavide Grand Devin eut un tressaillement étouffé. Il se campa dans une pause hiératique :

- *C'est là paroles de vérité, divin Fils de Rê. Le temps est venu où le serpent ailé a resurgi des abysses pour gagner la montagne sacrée.*

Héri-tep, mon fils, sois à l'image du lotus, que tes racines germent en terre, que ton corps baigne en eau, que ton cœur vole en air et que ton esprit s'illumine de la couronne de Rê. Maintiens ferme, mon fils, les trois voiles de la barque de Thot, afin que les 360 reflets attisent l'œil Divin. Ainsi témoigneras-tu de l'ineffable en Yahoo !

L'essence cryptée de ce langage n'avait pas échappé au Grand Prêtre, son échine fut parcourue par une onde frémissante :

- *Très honorable Grand Maître, le serviteur que voici sera fidèle aux grands arcanes. S'il trahit, alors, que « la Salle des deux Maât » l'enferme à jamais en sa nuit obscure.*

Le Grand Hem-Néter n'avait pas encore pris la parole. Il leva un bras fébrile au terme duquel se trouvait son médou patriarcal de commandement.

- *Oui ! Que la loi divine t'enferme en sa nuit Héri-tep ! Mais, si ce n'est le cas, alors, attends-toi à exercer les plus hautes fonctions. Que l'Oupouaout, le divin chacal précède tes pas sur la voie que tu dois suivre.*
- *Que l'Oupouaout accompagne tes pas !* reprit en chœur l'assemblée des notables.

Héri-tep, dont la posture faisait face au socle du trône, lança un regard furtif sur les quatre arcs en relief qui s'y trouvaient sculptés. Il fit un effort pour se rappeler les paroles de l'Our'ma, mais la voix ferme de Pharaon retentit de nouveau :

- *Tu peux te retirer, Héri-tep, précepteur de Sa Majesté. Sache que notre cœur battra en toutes épreuves avec le tien.*

Contre toute attente et avec une diction parfaite, la voix de la Reine teinta tel un cristal de roche :

- *Sache, doux Héri-tep, que nos yeux te précéderont sur les chemins de ta quête. Souviens-toi de mes paroles, elles te donneront force et courage.*

Le Grand Hem-Néter conclut, sur un ton tragique et solennel :

- *Que ton Ka en sa force vitale illumine ta face, qu'il séduise tes sympathisants et sème le doute dans les pensées de tes ennemis.*
- *Ô ! Vos Altesses et Divines Majestés, Maîtres admirables et dévoués Seigneurs ! Le serviteur que voici, sera fidèle à la parole donnée, quelles que soient les épreuves qu'il aura à affronter.*

Saha, l'élève fidèle du temps passé, reprit d'une voix qu'altérait l'émotion :

- *Va, Héri-tep, et reviens-nous grandi par l'expérience, que tu sais si bien dispenser.*

Héri-tep pressentit qu'un rouleau était écrit. Shem'sou et lui reculèrent le dos courbé et sitôt qu'ils eurent atteint la distance déférente, ils disparurent derrière les épaisses colonnes hathoriques. Pendant quelques instants, les gorges demeurèrent serrées et un silence émouvant occupa la salle du trône. Puis, les portes s'ouvrirent pour livrer passage à une délégation du pays de Koush. La vie protocolaire reprenait ses droits.

***

Un goéland raya d'une toquade blanche le bleu serein du ciel. Comme s'ils se devaient d'attendre ce signe, libérés de leurs attaches, les gros cordages coulissèrent rageusement dans les alvéoles de pierre. Les deux goublîyés tressaillirent sous leurs étraves, avant de s'éloigner mollement parmi les eaux du fleuve. Rassemblée depuis l'aube sur le rivage, la foule poussa des hululements admiratifs, les rameurs jumelèrent leurs efforts et les vaisseaux gagnèrent rapidement le cours du Nil. Bientôt, le petit port d'Ity-Taoui prit la dimension d'une palette de fard. Les robes de la délégation protocolaire agitèrent un instant encore leurs blanches corolles sur le pigment roux de la plage, puis, tout s'effilocha dans les bruines de l'aube qui stagnaient sur les flots. Les mains crispées à la rampe, le cœur étreint par l'angoisse, Héri-tep essuya promptement un pleur incongru qui cheminait sur sa joue froide.

Les bâtiments venaient de dépasser la baie des sycomores, et celui sur lequel se trouvait le Grand Prêtre, tanguait tel un ballot de cordage sur le dos d'un ânon. La structure enclavée du navire gémissait de tension sous la flexion de la coque. Placés en aval des deux bâtiments, les radeaux-pilotes, eux aussi, regimbaient sous la houle : À tel moment, ils disparaissaient à la vue pour de nouveau émerger, écumant de bave blanche parmi les turbulences. L'équipage avait vérifié le gréement, cargué la grande voile et serti les rames en leurs étropes. À plat bord, les timoniers étaient à leur poste, attentifs aux difficultés du goulet. Bientôt, assuraient-ils, le fleuve allait s'élargir, pour laisser place à des eaux plus calmes.

Le Grand Prêtre avait beau se persuader que cela allait s'améliorer, le plot qui persistait à errer entre sa gorge et son estomac refusait de se laisser convaincre. Le teint pâle, le cœur enserré, il suivit la rambarde d'une main moite et gagna l'habitacle de joncs aménagé à son intention. La banquette lui apparut providentiel, il s'allongea sur les coussinets et s'endormit.

Entre ses paupières closes, une radieuse lumière se manifestait. Elle nimbait l'Our'ma souriant. Il en était à s'interroger sur la plausible réalité de cette vision, lorsque la forme s'estompa en l'ombre musarde de Shem'sou.

- *La crue du fleuve a calmé sa colère, Maître. Les flots sont de nouveau cléments. Ne pourrions-nous bénéficier de ta compagnie sur le pont ? Les officiers se montrent impatients de faire ta connaissance.*

La fraîche haleine du fleuve s'engouffrait par la porte restée ouverte. Héri-tep posa avec précaution ses pieds sur le plancher, tout en se maintenant aux parois de la cabine, rectifiant d'instinct le léger ballant du navire. Celui-ci, pourtant, ne tanguait plus. Les turbulences du fleuve s'étaient apaisées, un calme inattendu régnait à bord.

Ayant franchi le seuil de l'habitacle, il entreprit de longer la coursive jusqu'à la proue. Un court instant, il contempla la dextérité des pilotes, dont les perches effilées jaugeaient par intermittence les hauts-fonds. Absorbé par le spectacle, il entendit l'officier de bord lancer un ordre bref aux gabiers de poupe. Lentement, le bateau vira bâbord pour se rapprocher de l'une des berges. S'étant alors penché sur le bastingage, Héri-tep chercha à mieux se pénétrer de cette sensation que procurait le large. Fidèle comme le dieu chacal, le navire d'accompagnement glissait à quelques brasses de là. C'était un élégant bâtiment de quatre-vingts coudées de ligne. Son nez retroussé se terminait par un bloc de cèdre aux couleurs vives, sur lequel était peint un disque solaire composé d'éclats de lotus. À l'avant du flanc bâbord, était une inscription hiéroglyphique, « Aten » ou l'œil du divin Rê. Sur le plancher de bord, des marins discouraient à grand renfort de gestes, et l'eau limoneuse, qui courait sous la coque, contrastait avec le bleu profond du ciel.

L'esprit empreint de nostalgie, le Grand Prêtre se plut à laisser son regard s'attarder sur les lointains. Parmi les joncs qui peuplaient la berge, stagnaient des troncs d'arbres grisâtres. Ils paraissaient attendre une montée des eaux pour s'égayer vers le large.

- *Ce sont là les fils de Sobek, Maître Vénérable... !* Énonça à ses côtés une voix aux accents caverneux.

Sans se retourner, Héri-tep concentra son regard. Était-il possible que ce qu'il prenait pour des grumes soient, en fait, une colonie de crocodiles disséminés dans la végétation ?

- *Dangereux pour les pêcheurs de grenouilles...* ajouta cette voix au terme de quelques instants.

De petite taille, l'homme qui se trouvait à son côté avait une trentaine d'années. Ses yeux pétillaient d'interrogation. Sur son torse musculeux se pavanait un bijou cylindrique, insigne manifeste de son autorité. Le manchon d'une lame de fer dépassait de la ceinture torsadée de son pagne. Il se courba révérencieusement.

- *Qui es-tu... quelle est ta fonction ?* questionna Héri-tep.

- *Nefhapi ! Je suis ton Capitaine d'escorte. L'officier responsable c'est Khérou-Haty. Lui te conduira en mer, moi, j'ai reçu l'ordre de t'accompagner jusqu'à l'embouchure du fleuve. Il m'a été demandé, Maître, de veiller sur toi, plus que sur ma vie. Khérou-Haty a charge de gouverner ton navire le long des côtes. Il vous faudra vous méfier des pillards, Vénérable, leurs dents sont plus longues que celles des fils de Sobek !*
- *Montre-moi Khérou-Haty !*
- *Là, regarde, Maître, il s'entretient avec Shem'sou, ton Prêtre-Servant.*

Le Grand Prêtre évalua l'homme du regard. Son allure était hautaine et ses gestes contenus, peut-être un peu précieux ! Quand le Commandant s'aperçut qu'Héri-tep l'observait, il prit courtoisement congé de Shem'sou et gagna rapidement le plancher supérieur.

- *Je te salue, Maître Vénérable. Mon nom est Khérou-Haty, je suis commandant de ce navire. Mes ordres, Seigneur, sont de procéder à tes désirs. J'ajouterais : au mieux des nécessités du moment et... selon les possibilités offertes aux gens de mer !*

L'officier s'inclina, tel que le préconisait l'usage parmi la phalange noble de la société.

- *J'étais impatient de te connaître*, dit Héri-tep en lui saisissant le bras. *Tu étais si occupé à la tâche lors du délestage, que j'ai cru bon de surseoir à cette présentation. Dis-moi, Khérou-Haty... ! Es-tu certain que ce navire peut affronter les lames réputées traîtresses de la Grande Verte ?*

Le commandant eut une lippe approbatrice.

- *Ce bâtiment est fait de vieux bois trempés par les âges, Maître. Il est constitué de solides mortaises et possède d'excellents gréements. L'équipage, quant à lui, est aussi prompt à la tâche que le Taureau des Mers l'est à la nage.*
- *Que l'Oupouaout ouvreur des chemins, entende tes paroles. De*

combien d'hommes d'équipage disposes-tu ?

- *Quatre-vingt-huit, dont quatre officiers. C'est l'un des plus beaux navires de la flotte, Maître Vénérable, il arbore cent vingt coudées de ligne.*
- *Comment se nomme-t-il... ?*
- *« Meskhétiou » est son nom. Quant à ton serviteur, il a autant de voyages en mer que de cheveux couronnant sa tête. Hélas, Maître, plus de larmes encore, sur les hommes d'équipage qu'il a perdus en missions océanes.*
- Nefhapi se racla la gorge : *Khérou-Haty est le plus valeureux des capitaines, les marins sont fiers de servir sous ses ordres.*

Par gêne ou modestie, le commandant coupa court. Il étendit le bras en direction des berges.

- *Regarde, Maître, c'est le port d'Akhmi. Souhaiterais-tu que l'on y aborde, afin de se pourvoir en denrées fraîches ?*

Héri-tep eut un sourire amusé :

- *Agis selon tes habitudes, Commandant, je n'ai nulle volonté particulière à te soumettre.*

Quelques instants plus tard, les majestueux navires de la flotte pharaonique entreprirent de glisser leurs étraves jusqu'au quai d'amarrage. Héri-tep se plut un instant à contempler les chalands qui tanguaient au cordage. Il y avait là des navires de charge ventrus, ployant sous leurs matériels de chantier. Certains bateaux étaient plus effilés, gracieux même par la diversité de leurs formes et pavillons.

Amarrées au-delà de la digue, les barques de plaisance se dandinaient sous leurs coques de lune. Elles affichaient des attitudes orgueilleuses et leurs mâtures piquaient le ciel comme des jets de javelots. Mais aucun de ces vaisseaux n'était aussi racé, aussi puissant de force contenue, que les deux hauturiers royaux.

Absorbé par sa vision des choses, le Grand Prêtre se montra étonné de l'intérêt que suscitait leur présence à quai. Les regards admiratifs dont le gratifiait ce petit peuple de pêcheurs finirent par le gêner. Il réintégra sa cabine, ôta son boulier patiné de sa housse et se mit en devoir d'achever les calculs de trajectoires qu'il avait, la veille, entrepris.

***

Le Meskhétiou et l'Aten étaient sur le point de terminer leur quatrième jour de navigation. Le Nil, en ce lieu, s'étendait large et serein, tel un lac aux eaux dormantes. À l'heure du crépuscule, peu d'embarcations se risquaient au milieu du fleuve, le Soleil seul y mirait ses rivières de joyaux. Khérou-Haty donna l'ordre inopiné de voguer près des berges. Les deux vaisseaux amorcèrent une longue courbe en direction des falaises. C'est alors qu'apparut un amalgame de casemates cernées par une abondante végétation. Le visage réjoui, le commandant se tourna vers l'officier de bord.

- *Nous allons prendre repos en ce village. Que l'on abaisse les gouvernes et dresse les cordages de jetée !*

À vingt pas de la rive, un des pêcheurs qui ravaudait filet releva en direction du fleuve son faciès basané :

- *Renp-Sout ! Te vois ces goublîyés, sont de grandes voiles que voguent vers Byblos !* Puis l'homme ajouta soudainement le ton plus agité, *Foudre des dieux... ils viennent à le nous !*

Une main, tannée par mille besognes, écarta promptement l'un des pans de la grande scène qui larmoyait sur ses pieux.

- *Ben oui... Vois donc ils ont l'oriflamme royal.*
- *Y seront là que vient en peu de brasses ! Allons de course quérir le vieux, pour que prépare l'invite !*

***

Telle une fourmilière tourmentée par un ludisme taquin, le village se gonfla d'une soudaine rumeur. Les cases se mirent à déverser des flots de têtes brunes parmi les étroites ruelles qui menaient à la plage. Bientôt, tout un peuple en effervescence s'agglutina sur le quai, chacun entretenant l'espoir de voir l'un des vaisseaux lui venir baigner le corps de son ombre bienfaisante.

- *Joie et richesse en vos cœurs, dignes Fils du Fleuve !* s'exclama le doyen d'une voix de stentor. *Que Pharaon demeure dans le Rayon divin !*

Muni de son bâton patriarcal, Héri-tep s'avança sur la petite passerelle, que l'on venait de jeter par-dessus la culée de pierre.

- *Qu'il y demeure à jamais, Doyen Maire !* rétorqua Héri-tep d'une voix sonnante. *Et qu'il n'y ait point de doute en nos cœurs. Je suis Héri-tep, Prêtre missionné par les Très Sages. Je te salue, toi et les tiens !*
- *Sois le bienvenu, Héri-Tep ! Hèle tes gens, nous avons de la bière à fermente et du vin de liesse pour tes équipages. Allons, ma demeure est au faîte de la courbe !*

Les villageois en ovation se regroupèrent sur le flanc de la colline et, bientôt, un plaisant chahut entoura les nautoniers. Dans l'allégresse générale, tous se mirent en devoir de gravir le chemin. Quelques chantres improvisés prirent la tête du cortège, alors qu'un sistre essaimait au vent du fleuve ses notes aigrelettes. Des breloques tintinnabulaient aux bras des femmes. Les enfants aux rires sonores crochetaient de leurs petits doigts durs les poches des navigateurs, lesquelles bombaient de brillants coquillages.

- *Seigneur Capitaine !* interpella une voix de femme au timbre envoûtant. *Je requiers ton attention, Seigneur, afin que tu entendes ma supplique.*

Le visage courroucé, le Doyen Maire se retourna. Il maintint la quémandeuse à distance en s'aidant de son bâton d'autorité.

- *Éloigne-toi, impie ! Que viens-tu importuner nos Nobles Visiteurs ?*

D'un geste énergique, Héri-tep abaissa le menaçant attribut du patriarche :

- *Laisse cette femme s'exprimer Doyen Maire ! Que veut-elle... ?*

Le vieil homme s'irrita, sa voix devint acerbe.

- *C'est une catin, Seigneur Prêtre ! Elle est oisive, vit de ses charmes et fraye avec les bêtes sauvages... à ce qu'on dit !*

Héri-tep adopta un sourire dubitatif :

- *Il est vrai qu'elle n'est point dépourvue des charmes que tu lui prêtes, Doyen Maire !*
- *On ne saurait mieux dire, Seigneur !* se rengorgea le vieillard, avec une lueur lubrique au fond du regard. *Vois, ses seins sont durs comme les fruits du péché et sa croupe godille sous la badine plus que l'aviron sur le flot.*

Joignant le geste à la parole, il tira sur les haillons de la pauvresse, lesquels, après avoir lâché au niveau des coutures, demeurèrent entre ses doigts crispés. Rires et plaisanteries railleuses éclatèrent de toutes parts. L'instant de surprise passé, nue comme nature, la jeune quémandeuse tout en tentant maladroitement de dissimuler ses parties considérées blâmables, s'amusa elle-même de l'incident. Cette réaction spontanée lui donnait un côté attachant. Ses yeux d'un noir de jais étaient attisés par les feux du couchant. Leur rayonnement illuminait son minois d'une beauté surnaturelle. Héri-tep, gagné un instant par la réaction d'hilarité collective, coupa court aux quolibets. Il ôta son mantelet et en recouvrit les épaules de la catin, alors qu'à l'instant même une vieille femme lui tendait une natte de jonc.

- *Tiens, femme supplique, cache ce qui est séduisant, si ce n'est point vertueux.* Il poursuivit sur un ton apaisant : *Si tu as des griefs à formuler, parle sans craintes !*

En tentant de draper ce semblant de vêtement autour de son corps, on aurait pu penser que la gueuse cherchait à séduire l'âme de son bienfaiteur.

- *Tu es généreux, Seigneur Capitaine, mais ceux-là...* affirma la catin d'un geste large, *ceux-là le sont moins que toi. Ils disent que je trouble leur ménage. Ils m'ont reléguée hors du village, sur le territoire de Sekhmet, la Lionne qui rôde la nuit. Au début, Seigneur, je crus mourir de crainte, mais aujourd'hui, les animaux me parlent, les esprits de la nature instruisent mon chemin. Je lis dans le cœur des hommes et des femmes, c'est pourquoi les gens d'ici me tiennent à l'écart. Les pouvoirs que m'ont accordés les dieux les effraient... et les font mentir sur moi !*

Héri-tep tourna vers le vieillard un regard réprobateur :

- *Cette femme est certes excessive en ses démonstrations, mais elle ne mérite pas apparemment l'opprobre que tu lui témoignes. Ne peut-elle revendiquer ses droits à la communauté ? Sois juste, Doyen Maire, sinon la haine que tu insuffles altérera l'esprit des tiens et finira par ruiner l'unité de ton clan. Maât ne saurait oublier la moindre de tes actions. Est-il besoin de te rappeler que la plume de sa balance se place au terme du chemin ?*
- *Crois-tu, Seigneur, que l'on risque de se méprendre, au sujet des griefs que l'on prête à cette fille ?*
- *Je le crains !*

Le vieillard sembla réfléchir un instant aux conséquences, puis rectifia promptement son attitude :

- *Viens, mon enfant, désormais tu habiteras au sein de ma famille. Le Seigneur Maître détient la parole de vérité et le rachat d'une faute est chez un homme la plus belle des qualités.*

La foule manifesta son approbation par des you-yous répétitifs. Visiblement désemparée, la pauvresse embrassa les pieds d'Héri-tep qui eut grand-peine à l'en dissuader.

Ainsi euphorisé, le bruyant essaim gagna en chantant le dôme de la colline. En ces lieux se trouvait un ancien sanctuaire dédié à Atérou-Hapi, l'esprit du fleuve. Les hommes placèrent sur la pierre d'autel le meilleur produit de leur pêche, ainsi qu'une cruche de bière et une autre de vin. Les femmes ornèrent de lotus et de joncs l'effigie de Sobek, dieu des eaux. Le Doyen Maire se plaça face à la divinité. La sculpture au regard de pierre décavé parut lamper ses obsécrations :

Je suis purifié, voilà qu'arrivent tes serviteurs,
Les voyageurs des mers.
Vois Sobek les meilleurs mets sont pour eux.
Prends part à notre allégresse... Je suis purifié !

Des jeunes gens qui accompagnaient par leurs chants les sistres et les menâtes, reprirent ces paroles en litanies. Lorsqu'un ultime rayon de Rê perça les voiles crépusculaires, l'assemblée leva les bras vers le ciel. Sur un signe du vieil homme, tous alors rompirent ce fervent égrégore et chacun recouvra sa liberté d'action. Furtivement, la jeune sauvageonne se rapprocha d'Héri-tep :

- *Seigneur Capitaine !* dit-elle d'une voix qu'il percevait plus chaude que la caresse des vents du Sud. *Je m'appelle Ouâti. Je n'appartiens pas aux familles de ce village. Mon père était de souche akkadienne, il était sculpteur et faisait négoce d'objets d'art. Un jour, par gros temps, le bateau sur lequel nous vivions fit naufrage sur le fleuve. Je perdis ma famille et les pêcheurs d'ici me recueillirent. J'avais douze ans. Depuis, Seigneur je vis parmi eux, mais je ne partage pas leurs coutumes. Mon aspiration est plus vive, ma soif de connaître dévore ma nature. Emmène-moi sur l'un de tes navires, je ne tiendrai pas plus de place qu'un chat... et assurément, Seigneur, je rendrai de bien meilleurs services !*

- *Je ne puis !* soupira Héri-tep d'une voix attendrie. *J'ai ordre de mission et le règlement est formel, les femmes ne sont pas admises à bord. Que ferais-tu d'ailleurs sans foyer et sans but ?*

- *Tu serais l'objet de mon attention, Seigneur Capitaine, je vivrais en ton nom, personne ne m'a donné sans échange comme tu l'as fait. Mon cœur bondit d'attachement pour ta personne. Maintenant que j'ai puisé en ton âme et testé ta générosité, je mourrais, si tu venais à me laisser croupir en ce village de frustes et d'arriérés.*

D'un coup d'œil rapide, Héri-tep sonda l'assistance. Les convives s'affairaient autour des victuailles entreposées sur les nappes de joncs. Apparemment, les propos démesurés de cette conversation intime n'avaient en rien mobilisé l'attention.

- *Ne laisse pas la passion envahir ton cœur, Ouâti, désormais les choses iront mieux pour toi. N'es-tu pas réhabilitée parmi les tiens avec l'indulgence du Doyen ?*
- *Ce ne sont pas les miens, te dis-je !* rétorqua la jeune femme sur un ton vif.
- *Écoute-moi Ouâti, je ne suis pas le Noble Armateur que tu imagines ! Ces bateaux appartiennent à la flotte de Pharaon. Je suis Prêtre d'Iounou, je suis chargé d'une mission en pays lointain. Pour ces raisons et quelques autres... je ne puis t'emmener avec nous !*

Le fils aîné du Doyen Maire, accompagné du Commandant du Meskhetiou s'approcha du couple en conversation :

- *Maître Vénérable, les couverts d'hôtes sont dressés. Les habitants de ce village offrent à tes équipages les agapes d'usage, réservées aux dignitaires.*
- *Ton siège est à la place d'Orient, Seigneur. Mon père se tiendra à l'Occident, comme il convient. Place tes Commandants au Midi et au Septentrion. Si tu le permets, je revendique l'honneur d'occuper la place laissée vacante à ta droite.*
- Héri-tep mesura son interlocuteur du regard : *Es-tu pêcheur, comme le sont tes frères ?*

- *Non, Seigneur, je suis un des rares hommes à pratiquer métier hors de ce village. Je suis carrier, chef de taille au sixième nome de Basse-Terre.*

Héri-tep, plaça trois doigts sur son cœur :

- *C'est un métier que je connais bien... et que j'apprécie !*

Le groupe se rapprocha des tables dressées au-dessus du sol. Des couronnes florales ornementaient des cônes de graisse odoriférants. Ceux-ci répandaient alentours des senteurs d'épices et d'herbes brûlées. Sur des nappes de lin, se trouvaient disposées des coupes de fruits, des plateaux de friandises garnis de semoule au miel. Il y avait aussi des piles de galettes d'épeautre et, sur des feuilles de palme, était étalée de la viande séchée. Une multitude de poufs et petits tabourets paraissaient attendre que les convives daignent s'asseoir.

Le silence se fit autour de la table d'hôte. Debout, face à l'assemblée, le Grand Prêtre rompit le pain d'orge que l'on venait de placer à cette intention. Il tendit alors les morceaux respectifs à ses voisins de droite et de gauche. Ceux-ci les firent circuler de main en main, jusqu'au Doyen Maire, lequel se tenait à l'opposé du carré des mets. Après avoir réceptionné les deux extrémités, le vieillard entreprit de les confronter, afin de vérifier si l'un était la fidèle moitié de l'autre. Ayant apparemment établi ce constat, il énonça d'une voix solennelle :

- *Seigneur Maître, voilà « Le vrai symbole du lien, le pain ». Tous ici somment frères de labeur en la société humaine !*

Le Doyen prit alors un broc en étain. Il le remplit d'eau, puis il fit de même avec un broc de vin noir. Les deux récipients prirent ensuite le circuit inverse des fragments de pain. Lorsqu'ils parvinrent à Héri-tep, ce dernier versa leur contenu dans une timbale en or que venait de lui présenter le Maître carrier. Ainsi mêlés, les liquides adoptèrent une couleur écarlate.

- *Doyen Maire, nous sommes « frères d'idéal », les deux couronnes ne font qu'une.*
- *La grâce est avec nous. Bois, Seigneur, et partageons en frères. Que Thot inscrive notre allégresse sur ses tablettes de lumière !*

- *S'il lui plaît… alors que le dieu inscrive ces choses !* Répétèrent en un chœur parfait les administrés.

Héri-tep porta la coupe à ses lèvres. Elle circula ensuite dextrogyre de bouche en bouche. Lorsqu'elle lui revint, il but de nouveau.

- *L'eau est pour le corps, le vin est pour l'esprit, le pain est pour l'âme. Nourrissons-nous de notre foi, que notre conscience se réjouisse de ce que réclament nos cœurs. Partageons !*
- *Partageons,* reprit l'assistance d'une seule voix.

Les préliminaires ritualisés des agapes étant terminés, les villageois attendirent que leurs hôtes se fussent assis pour se mettre eux même à table. Il y eut bientôt un vague murmure qui s'amplifia graduellement pour laisser place à une joyeuse exubérance. La soirée avançait, les rires fusaient à tous les échos. La lueur des brasiers nacrait les dents des filles et allumait d'éclairs fugaces les prunelles des marins.

Disposée là, sans doute pour le plaisir des yeux, une volière circulaire entourait l'armature centrale de la paillote. L'esprit euphorisé par l'ambiance du moment et à la surprise générale, Ouâti, eut la folle idée d'entreprendre de faire chanter les oiseaux encagés.

Il en résulta une bien curieuse mélodie, elle était au début composée de notes discordantes, mais celles-ci devinrent progressivement harmonieuses. Un instant encore et les convives n'eurent aucun mal à percevoir en ce récital improvisé, un hymne populaire en vogue. L'admiration fut portée à son comble lorsqu'un singe minuscule placé sur l'épaule de la jeune femme se mit à battre la mesure. L'assistance reprit en chœur les chants d'espérance, exaltant l'atmosphère d'une indicible joie de vivre. Ivre d'émotion contenue, Ouâti riait et pleurait à la fois. Cette tendre expression ajoutée à ce talent improvisé, amollit le cœur d'Héri-tep. L'esprit subjugué par un tel charme, il la jugea fort belle en cette robe moulante que lui avaient offerte les femmes. À bien y réfléchir, les sentiments qu'Ouâti lui avait déclarés ne lui étaient pas complètement indifférents.

La fête épuisait sa fièvre et la nuit s'écoulait à la clepsydre de nacre. Une Lune grosse maternait de ses ondes blêmes les faces quiètes des dormeurs. Le corps rencogné entre les pierres chaudes des brasiers, paupières mi-closes, prunelles égarées en des confins extatiques, les marins de Pharaon buvaient aux voiles dansants des filles. Lèvres sèches et narines dilatées, les hommes du large humaient les baumes suintants, tels les balsamiques parfums des îles de Pount. Adossées sur des coussins d'ombre, vaincues par ces insondables regards que procure le désir, les danseuses se regroupaient en des poses lascives, effeuillant de mystérieux chuchotements leurs tendresses inassouvies.

Les jubilations de la nuit s'achevaient. Cessant alors de discourir sur la philosophie des prêtres de Thot, Shem'sou se rapprocha d'Héritep en conversation.

-   *Il serait temps de gagner le bord, Maître, je te rappelle que nous devons appareiller demain aux brumes naissantes.*
-   *Il est temps… en effet, Shem'sou.*

Le Grand Prêtre se leva. D'un regard investigateur, il parcourut l'assemblée, paraissant chercher quelque chose ou quelqu'un, puis, déçu sans doute de ne pas trouver ce qu'il espérait, il salua les derniers convives. Les deux Prêtres s'acheminèrent alors, à pas prudents, vers la sente enténébrée qui menait à la plage. La nuit était belle : au Sud les sept étoiles de Sah brillaient de tous leurs feux, le saphir bleu de Sirius parlait à son cœur plus que de raison. Mais le devoir était impérieux et le Grand Prêtre dut accélérer le pas pour ne point se laisser troubler par ce sentiment méconnu.

***

Les navires avaient quitté le cours principal du fleuve. Depuis deux jours, les bâtiments fluctuaient au gré des ramures du Delta. Les heures s'écoulaient et bientôt l'orgueilleuse proue du Meskhétiou allait devoir affronter la houle d'ouadj-our, la grande verte.

On était au déclin du jour. Un Soleil rouge ciselait sur les collines avoisinantes les silhouettes éclatées des palmiers doum. En cette région, les berges étaient incertaines et les eaux peu profondes s'épandaient en une vaste étendue marécageuse. Lotus, nénuphars et roseaux formaient un tapis aquatique que décousaient de leurs étraves effilées les navires royaux. À quelques brasses de là, une crique dessinait ses contours clairs parmi la végétation. Les deux vaisseaux s'y dirigèrent et, dans un bruissement de feuilles, leurs coques froissèrent la citadelle verte qui bordait le rivage.

Un tourbillon jacassant accabla bruyamment les intrus. On eut dit qu'une volière géante venait de rompre ses mailles. En un instant, une gerbe fulminante moucheta l'émail bleu du ciel. Emportés par leur élan salutaire, des dizaines d'oiseaux heurtèrent les gréements des navires et pirouettèrent comme autant de feuilles mortes le long des cordages. Les marins exultaient à ce spectacle, tout en achevant promptement les malheureux volatiles répandus sur le plancher de bord.

Lorsque les derniers cris de la gent ailée se furent confondus en la plénitude, un silence attentif ouata le profond du site.

- *Il y aura des omelettes pour tout le monde, Capitaine !* s'exclama une voix encore jeune.

L'équipage acquiesça joyeusement. Khérou-haty alors s'approcha d'Héri-tep :

- *Seigneur Maître, viens voir ce que les marins ont ramené dans le filet de tribord !*

Curieux, le Grand Prêtre se pencha sur le bastingage :

- *Un silure ?*

- *Oui ! C'est le plus gros Batensoda que j'ai jamais vu. Il a dix pouces de plus que le moussaillon.*
- *Voilà de quoi nourrir l'équipage deux repas de rang !* ajouta

Héri-tep sur un ton railleur :

- *Parlerais-tu de rameurs sur lac, Maître ? Les miens sont de vrais marins, un repas frugal me paraît plus adéquat.*

Khérou-haty ne s'attarda pas sur le sourire un tant soit peu septique que ses paroles avaient suscité ; sur un ton jovial, il distribua les ordres pour l'étape du soir.

La nuit n'avait pas encore pris possession du paysage ambiant, mais déjà, un voile de sérénité occupait le creux des choses. Le site était à la fois sauvage et admirable. Le Grand Prêtre d'Iounou mit cet instant à profit pour s'éloigner de la rumeur des équipages. Il éprouvait le désir de méditer loin des regards, afin d'effectuer le plus discrètement possible ses ablutions rituelles. Poings fermés, bras croisés sur la poitrine, l'initié maâkherou pénétra dans l'eau, jusqu'à hauteur du plexus. Ainsi, resta-t-il quelques instants silencieux. Ayant alors placé ses mains en coupes, avec des gestes lents, il s'aspergea le front, les épaules, puis, doigts joints et paupières closes, il leva paisiblement la tête vers ces célestes régions où flânaient des nuages empourprés.

Vois ! Implora-t-il. Puisqu'il t'est donné de voir !
Regarde en mon cœur, Ptah la divine conscience !
Et s'il t'apparaît que je m'éloigne des sentiers de la vertu,
Oublie mon esprit dans le désert de l'errance.

Le Grand Prêtre rouvrit les yeux et juste à propos, un vol d'oies sauvages traversa le fleuve en épousant une géométrie parfaite.

Voilà venu le temps où tu vas tremper mon cœur dans l'épreuve.
Fasse le Céleste Noun que je m'en montre digne.
Fasse que je ne dérobe point à l'acuité de ton regard.
Tu es l'iris de Rê, la flamme du cœur, la saveur du fruit.
Tu es... tu... tu... !

Une clameur, depuis peu, troublait le calme environnant. Dans la forêt proche, tout un monde invisible répliquait par une jacasserie piailleuse du plus curieux effet. En sa ferveur, le Grand Prêtre n'avait prêté que peu d'attention à ce remue-ménage. Cependant, la chose persistait et son ouïe inquiète l'alertait d'un probable incident.

- *Qu'est-ce donc ?* se murmura-t-il à lui-même. *Cela paraît venir des bateaux ?*

Héri-tep demeura un instant encore dans la position hiératique de l'adoration, puis, avec cette impassibilité des Maître Maâkherou, il reprit le sentier menant à la crique. Lorsqu'il eut gravi le tertre dominant le site, sa vue surplomba les navires mouillés à proximité de la plage. La lumière était faible, mais encore suffisante pour qu'il constate une certaine effervescence à bord de l'un des vaisseaux. Les hommes d'équipage s'étaient regroupés autour de deux personnages, dont l'un lui était familier. A la façon dont celui-ci gesticulait pour s'exprimer, il n'eut aucun mal à reconnaître Shem'sou.

- *Par l'Oudjat sacré ! Que peut-il bien survenir à ce fidèle compagnon ?*

Héri-tep hâta le pas. La distance s'amenuisant, il perçut des rires, qui eurent pour effet de dédramatiser la situation. Lorsqu'il ne fut plus qu'à une cinquantaine de pas, à sa grande surprise, il discerna une silhouette féminine aux côtés de son Prêtre Servant.

- *Voilà qui est cocasse !* pensa-t-il : *Khérou-haty autoriserait-il à bord ces femmes à matelot qui errent dans les tavernes des ports ? Quand bien même, où aurait-il trouvé celle-là, en cet endroit retiré du fleuve ? Une autochtone, peut-être, de ce vaste marécage ?*

À son approche, la grappe de marins amenuisa ses railleries. Toutes interjections s'estompèrent lorsqu'il parvint au pied de la passerelle. Quelques pas encore, et il refusa d'en croire ses yeux !

- *Ouâti ! Mais que fais-tu là, loin de ton village… à plusieurs jours de navigation… Réponds, je te prie ?*

La jeune femme maintenait plaquée contre son corps le drap de lin avec lequel Shem'sou l'avait enveloppé. Son visage était émacié, un léger tremblement secouait ses membres blottis.

- *Maître, c'est le cuisinier qui l'a découverte, en allant chercher une broche en cale, elle était dissimulée parmi les présents que tu dois offrir aux dignitaires d'Asie. Vraisemblablement,* ajouta Shem'sou, *elle n'a pas mangé, ni bu, depuis plusieurs jours !*

D'un pas chancelant, qui parut chargé de réflexion, Héri-tep gravit la planche de bord et scruta fermement le regard de la jeune femme.

- *Pourquoi as-tu enfreint mes consignes, Ouâti ? Quelles sont tes motivations... Parle, voyons ?*

Pour tout éclaircissement, les grands yeux noirs qui ne le quittaient plus, se remplirent de larmes. Le Grand Prêtre sentit un trouble inconnu lui serrer la gorge. Les rires reprirent autour d'eux, les quolibets fusèrent alors à voix haute :

- *Qu'es belle la nana... tu te serais pas trompée de port ma jolie !*
- *Avec ses formes... à soulever les pagnes, elle doit avoir un fichu tempérament la belle !*
- *Pt-être... qu'elle préfère la quantité... à la qualité...hein... !*

Hérissé de colère, Héri-tep se retourna brusquement. Son intempestive volte-face fit se bousculer les premiers rangs :

- *Cessez, vous autres ! Si je vous conseillais comment prendre la lame en haute mer, lover la voile ou amarrer le cordage, peut-être que vous pourriez en rire. Je m'en garderais toutefois, car j'ai assez de bon sens pour savoir qu'en ces domaines, je vous suis inférieur.*

Quand un être est dans la peine, en aucun cas, il ne mérite nos moqueries ou notre désintéressement. Les vies s'étalent sous la roue du destin. Nous sommes appelés à vivre en cette existence ou en d'autres, ce que nous avons condamné par manque de réceptivité ou d'analyses conscientes. Vous êtes des hommes, rudes matelots, non des rustres ! Votre cœur serait-il insensible, que vous ne puissiez ressentir le tréfonds des choses. La justice de Maât tient la balance, que mettrez-vous sur le plateau, quand sur l'autre, elle déposera sa plume ?

Il y eut un court silence que personne n'osa troubler. Puis la voix rauque du vieux Maître d'équipage se fit entendre :

- *Hathor guide tes remontrances, Seigneur Maître... Accepte nos excuses !*
- *Je ne cherche qu'à éclairer vos consciences !* rétorqua Héri-tep. Il poursuivit sur un ton plus nuancé : *À chaque goutte de la clepsydre, la vie modifie nos comportements. Soyez attentifs à vos propos, la lumière du scarabée sacré pénètre chaque jour le cœur des justes. Et je vous rappelle que c'est celle de la transformation.*

La mine encore attristée, il se tourna vers son fidèle compagnon :

- *Installe cette femme dans ma cabine, Shem'sou. Et veille à ce qu'elle ne manque de rien. Apporte-moi je te prie mon manteau, je prendrai le repos de nuit sur le pont, avec l'équipage.*

Les dernières flammes virevoltaient au fond des vasques de bronze. Il arrivait moins souvent qu'un matelot se levât pour y jeter l'un de ces fragments de souche, ramassé un temps plus tôt sur la plage. Héri-tep activa une fois encore la braise rougeoyante Comme à regret, une flamme timorée lécha le bois sec. Ayant réajusté le drapé de son caban, il vint s'allonger à proximité du vieux Maître d'équipage, avec lequel un instant plus tôt, il avait eu cette invective.

- *Belle nuit, Vénérable,* avança celui-ci, *les crapauds chantent et les étoiles ont l'ardeur des tisons.*

Les papyrus alentours tailladaient leur dentelle noire, sur la coupe bleuie du Ciel, alors qu'au loin, une grêle égarée de tourtereaux toupillait d'hésitation au-dessus des cimes :

— *Belle nuit en effet Bérahou ! Lorsque j'étais enfant, une vieille tante me contait des histoires pour, disait-elle, m'inciter à faire de beaux rêves. Elle avait fini par me persuader que le Ciel était le séjour des dieux. Leur habitat se situait derrière cette toile de nuit vétuste qui les dissimulait au regard. Elle me montrait combien cette toile était vieille et trouée à maints endroits. En raison de son état, un peu de lumière filtrait de ce paradis... C'était cela les étoiles.*

Elle prétendait que, dans de lointains pays, il y avait de hautes montagnes sur le sommet desquelles des enfants courageux parvenaient à se hisser. Il était donc logique, de ce point de vue, qu'ils aient pu admirer à travers les trous de la toile le paradis des dieux. « N'as-tu jamais remarqué, me disait-elle, combien le regard des enfants brille et combien leurs prunelles paraissent émerveillées ? » La voix d'Héri-tep adopta un ton plus feutré : *Un soir, Bérahou ! Je me sentis emporté par l'esprit de la découverte. Je trompai la surveillance de mes parents et gravis la colline rocheuse qui se situait aux limites de nos terres.*

Au cours de l'ascension, je m'étonnai de ne pas voir se rapprocher les petits trous, au travers desquels j'aurais pu admirer ce paradis caché. Lorsque j'eus atteint le sommet de la colline, je réfléchis longuement et conclus, cette nuit-là, qu'une plus haute montagne ne servirait à rien. Plutôt fallait-il que l'homme s'élève lui-même.

Quand un peu plus tard, je fis part de mes réflexions à mon père, que mon imprudence avait courroucé, il me dit : « C'est exact, mon fils et, en vertu de ce raisonnement, je vais te faire instruire chez les Maîtres de Sagesse, afin que tu marches avec ta tête, plus qu'avec tes pieds ! » Il le fit ! Et je crois bien, tout compte fait, que cela m'a aidé à me rapprocher des étoiles.

— *C'est une belle histoire, Seigneur Maître, mais tous les hommes ne sont pas capables de s'élever aussi haut !*
— *Sais-tu pourquoi Bérahou ? Les hommes croient pouvoir s'élever en un seul volume, alors qu'il leur faut d'abord chercher à élever leur conscience.*
— *Mais nul n'a jamais vu conscience voler, Seigneur !*

- *Là est toute la subtilité Bérahou. Réfléchis, il faut faire en sorte que la conscience épure ses égarements pour devenir légère comme un oiseau. Horus n'est-il pas là pour nous le rappeler ?*

Le vieux matelot acquiesça du bonnet :

- *Cela doit vouloir dire qu'il faut que la conscience s'allège des caillasses de la vie. Comme la plume, il faut qu'elle élève tout à la fois, l'œil, l'œuf et sa boite qu'est l'esprit. C'est bien ça ... Maître... ?*
- *C'est ça... à peu près...oui, l'œil et l'œuf ne représentent-ils pas deux ronds mystérieusement similaire !*
- *Je comprends, Vénérable, ce soir je pense que je vais m'endormir derrière les trous de ta toile.*

Le Maître d'équipage tira à lui la peau d'ânon qui lui servait de couverture et apposa sa tête devenue lourde sur l'un des rouleaux de cordage.

- Bonne nuit vénérable, que le ciel t'emplisse de rêves !

Chapitre II

Dès l'aube montante, les navires avaient appareillé. Voiles ferlées, ils avançaient à la force des rames dans l'une des veines du delta. L'Aten précédait le Meskhetiou dans l'étroit chenal qui s'égaillait à travers les îlots rocheux. Debout sur la dunette, les timoniers manœuvraient habilement pour ne pas heurter l'une de ces énormes souches flottantes, vestiges des crues antérieures.

Assis sur un siège de joncs, le Maître d'équipage frappait son tambour avec une régularité de métronome. Les cinquante-six rames se soulevaient en cadence. Elles plongeaient et replongeaient en cette mousse verdâtre, faisant s'égailler des essaims de papillons aux ailes fardées d'yeux réprobateurs. Fuyant ces monstres insolites, de longs serpents d'eau apparaissaient parfois entre les algues, puis s'évanouissaient tout aussi soudainement dans le panorama floral.

Ouâti n'était pas réapparue sur le pont. La cabine demeurait close. Par cette attitude, cherchait-elle à faire oublier son inopportune intrusion parmi la gent virile de la marine royale ? Shem'sou, le chargé d'âme, avait bien risqué un œil indiscret par l'interstice de la porte. Mais le refuge était si sombre qu'il ne put vérifier si son pain d'orge et ses pâtes de fruits avaient été pris en considération. Il en déduisit que la belle devait prendre l'air la nuit venue. Quelque peu déconcerté, il se dirigea vers Héri-tep occupé à étudier son itinéraire.

- *Pardonne mon intrusion Maître ! Ta protégée, tu ne l'ignores point, a pour tout vêtement des haillons. C'est peut-être là la raison de son absence ? Ne serait-il pas plus décent que nous la vêtissions d'une chlamyde afin qu'elle soit en état de se présenter parmi nous ?*

Feignant d'être absorbé par ses calculs, Héri-tep s'obstina un instant à demeurer la tête baissée. Shem'sou, qui ne lui connaissait pas cette attitude simulatrice, réédita sa question en toute innocence. Le Grand Prêtre tourna alors vers lui un regard ombrageux :

- *A-t-on fait l'inventaire des cadeaux à offrir aux Princesses d'Asie ?*

Les sourcils du Prêtre Servant observèrent un curieux mouvement ascendant :

- *Voudrais-tu dire qu'il nous faudrait lui faire don de l'une de ces parures ?*
- *Soyons réalistes, Shem'sou ! Les dames de cour, fussent-elles étrangères, n'attendent nullement ma venue pour compléter leurs garde-robes !*
- *À n'en point douter, Maître Vénérable, à n'en point douter ! Néanmoins, ces parures princières, hormis l'art vestimentaire égyptien, représentent l'hommage de Pharaon. Elles te furent confiées, afin que tu puisses asseoir ton honorabilité et bénéficier ainsi de faveurs et protections. Si tu les distribues aux pauvresses sur ton chemin, tu ôteras, par le fait même, tout crédit de cordialité auprès des souverains.*
- *N'est souverain que le cœur, Shem'sou ! Que notre passagère choisisse l'une de ces robes ! Et cesse, je te prie, de te formaliser sur mon sort ou celui des princesses d'Asie. N'oublie pas que le dieu Ophoïs peut à sa guise me faire périr sur mes coffres de bijoux ou accompagner mes pieds devenus ailés dans les vents du désert.*
- *Certes Maître... assurément... Mais... Oui, maître je vais... oui !*

Le martèlement cessa de faire courir son écho vibrant sur le plancher de bord. Héri-tep leva la tête. À peu de distance de là, un frêle esquif venait à leur rencontre. La petite embarcation gagna prudemment la bordée de bâbord. Khérou-haty se pencha sur le bastingage d'où il héla la nacelle.

- *Que voulez-vous, hommes du Delta ? Ignorez-vous que vous ne devez sous aucun prétexte entraver la route des Goublîyés ?*

Les deux occupants se prosternèrent, manifestant ainsi leur allégeance aux représentants royaux.

- *Commandant, notre intention n'est pas de défier les équipages de Sa Divine Majesté... que non. Le respect des lois anime nos sentiments. Si nous nous sommes approchés des Goublîyés, c'est pour demander de l'aide aux marins de sa Majesté.*
- *Parle sans t'émouvoir, quel genre d'aide réclamez-vous ?*

S'étant retourné vers son compagnon, l'homme plaqua son visage au sien : *Parle-lui toi, tu sais mieux dire... !* L'autre se leva, la frêle embarcation de papyrus tangua sur son assise :

- *Mon nom est Hémou-méry, Seigneur Commandant, lui c'est Châou. Nous venons des terres du seizième Nome. Notre village s'appelle Aât-Senou, il est à deux lieux en aval, au bord du lac de To-méhou. Depuis la journée d'hier, Seigneur, nous combattons les « Ventres-Pattes » que sont les khabs. Ils ont envahi nos cultures, ils saccagent et piétinent les plantations. C'est la famine pour la cité, Seigneur... la ruine des cultures... et la disette pour tous dans les lendemains !*
- *Ne pouvez-vous parvenir à les chasser vous-mêmes ? Les habitants du Nord se montreraient-ils moins courageux que ceux du Sud ?*
- *Que non, Seigneur Commandant, mais les « Ventres-Pattes » sont nombreux, de mémoire d'homme nous n'avons vu un tel rassemblement. Il y a là toute une colonie. Ils ont tué deux hommes et en ont blessé cinq. Si tu nous refuses ton aide, Seigneur, nos plantations seront anéanties, nous n'aurons plus de quoi nourrir nos familles et payer dîme au Nomarque du Nome.*

Héri-tep se déplaça pour apparaître aux côtés du Commandant. Son crâne rasé et son pectoral en or indiquaient sans hésitation possible ses hautes fonctions. Les deux villageois en détresse s'inclinèrent de nouveau. Le Grand Prêtre plaça sa main sur l'épaule de Khérou-haty. Ce geste signifiait qu'il voulait prendre la parole :

- *Dis-nous Hémou-Méry, les depts possèdent de hauts flancs, peuvent-ils s'approcher de votre village sans risque de racler quille ?*

La voix éteinte de l'homme trahit un instant son émotion :

- *Nous guiderons les Goublîyés Seigneur. Nous connaissons les passes du chenal, il n'y a pas de haut fond que nous ne connaissions.*

Héri-tep se tourna vers Khérou-haty :

- *Tentons de les tirer d'affaire, Commandant, notre mission a ses devoirs corollaires. Nous ne pouvons passer outre et ignorer le désespoir de cette population.*

Le Commandant du Meskhétiou ne fit aucune remarque. Il eut un signe prompt à l'adresse des marins occupés à dérouler les cordages. Après quoi, il héla de nouveau les deux hommes sur l'esquif.

- *Eh, vous autres ! Attrapez le filin, nouez-le au crochet de remorque et montez à notre bord.*

Le Vaisseau Royal manœuvra pour passer devant l'Aten, qui patientait à l'ombre des berges. *Paré à virer matelots... cadence haute !*

Majestueux en leurs évolutions, les deux navires glissèrent à tribord pour s'aligner dans le lit du chenal.

***

Une heure plus tard, après avoir couvert une vaste boucle, les équipages se trouvèrent en vue « To-méhou ». Aussi loin que pouvait porter le regard, les récoltes étaient dévastées par ces énormes bulbes gris flottant sur l'étendue des cultures. L'œil courroucé, Châou tendit à l'adresse des hippopotames un index accusateur :

- *Regarde, Seigneur, les monstres de Seth ! Regarde, il y en a partout... partout... là-bas encore... et là de côté !*

Héri-tep ne se laissa pas porter par cette exaltation, il se concentra pour essayer de dénombrer ces « Chevaux du fleuve », tels que les appelaient les peuples du nord extrême :

- *Un tel troupeau pourrait regrouper plus de cent têtes, c'est effectivement très rare !*

Khérou-haty tendit les bras vers les marais qui baignaient abondamment l'autre rive :

- *Vois, Seigneur Maître ! Il y en a d'autres en cette direction, et d'autres plus loin encore, là-bas, sous les sycomores ! On dirait qu'ils se sont assemblés en famille. Peut-être est-ce une tactique pour se protéger ?*

Quand l'épais rideau de tamaris cessa de défiler à bâbord, les nautoniers découvrirent le houleux rassemblement de villageois sinistrés. Ceux-ci étaient juchés sur les levées de pierres bordant le canal d'irrigation. À la vue des Goublîyés, il y eu de nombreuses manifestations de joies qui firent s'envoler des ribambelles de poules d'eau. En un instant, le ciel se brouilla de leurs vols lourds. Khérou-Haty plaça sur ses lèvres son porte-voix en cuivre, mais il se ravisa, préférant, avant toute initiative, prendre l'avis d'Héri-tep :

- *Que comptes-tu faire, Maître ? Devons-nous tenter d'agir immédiatement ou préfères-tu au préalable consulter les autorités locales ?*
- *Fais selon ton expérience, Commandant. Je te rappelle seulement que nous ne devons pas perdre de temps : en moins d'une heure, ces animaux dévorent le rendu annuel de cinq ou six familles.*

L'officier plaça sa main à plat sur sa poitrine ; c'était là le signe d'obéissance en vigueur parmi les marins royaux :

- *Merci pour ta confiance, j'agirai donc au mieux.* Il se retourna vers le maître d'équipage : *Que l'on sorte les harpons, et les filets de lest.* Ordonna-t-il d'une voix forte.

Instruits par un étrange pressentiment, les hippopotames tendaient à se regrouper en émettant un concert de sourds regorgements. Leur attitude laissait penser qu'ils avaient d'instinct pris conscience d'un danger, est-ce la présence de ces nouveaux arrivants. Aussi, s'employèrent-ils à s'étendre en une auréole grandissante en bordure des plantations !

Khérou-haty fit mettre à l'eau les esquifs de sauvetage affectés aux bâtiments. Six hommes par bord y prirent place. Ayant désigné des archers réputés pour leur précision, il plaça chacun d'eux sur les avancées de proue, puis en stratège improvisé, il tenta de haranguer ces villageois aux comportements intempestifs qui s'élançaient sur de fragiles carènes :

- *Écoutez-moi, gens du delta... ! Le tirant d'eau des Goublîyés ne nous permet pas de nous approcher davantage. Les navires vont avancer en ligne parallèlement aux cultures, pour empêcher les Ventres-Pattes de gagner les eaux profondes. Canots de bord et embarcations devront progresser latéralement, il nous faut couvrir le vide entre les navires et la terre. Nous irons lentement ! Munissez-vous des piques que vont vous distribuer les marins. Si vous êtes attaqués par ces monstres, visez les points faibles. Mais surtout soyez prudents, faites le plus de bruit possible... Nous gagnerons à les effrayer, plus qu'à les massacrer. Que Thouëris nous soit favorable !*

Une clameur aux accents guerriers salua les dernières paroles du Commandant. C'est avec un enthousiasme débordant que les premières embarcations s'alignèrent, suivant le plan défini par l'officier royal. En peu de temps la situation bascula en un semblant de festivités. N'était-il pas légitime d'espérer le triomphe de l'homme sur la bête ? La puissance de Pharaon ne s'était-elle pas miraculeusement manifestée par la présence impromptue de ces équipages ?

Les « ventre pattes » semblaient avoir perçu la tactique engagée. Déjà, ils amorçaient un repli stratégique prudent. Néanmoins, les esquifs légers gagnaient sur eux, et le spectacle visuel relevait d'un surprenant déroulement. Pressés par la clameur des poursuivants, les pachydermes fuyaient en pataugeant parmi les marigots. Ils soulevaient des gerbes d'eau étincelantes. Elles accrochaient les rayons couchants du Soleil, pour retomber en pluie d'argent sur leurs dos de galets polis. De leurs naseaux saillants jaillissaient de blanches vapeurs comme autant de mystérieuses fumigations. Leurs gueules béantes éructaient des vagissements caverneux, grondant comme roulements de pierres.

L'opération se déroulait au mieux des prévisions. Il suffisait de pousser les bêtes assez loin, afin qu'elles ne constituent plus pour les riverains un danger de proximité. Le troupeau était ainsi contraint de poursuivre sa fuite effrénée, talonné qu'il était par le tohu-bohu vengeur des gens du marais. Conscient des risques inhérents à ce type d'opération, Khérou-haty s'efforçait de modérer l'allure. Mais les hommes, dont les plantations avaient été ravagées, ne l'entendaient pas de cette oreille. Tous, ou presque, nourrissaient à l'égard des Ventres-Pattes une haine farouche, qu'ils s'étaient promis d'assouvir si l'occasion leur en était donnée. Elle le fut, d'une manière peu glorieuse, bien que parfaitement prévisible.

À l'arrière de l'écume boueuse que projetait la furie animale, des bébés hippopotames montraient des difficultés à adhérer au gros de l'effectif. Soudain, sans que l'ordre en fût donné, des javelots vrombissants jaillirent des embarcations et allèrent transpercer les chairs encore tendres des jeunes animaux. C'est alors qu'une dizaine de femelles se détachèrent du troupeau pour faire face aux poursuivants. L'affrontement devenait inévitable.

Emportées par leur élan, les embarcations se heurtèrent aux cuirasses des pachydermes. Placés en déséquilibre, des esquifs de joncs se renversèrent sous le choc et une mêlée indescriptible s'ensuivit. Naseaux fulminants, gueules déployées, les mères vengeresses se mirent en devoir de broyer toutes choses se trouvant à leur portée. Plusieurs embarcations furent ainsi promptement déchiquetées. Une tache écarlate commença à apparaître à la surface des eaux. Les coups portés par les hommes semblaient manquer de force et de précision. Les cris d'allégresse, qui avaient marqué le début de l'engagement, laissèrent place au fracas de la lutte. La voix ferme du Commandant tenta d'imposer ses directives, mais l'implication générale ne facilitait guère l'écoute :

- *Par tous les dieux, fuyez ce bourbier ! Éloignez-vous maintenant ! Nous ne pouvons utiliser nos harpons sans risquer de vous blesser !*

Un danger plus grand encore se révéla. Soit qu'ils fussent excités par les grondements réprobateurs ou qu'ils fussent exténués par cette fuite éperdue, certains mâles venaient de refréner leur course. Un instant, ils restèrent dans l'expectative, humant l'air, comme cherchant à puiser leur décision de la nature même. Puis, animés par une impulsion soudaine, ils firent demi-tour et s'orientèrent vers l'effrayant agglomérat qu'avait engendré la réaction des femelles.

Le reste du troupeau ne tarda guère à suivre cet exemple, d'autant que l'instinct poussait ces animaux vers les eaux profondes. En retrouvant leur milieu aquatique, les hippopotames devenaient dangereux pour la coque des navires. Khérou-haty le savait. Il hurla dans le cornet de son porte-voix :

- *Cessez l'affrontement... Regagnez la berge ! Comprenez que ces maudites bêtes vont vous tailler en pièces ! Nous n'avons aucune chance contre la totalité du troupeau... Aucune !*

Hélas, chaque parole se perdait dans la confusion générale. Sur le pont du Meskhétiou, un archer banda son arc. En giflant l'air, le trait vint se figer dans l'œil d'un énorme mâle qui s'apprêtait à éperonner une embarcation. Le monstre ouvrit démesurément ses mâchoires, avant de s'engloutir en un râle prolongé dans les eaux devenues fangeuses du marigot. Le spectacle était désastreux : une vingtaine d'embarcations gisaient retournées, démantelées ou abandonnées à elles-mêmes. De toutes parts, des villageois en perdition nageaient vers les bouées de liège, que leur tendaient les hommes d'équipage. Çà et là, on percevait des masses informes, cadavres d'animaux ou résidus de rafiots éventrés. Joignant parfois l'atroce au cocasse, d'hybrides assemblages d'embarcations s'érigeaient sur les dos de pachydermes en des amas grotesques et dérisoires.

Juché sur une pirogue, un jeune garçon fut frappé à la tempe par l'embout d'un harpon. Sous le choc, il porta les mains à sa tête et bascula de l'esquif sur lequel il se tenait. L'agitation était telle que personne ne porta attention à cet incident. Héri-tep ôta hâtivement son pectoral et, sans plus réfléchir, plongea dans la mare sanglante. Presque aussitôt ses mains rencontrèrent le corps inanimé du jeune homme. Hélas, les eaux étaient si boueuses qu'il ne pouvait distinguer l'extrémité de ses propres doigts. S'étant enfin saisi de la victime, il se hâta vers l'une des échelles de cordes qui pendaient le long de la coque. Alors qu'un matelot l'aidait à hisser son fardeau sur le plancher de bord, il vit se diriger vers lui une gorge énorme et dégoulinante, affublée de monstrueux chicots. En un réflexe vital, le Grand Prêtre se jeta sur le côté. La rageuse mâchoire bouta le bois de coque, en vomissant une traînée de bave et de sang. À l'instant même, deux pieux lancés par des mains expertes pénétrèrent la gueule déployée du monstre. Celui-ci émit un borborygme bruyant et, en un flot tumultueux, disparut sous la carène.

Au prix d'efforts renouvelés, Héri-tep parvint à regagner le bord. Dans les instants qui suivirent, il fut malmené par une série de bousculades ininterrompues. Sans doute avaient-elles pour origine des manœuvres urgentes à effectuer. Les yeux irrités, les tympans vibrants, il n'était guère en mesure d'identifier les voix qu'il entendait. Aussi eut-il du mal à reconnaître celle de Khérou-haty venu s'enquérir à ses côtés d'urgentes décisions :

- *Es-tu blessé ? La situation devient alarmante, Maître ! La majorité du troupeau a rejoint la mêlée, toute retraite vers la berge nous est coupée. La seule issue est le large. Il nous faut appareiller au plus vite et tenter de sauver les bâtiments. Les navires ne résisteront plus longtemps aux coups de boutoir de ces monstres... Pour l'amour de Nout, que décides-tu de faire... la mission que Pharaon t'a confiée ou la mort, chaque seconde compte Maître !*

Héri-tep chercha à distinguer le Commandant. Il n'entraperçut qu'une forme sombre aux contours indécis :

- *Nous ne pouvons les abandonner, Khérou-haty, ce serait de la lâcheté.*

- *Alors, c'est la mort pour nous. Écoute les chocs qu'ils donnent à la coque ! Ils sont en train d'éventrer le navire. L'Aten a déjà une voie d'eau, il a dû gagner la berge. Nous restons seuls, et n'avons plus qu'une barque sur quatre. Maître, il nous est impossible de tenir plus longtemps... Pense à ta mission, le sort des navires ne peut être indifférent !*

Les ultimes paroles du Commandant furent comme absorbées par une singulière mélopée. Elle se révélait plus étrange que le chant des pastoureaux. Le ton était à la fois doux et angoissant, lancinant et harmonieux. Cette mélodie fouaillait les profondeurs du corps, oppressait le cœur, elle se cramponnait aux entrailles, comme les gémissements profonds de la houle. L'étrangeté, le côté supranaturel de ce phénomène supplantait peu à peu le vacarme ambiant. Pour de mystérieuses raisons, hommes et bêtes se laissèrent gagner par cette manifestation apaisante. Comme s'il était soudainement possible d'entrevoir un attachement commun, un espace-temps où la vie unifie ses genres, au-delà des réalités et des espèces.

Debout sur leurs esquifs, les hommes encore valides interrogeaient le ciel, les berges proches et les flancs du navire ! Héri-tep épongea ses yeux opacifiés par l'eau boueuse. Sur l'encorbellement surélevé du plancher, se tenait une forme aux lignes estompées. La vision se précisa, pour esquisser un corps féminin étroitement moulé en un fourreau blanc. Cette arrogante entité s'érigeait sur la hauteur du ponceau, telle une sculpture de proue, un jonc d'or cerclait sa chevelure, le sceau d'Isis ornait sa poitrine. Cette apparition était comparable aux déesses des traditions antiques et les sons qui émanaient de sa gorge, étaient plus suaves que les chants sacrés des vestales.

- *Est-ce possible ?* balbutia Héri-tep, qui se trouvait encore sous le choc de l'épreuve qu'il venait de subir.
- Le Commandant s'agenouilla pour aider le Grand Prêtre : *Maître, cette présence, cette voix est celle d'Ouâti... ta protégée !*

Souveraine, en sa robe d'apparat, Ouâti entreprit de descendre les marches d'accès, qui menaient du pont supérieur au plancher du navire. Le port altier, le regard lointain, elle s'approcha du groupe des officiers tout en ordonnant d'une voix étrange :

- *Seigneur Capitaine, mets à ma disposition une barque légère. Agis diligemment, je te prie, dans un instant, il sera trop tard !*

Sans plus attendre, elle renoua avec son chant. Celui-ci devint plaintif, geignant et bientôt semblable à celui des pleureuses. Quelque peu déstabilisé par autant d'étrangeté, le Commandant du Meskhétiou tourna un regard interrogateur vers son autorité à bord !

- *Fais ce qu'elle te demande au plus vite, Commandant, c'est notre unique chance !*

Alors que l'équipage s'employait à satisfaire aux ordres, le Grand Prêtre et le Commandant s'acheminèrent sur la plate-forme de proue :

- *Elle va se faire broyer par ces monstres !* s'inquiéta Khérou-haty en un rictus amer.
- *Je ne le pense pas !* hasarda Héri-tep en salivant le pourtour de ses yeux. *Regarde, c'est prodigieux : les Ventres-Pattes se détournent pour la suivre !*

L'apparition inopinée de la jeune femme et le comportement des animaux envoûtés par sa mélodie, perturba profondément le bon sens des villageois. La plupart d'entre eux demeurèrent prosternés, les paumes de mains ouvertes en direction du cortège qui persistait à s'éloigner en l'évanescence brumeuse des marécages. Seule au milieu de ces bêtes au bossage luisant, le corps érigé sur son esquif blanc, cette nature féminine paraissait émerger tout droit des mythes traditionnels. Insensiblement, l'entité disparut aux regards, comme absorbée par les vapeurs stagnantes des marais. L'étendue calme des eaux réintégra la sérénité familière du paysage, les bouches hébétées se refermèrent, le silence céda la place au murmure. La vie tendait à reprendre ses droits et les premières lamentations se firent alors entendre.

Là-bas, sur la berge, un Prêtre du Ka s'agenouilla, les mains tendues vers le Ciel :

- *Thouëris a pris son tribut de l'offrande, que notre manque de générosité n'a pas su combler. Notre déesse a fait grâce, par son intervention divine... Gloire à elle !*
- *Gloire à elle !* Reprit avec conviction l'assistance.

Toutes les têtes étaient encore orientées vers ces embruns vaporeux des marécages, alors qu'au loin de doux effluves les ventilaient d'incertitude.

***

Depuis six jours, les navigateurs étaient les hôtes des habitants d'Aat-Senou. Afin de procéder aux réparations de première nécessité, on avait aménagé un chantier non loin du lieu où s'était déroulé le drame. Depuis, le Meskhétiou et l'Aten avaient été placés en cale sèche. Autour de leur coque étayée de mandrins, s'affairaient depuis plusieurs jours de nombreux façonniers et maîtres d'œuvres.

Ouâti n'était pas réapparue, et aucun pêcheur en lagunes ne signalait la présence de Ventres-Pattes. Si ce n'était ces deux messagers du Nomarque, qui affirmaient avoir repéré un important troupeau remontant vers le Sud ! Mais les deux hommes n'avaient pas remarqué de présence humaine parmi les animaux. À la suite de ces déclarations, le cœur peiné, Héri-tep avait dû donner l'ordre de suspendre les recherches pour retrouver la jeune femme.

Animés par un sentiment de reconnaissance, les villageois s'étaient déclarés impatients de rendre hommage à l'initiative salvatrice d'Ouâti. Le temps cependant passait sans que ceux-ci ne la voient revenir. Cette situation confortait l'idée que l'entité de sa personne n'était que partiellement rattachée à la gent humaine. Probablement s'agissait-il de l'incarnation de Thouëris, encore appelée « déesse de la vie », cette éternelle génitrice avait fait ici l'offrande de son chant. L'action protectrice de la Déesse n'était-elle pas d'ailleurs liée au culte qu'on lui rendait en ces lieux ? L'événement passé, elle avait fait choix de se dissiper aux regards des mortels en regagnant le divin panthéon. Le Grand Prêtre tenta vainement d'émettre une opinion plus rationnelle. Mais l'évanouissement spectral d'Ouâti, doublé de son absence prolongée, ne donnait qu'un faible répondant à sa thèse. Cela étant, chacun était resté sur ses opinions. Toute autre interprétation n'aurait eu pour résultat que de perturber davantage les esprits affectés par tant de prodiges.

Absorbé par ses pensées, Héri-Tep remarqua à peine les salutations déférentes que lui témoignait ce groupe de tâcherons sur la place. Il traversa la grande allée et se dirigea vers Per-Ankh. Chaque ville, en Égypte, possède « une maison de vie » qui s'intitule ainsi. Sur le seuil de la porte attendait une file de patients. Après avoir souri à tous et caressé la tête des enfants, il écarta délicatement la natte de cotonnade qui masquait l'entrée de la salle de soins.

- *Maître, enfin !* soupira un jeune homme qui se trouvait dans la pénombre.

Ayant retroussé les manches de sa toge, Héri-tep plongea ses bras dans la coquille de pierre où s'écoulait une eau filtrée par les sables :

- *Séou, leur as-tu donné les lotions et les onguents que j'avais prescrits ?*
- *Je l'ai fait, Maître ! Les femmes ont apporté cinq paniers des herbes que tu avais sélectionnées. Our-Nef et moi avons fait cracher les serpents et recueilli leurs feux liquides. Les filles ont râpé les cornes de gazelle, fait bouillir les linges, comme tu l'avais demandé et elles ont préparé les cataplasmes.*
- *Merci Séou, tu es un assistant Sem irréprochable, probablement aurai-je encore besoin de tes services.*

S'étant rapidement séché les mains, Héri-tep pénétra dans la salle attenante où les patients étaient alités : *Bonjour, Bérahou...comment va cet œil ?* Le Maître d'équipage esquissa un sourire rembruni, puis, ayant attirée à lui la manche d'Héri-tep, il adopta un ton confidentiel :

- *Tes compresses m'ont soulagé, Maître. Mais, dis-moi… un œil suffit-il pour regarder par les trous de la vieille toile ?*

La voix d'Héri-tep se fit affectueuse :

- *Oui, Bérahou, un œil suffit. Surtout s'il s'agit de l'œil gauche, car cet œil symbolise l'astre des nuits.*

Le chant des pleureuses interrompit ce bref entretien.

- *Écoute, Maître, Anubis va mettre en terre les dernières victimes.*
- *Tu as raison, c'est la litanie processionnelle. Il faut que j'assiste à cette cérémonie. Shem'sou ne va pas tarder, c'est un excellent médecin !* En voyant s'éloigner Héri-tep, des malades se mirent à geindre. *Je reviendrai dans la journée !* précisa-t-il : *Courage, Shem'sou ne va pas tarder… Courage mes amis… !*

D'un pas précipité, il traversa de nouveau la salle, puis l'immense cour déjà brûlante sous l'intensité du jour. Le cortège avançait au pas marqué des tambourinaires. Les processionnaires observèrent un temps d'arrêt afin que le Grand Prêtre d'Iounou n'eut point à prendre la colonne en marche. Ce qui aurait constitué un manquement grave au protocole. Le Grand Prêtre balaya l'assemblée du regard pour découvrir parmi elle l'effectif des Soldats Marins. Mais, avant qu'il n'ait eu le temps de le rejoindre, le Doyen Maire lui fit signe de venir se placer à ses côtés. Le chef de file fit alors tinter un long tube de cuivre et le cortège funèbre reprit sa déambulation.

- *Penses-tu, Maître Vénérable, que nous aurons à déplorer d'autres victim*es ?
- *Les blessés de « la maison de vie » sont hors de danger, mais il vous faut envoyer un pigeon de voyage au Superintendant. Il conviendrait que cette autorité vous achemine des spécialistes en matière d'irrigation. J'apposerai mon sceau sous le cachet du*

scribe, si toutefois cela peut aider à sa décision !

- *Pourquoi des spécialistes, Maître ?*

- *Pour que vous sachiez comment rehausser digues et canaux dans l'art de ce métier, afin qu'une telle mésaventure ne se produise plus.*

Les deux bovins blancs qui tiraient le traîneau mortuaire s'arrêtèrent au pied des grands sycomores. En cet endroit se trouvaient creusées deux fosses béantes. Elles faisaient penser à un immense regard dirigé vers le ciel. Avec d'infinies précautions, les hommes d'équipage y déposèrent les victimes. Le Maître du Protocole se pencha sur les cavités. Après avoir vérifié si les corps étaient en position fœtale, conformément à leur état de renaissance, il ordonna qu'on les recouvre de peaux de cervidés. Une jeune vestale du temple d'Osiris plaça entre leurs bras croisés un bouquet de fleurs sauvages. Les familiers ceinturèrent les défunts d'objets leur ayant appartenu, alors que d'autres déposaient une galette de pain et une cruche de bière pour le voyage. Les chantres qui formaient cercle autour des tombes entamèrent des psalmodies funèbres, scandées par les intonations du prêtre lecteur. Chacun prit en sa main gauche une poignée de sable et en sa main droite une poignée de grains. D'un geste commun, leur contenu fut jeté sur les corps. Le rite accompli, les porteurs d'Anubis firent glisser la terre destinée à combler les fosses. Neuf pleureuses, dont les cheveux étaient maculés de cendre, griffèrent leurs seins nus, tout en se confondant en lamentations. Alors que l'ensemble des processionnaires reprenait le sentier du village. Khérou-haty quitta sa délégation pour venir se placer aux côtés d'Héri-tep.

- *Maître, une bonne nouvelle ! Les réparations sont sur le point de s'achever. Le Meskhétiou sera prêt à appareiller demain à l'heure première... si tu le désires bien évidemment ?*

- *Puisque tu es la voix du devoir, Commandant, je te charge de réunir ce soir les autorités du registre sapientiel du Nome. Je répondrai de mon mieux à leurs interrogations. Fais, je te prie, distribuer des cruches de bière pour remercier les villageois de leur collaboration.*

***

Un crépuscule ocré obombrait les venelles sablonneuses de la cité. Au sortir de l'une d'elle, un cortège protocolaire escortait un aréopage d'honorable vieillards. Chaque portefaix était muni d'une petite perche à l'extrémité de laquelle était accrochée une lanterne à la flamme oscillante. Cette aimable expédition entreprit de gravir à pas lent la prédominance de terrain où se trouvait érigé le temple de Seshat.

Campé sur ses douze colonnades lotiformes, le sanctuaire de la déesse découpait son architecture blafarde au centre d'une nature enténébrée. Devant le seuil, des flammes s'élevaient d'une vasque de pierre taillée en forme d'heptagone. D'ardentes étincelles montaient en spirales, mêlant leurs chaudes couleurs au bleu froid des étoiles. À la lisière de l'obscur, sous le couvert du péristyle, se tenait une forme accroupie. Les jeunes porteurs de lanternes cessèrent de galéjer, un silence mêlé de crissements de pas appelait à une sensation attendue.

- *C'est le Grand Prêtre,* avança l'un d'eux à voix contenue, *faut-il lui annoncer votre venue, Respectable Doyen ?*
- L'un des vieillards se détacha du groupe. *C'est inutile ! Je pense que votre joyeuse humeur fut la plus empressée des messagères.*
- S'étant levé, Héri-tep vint au-devant de la délégation sapientielle : *Oupouaout aura guidé vos pas jusqu'à moi !*
- *Que Nefertoum brille en ton cœur, Maître Vénérable ! Voici nos respectables Docteurs du Nome. Habités par le devoir de connaissance, ils sont venus écouter tes sages paroles.*
- *Les paroles ne sont sages, Vénérable Doyen, que si déjà est sage l'oreille qui les reçoit. Prenez place, mes respectables pairs.*
- *Judicieuses paroles, mon fils. Installons parmi nous la paix et le discernement !*

Des tabourets en corde tressé cernaient le foyer. Avec les gestes lents qu'ont ceux que le temps ne précède plus, les notables se placèrent en demi-cercle autour de ce prêtre connaissant. Les jeunes gens fixèrent leurs lanternes alentour, puis sans autre lumière que celle des étoiles, l'esprit turbulent, ils reprirent le sentier du village. La nuit absorba bientôt le timbre de leurs voix et la paix du soir se répandit sur le petit cénacle. Seul le bois mort manifestait sa réprobation à la pugnacité des flammes.

Le regard d'Héri-tep parcourut le cercle formé par cet aimable aréopage. Chaque vieillard arborait son attribut de notable, jumelé au hiéroglyphe de sa charge. Sur les visages, des rides profondes témoignaient du grand âge des convives. Leurs prunelles attentives étaient comparables à celles qu'ont les enfants sous l'emprise des contes. Le cœur ému, le Grand Prêtre afficha un sourire de contentement :

- *Connaissez-vous, mes bons Maîtres, cette étoile que nous percevons de nos jours à 40° du Soleil d'équinoxe ? Elle perce l'aube, comme la braise les ténèbres. En cette saison, elle se situe au Sud, en milieu de nuit.*
- *Oui,* dit une voix au timbre enroué. *Tu veux parler de Sépedet, « la pénétrante... la pointue. »*
- *La plus belle des fixes, « l'étoile d'Iset »,* précisa le Doyen.
- *On la nomme encore « la porteuse de crue »,* ajouta le thérapeute au grand âge qui se trouvait à ses côtés.
- Son voisin entérina sur un ton exalté : *Cette étoile que tu évoques est la plus brillante du Ciel, elle appartient à la constellation du Grand Chien.*

- *Lorsqu'elle est héliaque...* poursuivit l'un d'eux, *on la contemple juste avant que Rê n'émerge de l'Amenta.*
- Héri-tep eut une lippe d'approbation suivit aussitôt d'un large sourire : *C'est bien de la même étoile dont nous parlons. Laissez-moi vous dire, mes Respectables Pairs, que j'admire vos connaissances. Puisqu'elles sont si grandes, vous ne pouvez ignorer que le Royaume de Geb sur lequel nous vivons oscille sur son axe, tels les cônes à ficelle avec lesquels jouent les enfants. Sans doute êtes-vous instruits que le globe en question retrouve ses repères célestes après avoir bouclé un cycle de 26.000 années tropiques.*

- *Si tu le consens, Maître, je préciserais un tout petit peu moins !* objecta un vieillard à la voix faible et à l'allure paisible.

À peine décelable sous le voile qui recouvrait sa poitrine, Héri-tep vit se refléter le triple sceau de Thot Trismégiste, bijou témoin d'une initiation de haut niveau :

- *C'est exact, mon frère ! Ce point rétrograde d'environ une minute chaque année. J'ajouterais que ce cycle a une moyenne constante, laquelle est fractionnée de périodes de temps, dont, chacune d'elle marque les étapes essentielles de notre évolution.*
- *Ferais-tu allusion, Maître, aux douze signes du calendrier céleste qui regroupe 2 160 années ?*
- *Précisément ! Nos savants astronomes confirment que nous sommes à environ 5 000 années de la moitié de ce grand cycle, aux douze fractions. Nous allons quitter l'ère d'Apis, « Le Taureau » pour rentrer dans l'ère d'Amon, « Le Bélier ». Il y aura ensuite l'ère des deux « Rem, les Poissons ». Enfin viendra celui qui « verse l'eau », Sah « Orion », la constellation aura alors atteint son altitude maximale. Cette étape est importante, elle correspond à la moitié du grand cycle, soit 12 926 ans. L'Our'ma en personne m'a certifié l'authenticité de ces observations.*

À cette évocation verbale, d'un geste unanime, les vieillards placèrent leur main droite ouverte sur le cœur. S'étant conformé à cette coutume, Héri-tep reprit sur un ton appliqué :

- *Mes frères, en vertu de la position des astres, à la fin de notre ère du « Taureau », un devoir impérieux nous est assigné. Nous devons en terre de Kemi procéder à une restauration des « mer », nos pyramides sacrés. Celles-là mêmes qui furent réparties sur les bords du Nil, au Zep-Tepi par nos admirables et mystérieux ancêtres initiateurs, les Néterou.*

Hélas, le temps et les déprédateurs ont passablement altéré la structure de ces monuments. Il nous faut impérativement retrouver les mesures exactes de ces divins édifices, pour envisager leurs réfections. Nous sommes actuellement dans l'incapacité de connaître avec précision les nombres qui siéent à leurs contextures. Les écrits réputés de tradition se sont endommagés et les souvenirs s'y rattachant se sont plus ou moins dilués au cours des âges. Or ce devoir de restauration est d'envergure, nous ne pouvons nous y soustraire par respect pour les humanités futures. Lesquelles, sans cet appui, risqueraient d'être plongées dans la nuit spirituelle. C'est précisément pour l'ensemble de ces raisons qu'une mission me fut confiée par l'Our'ma en personne !

- *Pourrais-tu préciser le caractère de cette mission, Maître ?*
- Le regard du Grand Prêtre s'attisa soudain à la lueur des flammes. *Mon rôle consiste à rassembler des informations, aujourd'hui dispersées parmi les cultures. Nos honorables Anciens ont pensé qu'il fallait puiser aux sources égyptiennes, mais point seulement parmi elles. Car il demeure de par le monde, des civilisations issues de « La Tradition des Origines » que nous appelons encore « Primordiale ».*
- *Ces civilisations auxquelles tu fais allusion, Maître, ont peut-être des modes de vie forts éloignés des nôtres, comment les aborderas-tu ?*
- *En sollicitant les Adeptes Initiés, en interprétant leurs indications, en étudiant leur symbolique, nous corroborerons nos connaissances en matière de monuments initiatiques. L'amour, mes frères, ne détient-il pas la clé de l'harmonie universelle ? C'est ce qui nous fut enseigné il y a bien des âges par les Akhous ou les Chemsou Hor, ces intimes des dieux.*
- Le Doyen des vieillards cessa d'appuyer son menton sur le pommeau de sa canne : *La prescience imputée à nos Grands Hiérarques est, à n'en point douter, très étendue. Mais à la suite de tes propos, il s'avérerait que nos propres initiés seraient dans l'incapacité d'entreprendre ce travail... c'est surprenant tout de même... ?*

- *Mes frères*, reprit Héri-tep, *il n'y a rien de désobligeant à admettre que certaines données ont besoin d'être authentifiées par d'autres sources, que celles émanant des nilotes. Mon avis est que nous ne devons rien négliger des apports ancestraux, dont plusieurs royaumes sont encore détenteurs par conformisme. La difficulté réside à aller prélever ces informations là où elles se trouvent.*

- *D'où la nécessité de désigner un Maître de Connaissances, pour tenter de les rassembler.*
- *Oui, mes frères, c'est là une importante tâche, qui m'a été confiée, les dieux fassent que je la mène à bien !*
- Le vieux thérapeute posa sa main veineuse sur celle d'Héri-tep : *Comment feras-tu, Maître, pour contacter les Grands Initiés répartis sur la Terre de Geb. Ceux de l'autre côté des mers, ceux qui résident au plus profond des forêts. Et, par Amon, en quels lieux et par quels prodiges tu trouveras ces Sages ?*

- *Ta question est pertinente, mon frère ! Je vous informe qu'un cénacle initiatique a lieu, en un endroit secret, après chaque période de 1460 années. Cela afin de tracer la voie spirituelle la plus appropriée à l'élévation cyclique du genre humain. C'est pourquoi je vous parlais précédemment de Soped, l'étoile d'Isis. Ce rendez-vous est proche, mes frères !*
- Un vieillard chenu leva une main hésitante : *1460 ans, c'est la valeur périodique qui relie l'héliaque au cercle, lorsque les tropiques rattrapent les années vagues. N'est-ce point là la base du calendrier ?*

- *Précisément !* confirma Héri-tep. *Ce temps accompli, il est chaque fois nécessaire d'envisager de nouvelles orientations spirituelles. En prenant soin de ne pas altérer celles qui nous sont immuables, tel l'esprit de « La Grande Tradition ». Nous adaptons les gouvernes aux timoniers, mais nous ne modifions pas l'azimut, mes frères.*

Les vieillards chuchotèrent entre eux. Tout en attisant le foyer, Héri-tep attendit que l'attention revienne.

- *Pardonne-nous, Vénérable ! La chose nous apparaît à ce point conséquente qu'elle nous trouble un peu, vois-tu !*

Par son naturel, cette cohorte de vieillards lui était sympathique.

- *Peut-être seriez-vous plus surpris encore, si je vous annonçais que l'endroit où se réuniront ces Grands Initiés, se situe sur « Le Toit du Monde ».*

- *Par Geb et tous les dieux, le monde aurait-il un toit !*

- *On appelle ainsi le pays le plus élevé de notre globe. En ces lieux, les montagnes sont si hautes que l'homme ne peut y respirer librement l'air qui lui est indispensable. Les gouttes de pluie sont plus blanches que le lait et plus légères que les flocons d'avoine. Les montagnes en sont recouvertes de milliers de coudées et la froidure est telle que l'eau se change en cristal de quartz.*

- *Est-ce possible !* s'étonna un vieillard dans la magnificence du grand âge : *Mais que vas-tu y faire, si on ne peut y respirer, et si les membres sont figés par le froid de la mort ?*

- *Rassure-toi, mon frère, nous n'allons point si haut que nous ne puissions respirer. Et pour nous prémunir du froid, nous nous vêtirons de peaux de bête à longs poils. Le rendez-vous a lieu au tréfonds de ces montagnes dans un temple, appelé Ashram. Nous serons sept venus de tous les pays du monde. Je serai le seul représentant des bords du Nil.*

- *Y a-t-il un Maître des lieux ?* questionna le doyen.

- *Probablement, mon frère ! Là, se limite toutefois ce qu'il m'est permis de révéler à ceux qui sont dignes de l'entendre.*

- *Nous respectons ton silence, et te remercions de la confiance que tu nous as accordée,* conclut le vieux devin aux yeux de brume. *Toutefois, le voyage sera long et les difficultés immenses, comment feras-tu pour t'entretenir avec des peuples dont tu ignores la langue ?*

- Héri-tep parut surpris par cette question, car elle s'adressait à ses seules qualités physiques et intellectuelles : *Je sais m'exprimer dans onze pays de cultures différentes, et parler plusieurs dialectes. Mais l'initié n'a nul besoin de ces palliatifs, je sais dessiner, et quand il le faut... je sais mimer, pour obtenir ce que je convoite.*

- *Tu vas donc traverser des pays où les gens voyagent sur des nacelles de lune, tirées par des ânes à longues pattes, qu'ils appellent parait-il... des « sesemet » ?*

- Oui ! Si l'on considère que les nacelles sont des chars, les lunes des roues, et les grands ânes de magnifiques animaux aux jarrets puissants que l'on nomme aussi chevaux.

- La roue comporte des avantages certains, Maître. Pourquoi, y a-t-il cet interdit en la vallée du Nil ? Tu sais, toi ?

- Héri-tep eut un sourire mitigé : *Crois-tu frère, qu'il soit plus facile à la vitesse d'un homme au pas, et sur du sable, de faire rouler une charge, plutôt que de la faire se glisser ?*

- Certes ! rétorqua son interlocuteur : *L'expérience a été tentée, la roue vire mal, s'enfonce dans le sable et cale sur les pierres. Mais, en charge légère, sur sol dur, et tirée par des animaux solides, elle gagne sur le patin. Dans d'autres domaines, tu le sais mieux que nous, elle pourrait décupler les forces, monter l'eau des puits, broyer le grain. Pourquoi la chose est-elle éludée par la hiérophanie, dès lors que les enfants l'utilisent couramment dans leurs jeux ? Nous suivons respectueusement ces préceptes, sans en connaître les raisons. Ta haute science, Vénérable Maître, serait-elle en mesure de nous fournir une explication raisonnable ?*

- Héri-tep joignit les mains en un geste qui lui était familier : *Il est exact que les pays limitrophes du nôtre utilisent communément la roue. Indéniablement, elle comporte des avantages. Elle peut soulager les efforts, accentuer le rendement et réduire le temps consacré au labeur. Mais la roue n'est point à l'échelle de la nature. Celle-ci vibre, marche, bondit, fourmille, frétille, sautille, vole, nage, rampe, mais ne roule pas. S'il était donné à l'homme de faire bon usage de la roue, la chose, il est vrai, pourrait avoir d'heureuses conséquences. Il faudrait pour cela que l'être du futur envisage l'application de cet instrument, non en fonction de la progression hypothétique de ses facultés mentales, mais de son état de conscience. Sinon, un temps viendra où les utilisateurs de la roue ne seront plus en mesure de limiter son usage. Cette utilisation immodérée engendrera un processus de rentabilité à outrance, lequel avec le temps et l'apport des techniques nouvelles, deviendra difficilement maîtrisable. Ces remarques, mes frères, ne portent que sur le plan de l'éthique, je veux dire l'aspect moral !*

- *La chose serait prématurée, penses-tu ?*
- *Oui, nous avons d'excellentes raisons de le penser. Si, dans les siècles à venir, la roue parvenait à s'imposer à l'humanité, elle risquerait fort de remplacer le bâton dans les mains de l'exploitant. En doublant le profit dans les champs cultivés, la roue ne manquerait pas d'enrichir son propriétaire, mais elle n'améliorerait en rien le sort des gens du labeur. Au cours des batailles, elle poursuivrait les fuyards, non pour entériner la victoire acquise, mais pour massacrer plus d'ennemis. Elle déplacerait les peuples, non pour vivre mieux, mais pour alimenter en informations superflues ce qu'elle aurait ôté en réflexions profondes.*

Dans le futur, les utilisateurs de cet instrument pourraient croire naïvement qu'en forçant les techniques appropriées à l'usage de la roue, on devrait gagner sur la qualité de vie.

Si tel était le cas, il en résulterait dans les âges une grande confusion. Car les structures archétypales qui animent l'être humain depuis des millénaires ne sauraient se soumettre à une évolution par trop brutale du mode existentiel.

- Il serait alors question d'un autre mode de vie, c'est cela ?

- À n'en point douter, mes respectables frères, car si le procédé venait à se réaliser, craignons qu'à échéance, cela n'engendre une déstabilisation des valeurs, une régression des capacités d'analyse et une soumission graduelle de l'individu au pouvoir de la machine.

Nous avons perdu la science universelle que prônaient nos aînés, nous ne pouvons admettre aujourd'hui qu'une évolution progressive, une science expérimentale, dépendante de nos capacités de déduction. Les risques alors de décalage sont importants entre une volonté de produire et les aptitudes à gérer une évolution. Lorsque les commodités d'usage et les facilités de fonctions dominent les vertus du comportement, le risque est grand de dégénérescence. Tout dérèglement de l'état de conscience régulateur mène invariablement à la faillite du processus mental, et l'intellect devient tributaire de son produit.

- Maître, tu parles comme si la roue était sur le point d'être utilisée... Personne en Égypte n'envisage la chose ?

- L'Our'ma, notre Pair, a prédit qu'il ne se passerait pas quatre pouces de cycle sans que des sortes de traîneaux roulants conduits par des peuples allogènes ne viennent désorganiser notre pays. Ce qui est préoccupant, c'est que nos armées ne pourront repousser ces envahisseurs qu'avec de semblables moyens. Je veux parler de chevaux tirant nacelle sur roues.

- Un court silence marqua cette fin de phrase. L'un des vieillards déclara à mi-voix : *Maât, je présume, aura pesé mon âme avant que mes yeux ne voient telle calamité.*

Les derniers tisons crépitèrent, comme pour souligner ces simples mots empreints de nostalgie. Héri-tep joignit de nouveau les mains :

- *Oui mes frères, un jour viendra où l'humanité fera la douloureuse expérience de la séparation du savoir et de la connaissance.*

L'enfant se brûle avec le feu qu'il ne connaît pas. Il faudra énormément de temps avant qu'il ne devienne Maître de forge. Ces temps venus, il regrettera de ne point avoir été instruit d'un autre feu. Je veux parler de celui qui éclaire sans brûler. Hélas ! Les tombeaux des initiateurs seront muets, c'est en vain que cet homme du futur cherchera à déceler sur la pierre les voies de la symbolique ancestrale. Il constatera qu'en ayant dédaigné les étapes de la réflexion, il s'est dangereusement coupé de sa raison de vivre. Dès lors, son désir de paraître aura mutilé sa vision intérieure. Ayant coupé le lien qui relie le Ciel à la Terre, il n'aura d'autre ressource que de laisser la roue, emblème de sa démesure, l'emporter jusqu'aux confins du demi-cycle. Seules les pyramides restaurées pourront prémunir l'humanité contre ce fléau de l'inconséquence.

- *Tu nous plonges Maître, en de bien grands dilemmes, faisons notre devoir et laissons le temps accomplir son œuvre.*

- *Voilà en effet que la nuit s'avance et je vais devoir vous quitter, car nous appareillons demain aux aurores. Mais je ne m'éloignerai jamais de votre cœur, mes frères. Qu'Oupouaout guide vos pas sur les sentiers du devoir !*

***

Conformément à l'estimation de son Commandant, le lendemain matin, le Meskhétiou fut en état de gagner le large. L'Aten, lui, restait prisonnier de ses épontilles. Sa structure endommagée nécessitait des travaux plus importants. Il n'avait d'ailleurs jamais été question que le navire d'accompagnement poursuive le voyage au-delà du fleuve. Khérou-haty avait mis à profit ce contretemps pour réorganiser son équipage. L'affrontement avec les Ventres-Pattes se soldait par un bilan dramatique : parmi les villageois, deux morts et plusieurs blessés étaient à déplorer, ainsi que quelques éclopés chez les marins soldats.

Rê en était encore aux premiers degrés d'horizon lorsque le Meskhetiou lâcha ses amarres. L'étrave effilée du navire pourfendit l'onde bleuâtre des marais, alors qu'une longue ovation saluait l'équipage. Campé à la proue sur le haut de nacelle, Héri-tep leva la main en direction de Shem'sou. Là-bas, sur le quai, la robe immaculée du Prêtre Servant était chahutée par les vents du large. L'ami fidèle maintenait haut ses bras croisés au-dessus de sa tête. Cela signifiait, « *bonne chance, que les dieux t'accompagnent* ».

Venant de tous bords, les habitants de la cité accouraient pour saluer le départ des marins. Le goublîyé royal longea la berge, près de laquelle des hommes s'employaient encore à retirer de la vase les mastodontes engloutis. Au passage du vaisseau, ils se mirent à gesticuler en improvisant des chants d'allégresse. Tels des poissons pilotes, de très jeunes gens, montés sur des canges, escortèrent leurs sauveurs jusqu'au bras principal du fleuve. Parvenus en ce lieu, le commandant fit appliquer la cadence de croisière. En un instant, l'élégant navire parut voler au-dessus des flots. Droit devant, l'air marin annonçait déjà la fin d'un monde et le commencement d'un autre.

***

Insensiblement, le panorama s'élargit, se modifia. La végétation abondante devint clairsemée et se résuma à des îlots de tamaris qui, de loin en loin, mouchetaient l'horizon. Les berges aplanirent leurs traditionnels talus, pour les marier aux couleurs plus fades des étangs, et l'on finit par ne plus distinguer la terre côtière de cette flore aquatique en expansion. Des myriades d'oiseaux hantaient les lieux. Leurs volatiles manifestations accompagnaient de cris stridents le sourd battement des rames. Loin sur tribord, une chaîne de rocaille s'entêta à maintenir l'apparence de la terre. À sa pointe extrême, un temple esquissa bientôt sa silhouette embrumée. Il semblait intentionnellement esseulé en ces éminences rocheuses.

- *Maître, admire l'ultime hommage que les hommes rendent aux dieux ! C'est le sanctuaire d'Ouadjet. Au-delà, la mer immense. Il est coutume que les voyageurs en passe de quitter le fleuve aillent se recueillir sur cette protubérance. On y jouit d'ailleurs d'une vue splendide, Maître.*
- *Je ne saurais manquer à cette tradition, Khérou-haty.*

Un instant plus tard, le Grand Prêtre et l'officier royal empruntaient le sentier d'accès qui menait de l'embarcadère au sanctuaire. Ils étaient précédés d'une douzaine de matelots. Tous étaient porteurs de panières de jonc, à l'intérieur desquelles se trouvaient disposées des victuailles et des fleurs. Une brise saline caressait les peaux nues, elle flattait l'odorat d'un parfum d'aventure. Les marins, dont l'air vif éveillait l'humeur, plaisantaient allègrement. Ils se turent bientôt à l'approche du lieu sacré.

Le sanctuaire d'Ouadjet était là, devant eux, posé sur son écrin de roche. Un vieil homme à l'allure débonnaire apparut entre les deux colonnes du portique. Après un temps d'appréciation, il entreprit de venir à leur rencontre. Sa démarche dandinée et sa tenue blanche lui donnaient l'aspect un peu bonasse d'un volatile aquatique :

- *Salut à vous, respectables voyageurs ! Mon nom est Tou-*

Djahou, je suis Prêtre-Servant de la divinité. Je suis mandaté par l'autorité pour veiller au respect de ce lieu.

Dévoyée par les caprices du vent, l'ample robe du préposé martyrisait de claques redondantes sa panse replète. Il s'extasia soudain en joignant ses mains !

- *Oh... Que de belles offrandes vous apportez là ! Voilà qui changera des sempiternels poissons. Je suis sûr qu'Ouadjet vous gratifiera de ses bienfaits... Suivez-moi, braves gens !*

Sans plus attendre, le Prêtre-Servant, comme il se désignait lui-même, observa une rapide volte-face, tout en dirigeant ses pas vers les dépendances du temple. Les marins, dont les bras étaient chargés de jarres de bière, de fruits et de galettes, rirent de celui d'entre eux qui exhibait un rutilant poisson, innocent objet de cette remarque désobligeante :

- *Va échanger ton mérou contre une oie,* lui direntses compagnons, *sinon le pansu va te bouter hors le temple !*
- Héri-tep s'adressa à mi-voix à Khérou-haty : *Comme tu le sais, ces offrandes lui reviendront de plein droit demain aux lueurs de l'Aube. Ce qui explique qu'il n'est pas tout à fait indifférent à la teneur des mets que nous présentons.*
- *J'avais remarqué son œil gourmand, Maître. Le respect du protocole ne doit pas être pour lui un souci perpétuel. Il ne t'a même pas gratifié des salutations d'usage qu'il doit à ton rang.*
- *Quelle importance Commandant ? Regarde cet animal, n'est-il point le symbole vivant de Thot ?*

À l'ombre du péristyle, assis immobile sur un bloc de calcaire, se tenait un magnifique babouin mâle. Nulle chaîne ne semblait retenir l'animal, ses petits yeux incisifs scrutaient les visiteurs, comme s'il avait à charge de les sélectionner. Le Prêtre-Servant réapparut sous le linteau de la porte où un instant plus tôt il s'était coulissé.

- *Placez les offrandes sur cette banque,* dit-il, sur le ton d'un homme qui connaissait son affaire, *je les disposerai le moment venu au pied de l'autel. Si vous désirez invoquer la déesse, le Naos est au fond. Attention aux marches... Elles sont usées par les embruns !*

La pénombre s'était faite plus épaisse. Respectueux du caractère cérémoniel, les marins demeurèrent au fond du sanctuaire. Héri-tep s'avança seul près de la vasque centrale où brûlaient en continu des résines odoriférantes. À l'intérieur d'une coupelle disposée à cette intention, il prit une poignée de galbanum et la projeta sur la flamme. Celle-ci eut un brusque sursaut de luminosité. Aussitôt l'âpre fumigation se propagea dans l'air ambiant et des ombres folâtres animèrent d'une danse échevelée la géométrie des colonnes. Lorsque les yeux se furent accoutumés à cette atmosphère, tous purent discerner, à l'intérieur du périmètre sacré, les contours indécis d'une forme en état de méditation. Cette insolite présence ne pouvait qu'aviver leur curiosité : les pieds étaient repliés à la base de la colonne vertébrale, la tête couverte d'un voile esquissait une forme indécise. Comme si de rien n'était, le Grand Prêtre psalmodia les textes de déférence destinés à Ouadjet la divinité des marais, mais son attention était invariablement attirée par cette forme humaine à l'intrigante immobilité. De quel privilège pouvait se réclamer ce personnage pour occuper l'espace réservé au Premier Prophète, et que pouvait signifier en ce lieu une telle manifestation de piété ? Autant de questions auxquelles il ne pouvait répondre. Aussi essaya-t-il d'éluder ce genre de question en se concentrant sur ses oraisons.

Le temps passait et les visiteurs étaient sur le point de quitter les lieux, lorsque cette insolite nature composée d'ombre et de plissures, déplia avec grâce les contours de sa personne. Sans bruit aucun, elle quitta la zone ténébreuse pour s'avancer jusqu'à eux. C'est alors qu'un mouvement de houle parcourut le petit groupe. Les marins reconnurent en cette approche celle qui avait été l'objet de leur raillerie, puis de leur fascination. Ouâti était vêtue d'une robe de lin qui lui tombait aux chevilles de la manière la plus commune. Disposé sur ses avant-bras se trouvait le fourreau de soie sauvage emprunté aux princesses d'Asie. Au creux des plis, étaient déposés « le Jonc d'Or » ainsi que « le Nœud d'Isis » symboles de l'amour divin. La jeune femme dirigea ses pas vers le Grand Prêtre. Avec un regard qui visitait l'âme, elle murmura d'une voix à peine audible :

La probité, Seigneur, ne saurait se satisfaire de l'apparence. Aussi, me devais-je de te rendre cette parure ! Son élégance m'aura aidée à m'imposer auprès des hommes. Mais sois assuré, Seigneur, que ce fut plus par utilité que par convoitise de possession.

Le sourire d'Héri-tep trahissait sa joie de retrouver la jeune sauvageonne :

- *Cette robe, dont tu t'étais parée, moulait à merveille ton corps, on aurait dit une Princesse ou mieux encore, une apparition divine, enfin... quelque chose de semblable, de merveilleux... de céleste, ma chère Ouâti... Oui c'est cela... céleste !*

Le Grand Prêtre n'avait point encore achevé ses louanges dithyrambes que, déjà, il regrettait de les avoir prononcées. Prenant alors le bras de la jeune femme, il l'attira vers le dehors :

- *Ouâti, ce sanctuaire est peu propice à de telles propos, sortons, veux-tu, le commandant va se charger de ton présent ?*

Tous deux se dirigèrent vers l'esplanade de terre battue, qui délimitait le pourtour du lieu. Lors du passage sous le péristyle, le cynocéphale manifesta une excitation particulière. Sans s'inquiéter semble-t-il d'un risque quelconque, celle qui avait mimé le chant des dieux, approcha ses lèvres du terrible groin. Elle murmura alors une série de mots, composés de sons syncopés totalement inintelligibles.

- Héri-tep demeura comme pétrifié. *Tu ne manques pas d'audace*, observa t'il. *J'ai déjà vu de tels inconscients se faire dévorer le visage pour moins que ça !*
- *Les animaux font partie d'une synchronicité naturelle, je le ressens comme tel depuis mon enfance. Doit-on ignorer Seigneur, que certains êtres se conduisent dans la vie à l'exemple des bêtes ? À l'inverse, vois-tu, j'essaye de discerner en l'animal ce qui le lie à l'humain. Le plus étonnant, Seigneur... c'est que j'ai constaté que nous ne sommes pas très différents !*

Cette réponse ne pouvait déplaire au Grand Prêtre, mais eu égard aux circonstances, il préféra ne pas livrer son point de vue :

- *Ouâti, peut-on connaître les raisons qui firent que tu ne réapparus pas à Aat-Senou, et que tu te trouves aujourd'hui en ce lieu, sur la route du Meskhetiou ?*
- *Je t'attendais, Seigneur... Je t'attendais !*

Khérou-haty et ses marins s'éloignèrent discrètement, pensant qu'il s'agissait là d'échanges qu'ils n'avaient pas à ouïr. Héri-tep se sentit mal à l'aise. Décidément, ce terrain ne lui convenait guère. Les paroles qui lui venaient à l'esprit n'étaient en rien le reflet de son cœur. Hélas, il n'en trouvait point d'autres. Aussi dût-il se contenter des mots que lui livrait son désarroi intime :

- *Je te remercie grandement pour ton initiative, Ouâti. Sans ta présence d'esprit, ton courage et cette singulière aptitude, l'affaire aurait mal tourné. On s'apprêtait à vivre un terrible drame. Tu as, par tes dons peu communs, neutralisé la situation. Ce fut prodigieux... prodigieux, Ouâti !*
- *J'ai fait cela pour toi et pour ces animaux apeurés, ils ignoraient que cette nourriture était la propriété des hommes. Quant aux éloges, adresse-les à la providence, Seigneur. N'est-ce point elle qui m'a placée sur ton chemin ?*

Cette dernière phrase fut prononcée avec ce sourire rembruni qu'ont ceux qui ont peine à révéler leurs sentiments. Tous deux se dirigèrent vers la falaise qui dominait le site.

- *Sais-tu, Seigneur, que tous ces jours me furent nécessaires pour venir t'attendre en ce lieu ? Je savais que tu ne passerais pas les bouches du fleuve sans rendre hommage à la déesse Ouadjet.*
- Héri-tep s'arrêta de marcher, il plongea son regard dans celui de la sauvageonne : *Par quel miracle, Ouâti, as-tu dispersé ces maudits animaux vers le midi et as-tu regagné le Septentrion pour me rejoindre ?*
- *Ce ne sont pas de maudits animaux... Ce sont des bêtes utiles à*

l'équilibre naturel. Les dégâts qu'ils ont occasionnés sont à l'échelle des épreuves humaines. Aurais-tu lancé ton javelot Seigneur, contre un tremblement de Terre ? Sans attendre une réponse, la jeune femme contourna le muret qui servait d'enclos à l'annexe du temple : *Je me suis fait des amis... ils ont trotté plusieurs jours durant, parfois à la lumière de la Lune.*

Que dis-tu ! La curiosité aidant, Héri-tep oublia ses questions et accéléra le pas. Il se trouva soudain face à un petit cheptel d'ânes blancs, d'une dizaine de têtes. Un jeune pâtre les gardait. À la vue du Grand Prêtre et de son pectoral d'Or, le petit homme se leva précipitamment, pour se courber aussitôt vers le sol.

- *Qui est ce garçon ?*
- Ouâti sourit avec tendresse : *Son nom est Lânou, il a douze ans, ce sont ses animaux. Il a consenti à me guider jusqu'ici par gentillesse. Lânou connaît le chemin de la Mer. Ses parents l'empruntent régulièrement pour alimenter en vivres le Prêtre-Servant. Nous changions de monture lorsque celle-ci était fatiguée et, comme tu le vois, Seigneur, nous sommes arrivés juste à temps, pour voir poindre ton goublîyé à l'horizon des marais.*
- *Ces chemins sont tracés, certes, mais on y fait parfois de tragiques rencontres. Je vous trouve tous deux biens audacieux, pour avoir tenté pareille entreprise.*

Les deux complices rirent à gorges déployées, comme si ces dernières paroles étaient empreintes de grosses sottises :

- *Sans doute as-tu raison, Seigneur, mais nous étions surveillés de loin en loin par Hory. Nous n'avions rien à craindre !*
- Ouâti fit du regard un rapide tour d'horizon : *Lânou ! Où se trouve-t-il ton copain ?*
- Le petit ânier scruta le paysage alentour, puis il tendit promptement le bras : *Là-bas, Ouâti ! A cent pas, il est à l'ombre des buissons, près du puisard... il dort, je crois !*

La jeune femme plaça ses mains en porte-voix. Elle émit une sorte d'hululement ponctué de sons rauques et discordants. Une sorte d'ébahissement maintenait démesurément ouverts les yeux d'Héri-tep. Soudain, une forme balourde ponctua d'une tache brune, l'étendue de la savane.

- **Un Lion** *!... Tu as apprivoisé un Lion !*
- *Il n'est en rien domestiqué, Seigneur. C'est un vieux solitaire nullement agressif, et libre comme l'air.*
- *Es-tu certaine ?* s'enquit le Grand Prêtre avec un rien d'appréhension.
- *Oh, il n'a nul besoin d'agir ! Sa présence et son odeur ouvrent la voie.*
- *Quand... as-tu... fait connaissance avec ce fauve ?*
- *C'est une vieille relation ! Elle date de l'époque où mon non-conformisme m'avait éloigné du village. En cette période, je vivais à l'orée de la savane et notre solitude réciproque nous avait rapprochés. Il y a quelques jours, Hory a su retrouver ma présence, par son seul instinct.*

Ouâti eut un regard en coulisse : *C'est bon, Seigneur, de se sentir aimée, ne fusse... que par un Lion. Formellement, il ne peut me le dire... mais je le ressens, il me trouve sympathique et moi aussi !*

L'animal se campa sur ses pattes. Il huma l'air en secouant son ample toison. Pour autant, il ne bougea pas de l'endroit où il se trouvait.

- *Et pourquoi ne vient-il pas au-devant de toi ?*
- *Il sait que les ânes seraient effrayés par sa présence. Regarde d'ailleurs comme ils se mettent en cercle. Si tu n'appréhendes pas trop, Seigneur, nous pouvons nous approcher de lui. Le fait que je t'accompagne devrait garantir... ta vie !*

Héri-tep se retourna avec l'intention de rassurer Khérou-haty sur la teneur de sa démarche. Mais, il n'y avait plus personne sur l'esplanade. Le Prêtre-Servant avait quitté le péristyle et l'énorme babouin était hors de vue.

- *C'est bien, allons ! S'il dévore mon corps, il ne pourra le faire de mon âme.*

- *Ce serait peut-être ce qu'il y aurait de plus nourricier* objecta Ouâti avec audace.

Héri-tep eut un sourire mitigé. Il était obnubilé par ces gros yeux jaunes qui suivaient imperturbablement son approche. Le fauve releva ses babines, dévoilant une denture impressionnante. Il ouvrit alors plus largement la gueule et rugit avec une puissance telle que le Grand Prêtre en ressentit les vibrations en sa poitrine :

- *Es-tu certaine qu'il accepte ma présence ?* murmura-t-il d'une voix étrange.

- *Il t'a accepté, Seigneur, sinon... il aurait déjà fait de toi son déjeuner matinal, ne t'approche pas plus cependant !*

Ouâti plaça ses bras devant elle, les paumes de mains ouvertes orientées vers la gueule béante de ce carnivore. Puis elle entama une litanie faite de syllabes montantes que l'on aurait pu assimiler à un chant liturgique. Hory secoua une fois encore son opulente crinière. Les mains tendues de la prêtresse improvisée paraissaient singulièrement menues face à l'énorme gueule. À la stupeur du Grand Prêtre, le Lion se mit à en lécher délicatement les paumes. Puis, intrigué sans doute par la présence de ce visiteur, il entreprit une progression indolente en sa direction. Stoïque, à moins qu'il ne fût littéralement paralysé de frayeur, Héri-tep demeura ainsi, le corps rigide en l'attente du pire. Avec un soin méticuleux, l'animal appliqua à plusieurs reprises ses lèvres baveuses contre la robe immaculée. Puis, ayant gratté la terre de l'une de ses pattes, il s'étendit aux pieds du Grand Prêtre.

- *Ca y est, il t'a adopté !* affirma Ouâti triomphante. Elle ajouta sur un ton angélique : *Peut-être, s'est-il seulement nourri de ton appréhension ?*

- *À tout prendre,* confia Héri-tep, *je préfère qu'il ait fait ce choix.*

Vif comme l'éclair, le Lion s'était soudain redressé. Un éclat terrible brillait au fond de ses yeux topaze. Tous deux eurent un instinctif mouvement de recul. Très vite cependant, ils se rendirent compte qu'ils ne pouvaient être à l'origine de ce brusque retournement. Craignant sans doute pour la vie du personnage dont ils avaient la charge, Khérou-haty et ses hommes s'étaient rassemblés en armes aux pieds des colonnes. Les pointes des lances et les motifs des boucliers étincelaient aux rayons obliques du soleil. Ils virent le Prêtre-Servant réapparaître, courageusement juché sur le toit du temple. Seul le babouin s'obstinait à demeurer caché. Ouâti glissa ses longues mains dans la crinière ébouriffée d'Hory.

- *Propose à ta garde, Seigneur, de ranger ses armes et manilles. Au cas où tes soldats l'auraient oublié, rappelle-leur que le manque d'amour blesse les cœurs, plus sûrement que ne le font les javelines.*

Bien qu'elles fussent cinglantes, ces paroles correspondaient à la morale d'Héri-tep, et son faciès s'empourpra de s'estimer responsable de cette bévue :

- *Retiens ton animal, Ouâti. Je vais tenter d'expliquer à ces fidèles protecteurs ce qu'ils ne saisissent pas forcément de la nature des choses. Nous t'attendrons ce soir à bord du Meskhétiou.* Il compléta sur un ton badin : *Oh ! Si cela est possible... sans ta mascotte ?*

La jeune femme se contenta de cligner les yeux. Héri-tep prit cette réaction pour un consentement.

***

Le Grand Prêtre eut quelques difficultés à convaincre ses gardes royaux de la docilité du fauve. Il fallait, expliqua-t-il, ne point provoquer son agressivité latente, ce qui correspondait chez l'homme à une phase de réaction primaire.

À la suite de cet entretien, les officiers convinrent qu'ils avaient à se racheter de moult méprises. Pour parfaire à ce changement d'attitude, ils décidèrent de parer le Meskhétiou des attributs de la fête. Les matelots revêtirent leurs pagnes d'apparat, nattèrent leurs cheveux et s'employèrent à faire briller les ivoires et les cuivres. Héri-tep se plut à composer des herbes à parfum. Des membres d'équipage torsadèrent en gerbes une variété de fleurs des marais qu'ils s'ingénièrent ensuite à disposer le long des cordages.

Rames debout, torses bombés, la garde aligna ses effectifs le long de la passerelle. Puis, entre deux rangées de fougères arborescentes, patiemment, tous attendirent la venue de la belle et énigmatique Ouâti !

Hélas, la clepsydre égrainait son temps sans que nulle présence féminine ne se manifeste. Le guetteur placé sur l'éminence des roches était désespérant d'immobilisme et le crépuscule déjà obombrait le creux de la falaise. Quelque peu déconvenue par cette attente persistante, Héri-tep décida néanmoins de débuter la soirée. Il ordonna d'allumer les fourneaux et de commencer à brûler les parfums.

Un clapotis inhabituel se fit bientôt entendre. Aussitôt, plusieurs hommes d'équipage se penchèrent par-dessus bord. Comme personne, jamais, n'avait vu de crocodile blanc, on finit par admettre qu'il s'agissait de toute autre chose. À l'approche du flanc du navire, Ouâti ralentit sa nage. Ayant avisé l'un des filins d'amarrage, elle s'y agrippa et se hissa sans aide aucune jusqu'au pont. Une vibrante ovation salua cette arrivée funambulesque. Ruisselante en sa robe qui lui plaquait au corps, la jeune femme joignit aussitôt les mains pour manifester son émerveillement. Visiblement, elle s'avérait émue par tant de bienveillances. Avec un sourire épanoui, elle entama quelques pas hésitants sur le plancher de bord. Les marins, qui s'étaient promptement ressaisis à la vue de cette apparition peu protocolaire, entamèrent de leurs voix austères, un vieux refrain des mers du nord, dont la prose brouillait les yeux des plus endurcis.

Un cône parfumé dans une main, des fleurs dans l'autre, Héri-tep vint au-devant d'Ouâti. Il était précédé par le Commandant. Celui-ci maintenait fièrement une natte de jonc, sur laquelle s'étalaient des dattes, des figues, du miel et toutes sortes de fruits dont de délicieuses bouchées de semoule aux parfums d'épices.

La fête se déroula sous les étoiles. Lânou, le jeune garçon et le Prêtre-Servant montèrent à bord pour participer au souper. On conta beaucoup d'histoires étranges et l'on chanta en chœur le regret qu'ont les dieux à ne pas être humains. Ouâti et Héri-tep, qui n'étaient pas l'un près de l'autre, ne cessèrent d'échanger des regards et des sourires complices. Puis vint l'instant où les langueurs de la nuit absorbèrent une à une les chandelles. Alors qu'au loin, un babouin au cœur tendre geignait à la Lune montante, les derniers veilleurs allèrent s'allonger entre mâts et cordages.

- Le Grand Prêtre, s'étant alors approché de sa troublante égérie, lui glissa à l'oreille : *Envisages-tu de te reposer à bord, Ouâti ?*
- La jeune femme eut un sourire attristé : *Non, je me dois de regagner la petite chambre que le prêtre servant à aménager à mon intention dans le sanctuaire.*
- Elle prit la main d'Héri-tep qu'elle pressa entre les siennes : *Merci d'être ce que tu es, cher Héri-tep. Par ton comportement tu valorises l'ensemble des êtres humains, ne fléchis pas dans l'épreuve et nous nous reverrons… je t'en fais promesse !*

Ces sibyllines paroles laissèrent le Grand Prêtre perplexe. Les yeux brouillés par un indéfinissable sentiment, il raccompagna ses trois invités jusqu'à l'embarcadère.

Ouâti, médita longtemps sous l'immensité stellaire. Elle ne s'endormit qu'au lever du jour, le cœur flageolant sous le poids de visions médiumniques, qu'elle ne pouvait partager.

Chapitre III

Égarées en des horizons filandreux, les côtes s'esquissaient de bandes violacées, contrastant à peine avec l'abîme bleuté de la mer. Les rameurs étaient à leur poste, mais le vent d'Ouest demeurait assez fort pour que l'équipage continuât de naviguer à la voile. Khérou-haty plaça son œil dans le petit orifice de la planchette graduée. De sa main libre, il fit se mouvoir la réglette autour du pivot pour y placer le soleil, puis il maintint la hausse quelques instants en direction de la ligne d'horizon, qu'on devinait à peine.

- *J'espère que nous ne dévions pas vers des rivages hostiles, Commandant ?*
- L'officier détourna la tête, un large sourire aux lèvres : *Aucun risque, Maître. Nous naviguons toujours Nord nord-est. D'ailleurs, les côtes, vois-tu, se rapprochent progressivement, nous ne devrions plus les perdre de vue.*

Héri-tep rehaussa la capuche de son caban de peau de gazelle qui le protégeait des embruns : *Ces terres que nous apercevons au loin, sont-elles encore égyptiennes ?*

- *Affirmatif, Maître, il nous faudrait encore trois jours de navigation pour trouver les limites du territoire. Mais ces contrés semi-désertiques sont pratiquement inhabitées. En contrepartie, elles sont fréquemment visitées par des pirates mitanniens. Quelquefois par les himyarites et plus rarement par les longs vaisseaux de brume des hyperboréens.*
- *Ces derniers, m'a-t-on dit, sont d'excellents marins ?*
- *Oui, leurs équipages affrontent régulièrement les tourments du Grand Océan, aussi disent-ils de nous que nous sommes des matelots de rivière. Il nous arrive aussi de croiser des embarcations minoennes, leurs occupants cherchent à commercer le long du littoral.*

- *À l'École des Scribes, je me souviens avoir étudié la langue de ces peuples, habitants de la Crète et de la mer Égée. L'Égypte, je crois, a toujours eu de très bons rapports avec eux ?*
- Khérou-haty prit le temps de ranger son sextant dans son écrin de cuir : *Oui, leurs dieux cousinent avec les nôtres, mais ils en tirent d'autres règles de vie. Les aryens, quant à eux, ont des comportements de conquérants, leurs yeux bleus ont la fougue de l'éclair et leurs blondes tignasses la fluidité des sables, aussi sont-ils prompts à l'échauffourée.*

- *Peut-être éprouveront-ils un jour le désir de dominer ces terres, je crains que notre seule mystique ne soit pas de taille à les en dissuader !*
- *Cela va de soi, Maître ! Nous, les orientaux, sommes trop réfléchis, trop contemplatifs à leur goût. Nous sommes le cœur et les mains... Eux... sont la tête et les jambes.*
- Héri-tep éclata d'un rire tonnant : *Belle formule, Commandant ! Pourtant, leur cordon ombilical nous relie à la même matrice, eux aussi vibrent aux accents d'une Tradition Primordiale.*

Khérou-haty ne répondit pas, son visage se rembrunit et son regard devint anxieux. Un instant, Héri-tep s'interrogea sur la portée de ses dernières paroles, mais peut-être s'agissait-il d'autre chose. Pris d'un doute, le grand prêtre détourna la tête vers cette partie de l'horizon que l'officier fixait avec insistance.

- *Ce sont ces nuages qui retiennent ainsi ton attention ?*
- *Ils m'inquiètent oui, Maître. Je ne sais que trop ce que signifient ces brusques retournements de la Grande Verte.*
- Bérahou, lui aussi, avait flairé le danger. Il gagna le milieu du pont, tout en maintenant d'une main le bandeau de cuir qui protégeait son œil blessé : *Commandant...* dit-il d'une voix fébrile. *Il y a risque de grain, le vent tourne bise, il bat court et la mer houle profond à grand large !*

L'immense voile du Meskhétiou avait en effet un comportement inhabituel. Elle battait plat ou se gonflait brusquement en claquant tel un fouet. Les cordages soutenaient mal ces poussées intempestives. On les entendait gémir sur leurs plots d'enroulement. Le Commandant se saisit promptement de son porte-voix :

- *Faites abaisser la toile, une tempête monte au Nord plein. Nous allons essayer de nous rapprocher des côtes. Il faudra souquer ferme, garçons ! Maître d'équipage... cap sur le rivage, rames à flot et cadence haute... Exécution !*
- Bérahou arracha le tambourin de sa bretelle et gagna en courant le banc de proue : *Couchez sur le rouf, matelots, et capelez court à l'étrier, ça va chahuter profond !*

Une heure plus tard les côtes s'étaient considérablement rapprochées, mais l'orage, hélas, plus rapidement encore. On percevait ses grondements sourds que précédaient des éclairs fugaces. Une sterne aux ailes effilées frôla le pont. Elle aussi fuyait le mauvais temps et l'on pressentait qu'aucune gourmandise ne pouvait la détourner de son cap.

La houle devint profonde. Le bateau amorça un tangage impressionnant en raclant long au pavois. Héri-tep n'était pas un grand voyageur, mais il n'avait point souvenance avoir connu en si peu de temps un tel revirement climatique. Ciel et mer avaient considérablement changés d'aspect. L'air était humide, il oppressait le souffle. Le vent balayait la crête des vagues, aspergeant de fines gouttelettes la poitrine nue des hommes. D'un instant à l'autre, la situation pouvait devenir dramatique. Il eut une rapide pensée pour Ouâti et se félicita qu'elle n'encourt de tels périls.

Des objets fous commencèrent à rouler sur le pont. Ils frappèrent aveuglément les parois ou le mobilier de bord, blessant au passage les hommes occupés aux manœuvres. Une jarre, mal arrimée, alla se fracasser contre un caisson d'enroulement, ses éclats tranchants se mêlèrent aussitôt à l'infernale sarabande.

Le commandant jeta des ordres au vent épais de la mer qui lynchait les phrases de hoquets dérisoires. Une grande confusion régnait à bord, les instructions mal perçues étaient entrecoupées par l'éclaboussement répété des vagues, auquel s'ajoutait l'inquiétant râle de la mâture. Bravant l'adversité qui venait de toutes parts, les marins le corps ruisselant s'activaient à des tâches incessantes !

Le péril ne faisait que croître. Il n'y avait plus un seul endroit à bord où l'on pouvait s'estimer en sécurité. Tels des monstres en furie, les filets à victuailles tapageaient dans les cales, risquant à chaque instant de créer une voie d'eau. Conscients du danger, quelques hommes d'équipage descendirent en hâte, pour tenter de les arrimer. Mais certains containers avaient déchiré leurs mailles en projetant des denrées au hasard des soutes. Devant le risque encouru, tous les hommes disponibles se mobilisèrent pour s'atteler aux tâches les plus urgentes. Brutalisés par les flots flagellants, les cheveux en torche, les traits sculptés par l'effort, les rameurs scandaient en des intonations rauques leur douloureux calvaire. Cette sauvage onomatopée broyait le ventre. Elle amplifiait l'horreur de cette poix humide et froide qui inondait les corps et collait aux os.

Le désastre prit soudain une telle ampleur que plus un homme ne fut à même d'effectuer des manœuvres cohérentes. Chacun sentit instinctivement qu'il devait utiliser ses dernières forces pour se maintenir en vie. L'emplanture se fissura : le grand mât menaça de s'abattre sur le pont avec, pour conséquence probable, l'effondrement du plancher.

L'instant vint où la masse boursouflée du ciel se confondit avec le tumulte de la mer. De longs éclairs bleus tonnaient sur l'écume. Comme si cela ne suffisait pas, une grêle se mit à fouailler les épidermes tendus par l'effort. À certains moments, le navire désemparé paraissait ne pas devoir choisir entre les éléments exaltés. Puis, subitement, vrillant l'échine, il plongeait tel un harpon dans ces abysses écumants, pour rebondir en vrombissant vers la voûte opaque du ciel. Des montagnes d'eau fondaient comme des torrents bouillonnants. Individus, rames, cordages et lambeaux de voile se mêlaient en des tas informes, pour se répandre quelques secondes plus tard, en débris épars que venaient balayer d'autres vagues. Parmi les hommes qui se cramponnaient aux fixations restantes, Héri-tep crut reconnaître Khérou-haty. Son corps était maculé de sang. L'un de ses bras pendait lamentablement sur le côté. Malgré le vent et l'incessant déferlement des eaux, le Grand Prêtre rassembla ses forces. S'agrippant désespérément à chaque aspérité, il tenta de progresser jusqu'à lui. Voyant qu'il ne pourrait y parvenir, il héla au plus fort de la tempête :

- *Que nous faut-il faire… commandant ?*
- Khérou-haty tourna vers Héri-tep un visage pathétique : *Rien ! Plus rien… Maître ! Sauve ta vie, si tu le peux !*

Un mur d'écume plus violent que les autres dilua à sa vue hommes et choses. La providence fit qu'il demeura coincé entre deux éléments de la structure. Aussi dut-il attendre un instant que le navire se soit redressé pour entrouvrir les yeux. Le Commandant et les deux hommes qui l'assistaient n'occupaient plus leur précédent emplacement. Seuls les montants déchiquetés de la cabine battaient encore sous la tornade. En un ultime effort, il s'arc-bouta pour gagner la fosse à rame.

Enserré dans ce précaire refuge, le Grand Prêtre assista impuissant au démantèlement du navire. Incrusté tel un crabe sous sa roche, il était momentanément hors de portée des lourds ustensiles qui continuaient de marteler avec une violence obstinée ce qui subsistait du pont. Un filet d'écorce de liège, que retenait un cordage, s'engouffra dans la fosse à ses côtés. Était-ce un signe ? L'ayant bloqué à l'aide de ses pieds, malgré les trombes suffocantes, qui ne cessaient de le fustiger, il tenta de l'amener jusqu'à lui. C'est alors que, dans un broiement de fin du monde, le grand mât bascula sur le pont. En sa chute, il perfora une partie du plancher, disloquant la fosse à rame. L'eau déferlante se répandit en grondant à travers l'amoncellement des poutrelles, inondant de ses mâchoires baveuses le reste de l'épave. Le Grand Prêtre comprit qu'il lui fallait impérativement quitter son refuge, avant qu'une dernière lame ne l'envoie par le fond, avec ce qui n'était plus désormais qu'une épave.

Alors qu'il tentait de s'extirper de l'amas de planches qui le retenait prisonnier, l'avancée de proue se détacha à son tour et, d'un seul tenant glissa vers l'avant. Le pont ne résista pas à ce poids supplémentaire. L'ensemble de la structure s'écroula dans la cale, entraînant en un épouvantable chaos, poutrelles, rames, poulies et cordages. Projeté sous l'effet de ce démantèlement, Héri-tep fut aussitôt abîmé par les turbulences. Sa tête frappa l'une des cloisons alors qu'une vive douleur paralysait l'une de ses jambes. Il y eut encore des sons répétitifs et sourds, ainsi que le monstrueux fracas de la mer... puis, ce fut le silence !

***

La torpeur de l'instant se modifia insensiblement en une atmosphère aux bercements paisibles et récurrents. Son corps léger, délivré du poids des poutrelles, devint semblable aux notes d'une harpe voguant sur un océan d'étoiles. Héri-tep avait enfin retrouvé Ouâti. Elle lui souriait, drapée en sa robe d'apparat. Sa chevelure longue et lisse s'ornementait d'une fleur de lotus fraîchement cueillie.

J'irai jusqu'au bout du voyage, murmura-t-elle,
Je me fondrai en ton ombre pour te prouver ma fidélité
Et je protégerai ta nature de l'agitation Séthienne.

Khérou-Haty, attablé, souriait en buvant bière. Le Prêtre Servant était endormi, sa part de gâteau serrée entre ses petites mains potelées. La vie était douce… douce ! Dans son délire, Héri-tep discernait une autre façon de vivre, une forme de plénitude, de sérénité auquel il n'avait jamais eu accès.

Une onde fraîche lui baigna le front. Il souleva la tête plus avant. Quelle était cette liqueur salée qui lui piquait la langue ? La mer s'étendait à perte de vue devant son regard brouillé. Il lui apparut qu'il surplombait les flots d'une demi-coudée seulement. C'est alors que des pensées incohérentes l'assaillirent : le bateau, la tempête, le fracas des vagues, l'eau encore, l'eau toujours, cruelle et cinglante. Ses oreilles ne cessaient de bourdonner, comme s'il se fût trouvé au centre d'une ruche. Sa tête était douloureuse et l'une de ses jambes demeurait insensible à ses réactions. Il essaya de soulever un bras, puis l'autre. De l'une de ses mains, il tâta avec inquiétude le sommet de son crâne. Apparemment, il n'avait qu'une boursouflure. La blessure était sans gravité. Un objet rugueux lui rabotait obstinément le menton. Il réalisa que son corps était maintenu en flottaison sur un filet d'écorces de liège. Cela lui parut étrange, car il se souvenait ne pas avoir eu le temps de fixer ces planchettes salvatrices sous ses aisselles.

Cette situation, après tout, aurait été supportable, si ce n'avait été cette impression d'être tiré en arrière par une sorte de crochet qui lui brutalisait la nuque. Il fit un effort pour se redresser, pour voir ce qui le talonnait ainsi, mais le balourd occasionné par le contrepoids, lui plongea instantanément la tête sous l'eau. Ses poumons réagirent aussitôt, il se mit à toussoter, ses yeux se remplirent de larmes. La situation serait très vite devenue critique, si le poids qui le gênait n'avait brusquement cessé de peser sur sa nuque. Il eut alors un réflexe d'appréhension.

À quelques pouces de sa tête, tel un monstre marin émergeant des eaux, une entité hirsute apparut. Cheveux et sang maculaient une peau si boursouflée que celle-ci n'avait plus forme humaine. La vision était hallucinante. Héri-tep chercha vainement en cet effrayant amalgame la lueur d'un regard.

- *Qu'OSI ris so...ri soit loué !* mâchouilla une voix, qui émanait de cet agglomérat de chair. *Tu es... tu...éveillé...illé, Maître !*

Héri-tep voulut répondre, mais il se mit à tousser de nouveau et ne put prononcer un mot.

- *Ne te ne fatigue pas, maî... Maître. Je vais... continuer à tirer, nous... ne nous sont plus... très loin... maintenant !*
- Ce curieux anthropoïde amorça un départ, mais il se ravisa : *Tu t'en souviens de moi, Maître ? J'étais avec les marins qu'accompagnaient au... temple. Il t'en souvient... c'était juste avant... !*

Un instant, Héri-tep se demanda pourquoi cet amalgame humain lui tenait conversation en de telles circonstances. Tous deux étaient en grand péril, n'avaient-ils pas mieux à faire que de se remémorer les détails d'un voyage. Le marin ajouta alors : *Je portais le poi... poisson... le poisson, t'en... souviens-tu ?*

Avec cette précision pour le moins inutile, compte tenu des circonstances, le Grand Prêtre fut subitement pris d'un rire incoercible. Toussant et pleurant tout à la fois, sans parvenir à enrayer cette réaction nerveuse. Il finit par se calmer, mais son corps était harassé. Il avait froid. Son être versa de nouveau en une léthargie vaporeuse.

Lorsqu'il rouvrit les yeux, les étoiles brillaient au-dessus de lui. Elles étaient tamisées par de petits nuages fibreux. En obliquant son regard, il pouvait apercevoir les épaules brunes de celui qu'il considérait désormais comme son sauveteur. Il se dit que ce ne serait pas inutile de tenter de soulager ses efforts en exerçant un mouvement de bras. L'initiative s'avéra heureuse leurs corps semblaient surnager d'avantage. Ayant senti la charge s'alléger le marin se retourna. Son souffle était court, sa locution était celle d'un homme à bout de forces : *Ce... la va-t-il un peu mieux, Maître ?*

- *Oui !* assura Héri-tep, en essayant de rallier l'essentiel de ses pensées.
- *Alors, tout il est bien... Maître... tout... !* L'homme ajouta, après un silence : *Regarde... la Lune derrière le nuage, quand réapparaîtra elle, tu verras... la terre, elle est là... Maître... là...la la terre.*

Sans plus attendre de réponse, le marin reprit sa nage harassante. Héri-tep mobilisa ce qui lui restait d'énergie pour aider du mieux qu'il le pouvait cet être providentiel. Invariablement ses pensées étaient hantées par la catastrophe dont tous venaient d'être victimes. Où se trouvait donc le reste de l'équipage ? Étaient-ils les deux seuls survivants ?

- *Regarde... regarde... là... Là... Le sable...il est là !*

La Lune réapparut. La plage se dessina, insolente en sa proximité. Bientôt une pâleur se manifesta derrière les collines. Une à une les étoiles disparurent. C'était l'instant où, par habitude, il quittait l'observatoire pour prendre un peu de repos. Maintenant, la grève s'étendait devant eux, à moins de vingt brasses. Malgré sa joie, il se garda de communiquer ses impressions à son compagnon d'infortune car, depuis les premières lueurs de l'aube, le marin ne répondait plus aux questions posées. Il n'en continuait pas moins de nager avec une persévérance surhumaine. Cela faisait maintenant de longues heures que celui-ci luttait, avec pour seul objectif : les maintenir en vie.

La terre ferme, enfin, ne fut plus qu'à une portée de main et le marin prit péniblement contact avec le sable. Un genou après l'autre, il traîna son corps martyrisé sur la partie sèche de la grève. La houle cruelle contre laquelle il n'avait cessé de lutter, persévérait à chahuter sa silhouette. Ses jambes titubantes arrachèrent encore quelques pas à cette terre ingrate qui semblait se dérober sous sa marche. Trahis par la fatigue, ses yeux discernèrent d'accueillantes entités, que ses bras endoloris cherchèrent vainement à étreindre. Soudain, le corps vrillé par on ne sait quelle torpeur, comme un géant arbre frappé par la foudre, ce surhomme s'abattit face contre terre pour ne plus se relever.

Héri-tep tenta de lui porter secours, mais sa jambe blessée se refusait à tout service. Un gong infernal martelait ses tempes. Sa vision était altérée par une brume persistante. Lorsque, enfin, il put prendre appui sur le sable, la plage vacilla telle une coquille de noix sous la vague :

- *Il me faut retrouver de la vitalité,* pensa-t-il, *sinon je ne pourrai pas me tirer d'affaire. Il est temps que je mette en pratique ce que je m'évertuais à enseigner aux autres.*

La vision du Grand Prêtre s'améliora sensiblement. En s'aidant de ses bras et de sa jambe valide, il parvint à proximité du corps inerte du marin inanimé. Après l'avoir placé avec grande difficulté sur le dos, ce qu'il vit l'apitoya. Sur sa poitrine, une large blessure laissait apparaître les côtes, les chairs étaient violacées et boursouflées. Il posa alors une main le long de sa gorge, le pouls en cet endroit était devenu imperceptible.

- Inquiet pour sa vie, Héri-tep se pencha et accola sa joue à la sienne : *Entends-tu, mon ami... réponds...* **Réponds-moi** *?* Les lèvres ne bougèrent pas à ce premier appel. *Quel est ton nom... Quel est ton nom, marin... Pour l'amour des dieux ?*
- L'homme paru faire un effort désespéré : *K... Kémi !*

Ses paupières se soulevèrent mais, déjà, ses pupilles fixaient l'aurore d'une autre réalité. Les très légères pulsations sous les doigts venaient d'effacer leur présence. Le Grand Prêtre se sentit pénétré de douleur. Il réalisa qu'un sentiment fraternel, un phénomène d'osmose, liait ce corps inerte à sa nature même. Cet homme ne lui avait-il pas sauvé la vie, au détriment de la sienne ?

Devant lui, comme assouvie par cet ultime sacrifice la mer s'était apaisée. Il se sentit envahi par une profonde désespérance. Ses sentiments les plus fermes sombrèrent dans un insondable abîme. Voilà que face à l'épreuve de la mort, le légendaire stoïcisme qu'on lui prêtait croulait comme sable en eau. Son esprit même semblait se vider de toute substance. Une larme chaude courut le long de ses doigts glacés.

***

Quarante jours s'écoulèrent. Un vent léger agitait les feuilles pennées sous lesquelles s'étaient assis les trois hommes rescapés du naufrage.

- *Tu inspectes ma jambe Ouâlédou ? Elle va mieux, grâce à vos soins mes bons amis. Dans un quart de lune, je cabriolerai comme un fennec, l'os sera plus solide qu'il ne l'a jamais été. Enfin j'espère !*
- *Tu es Wabou-Sekhmet, Seigneur, un Prêtre-médecin, sait mieux que nous ce qu'il doit faire ou ne pas faire. Toutefois, accepte ce conseil, évite les risques inutiles, car nul ne te porterait secours en cet endroit boudé par les hommes.*

- Le Grand Prêtre acquiesça avec un sourire : *Tes recommandations sont judicieuses, Ouâlédou. Cependant, je pense ne pas avoir à marcher plus de deux jours, avant de croiser la piste caravanière où je trouverai secours.* Il se tourna vers le plus jeune des deux hommes : *Comment va ton bras, Aslik ? Les muscles réagissent-ils de nouveau normalement ?*

- *Oui, Maître encore un peu ankylosé... Je m'en tire à bon compte !*
- Héri-tep fronça les sourcils : *Nous sommes trois hommes encore vivants sur les quatre-vingts que formait l'équipage, c'est affligeant ! Allez, mes braves ! Pharaon peut être fier d'être servi par des marins tels que vous.*

- *Nos camarades disparus étaient bien meilleurs que nous, Maître.*
- *Si les dieux vous ont épargnés, c'est pour que vous serviez d'exemple. Allez matelots, qu'Ophoïs vous précède sur le chemin. Et dites au Grand Intendant que j'irai au terme de ma mission, quel qu'en soit le prix où j'y laisserai ma vie !*

Héri-tep aida le plus âgé des deux marins survivants à placer son baluchon sur ses épaules.

- *Que l'œil d'Horus te protège, Maître. Reviens-nous en Ta Meri, notre terre bien-aimée.*
- *Oui, tant que tu ne seras pas de retour, il manquera un rayon au visage de Rê !*
- *Ne blasphémez pas,* objecta Héri-tep, *chacun de nous doit accomplir son devoir dans l'humilité et le respect des lois divines.*

Il leur fit un signe qui ressemblait à une bénédiction. Les marins répondirent avec la main posée sur le cœur, avant de s'éloigner. Affecté par autant de tristesse, le Grand Prêtre ramassa son bâton et sans hâte aucune, en boitillant un peu, il gagna la cabane de branchages qu'avaient construite ses compagnons d'infortune.

Sous la remise sommaire, qui jusque-là leur servait de dépôt, un bruit de feuilles froissées attira son attention. *Que fais-tu là, toi ?* Le bébé chimpanzé arrêta net ses occupations, il fixa l'homme avec de grands yeux attentifs. *Je vois... Tu viens quémander une friandise ?* Héri-tep fouilla dans les plis de sa ceinture. *Tiens ! Tu as de la chance, il m'en reste une.* Le drolatique animal bloqua la noix et la porta sous ses dents. *Eh bien... tu es plutôt véloce ! Tu aurais fait sans doute le bonheur d'Ouâti.*

À peine eut-il prononcé son nom qu'il ressentit comme une déchirure. Il s'en fit aussitôt le secret reproche. Parvenu à la porte de la cahute, son regard fit l'inventaire de ce qui constituait désormais son capital. Trois rames servaient de poutres au toit. Deux d'entre elles étaient cassées, elles ne pouvaient avoir a priori d'autre destination. Un container en osier à demi éventré, avec des cartes délavées à l'intérieur ; un papyrus illisible ; une corde rongée par l'eau de mer ; un filet de petite dimension, lequel pourrait encore servir à capturer les grues ; Une toile de lin trouée, et un couteau de fer retiré de la ceinture d'un cadavre. La Grande Verte ne s'était pas montrée généreuse. Ses flots n'avaient pratiquement rien rendu du naufrage. La seule satisfaction pour Héri-tep était d'avoir retrouvé son bâton. Par quel miracle celui-ci avait-il été rejeté sur la plage, et récupéré par les deux marins rescapés ?

Ayant refermé avec précaution la porte de branchage, il entreprit de suivre le sentier qui menait au rivage. Parvenu à la limite de la terre végétale, ses pas se ralentirent et, après une courte hésitation, il s'engagea sous les feuillages. En ces lieux, des conifères rabougris disputaient aux sables leur misérable existence. Entourés de plants d'acanthes, quatorze rectangles composés de petits cailloux blancs délimitaient l'emplacement des tombes. Toutes portaient des noms inconnus de lui, sauf la première. Il s'approcha du pin éventail, dont les branches caressaient la terre. S'étant assis en position d'invocation, le Grand Prêtre plaça ses deux poings fermés sur ses genoux :

- *Qu'Anubis guide ton noble cœur sur les chemins du renouveau ! Que la terre qui te porte aujourd'hui en ses flancs te ré-enfante, et place ta conscience sur les ailes d'un autre destin. Je témoigne de toi, Kémi, devant la Cour d'Osiris. Devant les quarante-deux assesseurs du Roi défunt et éternellement vivant.*

Venant du large, le vent bruissait sur les sommets des sycomores. Il accompagnait d'une originale symphonie les paroles du Grand Prêtre.

La mer d'un bleu d'améthyste épousait le ciel à perte de vue. Des vagues dolentes venaient comme à regret abandonner leurs festons d'écume sur la plage. Il ramassa quelques coquillages au hasard de ses pas. Puis, soudainement animé par le désir de courir, il se plut à suivre le méandre du ressac. Le corps revigoré et les muscles détendus, il nagea jusqu'aux îlots de rochers pour retirer la nacelle placée la veille en cet endroit. Hélas, il n'y avait au fond qu'un misérable crabe, lequel avait fait bombance de l'appât. Un point grisâtre et minuscule, posé sur l'horizon, l'inquiéta. S'il ne voulait pas terminer son existence sur un banc de galérien, il lui fallait être vigilant et éviter de manifester sa présence. Ce soupçon de danger l'incita à rejoindre le couvert de la végétation où il s'estimait temporairement en sécurité.

Le cœur solitaire, il entreprit de dérouler une carte côtière, partiellement désagrégée par l'eau de mer. Des pensées récurrentes l'assiégeaient, il ne pouvait humainement rester longtemps en ces lieux, il lui fallait atteindre au plus vite les territoires de Canaan où il lui serait possible de trouver assistance. Pour cela, il allait devoir opter pour une direction opposée à celle choisie par Ouâlédou et Aslik. Les deux marins se devaient de regagner les bords du Nil, afin de rendre compte en haut lieu du naufrage et d'informer leurs supérieurs que le missionné qu'il était, poursuivait son périple.

Alors qu'il était absorbé par ses réflexions, un Héron cendré aux pratiques audacieuses, vint becqueter le crabe qu'il avait laissé au creux de la nacelle. Le volatile s'éloigna ensuite, la proie serrée entre son bec !

- *Ça par exemple !* s'indigna Héri-tep. *C'est plutôt osé !*

Qu'importe après tout, la nature a ses droits ! Il me reste des mollusques, des noix et des figues, ce sera suffisant pour aujourd'hui !

La tête un peu lourde, les pensées chagrines, il jeta la nacelle sur ses épaules et entreprit de regagner la cahute. Un soleil bas peignait sur le sable des ombres cadavéreuses, alors que, çà et là, mille clapotis bafouillaient des excuses à la vie recouvrée.

***

Drapés en leur majesté végétale, d'immenses baobabs caressaient la voûte du ciel. Ils imposaient leurs ombres lourdes à ce sol épris de lumière. L'air était saturé de bourdonnements. Ceux-ci émanaient des arbres, des fleurs, des insectes, de la terre même. Fuyant un insoupçonnable danger, un troupeau de gazelles franchit le sentier en quelques bonds gracieux.

Héri-tep s'arrêta de marcher. Ayant ôté son bonnet d'herbes sèches, il épongea son front baigné de sueur. Depuis l'aube, le parcours s'était avéré long et sinueux, il n'avait cessé de serpenter au milieu d'atolls, composés de plantes herbacées qu'émaillaient de larges bouquets d'épineux. La chaleur, maintenant, devenait éprouvante. Il serait raisonnable de se mettre en quête d'une zone d'ombre. C'est alors qu'il avisa un cèdre bleu, le plus grand parmi ceux qui, de loin en loin, peuplaient le site. Comme il se dirigeait vers ce géant de quatre-vingts coudées de haut, le hasard voulut qu'à quelques pas de là il remarque la présence d'un ravenala. Cet arbre avait depuis toujours la réputation de désaltérer les coureurs de désert. S'étant approché de cette réserve opportune, il tira à lui l'une de ces feuilles au large bord et, avec application, la perça de son coutelas. Une eau tiède lui inonda le creux de la main. Il but une longue gorgée et répandit le reste du liquide sur sa peau brûlante. Il en était à apprécier le bien-être d'une telle fraîcheur, lorsque brutalement, un collet lui scinda la poitrine. Avant qu'il n'ait eu le temps de réaliser ce qui lui arrivait, un autre collet emprisonna sa gorge. Une sorte de massue molle lui fouetta les chevilles. Son corps entier vola dans les airs et retomba lourdement sur le sol.

Sonné par la dureté de la chute, les lèvres collées à la poussière, Héri-tep envisageait le pire, lorsqu'un violent coup de pied le plaça sur le dos. Ses paupières se fermèrent sous le choc. Lorsqu'il les rouvrit, le ciel était en partie obstrué par quatre silhouettes à la peau d'ébène. L'une d'elles le menaçait d'un javelot dont la pointe d'ivoire était prête à lui perforer le corps.

- *Il ne faut surtout pas que j'exacerbe leur hostilité*, s'efforça-t-il de penser malgré la douleur.

Mais les quatre gredins ne lui laissèrent pas le temps d'élaborer une stratégie de survie. Par un geste significatif, ils lui intimèrent l'ordre de se mettre debout. À peine s'était-il redressé que deux de ses agresseurs s'employèrent à lui ligoter les avant-bras derrière le dos, à l'aide d'un bois de serrage. L'un des acolytes ramassa son coutelas de fer météorique. Il en examina soigneusement la lame, passant et repassant son doigt sur le fil. Devant son insistance, les autres eurent un regain de curiosité, ce qui incita le larron à le faire disparaître prestement dans les plis de sa ceinture. Héri-tep remarqua qu'aucun de ses agresseurs ne portait sur le corps de signes distinctifs d'une appartenance ethnique. L'intensité des coups le ramena à la réalité. Il en conclut d'instinct qu'on lui demandait d'avancer.

- *Me voilà prisonnier*, se dit-il, *otage de qui, avec quelle intention, pour quelle destination ?*

En tout état de cause, l'instant ne se prêtait guère à la réflexion. Aussi s'employa-t-il à demeurer stoïque, alors qu'on le pressait d'aller toujours plus avant. Jusqu'au soir, ses ravisseurs et lui coururent vers le Sud, avec de courtes haltes pour boire et s'alimenter. La nourriture était suffisante, mais il lui fallait supporter les longues distances qu'on lui imposait. La marche forcée, avec les bras immobilisés dans le dos, était un supplice particulièrement éprouvant. Quant à sa jambe brisée lors du naufrage, elle n'était pas encore très valide et le coup porté à ses chevilles avait tuméfié les muscles.

Le crépuscule étalait largement ses ombres lorsque leur cohorte s'engagea dans un défilé composé de roches érodées. De part et d'autre de cette voie étroite se tenaient des enfonçures peu profondes, d'où émergeaient divers épineux et aloès. Sur le relief occidental, une végétation dénudée crêpait l'horizon. Après avoir contourné un massif, ils virent briller sur la partie obscure de la roche une lueur vacillante. C'est alors que l'homme de tête imita le cri des petits rongeurs aborigènes des savanes. Une invite semblable répondit à cet appel plaintif et, aussitôt, ses tortionnaires le contraignirent à gravir la pente accédant à cette plate-forme rocheuse.

Parvenu en ce lieu, il remarqua qu'une fumée âcre se dégageait d'un bois vert, sur lequel se tenait un chaudron de cuivre en position instable. Six hommes se trouvaient disposés autour du foyer, dont deux paraissaient être assujettis d'une situation identique à la sienne. Un personnage longiligne de race noire se détacha du groupe. S'étant muni d'un brandon enflammé, il l'approcha si près du visage du Grand Prêtre, que celui-ci en perçut la chaleur. Sans gêne aucune, l'individu se mit en devoir de lui pétrir les muscles des épaules, des bras et des mollets. Après quoi, lui ayant soulevé la lèvre supérieure, il fit courir un doigt sec le long de ses gencives :

- *C'est bon !* dit-il après cet examen contraignant. *Sui-là, à lui tout seul y vaux quatre d'ces foutues bandes couilles, qu'vous m'avez colleté hier !*

Mains déliées, chacun des prisonniers fut autorisé à puiser dans le chaudron, sa part de viande bouillie. Leurs tortionnaires s'exprimaient dans l'un des dialectes propres aux tribus Nubienne. Héri-tep se demanda pourquoi ces individus s'exerçaient à sévir aussi loin de leur lieu d'origine ? Tout en convoitant avec appétence un énorme os à moelle, le Grand Prêtre croisa le regard apeuré d'un autre captif. Il estima convivial d'esquisser un sourire, mais l'homme ne réagit pas à cette tentative de complicité. Le repas achevé, l'un des gardes leur jeta à chacun une peau de bovidé, en leur intimant l'ordre de dormir. Héri-tep comprit qu'il n'avait pas le choix. Il s'étendit entre deux de ses ravisseurs sur une peau d'animal puante qui l'incommodait. Autour d'eux, la nuit était particulièrement obscure. Malgré ses liens, un court instant, il envisagea qu'il pourrait peut-être tenter de fuir. Hélas, c'était négliger l'immense fatigue qui le terrassait. Très vite, il sombra dans une torpeur contre laquelle il ne s'estima pas en mesure de lutter.

Juste avant que ne se griffonne l'aube, une série de coups de pieds les réveillèrent. Ils eurent chacun une galette d'épeautre moisie, et la course vers l'inconnu reprit sans autre considération. Le géant osseux au profil émacié ouvrait la marche. À peu de distance suivit l'un de ses acolytes, il maintenait trois ânes encordés, dont les bagages mal ficelés battaient aux flancs amaigris des bêtes.

Le Grand Prêtre et les deux autres détenus avaient été placés au centre de la file. Leurs bras et poignets étaient maintenus à l'arrière par des battes de bois. Derrière eux, fermant la marche, courait un homme muni d'une sagaie. Les fugitifs s'éloignaient du rivage méditerranéen et, déjà, le paysage modifiait son aspect. L'herbe était rase, un chiendent qu'il savait fort prisé des antilopes, recouvrait la plaine.

Depuis peu, la colonne se trouvait sous le couvert d'arbres séculaires, dont les haies d'ombre formaient rempart à l'implacable chaleur. Alors que nul danger ne s'était jusque-là manifesté, un hurlement figea net leur marche accélérée. Tous s'interrogèrent du regard. Ce fut le personnage de tête qui le premier décela la provenance de ce cri de détresse :

- ***Aby...*** hurla-t-il, en indiquant à l'aide de son bras tendu, la source de l'appel.

Quatre guerriers se précipitèrent à l'arrière de la colonne. Une forme oblongue fendit les hautes herbes. Des javelots s'égaillèrent dans son sillage, puis le calme apparent de la savane absorba l'incident.

Les gardiens réapparurent. Ils portaient celui d'entre eux qui, un instant plutôt, fermait la marche. Une tache rouge maculait ses épaules ainsi que sa poitrine. Aucune plainte, cependant, ne s'échappait de sa gorge. Le chef de file s'approcha de la victime. Avec une moue réprobatrice, assisté d'un mouvement de tête, il inspecta ses blessures.

- *La panthère... Elle était dans l'arbre... Hein ?* L'autre fit un signe de tête affirmatif ! *C'est pas bon, ça... pas bon ! Je vais te faire porter sur les bâtons. Si au soir, le grand feu t'a pris la tête, on te fera le trou au bord de la piste. Ça, c'est pour qu'les Affrits y mangent pas ton âme.*

L'individu blessé ne répondit pas, mais ses yeux effrayés s'emplirent de larmes. Le hasard avait placé Héri-tep à proximité. Ainsi put-il constater qu'il n'y avait pas traces de morsures. Seules les griffes de l'animal avaient labouré les chairs. Les plaies étaient nombreuses, quoique peu profondes. L'homme, probablement, n'en mourrait pas. Il y avait cependant de sérieux risques d'infection.

Après une courte marche, la colonne se regroupa à l'ombre d'un îlot de figuiers. Le même homme au corps filiforme, qui paraissait avoir autorité sur les autres ravisseurs, ordonna de confectionner une litière. Le Grand Prêtre mit ce temps à profit pour regarder autour de lui s'il se trouvait des plantes à effet cicatrisant. Il décela quelques espèces qui, loin d'être les plus efficaces, possédaient néanmoins de telles vertus. Ses liens l'obligeaient à des contorsions, mais il parvint cependant à cueillir quelques plants. Après les avoir mâchés et abondamment imprégnés de sa salive, il alla les recracher sur les plaies de la victime. Sans un mot, d'un regard oblique, le géant observa le manège de cette face de tambour, qui semblait avoir goût à parodier les sorciers. Héri-tep s'apprêtait à renouveler son office, quand l'un des tortionnaires se mit en tête de corriger ce qui lui apparaissait être une impudente initiative. Alors que le gourdin d'acacia était sur le point de s'abattre, son élan fut promptement bloqué par l'observateur nubien, lequel d'un geste expéditif fit signe à Héri-tep de continuer.

Lorsque la poitrine du blessé fut entièrement recouverte, le Grand Prêtre à l'aide de ses dents arracha plusieurs feuilles à un petit arbuste, et les appliqua sur ce qu'il avait mâchouillé. Il s'avérait évident qu'il était gêné, dans ses mouvements, par le bois qu'on avait coulissé entre ses bras. Le grand maigre au regard torve vint à lui et trancha brutalement ses liens de raphia. Feignant de trouver la chose naturelle, Héri-tep poursuivit ses soins. Avec un art consommé, il entoura à l'aide du pagne de l'homme sa poitrine lacéré, puis il alla s'asseoir, résigné, à côté des deux autres captifs. Le géant suivit ses pas. Son ombre, immobile sur le sol, incita le Grand Prêtre à relever la tête. Il observa le faciès impassible du Nubien, il était comme figé en une expression peinte. Seul l'œil gauche, animé par un tic, créait une diversion assimilable à un sentiment :

- *Si toi t'as voulu faire le sorcier et que seulement t'y as réussi à faire l'singe, les guerriers te mettront au trou avec lui. Mais si t'y as soigné le corps en vrai... alors je parlerai pour toi à Lousaro !* Le Nubien ajouta alors d'une voix forte. *Bazo ! Remets-lui le bâton au dos, et serre moins son ligote que les deux branle-merde à côté !*

Les gardiens se précipitèrent pour exécuter les ordres, et la colonne ne tarda pas à se remettre en route. Rê était à moins d'une heure du zénith lorsqu'ils arrivèrent en vue d'une plaine, dont l'horizon oriental était limité par une chaîne de collines. À main gauche, une piste d'un jaune souillé s'égarait parmi les lointains. Des groupes d'esclaves s'y tenaient agglutinés à la manière des chenilles processionnaires. Ils étaient encadrés par des hommes aux sagaies effilées. Leurs criardes injonctions vannaient la crainte, à travers les vents fuyants de la savane.

La distance s'était faite moindre. On pouvait aisément dénombrer une centaine de captifs. Les mains, levées à hauteur des épaules, étaient maintenues par des carcans de bois tailladés au coupe-coupe. Il y avait parmi eux une grande diversité ethnique. L'œil exercé du Grand Prêtre identifia à leurs tatouages distinctifs, des hommes du pays de Retenou, probablement des amorrites ou des aribous, et même, pensa-t-il, un apakhan issu de ces races ouralo-altaïques venues du nord oriental. Il était apparemment le seul Égyptien. Tous les détenus donnaient des signes de fatigue extrême. Leurs corps harassés, allongés sur le sol, hachuraient de zones sombres cette hamada brûlée de soleil.

À l'arrivée de leur colonne, une criée d'ordres intempestifs incita gardiens et prisonniers à se mettre debout. Des paroles vives furent alors échangées entre responsables. Après avoir fait circuler les outres d'eau, tous reprirent la marche forcée en direction des éminences violacées de l'horizon.

La dix-huitième heure du jour était largement écoulée lorsqu'un captif parmi les amorrites donna des signes très nets de fatigue. Comme son état ne pouvait s'arranger sans repos et qu'il menaçait de ralentir l'allure, ordre fut donné de l'exécuter.

Après l'avoir fait mettre à genoux sur le bord de la piste, sans préambules aucuns, deux gardiens désignés tendirent sa tête vers l'arrière et l'égorgèrent. Tel un sac de grains mal calé, l'homme eut quelques soubresauts avant de glisser mollement vers la terre qu'il humecta de son sang. Héri-tep remarqua qu'en l'instant qui avait précédé l'exécution, d'ombrageux vautours s'étaient mis à tournoyer dans le ciel. Aussi s'interrogea-t-il : par quel mystérieux instinct ces volatiles avaient-ils été prévenus de cette issue fatale ? Il se remémora qu'en ce pays du Toit du monde où il devait se rendre, les cadavres étaient ainsi exposés au bec de ces nécrophages ailés et que, tout compte fait, à défaut de mastaba, la nature reprenait ses droits. L'événement l'amena à réfléchir sur la capacité de tolérance que lui accorderait sa jambe. Si elle devait continuer à le faire souffrir, il ne tarderait pas à connaître un sort aussi pitoyable.

Lorsqu'ils abordèrent les premiers contreforts des monts qui ceinturaient la plaine, l'allure générale se modéra. Il y eut une halte dans l'intention de déterminer le nombre de prisonniers. Le décompte fut réalisé à l'aide de brindilles extraites d'un sac. Moins une, jetée par-dessus l'épaule, le résultat ne déçut pas.

Il faisait jour encore quand, après avoir gravi les flancs d'une colline, ils dominèrent une série de bâtiments rustiques accolés à la pente. Devant eux, sur une esplanade de terre battue se profilaient plusieurs rangées d'esclaves immobiles. Leurs regards éperdus laissaient subodorer la crainte maladive qu'était la leur.

Échines ployées, corps suintants, maculés de mouchetures ocres, les nouveaux arrivants ne différaient guère de ce conglomérat loqueteux. Aussi s'insérèrent-ils sans désaccord de ton parmi les autres prisonniers. Ils étaient à peine arrivés que des gardes firent voler au-dessus d'eux leurs fouets rêches. De douloureuses morsures accompagnèrent les aboiements rageurs des lanières.

Fébriles, les yeux rouges, les pieds en sang, les mains bleuies par les liens, les détenus déployèrent avec douleur leurs membres engourdis. On les pressa de se maintenir debout, en cette verticalité spécifique de l'homme sur la bête, dont on pouvait en ces lieux douter du fondement. Certains parmi eux étaient entièrement nus, d'autres, tels qu'Héri-tep, conservaient autour du ventre un pan de guenille, témoin illusoire d'une dignité vécue.

Peu de temps s'écoulèrent avant qu'ils ne voient progresser depuis le fond de la combe, un cortège en grand équipage. Il était composé d'une vingtaine d'individus armés. Huit porteurs maintenaient sur leurs épaules les brancards d'une sorte de trône d'osier, au fond duquel était affalé un gros homme aux chairs flasques. Cette parodie de monarque était coiffée d'un némès égyptien et vêtu d'une robe de lin ourlée de fils d'or. Deux esclaves agitaient autour de sa personne de larges éventails composés de plumes d'autruche. Un capitaine des gardes en pagne d'apparat ouvrait la marche.

À l'approche de ces autorités singulières, les guerriers nègres mirent un genou à terre et inclinèrent la tête vers le sol. D'un geste las, le notable arrêta son cortège. Un rictus amer sur les lèvres, il parcourut du regard ce puant amalgame qui s'étendait à ses pieds :

- *Je vais parler !* notifia d'une voix forte ce potentat à l'adresse de l'officier du détachement.
- Le Capitaine des gardes fit alors quelques pas en direction des prisonniers : *Esclaves ici présents ! Le Noble Seigneur Lousaro, Maître des mines et Officier principal du Nome, va vous entretenir de votre condition de mineur au service de sa divine Majesté, Pharaon, Souverain des territoires d'Égypte. Nulle question ne devra être posée, toute manifestation verbale ou gestuelle sera punie de bastonnade... S'il y a lieu jusqu'à ce que mort s'ensuive et que cela demeure en vos mémoires !*

Le capitaine salua le notable d'une courbure servile de l'échine, avant de regagner sa place dans le cortège. Les bourrelets de graisse enrobant le cou de Lousaro vibrèrent sous l'effet de sa propre intonation :

- *Mes gens ont parcouru de grandes distances pour nettoyer cette partie du territoire de la racaille que vous représentez. Esclaves en fuite, pirates, trafiquants, traîtres, espions et détrousseurs de voyageurs. Voilà que, grâce à moi, vos misérables vies, qui n'auraient jamais dû voir le jour, vont enfin servir une cause. Celle de Pharaon, Roi d'Ath-Kâ-Ptah, Souverain de ces terres lointaines !*

Les buttes, en face de vous, sont percées de galeries. Nous y extrayons des minerais de quartz aurifère, dont notre souverain a le plus grand besoin pour revêtir d'or son palais, entretenir son armée, et payer ses fonctionnaires. Vous êtes condamnés, sept années durant à soutirer des fragments de roche. Malgré le fait que vous soyez tous d'ignobles fripouilles, vous serez convenablement nourris.

Ce temps accompli, vous aurez droit à une remise de peine, sous certaines conditions. Ou, peut-être... aurez-vous l'honneur de prendre place parmi mes gens, si votre conduite a été irréprochable. De votre situation d'esclaves vermineux, et de chiens galeux que vous êtes, je ferai de vous des travailleurs au service d'un idéal. Sachez cependant que je ne tolérerai aucun manquement à la discipline, et que toute tentative d'évasion ou de rébellion, sera punie de façon exemplaire. Souvenez-vous de cela, car je ne prendrai pas la peine de vous le rappeler. Capitaine ! Que l'on répartisse les postes de travail !

- **Un instant... veux-tu... !**

La phrase éclata tel un coup de foudre dans la tiédeur du soir. Plus aucun esclave ne respira. Le visage de Lousaro prit le ton de ces marbres blancs à peine veinés de bleu qui recouvrent les dalles des palais. Il apparut que le sang qui l'animait l'avait soudainement quitté. Les sagaies des gardes s'élevèrent en un même mouvement. Le silence devint plus épais que celui d'un sépulcre.

Un esclave au teint bistre, à la démarche chancelante, s'avança au-devant du cortège. Dix pointes de lances se placèrent en même temps sur sa poitrine. Il s'arrêta sans baisser les yeux. La face de Lousaro reprit lentement le ton rose, légèrement violacé, qui lui convenait :

- *Tu as osé... Tu as osé !* **Qui es-tu, chien ?**
- *Je suis un homme au même titre que ceux que tu exploites... Je ne suis pas un chien ! Et toi, qui es-tu, Lousaro, pour te référer de Pharaon et commettre des crimes en son nom ? De quel droit abaisses-tu ces hommes au rang d'esclaves, et les contrains-tu aux travaux forcés ? Quel décret t'autorise à leur signifier que tu agis par la volonté de Pharaon ?*

Lousaro se mit debout sur le marchepied titubant de sa chaise. Ses chairs étaient secouées par un tremblement qu'il ne pouvait réprimer. Sous l'effet de cette poussée de rage, son teint adopta une couleur lie-de-vin, du plus surprenant effet :

- *__Chien...__ ! Je ne te le demanderai pas une troisième fois :* **Qui es-tu...Parle... ?**
- Malgré l'épuisante fatigue qui martelait ses tempes et faisait fléchir ses membres, animé par un ultime sentiment de dignité, le captif se redressa : *Je suis Héri-tep, Grand Prêtre d'Iounou, Initié maâkherou, Précepteur de Pharaon, frère des Osiréons, Maître Vénérable, Conseiller du Grand Vizir à la cour d'Ath-Kâ-Ptah, et chargé de mission par le Pair Respectable, l'Our'ma Vénéré des territoires d'Égypte.*

Lousaro se laissa choir sur sa chaise, les bourrelets de son corps secoués par un rire sardonique. Les mots franchirent avec difficulté le barrage de sa gorge épaisse :

- *Toi, Grand Prêtre ! Seigneur... Enseignant du Roi... Conseiller !* **Quoi d'autre encore ?** *T'es-tu seulement miré sur la face d'un cuivre ? La longueur répugnante de ta tignasse, ta barbe en buisson, et ton corps couvert de vermine !*
- Le despote changea brusquement d'attitude, il affecta un ton

mièvre et sarcastique : *Ta noble robe a souffert, Mon Seigneur ! Je ne devine plus la géométrie empesée qui lui sied à l'ordinaire ! Dis-moi ! Est-ce ton escorte que je vois là, à tes côtés ?*

Le rire goguenard de l'omnipotent Lousaro gagna ses hommes de garde, ainsi que l'ensemble des prisonniers :

- *Tes acolytes eux-mêmes rient de toi !... Regarde, pauvre fou ! Regarde !*

Deux larmes, qu'Héri-tep refusait de toute sa volonté, glissèrent le long de ses joues et disparurent en son menton hirsute. Lousaro fit claquer sa cravache sur l'un de ses accoudoirs. Les rires cessèrent à l'instant même.

- *Tu vas payer de ta vie ton insolence, et le manque de respect que tu as pour l'autorité. Qu'on bastonne ses chairs jusqu'à ce que mort s'ensuive, et qu'il serve ainsi d'exemple à ceux qui seraient tentés de l'imiter !*

Les gardes se ruèrent sur cet esclave impudent. Après l'avoir plaqué au sol, ils lui immobilisèrent les membres à l'aide de leurs genoux. Un sbire au faciès inquiétant s'avança, muni d'un long gourdin parsemé d'aspérités noueuses. Avant d'appliquer la sentence, l'exécuteur interrogea Lousaro du regard. Celui-ci eut un geste d'approbation agacé mais, au demeurant, significatif. Il n'y eut point d'autres délais, l'instrument de torture vrombit tel un gros insecte, et s'abattit avec un floc sourd sur les muscles tendus d'Héri-tep. Sous le choc, son souffle se coupa, les chairs éclatèrent en un long filet rouge, alors qu'un tison de feu lui traversait le cœur. Ses ongles griffèrent le sol, avec toute l'énergie de ses tendons. Il sentait son corps s'évaporer en une inconsistance veule. Pourrait-il résister une fois encore à une aussi vive douleur ? Mais le sbire n'eut pas d'état d'âme : le gourdin fondit de nouveau, cinglant le corps meurtri, et de nouveau encore.

- Suave et lointaine, la voix de la Reine sillonna sa mémoire, telle une mélodie d'outre-tombe : *« Sache doux Héri-tep, que nos yeux te précéderont sur le chemin de ta quête. »*

L'instrument s'apprêtait à sévir une quatrième fois, lorsqu'un immense guerrier à la morphologie osseuse, se jeta aux pieds de Lousaro.

- *Seigneur Maître, écoute ton serviteur ! L'esclave que le grand y bastonne, il est fou en sa cervelle de cloporte, pour avoir levé la parole sur ton éminence. Celui-là quand même a soigné un homme à moi, qu'avait reçu la griffe d'un fourrure ocellée. Il a guéri sa vie. S'il meurt par les coups... ça fera un en moins au minerai. Il est costaud à charrier la hotte. L'esclave peut creuser beaucoup pour ta gloire à toi. Mort, y payera pas l'affront, et fera rien qui rapportera à la Seigneurie que tu es.*
- Le despote afficha une grimace amusée, sa main potelée dénia s'élever de l'accoudoir : *Tu as raison Taboâ. Ce pouilleux est fou... fou pour m'avoir défié. Qu'on le place à la galerie neuf... Ça lui clouera la langue, et que je n'entende plus parler de lui !*

Lousaro déploya son éventail de plumes et chassa, avec les dernières pensées de l'importun, son léger coup de chaleur.

***

Il faisait nuit, une de ces nuits orageuses et sombres, une de ces nuits sans lune, sans étoiles, noire et profonde, tel l'œil attentif de la mort. Il lui apparut qu'il se trouvait gisant sur une plage inconnue, le corps lourd, lesté de toutes les souffrances du monde. Un instant, il essaya de circonscrire cette douleur qui venait de nulle part. Elle s'infiltrait en sa nature par ses lancées insidieuses, par ses petits picotements vifs et intermittents. Il sentait un cœur liquide battre sous la surface de sa peau. De temps à autre, une vaguelette plus caressante que les autres venait effleurer la fièvre de son front.

Voilà que la tempête s'était calmée. Il était là étendu sur la plage, le dos plaqué au sable brûlant. Cette présence qu'il ressentait, ce ne pouvait être qu'Ouâti.

Il fut pris d'un ardent désir de revoir la jeune femme, de contempler ses yeux de braise, parfois plus profonds que les mystères de Thot. Hélas, malgré de louables efforts, ses paupières refusèrent de s'animer. Elles étaient figées dans un contexte de pierre. Sa seule volonté n'avait aucun pouvoir sur elles. Cependant, à force de persévérance, cette coque finit par se fêler. Elle lui laissa entrevoir une lumière triste, que tamisait par intermittence une ombre mouvante de nature inconnue :

- *Tu es Horus, le fils d'Osiris ?* énonça une voix aux sonorités angéliques. *Tu as osé affronter Seth, le démon du mal. Par ta souffrance, tu as éclairé les hommes tes frères, ces misérables, égarés en leur nuit intérieure.*

Héri-tep referma les paupières. Se pouvait-il qu'il soit déjà devant les juges suprêmes ? Ceux-ci s'apprêtaient-ils à peser son âme ? Il fit un effort pour se souvenir des versets du Grand Passage, lequel allait lui permettre de s'exposer au jugement des dieux. Mais avant qu'il ne le récite, la voix reprit sur un ton harmonieux :

- *Voilà que tu ouvres les Cieux et répands ta lumière. Tu es l'œil de Rê, ton divin Père. Voilà qu'Atoum étend sa main sur toi et guérit tes plaies. Voilà que ta mère, Isis, t'apporte à boire. Bois Horus... Bois !*

Héri-tep but une gorgée, puis une autre. Son corps lui parut moins pesant. Un instant, il fixa cette petite flamme agonisante en son bain d'huile. Au-dessus d'elle, il aperçut deux cercles blancs ressemblant en tous points à des yeux, qui le dévisageaient intensément :

- *Réveille-toi, Horus, voilà que ton Père Osiris appelle à la vengeance.*
- *Qui es-tu ?* questionna Héri-tep d'une voix à peine audible.

Il y eut un silence :

- *On m'appelle de ce nom qu'est à moi... Ikou !*

- *Quel âge as-tu, Ikou ?*
- *J'ai onze années et encore une demie... en plus. Je sais tirer à l'arc avec les grands guerriers, compter jusqu'à millier presque et joue le Luth de corne. Mais ici... chui seulement que le porteur de soupe... !*

- Héri-tep parcourut du regard le corps entièrement nu et presque rachitique de l'enfant : *Où as-tu appris à jouer du luth ?*

Le silence se fit de nouveau :

- *Ma mère, elle m'a appris, quand j'étais pas encore un homme. Elle était... mus... se licienne avec du luth de corne !*

Il y eut un autre silence, plus long que le premier. Puis la tête de l'enfant glissa affectueusement sur l'épaule du Grand Prêtre. Celui-ci sentit des larmes mouiller sa peau :

- *Que fais-tu en ces lieux maudits, mon enfant ?*

Avant que le gosse n'ait eu le temps de formuler une réponse, un gong de cuivre tinta au loin. Le son de l'instrument fut suivi d'étranges réverbérations le long des galeries. En un brusque réflexe, Ikou se redressa.

- *C'est la soupe du dixième d'heure, faut que j'aille pour la porter à tous... Je te l'amène la tienne, Horus ! Surtout n'y bouge pas d'ici, tu t'y perdrais les pieds dans les vieilles galeries, qui y en a plus personne qu'on voit dedans !*

Sans attendre une réponse, avec l'agilité d'un lynx, le gosse fila à travers la nuit de la grotte. Resté seul, face à cette minuscule lampe à huile, le Grand Prêtre se dit qu'on l'avait emmené dans les entrailles d'Apopis, le serpent des ténèbres. En essayant de s'asseoir sur sa couche, il souleva avec lui la toile de lin qui adhérait à sa peau ensanglantée. La douleur était ardente mais supportable. Il se souvint alors qu'il avait creusé les reins sous les coups, de manière à ce que ceux-ci portent le moins possible sur la colonne osseuse. Le sang battait fort à ses tempes.

En un précaire équilibre, il réussit à caler l'une de ses épaules sur la cloison rocheuse et à se mettre debout. Son regard oscilla fébrilement entre la sombre cloison et sa couche. L'air était fétide, une odeur âcre lui piquait la gorge. On percevait un bruit d'écoulement mêlé à des tambourinements répétitifs comme autant d'appels angoissants. Il déplaça avec précaution cette petite flamme, caricature branlante d'une lampe à huile. Une eau, aux émanations douteuses, courait dans une rigole creusée à même le sol. Elle se déversait dans un bassin de décantation. Près de celui-ci, une enfonçure rocheuse abritait une paillasse vermineuse.

Parmi les anfractuosités, il y avait une partie plane sur laquelle étaient tracés des glyphes égyptiens, ils représentaient des chiffres aux contours indécis. Plus loin une série de dessins évoquaient un luth, mais aussi des barques occupées par des chasseurs.

- **Horus** ! *Tiens, pour toi… le bouillon d'os !*

Héri-tep sursauta si fort qu'il faillit lâcher sa lampe. S'étant retourné, il entrevit l'enfant qui s'acheminait vers lui dans le noir le plus complet. Il maintenait entre ses doigts cireux, une écuelle fumante.

- *Avale vite… pendant qu'elle est pas froide !*
- *Et la tienne de soupe ?* s'enquit Héri-tep avant de tendre la main vers l'objet de réconfort.
- *J'l'ai avalé au chaudron avec le chef de galerie. On a parlé qu'une dispute elle avait engueulé les gardiens. Lousaro, il a donné moins qu'la part qu'l'avait promis, pour capturer les esclaves. Après ça, il s'y parait qui y a eu d'la bagarre ! S'as pourrait même, qu'elle ait fait un vrai mort et des autres encore plus blessés. Les doigts moins un des gardes, y sont partis pour déserter dans la savane… C'est le chef qui l'a dit tout ça !*
- *Cela ne change rien à notre sort*, conclut le Grand Prêtre, après trois gorgées du contenu de l'écuelle qu'il eut du mal à avaler.

- *Rien !* reprit Ikou. *Mais y'en aura moins d'chasseurs, avec ça, moins de viande dans la sébile. Et y nous remettront les lézards qu'on les avait déjà dégueulés !*

Une lueur apparut au fond de l'une des galeries qui leur faisait face.

- *Quelqu'un vient... ?*
- *Non, c'est z'éthiopiens du boyau douze, que brochent au feu !*
- *Qu'est-ce que cela veut dire, Ikou ?*
- *Ben ! y chauffe le roche pour que lui il éclate. Après y s'y casse en bout, puis l'est mis dans le hotte en corde, et puis l'après sur le dos, il l'est grimpé vers les trous d'ciel.*
- *C'est quoi, Ikou... les trous du Ciel ?*
- Le gosse éclata d'un rire en éboulement : *Tu sais rien toi ! Les trous d'ciel... ben... C'est là où on le voit !*
- *On voit... quoi ?*
- *Ben... le Ciel !* ajouta Ikou, l'air désemparé.
- *Ah !*

- Le Grand Prêtre et l'enfant cessèrent intuitivement de parler. Ikou, le premier, rompit le silence : *Dès que ton dos il sera le moins saignant, Horus...*
- *Ne m'appelle pas Horus. Mon nom est Héri-tep... d'accord ?*
- *D'accord... je te l'en mènerai à la visite de mine. J'suis le seul au monde à connaître comment elles y sont l'galeries. J'ai une moisson d'amis, mais des ennemis un petit peu aussi, jt'les dirai qui y le sont ! Mon ami qu'est le meilleur, c'est le vieux Sallédou ! Sa peau, elle est plus noire que la mine, et il est borgne des deux yeux. Mais, avec ses cheveux blancs, il est beaucoup malin. Il a lui fini le temps au travail, depuis déjà des soupes et des soupes... et il y avait droit à y être remonté dans le ciel. Mais, l'a dit... attends... que l'a dit : « Mon cœur veut que je reste dans la mine, avec ceux qui ne connaissent pas la beauté d'Atoum-Rê. » L'a dit encore : « Je veux mourir parmi mes frères esclaves. » Tu sais, Tep, toutes il les connaît, les légendes que sont vieilles...vieilles, qui y en a dans le Nil,*

Sallédou, et aussi celles des pays ou y fait l'eau en pierre de froid. Il a dit une fois encore ! « Lorsque le pauvre il y perd le Soleil des yeux, c'est que lui, le Soleil, est venu se cacher dans son cœur. » Et un autre jour... il... Ikou s'arrêta net de parler. Ses prunelles brillèrent plus intensément. D'un geste vif, il plaça sa main sur sa bouche : *Misère de moi, Tep. J'y ai oublié porter le bouillon à ceux du fond qui vont me crier dessus... y faut j'y aille à la suite !*

Il disparut si vite qu'Héri-tep eut l'impression qu'il s'était éteint, telle une lampe sous un coup de vent. Resté seul, le Grand Prêtre regagna sa couchette. Un instant, il désira méditer sur l'épreuve humaine et la justice du Maât, mais insensiblement sa tête gagna le billot de bois qui lui servait d'oreiller. Son dos était enflé et douloureux, il avait soif, il s'endormit.

Un temps insoupçonnable s'écoula avant qu'il n'eût la sensation que mille Soleils lui venaient brûler les yeux. Il reçut alors une claque sur la poitrine :

- *Tourne ton cul, Pharaon de mes deux, faut que la médecine y voit ce que t'as reçu comme cognures ! Te pense pas qu'on va te nourrir à rien faire !*

Héri-tep n'eut d'autre choix que de s'exécuter. L'un des deux sbires affichait un comportement de thérapeute. Il se pencha sur ses blessures. Son haleine nauséeuse était chargée de vapeurs de bière, mais l'air ambiant était si empesté, que la chose lui parut acclimaté.

La torchère maintenue par l'accompagnateur, heurta le plafond de la grotte, en dispensant alentour des brindilles enflammées qui se disséminèrent sur les plaies mises à vif. Le Grand Prêtre serra les dents de douleur. L'incident ne fut pas pris en considération. À plusieurs reprises « la médecine », ainsi l'appelait son compère, pressa ses chairs, puis sans ménagement, tapota les os de sa colonne vertébrale :

- *T'as mal ?*
- Héri-tep hésita. *C'est... C'est supportable !*

- *Et la tête, t'as mal ?*
- *Non !*
- *Bon !... Faut laisser faire !... Dans huit jours, l'aura retrouvé sa langue... Pharaon de mes deux !*

L'homme qui tenait la torchère éclata d'un rire éructé.

- *T'as raison, la médecine. Ces fils de chiens sont comme les âchas, t'en casse un bout, ça repousse plus dur qu'avant.*

Héri-tep vit la torchère que le séide tenait en main, observer un grand arc de cercle à l'intérieur de la cavité.

- *Maintenant, faut qu'on aille voir ce Turaya... l'amorrite du boyau huit... ! Y s'est'y pas brûlé le pied, l'emmanché !*

Une volée de jurons fit suite à un bruit de sandales achoppant la roche. Puis, les pas s'éloignèrent dans les dédales obscurs. Resté seul, Héri-tep réussit à s'asseoir sur sa couche. Le silence envahit de nouveau l'espace où il se trouvait. Il s'écoula quelques instants avant que ne lui parvienne un bruit feutré.

- *Aie pas peur, Tep... C'est moi Ikou. Les fils de chiens, c'est eux que le sont... Leurs âmes à eux, elle est plus noire encore qu'la mine, Tep, plus noire... C'est Sallédou que l'a dit !* Héri-tep sourit à cette remarque de l'enfant. Ce dernier reprit sur un ton consterné : *Ma mèche, elle a mouillé ! Crains riens, Tep... Je le reviens dans la suite...* **Aie pas peur** *!*

Décidément, ce gosse était peu banal. Où pouvait-il prendre ce surcroît de vitalité ? Peu de temps s'écoula avant qu'il ne le vit revenir, telle une petite flamme dansante.

- *Donne main, Tep. Je vais y aller t'montrer à mon ami, Sallédou. J'suis sûr que les deux ensemble, vous y allez être bien compères.*
- Des doigts nerveux enserrèrent le poignet du Grand Prêtre. Le

curieux petit homme le tira sans ménagement parmi les dédales des galeries : *T'es grand toi... Y faut te baisses ta tête pour que ça passe... Quand je le te dirai t'y baisseras vite !* Ikou n'avait pas achevé sa phrase, qu'Héri-tep se heurta durement à une aspérité de la roche. *Baisse ta tête, Tep, autrement te vas faire la bosse !* prévint aimablement le porteur de soupe.

Ils enjambèrent une rigole, croisèrent une galerie et s'engouffrèrent en une autre. L'incarnation d'Horus émit alors le désir de marquer l'arrêt, pour rafraîchir son crâne.

- *J'ai soif... Peut-on boire à la rigole ?*
- *Pas surtout non, c'est l'eau à merde ! T'attraperais un chiasse ! Si, t'veux boire, te trempes ton nez dans la corniche... là, en l'air !* Ikou avait élevé sa lampe à huile. Héri-tep posa les lèvres sur ce mince filet d'eau qui courait à hauteur d'homme. *Elle en est bonne, hein ! C'est des gentils que l'ont creusée en bas de plafond, pour que personne il y pisse si haut.*
- Héri-tep essuya ses lèvres d'un revers de main : *Mais toi, petit, comment fais-tu, pour boire... c'est trop haut pour toi ?*
- Le gamin redressa la tête du mieux qu'il put : *T'en fais pas, j'ai caché un endroit d'une pierre qu'elle grandit !* D'un geste vif, il masqua la flamme à l'aide de sa main : *Tep ! Regarde la lumière, qu'elle est là-bas petite ! Pas celle qu'est la jaune, la rougeaude à la main droite ! Eh ben, c'est là que l'est la cabane à mon ami Sallédou !*

Ils durent parcourir une quarantaine de pas. La flammèche de leur lampe faisait cabrioler la roche devant eux. Bientôt, une statuette dessina ses formes rustiques au sein d'une cavité. Celle-ci vacillait sous le halo blafard d'une flamme moribonde. L'effigie représentait Osiris, dieu mort et perpétuellement renaissant. Bien que maladroite, l'œuvre était saisissante de mystère contenu. Une voix au timbre caverneux se fit soudain entendre, elle évoquait celle des Prêtres Récitants à l'ombre des mastabas :

- *N'est-ce point en la nuit des racines que se prépare le printemps des branches ?*

L'origine de la voix se mêlait étroitement à l'écho de la caverne. Héri-tep leva les yeux, mais il ne distingua que les aspérités rocheuses de la voûte.

- *Là !* s'exclama Ikou, en indiquant l'endroit à l'aide de sa lampe à huile.

Dans cette semi obscurité, le Grand Prêtre entrevit une forme roide, maintenue debout au creux d'une cavité. La peau parcheminée qui vêtait cette humanité collait à son squelette. Cheveux et barbe d'un blanc laiteux contrastaient avec sa condition de négritude. Les yeux clos paraissaient ouverts sur une contemplation intérieure, alors que le corps même demeurait pétri d'immobilisme :

- *Approche-toi, valeureux homme ! Tu as osé, m'a-t-on dit, tenir tête à cette fripouille de Lousaro ? Tends tes bras vers moi, frère.*

Héri-tep ne prononça pas une parole. Il plaça ses poignets entre les mains ouvertes du vieillard. Sans plus attendre, Sallédou effleura de ses doigts osseux, le réseau des tendons et des veines :

- *Tu dis t'appeler Héri-tep, celui qui sait et qui commande ?*
- *C'est le nom qui me fut donné lorsque j'étais adolescent. Il me fut ensuite confirmé au moment de mon accession à la Prêtrise.*
- *Tu es Prêtre ?*
- *Oui !*
- *Tu prétends être une Sommité à la Cour d'Égypte. Tu te dis Précepteur, Ami de Pharaon... de ses Intendants et Vizirs ?*
- *Oui !*

Léger et rapide, l'extrémité des doigts ne cessa de courir sur la surface interne du poignet. Le visage du vieillard se dirigea vers le plafond enténébré de la mine. Un instant, il parut admirer un signe qu'il était seul à percevoir. Puis, sans que rien ne le laisse supposer, il laissa fléchir ses jambes décharnées, et se plaça à genoux aux pieds d'Héri-tep.

Le timbre de sa voix devint à peine audible : *J'ai peine à le croire… tu ne mens pas ! Tu es bien celui que tu prétends être !* Ayant amené à lui les mains d'Héri-tep, Sallédou les plaça sur ses joues inondées de larmes : *Maître, tu es la Lumière en ces lieux. Comment se fait-il que tu te trouves ici ?*

Face à l'attitude du Vieillard, Ikou les yeux en extase, plia, lui aussi, les genoux. Le Grand Prêtre les obligea l'un et l'autre à se relever :

- *Mes amis, écoutez-moi ! Chacun de nous est Maître en ce monde s'il parvient, par ses vertus, à sublimer sa condition native.*
- La voix cristalline de l'enfant succéda au timbre profond du Grand Prêtre : *Entends, Sallédou ? C'est Horus qu'é parle. C'est lui que va briser la lance de Seth-Lousaro… **lui, que va lui couper le zizi** !*
- *Pauvre garçon !* reprit Sallédou. *Mon cœur souffre, Maître, qu'une si tendre jeunesse ait à pâtir de l'absurdité des hommes.*
- *Sur un plan strictement humain, Vieillard, la chose est ignoble et mérite un impitoyable châtiment. Mais vu sur le plan divin de l'élévation, Ikou franchit en cette épreuve une étape décisive dans les phases de ses réincarnations. Ce qui ne veut point dire que nous devons rester passifs.*

À notre échelle d'homme, il est de notre devoir de tout faire pour alléger cette condition, et nous le ferons, Noble Sallédou.

- *Ô, Maître !* déclara Sallédou, en serrant plus fortement les deux mains qu'il avait conservées sur ses joues, *Maître, tu es le Rayon dans la nuit.*
- *Le Rayon d'Horus !* ajouta faiblement Ikou, en un sanglot étranglé.
- Le vieillard se redressa : *Maître, nous allons te montrer notre trésor, que nul regard impie n'a jamais profané. Ikou, conduis-nous*

immédiatement au temple.

- *Au temple !* reprit Héri-tep interloqué.
- Sans une hésitation, Ikou éleva sa lampe : *Suis-moi, Tep ! Attention à le rocher que peuvent encore cogner ta bosse !*

Tous trois longèrent un couloir étroit sur une soixantaine de pas, puis ils empruntèrent une travée parallèle. Après avoir par deux fois bifurqué, ils pénétrèrent à l'intérieur d'une galerie mal nivelée. Les failles y étaient nombreuses et les roches acérées. Ikou s'arrêta devant l'une de ces anfractuosités. Ayant plaqué son corps contre la cloison, il disparut promptement au regard :

- *Attendez-moi !* l'entendirent-ils énoncer d'une voix étouffée.
- *Il prépare le coup d'œil*, ajouta, non sans humour, le Vieillard.

L'enfant revint en effet quelques instants plus tard : *C'est l'enlumine, vous pouvez y regarder dedans, maintenant !*

Héri-tep se fit le plus mince possible, mais malgré ces précautions, dans un passage étroit son dos râpa contre la cloison rocheuse. L'intensité de la douleur faillit lui arracher un cri. Lentement, pouce après pouce, les deux hommes gravirent la pente escarpée. Ils pénétrèrent alors sans transition à l'intérieur d'une vaste pièce. Là, brillaient quatre groupes de neuf lampes. Elles étaient placées en demi-cercle autour de quatre divinités sculptées à même la roche. Bien qu'insolite en ce lieu, ce chef-d'œuvre répondait à la symbolique traditionnelle et constituait un admirable acte de foi. Le plafond en berceau était maintenu par sept colonnes monolithiques taillées dans la masse. Vingt-huit stalles placées en hémicycle attendaient d'être occupées par d'éventuels sectateurs.

- Héri-tep fut bouleversé : *Qui a fait cela ?* dit-il d'une voix qui trahissait son émotion.
- *Des esclaves, comme toi et moi, Maître. Des années de travail furent nécessaires.*

Le Grand Prêtre s'avança jusqu'au pied de l'autel, lequel était sculpté dans un volume de roche comme l'auraient été des concrétions au fond d'une cavité souterraine :

- *Comment ont-ils pu réaliser tant de merveilles en dehors du rendement imposé ?*
- *C'était leur rendement, Maître. Chaque homme devait fournir quatre hottes pleines par journée de travail. Peu importait aux mercenaires comptables d'où venait le minerai, pourvu qu'il fût riche, et celui-là l'était particulièrement. Montre, Ikou, à notre Seigneur Maître, montre lui l'or !*

- Ikou fit courir la flamme de sa lampe le long de la paroi : *Regarde les filets jaunes, Tep, te les vois ? C'est l'or qu'on y voit là, y en a partout, regarde voir sur les statues, qu'y en a d'autres de filets, te vois...**Regarde** !*

Le gosse était investi par un enthousiasme débordant. Lui, Ikou, n'exhibait-il pas son pactole caché à l'ami de Pharaon ?

- Derrière eux, Sallédou riait de la joie que cet événement procurait à l'enfant : *Calme-toi voyons Ikou, on pourrait penser que cet or est ta propriété. Cet or appartient, tu le sais... à...*
- Héri-tep coupa rapidement la parole au Vieillard : *À la Terre, Noble Sallédou... à la Terre, seule !*
- *Tu as raison, Maître !... À Mout... Notre Mère à tous.*

- Ikou effectua un bond véloce en direction de l'entrée : *Écoutez, le gong du demi-jour ! Y faut... que j'ly porte la mâchouille à tout le mine !*

Cette fois, Héri-tep fut peu surpris de l'envolée du porteur de soupe. Il commençait à se familiariser avec ses démarrages intempestifs. Resté seul, en compagnie de Sallédou, le Grand Prêtre entreprit d'effectuer une reconnaissance des lieux. Parvenu à proximité des statues, il plaça sa main sur chacune d'elle. Après une légère hésitation, il discerna à la forme de leur couronne, Pharaon Maître des Deux Terres, Harmakhis, Amon Rê le secret et Ptah, le divin boiteux :

- *Je ressens des effluves considérables en ce lieu, les dieux ont dû s'y intéresser. Si tu le permets, Noble Sallédou, je vais consacrer ce temple. Nul non-initié ne peut participer à ce rituel, je vais donc devoir t'initier. Tu es aveugle, vertueux et Sage, Sallédou, voilà que tu vas renaître, c'est-à-dire naître de nouveau. Ces adoubements que je vais pratiquer sur ta personne te placeront sur le seuil de perception des grands arcanes. Tes capacités intuitives seront alors en synchronicité avec la science exotérique universelle. Ainsi auras-tu noble Sallédou, le pouvoir de relier ta conscience évolutive à celle des dieux qui gèrent notre situation d'initiés.*

Le Grand Prêtre plaça ses mains à plat, au-dessus du corps décharné de l'ascète. D'une voix qu'il espérait solennelle, il entreprit de réciter les énoncés d'intronisation :

« En vertu des pouvoirs qui m'ont été conférés
Par les instances supérieures et en qualité du ministère qui m'est donné d'exercer en ce monde. Je vais t'initier Sallédou le Sage,
Aux petits et moyens mystères de Thot le divin Neter.
Es-tu prêt à assumer cette noble charge ? *»*

- Deux petites chenilles d'argent se maintenaient en précaire équilibre sur les cils immobiles du vieil homme : *Je le suis, Maître... Fais ! C'est le plus beau jour de ma vie... Le plus beau jour, Maître...c'est le plus beau !*

Après avoir diligemment effectué sa corvée de soupe, Ikou revint sur les lieux. Il comprit aussitôt qu'il s'ourdissait des choses conséquentes qu'il n'était pas censé entendre. N'osant pénétrer en ce fanum, il brava l'interdit en prêtant l'oreille sur le rebord de la faille. Peut-être aurait-il ainsi l'occasion de saisir des bribes de phrases qui lui permettraient, à lui Ikou, d'accéder en l'intimité des dieux ? Hélas, ces interminables logorrhées et autres litanies eurent tôt raison de sa patience.

Un peu plus tard, les deux initiés le trouvèrent pelotonné sur un coussin de roche, les yeux clos, la tête infléchie entre deux écuelles de soupe froide, lesquelles selon toute vraisemblance, leur étaient destinées.

***

Depuis cet événement, soixante-trois petites griffures matérialisaient sur la roche le nombre de jours où les ténèbres avaient succédé à la lumière. Les seules références journalières que comptabilisaient les esclaves étaient ce qu'ils nommaient : « Les jours des trous du Ciel ». Là-bas, versés dans l'obscurité des profondeurs, l'activité ne leur laissait aucun répit, soumis qu'ils étaient aux impératifs du rendement.

À l'extrémité du boyau « 11 », deux hommes déplaçaient à grand-peine des briques réfractaires, lesquelles devaient les protéger de l'intensité du feu. Le son aigre d'un grelot de cuivre que l'on agitait les incita à interrompre leur labeur. En un réflexe conditionné, les mineurs placèrent leurs mains en croix sur la poitrine. C'est alors qu'une forme haletante passa en claudicant devant eux. Elle tirait un galbe rigide, hâtivement ficelé entre une paire de rondins. Ils suivirent d'un regard éteint ce morne et brinquebalant cortège : *C'est qui, camarade ?* Questionna le plus âgé.

- Le dos cassé qui tirait sur la corde ne se redressa point pour autant. Mais les jambes, sous celui-ci, cessèrent un court instant d'avancer : *C'est l'himyarite... qu'il est mort tantôt en boyau quinze ! y en a un autre encore au vingt-deux !* La corde se tendit de nouveau et l'insolite cortège s'évanouit dans les méandres enténébrés de la galerie. L'un des deux esclaves ramassa l'herminette qui se trouvait à ses pieds :

- *Ça y fait deux de plus que charroie à la fosse... À c't'allure, dans la moitié d'année y aura plus au fond que pics et maillets. Tous, les hommes l'y seront crevés... comme rats !*

- Son compagnon s'empara d'un levier de souche, adossé à la paroi :

Y en a qu'disent, que vont nous remonter et que ceux qui sont du Ciel, y les remettront en le boyau.

- L'autre eut un haussement d'épaules : *T'y crois-toi ? Les malades y pullulent, ça serait pire encore, si le Tep y soignait pas… avé les mains.* L'homme s'arrêta de taillader la poutrelle récalcitrante qu'il destinait à l'étayage : *Y t'a guéri toi, l'Égyptien ?*
- *Ouais ! M'a guéri le devant poitrine avé les mains posées dessus ! Le cracher de sang s'est arrêté en l'heure. Pour sûr, celui-là, que fouille dans le lit des déesses.*

L'œil dubitatif, le plus jeune hocha de la tête tout en approchant une lampe du boisseau de paille. Activées par un appel d'air, les flammes gagnèrent rapidement les brindilles, puis les madriers plaqués contre la sape. C'est alors que son compagnon positionna les coins de bronze avec l'intention de faire éclater la roche :

- *C'est bon, reculons… ça va y faire chaud aux pieds !*

Le dos plaqué contre la paroi, les deux mineurs attendirent que le feu ait rempli son office. Le bois flambait encore lorsque leurs masses de cuivre s'abattirent sur les burins. Les coups répétés firent pénétrer les coins dans les failles. Une lézarde se forma, alors qu'une fumée blanche progressait le long des anfractuosités.

Soudain, sans qu'aucun signe annonciateur ne le laisse prévoir, un volume considérable de roche se détacha de la voûte. Les blocs roulèrent en grondant sur le brasier. Une gerbe de flammes éclaboussa l'excavation, des milliers d'étincelles percèrent de leurs pointes de feu l'obscurité de la galerie. Les lampes s'éteignirent sous le souffle, une poussière suffocante monta à l'assaut des épontes. Puis les crépitements régressèrent. Un angoissant silence succéda au vacarme. Seule demeurait la flamme folâtre d'un tison, qui persistait à sautiller entre les membres racornis des dépouilles.

***

- *C'est pour demain... qu'on remonte au Ciel... ça va s'y faire !* La voix était éraillée par l'intensité de la poussée vocale. **Demain...** *Tous, on le grimpe dans les trous d'Ciel ! Ça y est... le chef, y l'a dit... demain... C'est... c'est...*

Fascinés par l'insupportable vision, les mots restèrent en suspens sur les lèvres pétrifiées du porteur de soupe. La chandelle, un instant, grelotta sur sa base, puis elle observa un retrait si violent, que le souffle faillit l'éteindre :

- **Tep, Tep...** hurla la voix... *ils sont tous mort... Tep !*
- À grand renfort de masse, le Grand Prêtre achevait de concasser un volume de roche magmatique qui refusait de céder sous la frappe : *Que veux-tu, Ikou ? Je ne peux pas me laisser distraire, il me reste deux hottes entières à remplir, plus celles de Salloué qui est malade... Que me veux-tu, qu'est-ce qu'il y a encore ?*
- **Morts ...** *y sont morts, Tep !*

- D'un revers de la main, Héri-tep essuya son front inondé de sueur : *Qui...* **ils** *?*
- *Les abyssiniens, Taféri et Sâlam... écrasés. La roche, leur a cassé sur la tête. Y a plus qu'un tas, avec leurs bras qui sortent.* **Viens vite**, *p'tête, y sont pas morts, tout à fait... comme il faut... y en a un, que dépasse un peu sur l'éboule avec le sang dessus !*

Ikou prit la main d'Héri-tep, et déjà, il le tirait prestement dans la galerie principale.

- **Hep** *! La lampe, tu oublies la lampe !*
- *On prendra celle qu'est au croisement, Tep... y faut y aller faire vite, avant qu'ils sont morts pour les champs... !*

Depuis des centaines d'heures passées dans l'obscurité, Héri-tep avait affiné ses perceptions : l'ouïe, le toucher étaient devenus plus sensibles. N'avait-il pas constaté qu'il lui était apparu un sixième sens, celui qui lui permettait de se mouvoir dans l'obscurité, avec la facilité qu'avait Ikou ? Une onde étrange le prévenait des obstacles de masse, encore se heurtait-il quelquefois aux cordages et outils entreposés.

Le Grand Prêtre et l'enfant parvinrent sur les lieux du drame. L'air était suffocant. Après avoir soulevé quelques blocs et dégagé en partie les corps, Héri-tep constata que les deux hommes avaient été tués sur le coup par l'effondrement rocheux. Le petit porteur de soupe restait en arrière. Il gardait ses doigts enfoncés dans la bouche et tremblait de tous ses membres.

- *Va-t-en informer de cet accident quelques-uns de nos camarades, Ikou… ! Oh, attends ! Dis-leur de venir avec leurs hottes, il y a possibilité d'en remplir plusieurs avec ce tas de minerai. Après, on ira au temple pour la prière des morts.*

N'obtenant pas de réponse, Héri-tep éleva sa lampe à la hauteur du visage de l'enfant. Deux sillons blancs creusaient ses joues jusqu'à la base du menton, ses lèvres tremblaient comme s'il avait été atteint par la fièvre de la mouche :

- *C'était deux gentils ! Pourquoi les dieux y font que mourir les gentils et donné le jour aux méchants ?* **Et toi, Tep, t'es dur, dur comme le minerai…** *Tu penses aux hottes qu'y vont l'avoir à remplir. Moi je pense à le pleurer, parce que moi j'ai la peine aux yeux et au dedans là…ici. T'es dur Tep… dur méchant, t'es pas prière !*

Héri-tep baissa la tête. Les sournois effluves d'une honte insoupçonnable atteignirent les replis de sa conscience.

- *Lorsque l'on vit dans des conditions impitoyables, Ikou, il faut être… être endurci à la peine !*
- *Mais Tep… Si tout le monde il est durci, dans quelle âme y va y vivre l'amour… que t'as dit ?*

Le Grand Prêtre inspecta consciencieusement ses deux pieds

ensanglantés. Jamais, il ne les avait vus aussi grands et aussi hideux :

- *Dans… dans le cœur des justes, Ikou. Oui ! L'homme qui se montre ferme dans ses attitudes n'est pas… n'est pas forcément mauvais. Tu es encore un enfant, c'est normal que tu arroses de tes larmes le jardin de tes illusions.*
- *Ah ça… Je le comprends, quand les fleurs elles sont grandies trop, elles s'y sèchent, alors c'est plus la peine à les arroser !*

Contrairement à son habitude, l'enfant n'épia pas une remarque éventuelle du Grand Prêtre, il disparut sans plus attendre.

Resté seul, Héri-tep s'accroupit dans le silence de ce drame, il perçut les battements de son cœur, comme un blâme extérieur qui le martelait. Puis, brusquement, une cascade déferlante de sanglots secoua sa poitrine zébrée de sueurs. La précieuse maïeutique initiatique n'était plus là pour justifier son raisonnement. Aussi, dut-il aller seul au bout de sa peine, sans que rien ni personne en ces lieux ne fut là pour en saisir le contexte.

Chapitre IV

D'un pas de métronome, un nerf de bœuf ballant à la ceinture, le chef de galerie remonta avec une nonchalance féline la colonne d'esclaves :

- *Soixante-sept... soixante-huit... soixante-neuf... Avec les deux qu'ont crevé l'hier, soixante et onze...* **l'en manque un** *!*

L'adipeux personnage hésita un instant, puis supposant qu'il avait pu se tromper, il entreprit de recompter l'effectif, en partant de l'autre extrémité de la file.

Les esclaves étaient nus, le faciès extasié par cette béance, devant laquelle ils jubilaient d'être engloutis, leur peau suintante lardée de cicatrices luisait à la lumière crue de l'éblouissant orifice. Tête haute, narines frémissantes, ils humaient cette fraîcheur qui leur faisait vaciller l'échine. Ils ne parlaient pas, ne pensaient pas, se laissant bercer par le simple bonheur d'être, par cette inexplicable raison d'exister pour exister.

Appliquées sur leurs visages graves, de petites planchettes munies de fentes, protégeaient leurs yeux de taupe de l'ardeur de la vraie lumière. Chacun serrait sous son bras le rouleau de cuir qui lui servait de couchage, les membres las, le ventre creux, les poumons collés aux lèvres, la gorge saoule de cette céleste trouée, dont le bleu se déversait comme un baume sur les cœurs meurtris.

- *Soixante-huit... soixante-neuf... plus les deux crevés d'hier...* **l'en manque un** *!*

Ikou se retourna vers Héri-tep :

- **C'est le gros...** *l'est resté au fond !*

- Qui ça... le gros ?
- Narzuk-Nipal, le Sumérien, l'enragé fou du boyau treize. Y en a pas voulu venir avec... l'avait encore des hottes à remplir... qui disait !

- Héri-tep glissa son rouleau de cuir sous le bras d'Ikou : *Occupe-toi de mes affaires, je vais le chercher !*
- **Non, Tep**, fais pas ça ! Ils z'y vont refermer les grilles derrière, et ils z'y vont vous mélanger avec la relève que redescend !
- Tiens donc, petit !ironisa le Maître. *Aurais-tu oublié d'arroser tes fleurs... sèches... ce matin ?*

Ikou ne sut quoi répondre. Héri-tep en profita pour lui fausser compagnie. La lampe, dont il s'était muni hâtivement, manquait à chaque instant de s'éteindre, aussi la protégea-t-il du mieux qu'il pût. Allait-il être capable d'identifier les idéogrammes jalonnant le parcours ! Dans le cas contraire, il risquait de perdre beaucoup de temps à retrouver son chemin, parmi la complexité du réseau.

Après avoir parcouru une bonne distance, il s'arrêta, retint sa respiration et plaqua une oreille contre la roche. Des coups réguliers lui confirmèrent qu'il se trouvait sur la bonne voie. Il reprit sa course et déboucha bientôt au centre d'une vaste excavation en forme de poche. Elle était éclairée par trois lampes à la clarté pleutre. De grandes ombres noires nouaient et dénouaient leurs formes en une cinématique inquiétante. Ce rythme diabolique se fixa soudain sur un écho de pioche. Héri-tep n'avait envisagé aucune stratégie d'approche. Pensant que le Sumérien avait décelé sa présence, en une réaction instinctive, il se plaqua contre la paroi. Il y eut un coup sec, suivi d'un rire éructé. Ayant risqué un regard, il vit l'ombre d'une main monstrueuse retenant la queue d'un rat, dont la dépouille en pendeloque oscillait à la lueur de la lampe.

- Le temps pressait, il se dit qu'il lui fallait agir avec prudence : **Narzuk** !

La masse de chair pivota sur elle-même, au point d'imaginer qu'un fouet venait de la lacérer. Le rat mort cogna la roche avant de disparaître en l'obscurité du sol. Les doigts d'ombres restèrent alors en suspens, comme immobilisés par on ne sait quelle détresse :

- ***Qui t'es...*** *toi qu'est là ?*
- *On m'appelle Tep l'égyptien... Narzuk !*
- ***Va-t'en****... plus voir le Soleil qui l'est dans le trou... Y fait mal à mes yeux !*

Le Grand Prêtre fit quelques pas, en direction de cette citadelle huileuse de sueur. En un prompt réflexe, le pansu ramassa un fragment de roche, qu'il brandit à bout de bras dans l'intention de le projeter sur cet intrus. Son souffle était court, ses yeux exorbités.

- Héri-tep jugea qu'il n'avait plus le choix des moyens. Il adopta un sourire qui se voulait convaincant : *Écoute-moi, Narzuk ! Moi, Tep, je suis ton ami !*
- *Pas d'amis, j'ai dit déjà... Travail seulement... Pas d'ami !*
- *Dans mes voyages, j'ai rencontré des gens qui habitaient ton village où il y a ta maison et tes parents !*

Le bloc se mit à trembler au sommet des gigantesques mains :

- *T'as vu la mame... et les petits frères ?*
- *Peut-être... Il faut que je t'en parle, Narzuk... mais pas ici... !* Le bloc vibrant redescendit, apaisé, le long des chairs suantes. *Si tu veux revoir ta mame, comme tu le dis, il ne faut plus travailler au fond, il te faut remonter avec nous... vers le Ciel.*

- *Non... Elle est morte la grosse... Plus là... Elle est morte !*

- Le Grand Prêtre éleva sa lampe à la hauteur de ce regard de tarsier qui le scrutait tel un phénomène céleste : *Narzuk, regarde au fond de mes yeux... tout au fond, regarde bien, il y a une jolie image au fond... Tout au fond regarde !*
- Le géant s'approcha si près d'Héri-Tep que celui-ci sentit la

puissance de son souffle fouailler ses poils de barbe : *Y'a rien que tu dis... qu'on voit au fond ... !*

- *Si, monte ta lampe plus près et regarde tout au fond ! Je suis ton ami Narzuk, et tu vas me suivre maintenant, nous allons retrouver les autres. Tu veux bien... n'est-ce pas ?*

- Le monument humain parut vaciller sur ses deux colonnes : *Y a pas l'image que te dis là... y a pas ?* constata-t-il d'une voix grêle.
- *Allez viens, écoute ton ami ! Prends ton cuir sur la litière et suis-moi !*

***

Cinq hommes étaient occupés à refermer la formidable herse en bronze qui obstruait l'entrée des galeries. L'interstice entre la muraille et la grille diminuait graduellement. Bientôt, il ne resta plus que le passage d'une main. C'est alors que deux silhouettes bringuebalantes émergèrent de l'obscur et s'approchèrent jusqu'à toucher la herse.

- *Qu'est-ce que vous foutez là, mange-couilles !* hurla l'un des gardes... *Dégagez, au fond du trou avec les autres rats... allez ouste !*

Les lances se firent menaçantes. Elles avancèrent leurs pointes effilées au-delà des barreaux, ce qui les obligea à reculer d'un pas.

- *Nous sommes de l'équipe montante. Un empêchement nous a retenus au fond. Le chef de la galerie neuf peut en témoigner... Nous faisons partie de ses effectifs.*
- Les trois sbires tonnèrent d'un rire hostile aux accents impitoyables : **Effectif... mon cul !** *C'était bon avant peau de tambour. Maintenant, c'est trop tard, t'es au fond... **t'y reste** !*

L'un d'eux rabroua sur un ton goguenard aux accents sans vergogne :

Ça passe vite les jours... d'autant que vous ne les voyez jamais passer... les jours ! Leurs rires gras fusèrent de nouveau sans retenue : *Allez, détalez fils de rats ! Vaut mieux gratter le fond, que servir de graillon aux vautours.*

Sur la poitrine du chef d'équipe s'étalaient de longues cicatrices bordées d'adhérences boursouflées. En un éclair, Héri-tep réalisa le paradoxe de la situation :

- *Lorsque hier, nos chemins se sont croisés...* objecta-t-il sur un ton impavide... *tu aurais dû me précéder dans la mort. Cependant, je t'ai sauvé la vie... Est-ce là aujourd'hui, toute ta reconnaissance ?*
- La pointe de la sagaie se fit moins agressive : *Approche, peau de tambour !* Héri-tep fit un pas en avant. **Plus près** *!*

Le Grand Prêtre appliqua sa joue contre les barreaux. La main rugueuse de l'homme souleva, sans tact particulier, la planchette qui protégeait les yeux du Grand Prêtre. Un instant il demeura muet, comme pétrifié par un spasme de conscience puis, sans plus de justification, il maugréa :

- *C'est bon ! Qu'on bouge la sarrasine pour que passent ces enfoirés !*

S'étant alors plaqués contre la herse, trois mercenaires s'arc-boutèrent en de réels efforts pour tenter de livrer passage aux deux esclaves. Mais ils ne parvinrent à faire se mouvoir la masse de bronze que de quelques pouces. Ils s'apprêtaient à renouveler leur manœuvre, lorsque deux énormes pattes d'ourse assimilables à des mains, les figèrent d'appréhension. La grille ravala si vite le tapis de terre qui la freinait, tout en pivotant avec une telle violence, que les gardes durent se jeter sur le côté pour ne pas être écrasés par elle.

L'instant de stupeur passé, le Nubien à la poitrine lacérée interpella Héri-tep : *V'là qu'on est quitte, la mâchouille, une vie contre une autre. On se connaît plus maintenant... T'es d'accord l'esclave... ?*

- Afin de ne point envenimer l'incident, le Grand Prêtre poussa le géant sur la voie rendue libre. Le cœur lourd, il prit le temps de se retourner vers le chef de ces factionnaires : *L'homme peut se considérer quitte devant l'homme. Mais, l'est-il devant les dieux ? Ce sont eux les juges suprêmes.*
- Le Nubien eut de la main un geste évocateur en chasse mouche : *Ferme ta gueule et file avec ton gros tas !*

En une réaction puérile, Narzuk entoura de son bras en forme de poutre les épaules d'Héri-tep. Ivres de liberté, les deux esclaves traversèrent la cour embrasée de Soleil. L'instinct tribal les dirigea vers la section « 9 », rassemblée à l'ombre des baraquements. Les détenus ne pouvaient en croire leurs yeux d'amblyopes. De leurs voix éteintes, ils acclamèrent les rescapés, comme s'il s'agissait d'entités échappées des antres de Nergal.

Ainsi qu'à l'ordinaire, les coups de fouet échouèrent sur les dos brisés. Mais ce jour-là, ils ne réussirent point à amoindrir le bonheur de la lumière recouvrée.

***

Les semaines s'écoulaient et la réputation de celui que l'on appelait désormais Maître Tep allait croissant. Plus un seul esclave des mines de Jordas n'ignorait ce sobriquet. Le Maître avait la réputation de soigner les uns, d'encourager les autres. Pour cela assurait-on, il n'établissait aucune différence entre prisonniers et gardiens. Avec l'accord tacite de ces derniers, il avait improvisé un dispensaire. Ce fut seulement lorsqu'il chercha à instaurer des offices matinaux, que la commanderie se montra hostile au projet et naturellement encline aux représailles.

Très vite, elle dut réviser ce point de vue. Force fut d'admettre que, dans les baraques où se déroulaient ces intercessions, les esclaves étaient moins désespérés, les esprits plus détendus, les querelles moins fréquentes et, par conséquent, le rendement s'en trouvait amélioré. Informé de la situation, Lousaro déclaré, avec le lyrisme infatué qui seyait à son omnipotence :

Le pou se doit de régner sur la vermine, comme le charognard sur les mouches ! Il avait, parait-il, ajouté sur un ton plus conciliant : *Il n'y a aucune raison de contrarier la nature ! À condition que ce Prince de la pègre remplisse, comme tout autre, les tâches qu'on lui assigne.* Ce en quoi Maître Tep s'activait de son mieux, malgré les nombreuses entraves qui lui étaient quotidiennement imposés.

***

En cette aube à peine évanescente, la section 9 employée au lavage des minerais entamait son quarante-quatrième jour de surface. Bientôt, les esclaves qui la composaient allaient de nouveau êtres contraints d'affronter l'obscurité des profondeurs et son inhérente insalubrité. Depuis son incarcération, la situation matérielle d'Héritep ne s'était en rien améliorée. Les agissements à caractères coercitifs, exercés par Lousaro et sa cohorte de tortionnaires persistaient.

La coupole de bronze qui réglementait le temps du labeur frémit sous le maillet. Son timbre âpre déchira la candeur de l'aube et mille poitrines lasses sursautèrent sur leurs grabats.

À l'extrémité de l'allée des mines, les masses grises des chariots à soupe transparaissaient en l'ouate vaporeuse de ce petit matin. Ikou tira son écuelle des dessous de sa paillasse et, nu comme le dieu Bès, il s'élança vers ce bruit de patin crissant. Fidèle à son habitude, le gros Narzuk l'avait précédé devant les attelages, sa forme statufiée salivait déjà au chaudron fumant. Lorsqu'il fut servi, le géant maintint haut ses deux soupes et, à petits pas roulants, gagna le bassin de lavage.

Les énormes meules à broyer le minerai offraient à la lumière naissante leurs surfaces granuleuses. L'oreille attentive, le vieux Sallédou était adossé à l'une d'elles. Ayant identifié le bruit raclant des pas, il dirigea ses mains tremblantes vers la chaleur des écuelles :

- *Prends la viande Narzuk... prends, mon petit... prends-la !*

Le Sumérien avait anticipé l'intention du vieil homme. Après avoir plongé ses doigts ballonnés dans le gras du bouillon, il en retira un quartier charnu, qu'en une large éclaboussure, il transféra dans sa bolée. Le chaudeau assouvi, le colosse s'éloigna en maugréant contre le trop-plein qui lui ruisselait brûlant sur le ventre.

- Ikou, à son tour, s'approcha de Sallédou : *Tep aussi, y la donne sa viande à le Sumérien. Moi c'est l'soir seulement que moi j'lui la donne... j'ai que trop la faim au travail pendant qu'a le jour.*
- *Heureusement,* fit remarquer le vieux Sage, *tu aurais tôt fait de devenir aussi gros que lui !*

La coupole de bronze aboya de nouveau. La trappe du bassin de lavage glissa sur ses butées et une eau bouillonnante commença à inonder le minerai en étalement.

Tout en haut de la butte, sur le grand espace en amont des baraques, les esclaves se rassemblèrent, comme chaque matin, pour former les escouades de travail. Les gueules grondantes des chiens veillaient sur ce troupeau humain. Gardes et bêtes formaient de redoutables quadrilles, il s'en échappait souvent de prestes lanières, dont les vols miaulant venaient fustiger les vieilles cicatrices. Ce jour-là, pourtant, une saveur inhabituelle enivrait l'air, un on ne sait quoi, dont la nature a le secret. Le phénomène était insolite, inexplicable, imprédictible, ce qui eut pour effet que sans ordre aucun, le silence s'établit. Un prodige étrange invitait chacun à épier l'horizon, là où un instant plus tôt flânaient encore les brumes matinales.

Là-bas, loin devant, à la limite des terrasses d'exploitation, sur le fond ocre des terres, de petites grappes de pucerons déroulaient leurs rubans de couleur. En tendant bien l'oreille, on percevait des sons que l'on pouvait assimiler à des tambourins de marche. Déjà, ces infimes vermisseaux se regroupaient en de longs rectangles. Bientôt, il ne fit plus de doute que ces choses avançaient résolument vers les mines de Jordas.

Rompant brusquement avec sa colonne, Ikou courut aussi vite que pouvaient le porter ses jambes en direction des barrières de clôture.

- *Les soldats de Pharaon... sa y est... on l'est sauvés des soupes de lézards...les soldats du roi...que z'arrivent par millions !*

Deux énormes chiens podencos, libérés par une main trop lâche bondirent aux trousses de l'enfant. Alors qu'ils étaient sur le point de le rattraper, une série de flèches émanant de nulle part les atteignirent avec une étonnante précision. Les deux molosses culbutèrent dans la poussière nuageuse de l'allée, leur brève agonie se limita à quelques soubresauts, puis le silence retomba sur l'esplanade ; un silence lourd, angoissant et chargé de craintes.

Soudain, les boqueteaux alentour semblèrent s'animer sous l'effet d'un souffle inexistant. Insoupçonnables derrière leurs habits de feuillage, une vingtaine d'archers nubiens s'imposèrent alors aux regards. Un officier à l'allure fringante était parmi eux, il ne tarda pas à diriger ses pas vers cet attroupement humain constitué de gardes et d'esclaves. Parvenu à la hauteur des premiers rangs, il s'arrêta et toisa les maîtres-chiens. Son attitude méprisante ne laissait que peu de doute sur ses intentions : *Qui est le chef, qui distribue les ordres, sur ce chantier ?* Dos courbés, bras tendus, mains chancelantes tournées vers le sol, le chef des gardes vint se placer au-devant de cette autorité militaire : *Je suis celui qui a cette fonction... Seigneur Officier !*

Étincelant en ses cuivres et manicles, d'un geste contenu, le Maître archer, appliqua sa masse d'arme sur la nuque de l'homme agenouillé :

- *Réunis devant nous, dans le temps qui suit, tous les êtres humains vivant à l'intérieur de ce camp. Tu rangeras ces gens par groupes de travail et de police, sans en omettre un seul. Ta vie en répond... Est-ce clair ?*

Le chef des gardes recula en maintenant la position de soumission qu'il avait adoptée. S'étant alors redressé, il pivota sur lui-même et retransmit en hurlant les ordres qu'il venait de recevoir. En une criaillerie terrorisante, la section des tortionnaires se fragmenta dans toutes les directions.

- L'officier tendit la main vers Ikou, toujours allongé sur le sol : *Cesse de trembler mon enfant. Nous sommes là pour rendre la justice. Relève-toi et rejoint ta place parmi ceux-là.*

Le porteur de soupe se gratta l'oreille puis, en dévorant l'officier d'un regard admiratif, il regagna à reculons la place qui lui était assignée. Médusés par l'ampleur et la soudaineté des évènements, les esclaves n'osaient manifester leur joie, tant ils appréhendaient d'être châtiés pour le témoignage de ce ressenti. Aussi demeurèrent-ils là, l'œil hagard, la bouche entrouverte, attentifs aux mouvements et aux bruits, ne réalisant pas vraiment ce que ce fait inattendu laissait supposer. Était-ce le présage pour eux d'épreuves plus conséquentes encore ?

Aux brames des trompettes de combat, le gros de l'armée atteignit l'esplanade située au-delà des barrières d'enceinte. Scintillant aux rayons crus de la lumière aurorale, glaives et pics lançaient des éclairs brefs. Les fers de lances, notamment, incisaient de feux pulsants cette masse géométrisée qui émergeait de l'ailleurs. Maintenant et de tous côtés, parvenait un nombre impressionnant d'hommes en armes. La troupe se rangea en ordre de parade et pénétra dans le camp, délégation de justice en tête.

Esclaves, gardiens et corps d'intendance assignés par l'officier de protocole formaient à présent carré sur la place. De sorte que tout ce qui vivait dans la mine et ses alentours se trouva en peu de temps réuni sous la houlette de ce corps d'armée. Il y eut une attente lourde de crainte, au cours de laquelle chacun s'interrogeait du regard.

C'est alors que du haut de la butte émergea un essaim de dignitaires. Officiers Supérieurs, Prêtres, Scribes et Conseillers. Au geste impératif de celui qui paraissait le plus âgé d'entre eux, tous s'arrêtèrent de progresser. Seul poursuivit un personnage étonnant par son allure et sa toilette d'une lumineuse blancheur. Un pectoral d'or parachevait sa mise. Cette autorité cheminait sans hâte aucune, en ponctuant sa progression des chocs répétitifs d'une longue canne à l'extrémité de laquelle était fixée une boule d'ivoire. Il s'immobilisa à vingt pas à peine des premiers rangs.

Les prisonniers retinrent leur souffle. Le silence était tel que l'on percevait le bourdonnement des insectes comme un bruit contraignant. D'une voix grave à la diction irréprochable, le personnage s'adressa à cette masse humaine rassemblée devant lui :

- *Gens des mines de Jordas, légitimement condamnés ou non, y a-t-il parmi vous un détenu répondant au nom d'Héri-tep ? Si cet homme existe... qu'il se fasse connaître !*

Pendant un court instant, il ne se passa rien, si ce n'est le bruit léger d'un murmure général. Puis, assez loin sur l'aile gauche, un prisonnier se démarqua des rangs et resta immobile à cet endroit. Avec la même nonchalance apparente, le personnage se dirigea vers lui. Lorsqu'il fut à hauteur, il prit position en tête-à-tête et plongea un regard incisif dans celui de l'individu prétendant à l'énoncé :

- *Tu dis répondre au nom d'Héri-tep, Grand Prêtre d'Ath-Kâ-Ptah ?*
- *Je suis cet homme en vérité !*
- *Tu affirmes faire partie de l'entourage du Roi ?*
- *Ce n'est pas d'en faire partie qui est gratifiant, c'est d'être digne d'en faire partie.*
- *Sais-tu en tant que personne à qui tu as affaire ?*
- *Tu es probablement le Nomarque de ces terres lointaines, délégué du Grand Vizir.*
- *Connais-tu le Grand Vizir ?*
- *Je pense pouvoir m'honorer de son amitié !*
- *A-t-il des enfants ?*
- *Il a deux filles. Les princesses Néfa-Méry et Amen-Maa.*
- *As-tu pénétré le Saint des Saints du temple d'Atoum à Iounou ?*
- *Oui, très souvent !*
- *Qu'y a-t-il sur la partie gauche de l'entrée ?*
- *Une Lune d'argent, elle renvoie la lumière originelle sur le divin Ben-Ben.*

S'étant subitement arrêté de parler, les traits du visage immobiles, le Nomarque leva son bras droit. À ce signal convenu, deux Prêtres de haut rang se détachèrent du groupe. Ils avaient le corps drapé, en des robes empesées d'un blanc laiteux.

Sans concertation inutile, les deux prélats écartèrent délicatement les orteils d'Héri-tep, comme s'ils avaient à relever en cet endroit peu ordinaire, d'utiles renseignements. Ils inspectèrent ensuite avec la même application ses lobes d'oreilles et la base de sa nuque. L'un d'eux exerça une légère pression sur la septième vertèbre alors que l'autre faisait de même sur la troisième cervicale. À chaque attouchement, Héri-tep prononça de mystérieux « Y A » et « O A O ».

Le Nomarque attendit la fin de cet examen probatoire sans montrer le moindre signe d'impatience. Lorsque les Prêtres eurent terminé leurs tests corporels, il entama lui-même, à voix basse, une énumération à laquelle le Grand Prêtre parut prêter la plus grande attention.

Aussi, pouvait-on voir celui-ci joindre les mains aux énoncés de certains nombres, alors qu'il demeurait sans réaction pour d'autres. Cette série d'épreuves terminées, les prélats qui se tenaient à l'écart vinrent se placer de part et d'autre du nomarque. Après un bref échange, tous trois s'inclinèrent vers le sol, dans la position protocolaire d'un dévoué respect.

Avec un maintien que renforçait la gravité de sa charge, le Délégué du Grand Vizir ôta révérencieusement ses sandales. Après quoi, il alla lui-même les placer près des pieds de celui qu'en ces lieux, on nommait « Maître Tep ». Le Nomarque fit ensuite glisser son mantelet brodé de fil d'argent, afin d'en recouvrir les épaules nues du Grand Prêtre. Paume de main ouverte, tête baissée vers le sol, cette autorité lui tendit à l'horizontale son bâton de commandement.

La courte cérémonie étant close, les Légats reculèrent de six pas et s'assirent sur leurs talons à la manière des Sages Égyptiens, mains jointes et regard baissé. Instruit de cette procédure de réintégration et toujours respectueux des règles d'usages, Héri-tep savait qu'il lui fallait adopter une attitude réservée jusqu'à la fin du cérémonial de reconnaissance.

- Au terme d'un court silence, le Nomarque rompit lui-même le protocole : *Mon nom est Chay-Hep. Puis-je nourrir l'espoir que tu me pardonneras une telle conduite, Maître Vénérable ?*
- *Par Thot, en quoi cela te concerne-t-il ?* s'enquit Héri-tep tout en relevant le Ministre de Pharaon.
- *Mon manque de discernement, relatif à l'officier d'administration de cette mine est impardonnable.*
- *Tu veux parler de Lousaro ?*
- *Oui, celui-ci a mis fin à ses jours, quand nous fûmes, mes hommes et moi, sur le point de pénétrer en sa demeure.*

- Héri-tep ferma les yeux : *Sans doute a-t-il préféré cette lâche attitude, à celle qui aurait consisté à braver ton regard. Pour autant, Prince, ce scélérat n'échappera point à la pesée du cœur. Il sera contraint de refaire le chemin, cela, tant que son esprit demeurera ignorant des conseils de sa conscience.*
- *Vénérable Maître. Accepterais-tu de gagner ma tente pour te toiletter ? Mes gens veilleront à prévenir tes intentions. Cette armée et moi-même sommes désormais entièrement à tes ordres !*

- Héri-tep ne put s'empêcher de sourire. De son bras libre, il entoura les épaules du Nomarque : *Que ferais-je d'une armée, Prince Chay-Hep ? C'est à toi qu'il appartient de rendre justice, suivant nos lois. Si je devais te conseiller, je t'exhorterais à libérer au plus vite les victimes innocentes. Pour autant, il faudra te garder de plonger le coupable dans le lac des souffrances, tu mutilerais ainsi sa réflexion et paralyserais sa conscience évolutive. Fais preuve d'impartialité, ainsi, Maât accompagnera tes œuvres.*

Les quatre hommes regagnèrent le cortège. L'officier ministériel intima l'ordre à l'un de ses subordonnés de pratiquer en urgence le tri sélectif des prisonniers. L'homme fit face à la foule rassemblée, sa voix forte portait loin ses paroles réparatrices :

- *Victimes innocentes ou prisonniers de droit, le Prince Chay-Hep, ministre du Grand Vizir et Vizir lui-même vous demande de conserver une discipline, et de regagner vos baraquements. Des comités de justice vont être créés, pour délibérer de vos cas respectifs. Nul ne sera affranchi d'un examen de situation.*

Une longue acclamation salua ces dernières paroles. Le nom d'Héri-tep fut scandé un grand nombre de fois. Puis, dans un brouhaha intense, le mouvant agglomérat se déplaça vers les bâtisses en torchis où allaient siéger les officiers.

La place se vida rapidement de ses occupants. Cependant, au centre de celle-ci, demeurait un amas de couleur claire, atteignant la hauteur des genoux. Esseulé, insolite et misérable, ce point s'inscrivait en contraste sur le grain jaune pâle de cette esplanade. Cette forme étrange fascinait le regard par son surréalisme. Elle était tout à la fois paisible et inquiétante. Regroupée sur une éminence de terrain, la cohorte des hommes d'armes demeurait imperturbable à tous sentiments. Seul un vent timide agitait les robes de la délégation protocolaire.

Répondant à une intuition soudaine, Héri-tep se débarrassa prestement de ses attributs qu'il plaça dans les bras des prêtres assistants. Le cœur anxieux, il courut en direction de cette forme pétrifiée. Parvenu près d'elle, il ralentit son allure, pour ne plus avancer que pas à pas. On eût dit qu'il craignait d'éveiller un gnome assoupi ! La main tendue, avec une tendresse infinie, le Grand Prêtre effleura la blanche chevelure, qui, au fil des jours, lui était devenue si familière.

La tête du vieux Sallédou reposait sur ses genoux osseux, un sourire indéfinissable illuminait ses traits. Ses paupières closes semblaient animées d'une intensité nouvelle. Le Grand Prêtre souleva ce corps plus léger que celui d'un enfant. Puis, à pas lents, il entreprit de traverser l'esplanade.

- C'est alors qu'une ombre frêle rattrapa la sienne. La voix derrière lui était hachée de sanglots : *Il n'est pas mort vrai, Tep…*

Dis... Pas vrai... vrai... mon ami Sallédou... Dis... Dis, Tep ?

- Le corps droit, la tête haute, le regard brouillé par les larmes, Héri-tep ne chercha pas à en dissuader l'enfant : *Non, petit !* dit-il sans se retourner, *ces gens-là ne meurent jamais. Ils vivent indéfiniment entre deux mondes, pour nous aider à mieux être.*

- Le Nomarque s'avança au-devant d'eux : *Était-il l'un de tes compagnons de labeur, Ô Vénérable ?*

- *Plus que cela, Prince ! Ce Vieillard était un Maître de Lumière, Initié aux mystères du premier cycle. Nous le placerons en terre, dignement, suivant le rituel funèbre des connaissants. Nous ferons en sorte que son corps repose au sein de la neuvième galerie de la mine. À l'intérieur du temple qu'il a creusé, avec d'autres, de ses mains. Ce sera son tombeau. Nous implorerons les dieux, afin qu'Ophoïs l'accompagne en son dernier voyage !*

- Chay-Hep éleva vers le Grand Prêtre un regard chargé de compassion : *Il sera fait selon ta volonté, Maître. J'établirai deux colonnes pour que son Ka s'élève vers Sah, la porte des dieux. Je te fais promesse de cela !*

Le Grand Prêtre et les dignitaires s'éloignèrent, avec un maintien qui se voulait en conformité avec les rigueurs du protocole. Ne fallait-il pas aller de l'avant, malgré les douloureux aléas de l'existence, et laisser peu paraître de son affliction ?

Loin derrière eux, suivait une forme frêle, pleutre et tremblante, que l'exaltation de la liberté retrouvée ne parvenait plus à réjouir !

***

Le Maître voiturier émit une série de vocalises aux sonorités bourdonnantes. D'attelage en attelage, l'ensemble des bouviers ne tarda pas à reprendre ce plaisant trille. C'était la façon conventionnelle de faire s'immobiliser le convoi. Les grands nagas redressèrent leurs têtes admirablement cornues. Yeux gourmands et naseaux dilatés, ils se mirent à guetter ces petites touffes blondes qui dissimulaient leurs tendrons aux rageuses bourrasques des vents du

Sud. Loin devant, et plus loin encore vers l'arrière, s'étendait la colonne armée du Nomarque. Elle formait un long ruban bigarré, chatoyant d'or et de vermeil. Confortablement calé au fond du traîneau de commandement, Héri-tep massait consciencieusement ses pieds endoloris par la marche :

- *Lorsque je vois ces hommes et ce matériel mobilisés pour nous venir en aide ! Je ne peux me départir d'un sentiment de culpabilité, Prince Chay-Hep.*

Le Nomarque descendit de sa place réservée et vint s'asseoir au côté du Grand Prêtre :

- *Il y a un homme qui aurait dû se culpabiliser, il n'est plus de ce monde. Regarde, Maître ! Il ne faut pas moins de vingt-quatre paires de bœufs pour tirer le minerai d'or dérobé à Pharaon. Qui plus est, avec la sueur et le sang des justes.*

Héri-tep laissa courir son regard sur les lourds charrois ployant qui constituaient la colonne :

- Je subodore que lorsque que Sa Majesté sera informée des conditions en lesquelles d'honnêtes gens ont extrait ces richesses. Il y a fort à parier que cet Or n'aura d'autre usage que des dotations culturelles.

- Chay-Hep eut un sourire entendu : *À l'évidence, Maître ! Des émissaires sont déjà partis rendre compte à Sa Majesté du bon déroulement de l'affaire et surtout de l'excellente santé de son précepteur.*
- *Grâce à toi, me voilà disponible pour poursuivre ma mission, Prince Chay-Hep !*
- *Non seulement j'admire ton courage et ta fidélité aux souverains principes, Seigneur Maître, mais plus encore ta manière d'être et de raisonner. Tu as vécu les pires tourments, tu as frôlé la mort, connu l'humiliation et il apparaît déjà que tu te mobilises pour poursuivre ce que tu estimes être… ton devoir ?*

- J'ai toujours pensé Prince, qu'il fallait privilégier la responsabilité au confort personnel et l'action à la méditation passive. Et puis je pense qu'il y a chez l'être humain des potentialités plus valorisantes que la jouissance existentielle ! Surtout si ces activités ont un prolongement dans l'espace et le temps. Comme c'est le cas, pour ce qui relève de ma mission !

Le Nomarque tendit au Grand Prêtre une corbeille de fruits secs. À l'instant même, une très jeune esclave au regard de biche s'approcha d'eux pour leur servir à boire. Ses gestes étaient délicats et gracieux. Il apparut au Prince Chay-Hep qu'Héri-tep n'était pas indifférent à sa beauté. Il eut alors une lueur espiègle au fond du regard :

- Eu égard à ta sensibilité visuelle pour la grâce féminine, Maître. J'aurais une bien curieuse histoire à te conter !
- Une histoire ! Parle Prince, je suis friand d'histoires, plus que les enfants eux-mêmes !

- Le Nomarque sourit tout en soutirant du paneton une pincée de graines au sirop, qu'il porta sans précipitation à ses lèvres : *Cet événement, Vénérable Maître, te concerne précisément et tu vas savoir pourquoi !*
- Une histoire me concernant... Tu m'intrigues, Prince !
- Oui, cela est très étrange. Alors que nous étions à ta recherche, sur ordre de sa Majesté et que nous nous interrogions, mes officiers et moi, sur le sort qui t'était réservé, un de mes capitaines en patrouille aux frontières d'Orient, fit une singulière rencontre. Il s'agissait, selon toute vraisemblance, d'une jeune aventurière en quête d'espaces sauvages, qui cheminait ainsi pour le plaisir de découvertes. Chose curieuse, elle était escortée par un lion de taille impressionnante, qui s'attachait à ses pas tel un animal de compagnie.
- Héri-tep mit promptement la main sur l'avant-bras du Nomarque : *Que dis-tu... Par un Lion ? Aux prémices de l'histoire, je puis te dire qu'elle m'intéresse au plus haut point. Poursuis, je te prie, Prince !*

- Fort bien, Maître, l'affaire est en effet peu banale ! Dès lors que cette étrange créature eut rassuré la brigade sur les intentions pacifiques de son compagnon carnivore, le dialogue put s'établir.

En fonction de sa charge, cet officier missionné se préoccupa de savoir qui elle était. Mais aussi, quels étaient les impératifs qui la contraignaient, en sa condition de femme, à voyager sans escorte en ces territoires extrêmes.

Elle répondit courtoisement en un langage châtié qu'elle avait à faire en ces contrées et que nul désagrément ne pouvait l'affecter en son voyage. Elle précisa, avec l'impudence d'une enchanteresse, que la volonté des dieux précédait ses pas.

Au dire des soldats, ses manières étaient cultivées et sa beauté sans pareille, bien qu'elle fût vêtue de tissus rêches et que nul bijou n'ornementa son corps.

- C'est...j'en suis certain...continue je te prie !

Soucieux de la mission qui était sienne, l'officier révéla à cette créature la teneur de l'avis de recherche qui te concernait. À l'énoncé de ton nom, son visage parut s'illuminer, pour s'assombrir tout aussitôt. Elle demeura à ce qu'il parut, un instant méditative, après quoi, elle traça sur le sol, à l'aide de sa badine, une carte approximative des états environnants. C'est alors que surprenant tout le monde, elle frappa d'une pointe de celle-ci les monts de Jordas.

« En ces montagnes, précisa-t-elle, se trouve le Seigneur Héri-tep que vous cherchez. Instruis tes supérieurs de ma vision intuitive et ne tardez guère car ses souffrances sont réelles ».

Le Capitaine, dès lors, fut éveillé au désir d'en savoir davantage. Mais, à ses dires, cette jeune femme lui inspirait un tel respect qu'il finit par considérer indécent de la presser plus avant de questions. L'une d'elle cependant brulait ses lèvres : « Que fait donc, Madame, ce Grand Prêtre en ces lieux ? »

« Il est aux mains de renégats. Le fer qui l'emprisonne s'oppose à l'or qui le couronne. » Paroles énigmatiques, convenons-en, Maître !

- *À vrai dire, Prince, je pense que l'allusion fer et Or est très subtile. Mais, poursuis ce récit est passionnant !*
- *Sur cette remarque sibylline, l'officier crut bon de préciser :*

« À ma connaissance, Madame, le Grand Prêtre que nous évoquons n'a aucune prétention à la souveraineté » ! Sais-tu ce que lui a répondu, non sans humour, cette devineresse ? « Il est avéré Capitaine, que celui qui forge couronne, n'a guère prétention à se couronner lui-même ! »

Le Capitaine n'eut alors d'autre alternative que de laisser cette étrange créature poursuivre son chemin, ce qu'elle souhaitait, semblait-il. J'ajouterai, que nul n'entendit plus parler d'elle. Même dans le lieu où elle avait dit vouloir se rendre.

Ce n'est que trois jours plus tard qu'une autre patrouille captura plus à l'Est un groupe de soldats mercenaires. Nous sûmes qu'à la suite d'un différend, ces hommes s'étaient échappés des mines de Jordas. Leur interrogatoire confirma les dires de la jeune femme. De telles concordances de témoignages me décidèrent alors à monter cette expédition. Ce dont je ne peux que me féliciter Seigneur Maître !

- Merci, prince, pour tes talents de conteur, cette histoire me donne beaucoup à réfléchir. Je vais faire quelque pas si tu permets !

- **Tep...** *Tep... ça y est...j'y arrive... Tep... Écoute !* Les sons discordants de la flûte parvinrent à peine à extirper le Grand Prêtre de son rêve éveillé. *Hé ben... Te dis rien que je joue faux... dis ?*
- *Non, Ikou ! C'est bien pour un débutant, mais j'ai besoin d'être seul un instant. Nous verrons à l'heure du repas... D'accord ?*

Sans considérer les jérémiades de l'enfant, le regard embrumé, Héritep s'éloigna de ce caravansérail que des indigènes avaient dressé à la hâte. Regard absent, mains distraites, il alla flatter le cou tendu de l'un des grands nagas de l'attelage, dont les cornes en forme de lyre ovationnaient le Ciel.

***

L'armée de Chay-Hep évoluait péniblement parmi ces zones désertifiées aux confins territoriaux du pays de Retenou. Les rayons obliques du couchant modulaient les ombres longues des caravaniers, que la nature des roches se plaisait à torturer au gré des reliefs. L'officier d'ordonnance tendit un doigt en direction des mamelons grisonnants :

- *Prince Chay-Hep, vois au faîte de la crête, les longues crinières montées… ton fils et quelques amis sans doute ? Ils viennent à ta rencontre Seigneur !*

Loin devant, campés sur l'horizon froissé des roches, une douzaine de cavaliers détachaient leurs brunes silhouettes sur le fond du ciel. Les fiers animaux au luisant pelage, que chevauchaient ces jeunes gens, étaient peu connus des habitants du Nil. Le plus souvent, le terrain des berges, trop marécageux, ne se prêtait guère à leurs turbulents ébats. Leur dressage requérait un savoir-faire qui n'était pas dans les traditions égyptiennes. En ces contrées frontalières de l'Asie, les hommes depuis longtemps s'intéressaient à ces nobles produits de la nature. Leur monte était peu répandue, mais quelques peuplades anatoliennes, disait-on, en faisaient commerce avec les tribus bédouines itinérantes.

En un galop empressé à travers les épineux, les cavaliers eurent tôt fait d'atteindre le char de commandement. Malgré son accoutumance aux phénomènes les plus insolites, Héri-tep ne pouvait détacher son regard de ces prestigieuses montures. Leur arrogante démarche, leur pelage soyeux et leurs vives réactions, constituaient à eux seuls tout un spectacle. Les cavaliers paraissaient si bien adaptés aux corps de leurs coursiers, que le Grand Prêtre trouva attristant qu'ils s'en désolidarisent, pour se conformer aux cérémonials de salutation.

Respectueux des coutumes, les jeunes gens placèrent un genou à terre, main droite plaquée sur le cœur, tête inclinée vers le sol, ils saluèrent l'assemblée des Notables. L'un d'eux se porta plus avant. Il était coiffé de la natte latérale des princes que retenait un peigne d'or fin. Un bracelet de commandement aux perles multicolores cerclait son bras :

- *Père ! Mon cœur exulte au plaisir de te voir de retour. Ma mère et mes sœurs sont dans l'impatience de t'étreindre !*
- Chay-Hep entoura le bras d'Héri-tep : *Mon absence, il est vrai, a été plus longue que je ne le pensais, mon fils. Le Grand Prêtre, ici présent, fut précepteur de Pharaon, notre divin Roi. Il est notre hôte aujourd'hui, et nous nous trouvons être ses obligés.*

Le jeune homme inclina la tête. Il étendit les mains en direction de ce dignitaire au crâne rasé, que son père, selon toute apparence, tenait en grande estime.

- S'étant approché du cavalier, Héri-tep l'incita à se mettre debout : *Puis-je savoir quel est ton nom, jeune Prince ?*
- *Sem-Meri est mon nom, Maître Précepteur de Pharaon.*

Le Grand Prêtre se pencha sur l'épaule du jeune homme, il lui chuchota à l'oreille : *Serais-tu capable, Sem-Meri, de m'apprendre à me tenir convenablement assis sur l'un de ces animaux ?*

- *Oui Précepteur, cet ibar est mien, c'est un étalon blanc très rare, il s'appelle Arou, il galope plus vite que le vent et je serai honoré qu'il te serve de monture.* Le jeune Prince frappa alors sa poitrine de son poing fermé : *Non seulement je fais serment de t'exercer à la monte, Précepteur, mais voilà que je ferais mieux encore... Regarde !*

Sans autre avis, Sem-Meri lâcha la bride de son pur-sang. D'un bond, comparable à celui d'un félin, il sauta en croupe et incontinent lança l'animal au trot. Le terrain en cet endroit était dégagé et la rocaille partiellement recouverte. Attirés par cette démonstration improvisée, bouviers et soldats accoururent de toutes parts. En quelques secondes, ils formèrent un immense cercle aux tonalités rutilantes.

Le cavalier et sa monture firent un premier tour, au cours duquel tous purent admirer la puissante musculature de ce bel animal. Selon l'incidence des rayons, le satiné de sa robe se moirait aux lueurs du couchant. Le jeune Prince adopta à dessein une allure conquérante. Quittant soudain cette attitude, en un élan mesuré, il se pencha sur l'encolure, plaça ses deux pieds sur la croupe, pivota ensuite sur le garrot, roula sur l'épaule, glissa sur le flanc et remonta en selle, sous les acclamations redoublées des hommes de troupe.

Spontanément, casques de liège et couvre-nuques jaillirent à la volée, au-dessus du nuage de poussière que venaient de soulever les sabots de l'animal. La poitrine haletante, le jeune homme sauta alors de sa monture pour se placer genou à terre devant le Grand prêtre :

- *Je m'efforcerai de t'apprendre tout ce que tu as pu voir, et plus encore, Précepteur !*

Héri-tep reprit lentement sa respiration : *Cette démonstration est impressionnante, Sem-Meri, et je ne doute pas un seul instant de tes qualités d'écuyer. Mais aussi convaincant que fut cet exercice, mes ambitions sont plus modestes, je ne désire nullement devenir… acrobate.* Héri-tep approcha son visage jusqu'à frôler l'oreille du Prince : *Je veux simplement être aussi à l'aise sur ces foudres de la nature que sur le dos… d'un âne !*

- *D'un âne…* répéta le jeune prince quelque peu interloqué, *je ferai selon ta volonté Précepteur ! C'est d'accord, une monte paisible, placide… confortable en fait !*
- *Voilà… Tu as compris ! Ma mission ne me permet pas d'être par trop téméraire. Il me faut la mener à bien !*

***

Tout en effectuant sa toilette matinale, Héri-tep se remémora le séjour passé chez le Nomarque. C'était, à n'en point douter, l'une des périodes les plus heureuses de sa vie ; la seule, peut-être, qu'il ne se soit jamais octroyée : Les courses de chevaux, les récitals à la veillée, sous le scintillement des étoiles, les longues promenades parmi les essences exotiques des jardins. La tournée des petites oasis, la cueillette des fruits sauvages, avec la bruyante compagnie des singes récolteurs, les bains au petit jour dans l'eau bleutée des piscines. Mais surtout, les nombreuses leçons d'équitation et la précieuse amitié du Prince Chay-Hep et de son entourage.

Cette attention constante, dont Ikou et lui étaient l'objet, gommait lentement de leur esprit les cruels sévices que tous deux avaient endurés. Mais, pour le Grand Prêtre, le temps était venu de se préoccuper de nouveau de sa mission. Désormais, il allait devoir focaliser toute son énergie sur cette seule aspiration.

La nuit drapait encore le contour des choses. Héri-tep n'attendit pas que le babouin eût jappé au jour naissant pour rassembler ses bagages. À grandes enjambées, il gagna la cour du petit palais, longea la résidence de Chay-Hep et gagna les écuries. Sous une remise attenante aux ateliers, une forme blanche reflétait la pâleur de la pré-aube. Il reconnut Arou, la fringante monture du Prince. Plus loin, au-delà des remises, se tenaient deux mulets déjà bâtés. Des serviteurs allaient et venaient autour des animaux, apportant la dernière main aux préparatifs.

Héri-tep saisit l'épaule de l'un d'eux : *Peux-tu me dire, Affanou, ce que fait là, le cheval du Prince ? Il ne fait pas partie du voyage à ce que je sache… ?*

- Avant que le palefrenier n'ait eu le temps de formuler une réponse, une voix au timbre clair parvint de la sellerie : *Bien sûr que si, Maître Vénérable, puisque désormais… il t'appartient.*
- *Aurais-tu perdu la raison, Sem Meri, pour me faire don d'un tel animal ?*
- *Aurais-tu front, Maître vénérable, de me refuser un présent ?*

Décontenancé par ce royal cadeau, Héri-tep s'approcha de sa

magnifique monture. D'une main cajoleuse il flatta l'encolure : *C'est un don princier. Mon pauvre Arou, voilà que tu vas devoir te plier à bien des tourments, le premier étant de me supporter sur ton dos.*

Avec les gestes précis d'un connaisseur, Sem-Meri resserra la sangle d'encolure : *Allons donc, Maître, toi et lui avez longuement sympathisé au cours des exercices. Ta monte aujourd'hui est tout à fait convenable. Probablement es-tu plus à l'aise que la plupart de mes hommes.*

- Qu'il en soit ainsi ! soupira Héri-tep en chevauchant l'animal. *Désires-tu toujours m'accompagner jusqu'aux limites du territoire ?*
- Je ne fais rien d'autre que mon devoir, Maître. *Mais auparavant, permets-moi de te renouveler l'offre que mon père et moi t'avons faite. Je te rappelle, que nous pouvons mettre à ta disposition une escouade d'hommes en armes. La région que tu t'apprêtes à traverser est réputée hostile, une escorte ne saurait être superflue. Es-tu toujours décidé à voyager seul ?*
- Il n'y a aucune forfanterie de ma part, Prince, et ne crois pas *que je minimise les risques encourus à cheminer seul. J'ai conscience que ces risques sont nombreux et imprévisibles. Mais ils m'apparaissent moindres que ceux que suscitent un étalement de biens ou une démonstration de force.*

Perçois mon raisonnement, Sem-Meri. Nous sommes en pays étranger, d'aucuns ne manqueraient pas d'assimiler ce déploiement à une manœuvre provocatrice. Lorsque qu'un équipage allogène se manifeste trop ostensiblement, il peut générer chez certains une attitude de soumission, mais chez la plupart, cela accroît l'instinct d'agressivité.

À l'inverse, l'homme seul est en soi un message de tempérance. Il intrigue, certes, mais parallèlement il rassérène, tranquillise et par le fait même modère l'exaltation naturelle. Il ne peut posséder plus de richesses que son apparence. Aussi vrai qu'il est impitoyable d'achever un mourant, une troupe ne se ferait gloire à dépouiller du nécessaire un paisible voyageur. Et puis... tu n'ignores pas, qu'une superstition millénaire protège l'homme solitaire. Ne dit-on pas que la main divine plane sur lui ?

- *Ton argumentation est étayée de bon sens, Maître. Toutefois, reconnais que jusqu'ici les événements ne t'ont guère donné raison.*
- *Bien sûr que si, Prince. Sinon... je ne vous aurais jamais rencontré. C'eût été une catastrophe, que seul mon déterminisme de vieux solitaire a su éviter.*

Tous deux éclatèrent d'un grand rire. Le jeune homme leva alors les yeux vers le Ciel :

- *Vois, Maître, l'haleine de Rê efface les étoiles. Il nous faut partir, si nous marchons bien, nous atteindrons le fort frontalier au milieu du jour.*
- Ikou escalada un promontoire, d'où il put assister à l'éloignement de la caravane. Ému aux larmes, il clama le plus fort qu'il put : **Tep...** *Quand t'y seras... sur le Toit... pense à ce que je le suis resté là...* **moi !**
- L'épouse du Nomarque rejoignit l'enfant et l'entoura de ses bras affectueux : *Il serait mieux de dire.* « *Maître Vénérable, lorsque tu auras atteint le pays du Toit du Monde, je serais satisfait que tu aies une pensée pour moi, Ikou, que tu as été contraint de laisser en ces lieux !* »
- *C'est ça... !Vénérable Tep... quand t'auras atteint le Toit... je serais heureux... que pour moi... que... tu...* **Reviens vite** *!*

Ikou ne put terminer sa phrase, il sombra dans les affres d'un gros chagrin, que l'opulente poitrine de l'épouse du Nomarque eut bien du mal à endiguer ! Aussitôt l'évènement passé, l'immensité des steppes apposa sa chape de silence sur le petit village frontalier. Là-bas, sur le sommet des crêtes enflammées, un long collier d'amulettes brunes s'égrainait au ciel vaporeux du Levant. Pour la première fois de son existence, Héri-tep quittait l'espace sacré qui l'avait vu naître, il pénétrait en des terres inconnues.

***

Une zone semi-aride se substituait peu à peu aux friches de la savane. La piste elle-même s'effaçait graduellement sous les sabots des bêtes. Les derniers cèdres bleus disparurent au creux des pentes. Ils laissèrent place à des épineux rabougris dont le cholla apparut comme le plus redoutable d'entre eux. Ses tiges cassantes s'accrochaient aux vêtements, provoquant des écorchures où s'agglutinaient mouches et taons. Au hasard des pistes que jalonnaient des îlots herbeux, l'œil, parfois, apercevait de gracieux ongulés aux yeux d'agate apeurés.

Il y avait deux jours qu'Héri-tep voyageait, sans avoir croisé un seul être humain. Le nomadisme demeurait rare, en ces contrées brûlées par le feu du Ciel. Pour pallier à ces conditions sévères, le Grand Prêtre avait prévu un ballot de fourrage qu'il avait solidement noué au bois de traîne. Il sourit, à la pensée qu'une telle composition devait présenter de loin une vision bringuebalante et peu flatteuse de son équipage. À cette heure basse du jour, la chaleur était supportable. Aussi avait-il envisagé de parcourir une distance de plusieurs lieues, avant que Rê ne l'oblige à chercher ombre.

Depuis peu, Arou, le pur-sang, frémissait des naseaux. Cette attitude l'incita à balayer du regard le paysage environnant. Quelle ne fut pas sa surprise de constater que loin vers le Sud, une barrette sombre à l'aspect mouvant occupait l'horizon. À la suite d'une observation plus attentive, il dénombra une quarantaine de cavaliers. La distance, toutefois, était trop grande pour qu'il cherche à les identifier. Probablement s'agissait-il d'itinérants de souche arabo-sémitique. À moins que ce ne fussent des chasseurs nouous, dont les diverses tribus en perpétuelle migration étaient mal répertoriées ?

Les premières langues de sable firent leur apparition. Elles recouvraient par intermittence la caillasse et créaient de brusques silences sous le sabot des bêtes. Comme l'astre gagnait le zénith, le Grand Prêtre se dit qu'il était temps d'envisager une halte.

Ayant avisé un amas rocheux largement ombragé, il soulagea les animaux de leurs charges et entreprit une série d'exercices physiques, avec l'intention de raviver ses muscles endoloris. Fidèles à l'exemple qu'il venait de donner, les caravaniers au loin, qui cheminaient dans la même direction eurent un réflexe identique. Leur colonne, aussitôt, s'égaya à couvert sous d'épais tamaris. Héritep remarqua que des pointes de lances jetaient à leur endroit des reflets discontinus. Ils étaient armés, donc ! Mais cela n'accréditait en rien un tempérament belliqueux. Sans doute s'agissait-il de paisibles voyageurs.

Le temps passait sans que ces migrants affichent un autre comportement que celui qui consistait à imiter le sien. Il se dit qu'en toute logique, il était impossible qu'ils n'aient pas décelé sa présence. Si tel était le cas, pourquoi ceux-là tardaient-ils à se manifester ? D'un autre point de vue, s'il avait eu affaire à une tribu agressive, leur attitude aurait été plus significative. Las de s'interroger, le Grand Prêtre s'occupa à panser ses bêtes et à se restaurer.

Le corps détendu, mais l'esprit en éveil, ayant alors jugé de la portée des ombres, il décida de se remettre en route. Bizarrement, ces étranges voyageurs firent de même ! Il lui fallait absolument chasser en lui ce soupçon d'anxiété. Après tout, l'heure n'était-elle pas propice à la marche et chacun n'était-il pas libre de ses agissements ? Les ombres sur le sol allongeaient profusément leurs pochades lorsqu'il observa que l'un des cavaliers se détachait de la colonne. Il trottinait à une distance appréciable, parallèlement à la direction que lui-même s'était imposée.

Une heure plus tard, le personnage avait considérablement réduit l'intervalle. Cet étrange individu imitait en tout point ses propres réactions ! Avait-il à faire à un élément stupide d'une tribu primitive en mal d'hominisation. Ce drôle s'arrêtait quand il s'arrêtait, repartait de même, et caracolait de belle façon, lorsque Arou entraîné par la pente s'autorisait un petit trot compensateur. Bien que parfaitement anodine, cette inexplicable attitude finit par irriter le Grand Prêtre. Se pouvait-il qu'un être de conception normal s'implique en des manières aussi infantiles ?

Passablement excédé et désireux d'en finir, il fit signe au personnage de le rejoindre. Le cavalier alors raccourcit la distance, sans pour autant se rendre franchement à l'invitation. Maintenant qu'il était proche, Héri-tep pouvait distinguer certains détails de son accoutrement. L'homme était jeune d'aspect, imberbe et, bien que son teint fut hâlé, son faciès n'avait rien de rebutant. De longs cheveux agrémentés par une multitude de petites tresses recouvraient sa nuque. Il était revêtu d'une étoffe chamarrée, flanqué d'une large ceinture sur laquelle se détachait une arme de poing. Un carquois de javelines talochait le flanc de sa monture. Celle-ci était basse sur pattes, le museau court, nantie d'un poil long et terne. Héri-tep retint son attelage et, dans l'attente d'une réaction hypothétique de cet étrange personnage, il adopta un sourire mitigé.

Avec la méfiance d'un fennec, le cavalier s'approcha à moins de douze pas, avant d'immobiliser sa monture. Dûment campé sur sa selle, il n'effectuait aucun mouvement. Seules ses prunelles sombres observaient une série de va-et-vient entre Arou et l'hétéroclite équipement hippomobile que le cheval véhiculait :

- *Tu es égyptien ?* s'enquit l'inconnu, en utilisant la langue parlée de Sumer.
- *Oui !* répondit laconiquement Héri-tep.

L'autre observa un silence qu'il mit à profit pour recommencer son va-et-vient scrutateur : *Tu voyages seul ?*

- *Oui !*
- *Les égyptiens ne voyagent jamais seuls. Peu d'hommes d'ailleurs voyagent seuls… en ce pays.*
- *Je n'ai pas le choix !*
- *On a toujours le choix en tant qu'homme ! N'as-tu pas crainte des bandits ou des animaux sauvages ?*

Héri-tep arbora ostensiblement une gamelle, avec laquelle il provoqua un tintamarre aussi bref qu'improvisé, puis il tira d'un carquois en cuir un arc emprunté à l'armée de Chay-Hep.

- Le coureur de savane éclata d'un rire spontané qui dévoilait une blanche denture : *Tu n'as pas une tête à savoir t'en servir ?*
- *Détrompe-toi... je bascule le pouce à six pas !*

- L'homme émit un sifflement admiratif : *Moi aussi je le fais... mais, à dix-huit pas !*
- *C'est très honorable en effet... mais, ce n'est pas mon passe-temps favori,* rétorqua Héri-tep tout en rengainant son arc.
- *Tu as un cheval admirable...* reprit l'inconnu avec une lippe approbatrice, *admirable... vraiment ! Je présume que tu sais t'en montrer digne ?*
- *Je ne saurais l'affirmer ! Ce cheval m'a été offert par un Prince ! Ceci... pourrait expliquer cela !*
- *Par un Prince... Peut-être... es-tu Prince toi-même ?*
- *Nullement, je suis né de la terre, sans titre aucun, je suis devenu Prêtre en mon pays.*
- *Ah, oui ! Peut-on savoir où te portent tes pas qui voyagent ?*
- *Vers... le Toit du Monde... !*
- *C'est où, cet endroit... ?*
- *Loin, très loin vers l'Orient profond.*
- *Que vas-tu y faire ?*
- *Je vais remplir une mission, d'ordre... disons... spirituel !*
- *Ah !*
- *Oui !*
- *Dommage que ton corps ne puisse suivre ton âme jusqu'au bout du voyage ! Mais, pour un Prêtre, l'essentiel... c'est l'âme... N'est-ce pas !*
- *Pourrais-tu être plus clair ? Serait-ce des menaces que tu profères à mon encontre ?*
- *Mon nom est Raman... N'as-tu jamais entendu parler de moi ?*
- *« Celui qui gronde » ; te prends-tu pour un dieu, Raman ?*
- *Comme lui, je suis tour à tour le vent fou du désert ou la brise fraîche du soir ! Je suis le Seigneur de ces contrées, je suis le*

châtiment ou la grâce. Ces étendues de savanes sont sous ma domination et ta vie est entre mes mains, l'Égyptien.

- *Pour l'heure, je préfère que tu sois « la brise fraîche » que tu prétends être, mais que chacun suive son chemin, et que l'on s'en tienne là. Tout en me montrant honoré de cette rencontre.*
- *À ta place, je ne ferais pas démonstration d'ironie et moins encore d'insolence, cette attitude ne peut que te desservir. Ce cheval est trop beau pour toi. Cependant, je ne suis pas un brigand. Tout ce que je possède, je l'ai joué, et le plus souvent gagné. Je vais te donner ta chance l'Égyptien. Tu te dis bon tireur à l'arc. Si un seul de mes hommes fait moins que toi, je te laisse la vie sauve. Si tel est le cas, j'espère que tu sauras me prouver ta reconnaissance, en me nantissant de l'objet de ma convoitise.*

- Un instant ébahi par cette impudence, Héri-tep comprit qu'il se devait d'envisager d'abandonner d'Arou : *Ai-je le choix ?*
- *Je crains que non !*
- *Alors, réunis les tiens et fais selon ta volonté... les dieux guideront la pointe de nos flèches.*

***

Une heure plus tard, la quarantaine d'hommes composant la troupe de Raman se répartit en deux colonnes pour former une allée de tir. À mi-distance fut placé un faisceau de lances, à la pointe desquelles se trouvait un anneau d'argent, maintenu par un lacet de cuir. À quinze pas de là, les guerriers tentèrent les uns après les autres, de lancer leurs traits à travers l'anneau. Après plusieurs tentatives, Héri-tep passa une fois dedans et fit pivoter l'anneau par deux fois. En faisant mieux que six d'entre eux, il récolta des applaudissements indulgents. À n'en point douter, cette société de brigands était friande de ce genre de divertissement. Leur chef se leva, le visage épanoui et harangua l'assemblé d'une voix aux intonations hâbleuses :

- *Tu as sauvé ta vie l'Égyptien ! Serais-tu capable, avec le même brio, de sauver ta monture et les encombrants bagages que tu trimbales ? Si le sort ne t'est pas favorable, sois persuadé que tes défroques trouveront acquéreur et que tu pourras poursuivre librement ton chemin, mais nu comme Pazuzu.*

Les hommes applaudirent à ces paroles dans un débridement de rires éraillés. Héri-tep inspecta du regard ces faciès burinés par la rigueur du climat. Tous étaient caricaturaux et il ne faisait aucun doute que cette confrérie de gredins était dominée par la passion du jeu, ce qui n'était guère sécurisant. Au terme de cette courte analyse, Héri-tep se dit que cette goguenarde cohorte attendait de lui une réaction :

- *Je défendrai mes intérêts, au mieux de mes possibilités.* affirma-t-il d'une voix ferme.
- *Bien,* trancha le chef de ces écumeurs, *je vois que tu ne manques pas de bravoure... À toi de proposer, alors !*

Jugulant la crainte ressentie, le Grand Prêtre tenta rapidement d'évaluer la situation. Il était clair que l'étalon excitait la convoitise de Raman. Si, par son seul mérite, il obtenait satisfaction, cette acquisition ne pourrait que l'inciter à l'indulgence, tout en confirmant son autorité. Il allait donc lui falloir jouer finement :

- *Il s'appelle Arou. Si tu le chevauches mieux que moi, tes guerriers jugeront. Il se peut alors qu'il te revienne de droit. J'ai la faiblesse de croire en ce qui se mérite !*
- *Voilà qui me convient !* clama le chef des gredins. *Montre-nous tes capacités avec cet animal !*

Les dés étaient jetés. Héri-tep ne s'accorda pas le temps d'une réflexion supplémentaire. Il sauta en croupe, tel que Sem-Meri le lui avait appris. Arou se raidit un peu sur ses pattes, puis, mû par un réflexe conditionné, entreprit résolument les tours de manège pour lesquels il était entraîné.

Une cheville glissée sous la courroie de selle, le corps jeté en arrière, l'Égyptien semblait bien décidé à étonner la galerie. En une ronde infernale qui effleurait broques et pieds, son crâne chauve chaviré vers le sol provoquait l'enthousiasme des hommes de Raman. Leurs mains sèches, tannées par les vents du sud applaudir sans réserve aux intrépidités de l'homme du Nil. Ils ajoutaient à ce tapage outrancier, un tintamarre de grelots que ponctuaient des ovations exaltées. Héri-tep effectua trois tours encore. À chaque passage, les sabots d'Arou soulevaient des fouets de poussière. Celle-ci s'agglutinait aux chèches, ébauchant à l'endroit des bouches d'humides et clownesques sourires. L'égyptien se redressa, il entreprit de placer ses pieds sur le dos de sa monture, hélas sa posture ramassée sur elle-même, était sans élégance et son équilibre précaire. Après quoi il s'allongea sur l'échine, faisant encore preuve d'assez d'audace, pour passer d'un flanc à l'autre de sa monture. Enfin, l'organisme exténué, il tenta de pirouetter, mais il chuta déplorablement en cette coloration rousse qui maculait les peaux en sueur.

- Un sourire épanoui aux lèvres, Raman s'avança vers lui et l'aida à se relever : *Pour un Égyptien, tu n'as pas démérité. À l'ordinaire, ceux-là se montrent plus à l'aise sur le ventre des ânes, que sur le dos des étalons.*
- Le souffle précipité, les tempes bourdonnantes, l'équilibre incertain, Héri-tep gagna une place parmi le cercle festif des coureurs de steppes : *Il est vrai,* mâchonna-t-il, *qu'un égyptien éduqué ne saurait limiter sa science à l'encolure des équidés !*
- Beau joueur, Raman tonna d'un rire sonore : *Je vais d'abord parler à ton cheval, ensuite, j'essaierai de faire mieux que toi.*
- Le Grand Prêtre épongea l'ocre sueur qui inondait son visage. *Parler à mon cheval...* répéta-t-il à mi-voix.

Le chef des brigands s'empara de la bride d'Arou. Il l'entraîna amoureusement à l'écart. On eût dit qu'il cherchait à séduire l'animal, à se faire valoir de lui, comme sans doute, l'eût-il fait pour s'aménager les faveurs d'une femme ! Ce qui déconcertait Héri-tep, c'est que le cheval paraissait être à l'écoute de sa prose. La main rude du coureur de savane s'était faite plus tendre que fourrure. Il en vint à flatter le ventre et le cou, qu'il gratta avec une patience consommée. Ces gestes étaient lents, prudents, doucereux peut-être. Ils paraissaient relever d'un rituel particulier aux effets ensorcelants. L'enjôleur avait extrait de sa ceinture une poignée de friandises.

Après avoir englouti son contenu, Arou continua de lécher cette main généreuse, qui demeurait ostensiblement ouverte sur d'autres promesses. C'est l'instant que choisit Raman pour sauter avec légèreté sur son dos. L'étalon vibra à peine. Il lui flatta de nouveau l'encolure, poussa un cri rauque, le lança au trot, puis d'un brusque revers de bride pénétra le cercle des observateurs.

Les brigands se mirent à battre frénétiquement des mains, tout en agitant une multitude d'objets fétiches. Cela parut déplaire à Raman, il leva le bras en agitant la main et, à l'instant même, toutes exhortations cessèrent.

Commença alors un spectacle que le Grand Prêtre n'aurait jamais pu imaginer. Longtemps, il admira la docilité d'Arou et l'adresse exceptionnelle de son cavalier. Lancé au grand galop, ce dernier ôtait de la pointe d'une lance, une bague placée entre les doigts d'un homme. Il décochait des flèches d'une précision étonnante et sautait aisément cinq rangées d'hommes allongés sur le sol. Son audace acrobatique coupait le souffle. Il stoppa sa monture et mit fin à ses démonstrations équestres par un saut périlleux sur la croupe, si admirable, qu'Héri-tep se demanda si lui-même aurait eu la souplesse d'effectuer cette prouesse au niveau du sol. Lorsqu'il eut terminé ses acrobaties, Raman parut peu se soucier des acclamations dont il était l'objet. Il se contenta de flatter l'encolure du cheval, comme si ce fut à lui, et à lui seul, qu'en revenait le mérite.

Le Grand Prêtre feignit de ne point se montrer trop surpris de la tournure que prenaient les événements. Pouvait-il encore douter de la finalité ? Désormais, Arou appartenait à cette étonnante canaille. Les hommes et lui n'avaient-ils point été les témoins oculaires, de cette complicité qui s'était nouée entre leur chef et sa monture ?

- Le cœur gros, Héri-tep se leva pour prendre la parole. Un silence attentif s'établit : *Un Maître écuyer m'a fait présent de cet étalon, un autre plus émérite encore me le conquiert. J'en déduis que le destin est plus sage que l'inspiration des hommes. Aussi est-il juste que les biens aillent à ceux qui les méritent ?*

- Satisfait par cette réaction magnanime qui confirmait son

autorité devant les hommes, Raman saisit la longe de son ancienne monture. Il la tendit spontanément vers Héri-tep : *Il s'appelle Tane, il est vilain, têtu et frondeur, mais il est robuste, malin et tenace. Il te rendra plus de services que l'autre. Ne regrette rien, l'Égyptien. Si je ne t'avais... honnêtement... gagné ce cheval, d'autres que moi te l'auraient volé, en même temps que ta vie.*

- Raman lissa entre ses doigts bagués la crinière blanche d'Arou. Il ajouta, l'air faussement détaché : *Tu parais ignorer qu'en ces steppes aux reliefs inexistants, il faut diriger une armée pour être propriétaire d'un tel animal. Tes prières n'auraient pas suffi !*
- Saches que de ma vie, je n'ai jamais sollicité les dieux dans le dessein d'obtenir des avantages !

- Le bandit eut un sourire complice : *Moi non plus ! Pourtant, à part eux, qui aurait eu la bienveillance de m'offrir un aussi royal cadeau ?* Ayant détourné la tête, il ajouta d'une voix ferme : *Ce soir, tu es mon hôte, l'étranger ! Que l'on dresse les tentes ici... sans tarder !*

Aussitôt, les brigands s'activèrent autour des bâtis placés à terre. Bientôt, les flammes des feux de ronces prirent le relais du jour. On partagea les pains d'orge en silence, avant de se rouler dans les gandouras.

Le chant lancinant du veilleur de nuitées s'amenuisa, au moment où les gueules dentelés des roches engloutirent les lueurs du jour. Puis les cendres rougeoyantes assoupirent leur ardeur, il demeura au-dessus d'eux, la coupe du Ciel, regardeuse et silencieuse.

***

Il y avait onze jours que l'homme du long fleuve accompagnait Raman et ses hommes en leur sinueuse pérégrination. Au soir de la seconde étape, le chef des brigands tint à préciser au Grand Prêtre qu'il n'était pas question de le retenir prisonnier. Néanmoins, en tant que suzerain de cette partie du désert, il était de son devoir de protéger les voyageurs isolés des mauvaises rencontres. Puisque tous deux dirigeaient leurs pas vers l'Orient, la normalité requérait qu'ils cheminent de pair. Raman poussa cette évidence jusqu'à prétendre que leur relation ajoutait à l'agrément du voyage, et contribuait à la sécurité des deux parties.

Héri-tep ne se posa pas la question de savoir s'il devait ou non accepter. Selon son habitude, il laissa son intuition dicter sa conduite. Tout en se persuadant qu'il valait mieux être mouche sur le dos d'un guépard que colombe sous les naseaux d'un renard. Pour l'heure, il regrettait seulement que sa déontologie n'ait guère de prises sur cette communauté. Le sieur Raman se moquait ouvertement de toute évocation d'ordre moral, il était dans son caractère de provoquer, de choquer, parfois même d'outrager. À l'opposé, la foi inconditionnelle du Grand Prêtre, sa vive intelligence et sa rigoureuse probité troublaient le chef des pillards. Au point que celui-ci requerrait de temps à autre son opinion, pour le seul plaisir de la décrier et de lui montrer combien était plaisant le sentiment contraire.

- *Dis-moi, l'Égyptien,* lui demanda-t-il un jour, *n'avons-nous point eu raison de fustiger ces bédouins moralistes et d'avoir, fût-ce à leurs dépens, effectué quelques prélèvements de denrées sur leur caravane ?*

C'était autant de questions provocatrices, auxquelles le Grand Prêtre répondait par une gesticulation horrifiée, ce dont Raman se délectait ouvertement sans modifier d'un iota sa conduite.

Hormis ces particularités de comportements, Héri-tep appréciait la vivacité d'esprit, la hardiesse, mais aussi le flegme de Raman. Par simple propension, les deux hommes se livraient au quotidien à des joutes oratoires relevant de la manière de vivre. Chacun apportait sa vision du monde, jouxtée à ses conceptions personnelles, lesquelles d'ailleurs s'avéraient invariablement inconciliables ! Sur un plan strictement humain, le chef des brigands n'entretenait aucune familiarité avec ses hommes. Il ne leur adressait la parole que pour ordonner, critiquer ou menacer. Néanmoins, ceux-là l'idolâtraient et jamais ne boudaient ses exigences. Les gredins montraient même de l'empressement à se soumettre, avec cette sorte d'abnégation révérencieuse qu'ont les sujets pour leur souverain

Le périple effectué par leur caravane consistait à sinuer à travers ces étendues désertiques. Le plus souvent, cette option s'avérait contraignante et parfois dangereuse. Des jours durant, hommes et bêtes endurèrent la soif et le manque de nourriture. Des animaux de bât moururent d'épuisement. Il fallut répartir les fardeaux, et marcher des heures sur la caillasse tranchante, afin de soulager les montures. À plusieurs reprises, leur bande d'aigrefins, dont le Grand Prêtre était l'élément non coopérant, firent des incursions aux dépens des caravanes passantes. C'est ainsi qu'ils dépossédèrent des marchands d'étoffes cananéens et firent payer la dîme à de nombreux voyageurs en route pour Sidon et Byblos. Aux dires de Raman, il n'était nullement question de rapine. Pour assurer la sécurité des voyageurs, ses hommes prélevaient seulement un substantiel péage sur les denrées transportées, et dans le périmètre de ce qu'il estimait être son territoire. C'est également sous ce fallacieux prétexte que la bande chapardait dans les villages traversés, volant un âne à celui-là ou une chèvre à cet autre. Un berger qui avait fui à leur approche fut rattrapé et bastonné à souhait. Raman justifia cet acte en prétendant que le jeune pastoureau n'avait pas eu le courage de défendre son troupeau. Lequel troupeau s'éclaircit sensiblement après leur passage ! Deux jours plus tard, une de leurs patrouilles de reconnaissance entra en conflit avec un groupe de chasseurs indigènes. Après avoir échangé flèches et coups, ils eurent à déplorer plusieurs blessés. Ce qui valut au Grand Prêtre d'exercer sans enthousiasme affiché ses talents de thérapeute.

En ce début de journée, la savane paraissait plus clémente. Les hommes plaisantaient allègrement sur les femmes et les effets de la bière. À la teneur des conversations, Héri-tep comprit que leur colonne s'approchait de l'endroit où Raman et les siens avaient établi leur repère. Bientôt, un minuscule village aux murettes en torchis émergea d'un îlot de verdure.

- Crâne, sur sa fougueuse monture, Raman survint d'une colline avoisinante aux galops effrénés d'Arou : *Vois, l'Égyptien ! Ce village fait partie de mon fief, tout ce que tu aperçois au-delà... à perte de vue... m'appartient !*

- *C'est surprenant,* feignit de s'étonner Héri-tep, *j'imaginais qu'en ce long parcours, nous étions déjà en pays conquis !*
- *N'est-il point sage, l'Égyptien, de reconnaître avant de posséder, maintenant c'est mon territoire ! Avons-nous rencontré beaucoup de contestataires, si ce n'est quelques objections de principe ?*

Le village était perché sur une prépondérance de terrain, entouré par des murets d'argile pétrie. Les chaumines des autochtones possédaient des toits de forme conique d'un aspect peu commun. Leur caravane fut reçue avec déférence, mais sans ovations particulières. Après un court entretien avec le Doyen, Raman fut invité à siéger sous l'arbre des ancêtres. Il incombait en effet aux notoriétés ou à ceux qui s'étaient investis de ce titre, de rendre la justice sociale, lors de leur passage dans le fief.

Avec une condescendance seigneuriale affichée, Raman consentit, par respect des traditions, à porter jugement. Toutefois, il émit le désir qu'Héri-tep l'assiste en sa fonction improvisée de magistrat subsidiaire.

Deux plaignants se présentèrent bientôt. L'un était grand, il portait barbe ; l'autre était petit et rond de forme. Sa vêture était souillée à maints endroits par la terre des champs, ses mains étaient calleuses d'avoir trop houé la rocaille.

Le Doyen expliqua que l'homme à la barbe avait don de guérisseur. À ce titre il avait été appelé auprès d'un enfant malade, fils aîné d'un foyer de récoltants, dont le petit homme était chef de famille. Il fut promis au thérapeute un tiers de la récolte familiale s'il parvenait à sauver l'enfant. Le Mage fabriqua une potion et l'enfant fut sauvé. Toutefois, un différend subsistait : Le père et d'autres témoins avaient vu se rétablir l'enfant avant même qu'il n'ait pris la potion ! Laquelle potion, d'ailleurs, ne fut jamais ingurgitée par le jeune patient. Pour cette raison, l'homme de la terre, dont les nécessités étaient grandes, n'avait nulle intention d'abandonner le tiers de sa récolte.

- *Que ferais-tu ?* questionna Raman confidentiellement tout en ajoutant de manière dubitative : *Je ne peux pas ouvertement désavouer le thérapeute ?*
- Le Grand Prêtre effleura de la main le talisman en or que lui avait offert Chen-Hep et que Raman lui avait généreusement restitué : *Tu pourrais recommander qu'un tiers de la famille accompagne la partie de la récolte qui est due. Le Mage ayant ainsi à charge de nourrir celle-là, jusqu'aux nouvelles moissons.*

Raman adopta un sourire finaud, à la suite de quoi, il prononça la sentence. Le Mage alors s'écria qu'il n'avait pas le cœur à arracher plusieurs personnes à leur foyer et qu'il préférait retirer sa plainte.

- *C'est bien ainsi !* proclama le juge improvisé. *Alors je condamne le père de l'enfant à te faire parvenir le tiers de ton propre poids, en grains, pour te dédommager de ta bonne volonté, et que l'affaire soit close.*

Les deux plaignants allèrent baiser les pieds du magistrat. Quant aux bédouins du douar, ils se montrèrent satisfaits de l'équité du jugement. Lorsqu'il fut connu qu'Héri-tep était égyptien, on le pria de se rendre auprès d'une jeune femme dont la santé allait au plus mal, son mari étant décédé une semaine plus tôt.

Le Grand Prêtre ausculta longuement la patiente, puis alla chercher une fiole qu'il tenait en ses bagages. Après lui avoir fait boire son contenu, il conseilla que l'on allume un feu dans la pièce et que l'on chasse les rats pour brûler leurs cadavres. Il insista pour que l'on fasse bouillir le linge et que l'on éloigne les enfants de la demeure. Ayant alors vérifié la bonne exécution de ses ordres, il s'éloigna en proie à une certaine perplexité. Inquiet de ce comportement, Raman ne cessa de le presser de questions.

- *Il s'agit,* lui dit Héri-tep, *d'animaux si petits, que l'œil ne peut les distinguer. Ce sont les puces, des puces qui vivent sur les puces.*

Pour Raman qui ne croyait qu'en ce qu'il voyait, cette histoire de puces sur les puces, relevait du fabuleux imaginaire. Cette obtuse incrédulité du chef des brigands eut le don d'agacer le Grand Prêtre.

- En désespoir de cause, celui-ci tenta une comparaison : *Tu sais qu'étant dilué à souhait un crachat de cobra peut tuer des centaines de guerriers ?* Le forban acquiesça d'un mouvement de tête approbateur. *Eh bien ! Le crachat de ces puces minuscules, dont je te parle, peut en tuer des milliers… et plus encore puisqu'on ne les voit pas !*

Alors que le Grand Prêtre faisait chasser rats et insectes des bagages, Raman essaya de visualiser le phénomène en plaçant ses mains à plat le long de son crâne. Il se gratta ensuite la fesse droite, puis la gauche. Après quoi, l'esprit irrité par ce remue-ménage sur lequel il ne pouvait exercer son autorité, il donna l'ordre de lever le camp en hâte. Terrifiés à l'idée que ces puces égyptiennes pouvaient les suivre, les brigands jetèrent des poignées de sel sur l'arrière de leurs pas. Puis, sans autre tapage, la caravane poursuivit vers l'Orient.

***

Deux jours plus tard, ils arrivèrent en vue d'une oasis où paissaient de nombreux troupeaux, répartis sur de verdoyants pâturages. En ce lieu privilégié, l'atmosphère était empreinte d'une fraîcheur consistante. La végétation abondait en figuiers, dattiers et oliviers séculaires. De longs palmiers élançaient leurs parures au-dessus des terrasses et leurs brunes silhouettes se découpaient sur les tons du couchant.

La caravane cahotante s'engagea parmi les ruelles de la cité. Les regards ardents des hommes s'accrochaient à ces voiles passants qui enfiévraient l'intimité des venelles. Réfugiés contre les lucarnes, se tenaient des ribambelles de colobes au pelage soyeux. Ces petits singes suivaient d'un œil ébaubi le cortège d'objets hétéroclites qui battaient aux flancs des bêtes. Le convoi parvint bientôt à la bastide. Ce caravansérail dépassait la casbah de cent pieds de haut. Avec ses murs épais et ses chemins de ronde, l'édifice avait l'aspect défensif d'une forteresse que dulcifiaient à peine les cascades de fleurs répandues le long de la façade.

Lorsqu'ils eurent fait pivoter les lourds vantaux de cèdre, tous se répandirent à l'intérieur d'une cour bordée d'arcades. Sur l'ordre de l'un d'eux, les caravaniers commencèrent à déballer de leurs vastes cabas les fruits de leurs larcins. Un intense brouhaha s'éleva de ce capharnaüm. Tambourinements, cliquetis et grincements de toutes origines se mêlaient aux bêlements des bêtes et aux jurons des âniers. L'intensité de ce tintamarre couvrait les babillements furtifs de ces ombres frêles et fugaces qui esquissaient leurs apparences derrière les baies ajourées. Le spectacle était pittoresque, et même réjouissant, par ses nuances et sa diversité.

Les animaux furent débâtés, le Maître des lieux frappa par trois fois sur un long cylindre ajouré. Rompu, semblait-il, à ce type de cérémonial, les brigands abandonnèrent sans maugréer leur butin. Ils sortirent en maintenant au poing leurs montures débridées, et les lourds battants se refermèrent sur eux. Avec la grâce caressante du vent sur les dunes, une bourrasque inattendue investit la place. Cette séduisante chorégraphie se composait d'une multitude de voiles, que mille convoitises animaient d'une chose à l'autre. Étoffes et bijoux étaient, semblait-il, l'objet de leur ravissement. Pendant une courte portée d'ombre, Raman parut se satisfaire de ce spectacle, puis, sourire aux lèvres, il frappa dans le creux de ses mains. Les menus pieds se dispersèrent alors sous les arcades, aussi rapidement qu'ils étaient venus.

- *Viens !* dit-il, en s'adressant au Grand Prêtre sur un ton jovial. *Tu es mon hôte, je vais te montrer tes appartements !*

Chapitre V

Absorbé par ses occupations, Héri-tep ne voyait guère passer les jours. Son logis donnait sur un jardin embaumé de senteurs. Elles émanaient d'un herbier de fleurs médicinales sur lequel il avait aménagé des clayonnages. Cet étalage lui permettait d'enseigner aux gens de maison comment ils pouvaient utiliser les plantes, les doser, les broyer et les faire macérer en des liqueurs. Pour les femmes du harem, le Grand Prêtre avait distillé des parfums aux fragrances musquées. Avec la même ingéniosité, il avait élaboré des onguents pour les bédouins itinérants et amalgamé des huiles parfumées pour leurs épouses. Ne lui était-il pas accordé l'art de pratiquer les mélanges des cires, des miels, des fleurs et des huiles avec talent et proportions ? Il était aussi, disait-on, thérapeute, et on venait de loin pour se nantir de ses conseils. Comme jamais cet homme étrange n'avait révélé son identité, les oasiens de l'endroit l'avaient surnommé Kheri-Secheta celui qui connaît les secrets. Héri-tep ne cultivait en rien cette popularité, mais sa manière d'être et sa probité foncière le faisait apprécier de tous.

Malgré, et peut-être même en raison de ces marques de sympathie, il demeurait à son corps défendant prisonnier des lieux. À maintes reprises, Raman avait émis de spécieux avis pour tenter de repousser les dates de prolongement de son voyage.

Que n'avait-il évoqué, si ce n'étaient des conflits locaux, des épidémies de peste, des invasions d'insectes, des sécheresses alarmantes ? Héri-tep n'était nullement abusé par les duperies de son séquestreur, cependant, pour éviter toutes contestations attentatoires, à la suite de chaque argumentation, il avait jusque-là différé courtoisement le terme de son séjour. Hélas, semaines et mois s'écoulaient sans qu'aucune décision ne soit prise. L'urgence qui était sienne, à reprendre son itinéraire, se faisait chaque jour plus pressante. Le Maître du fief n'ignorait rien des aspirations du Grand Prêtre, aussi s'ingéniait-il à le retenir par des stratagèmes inédits.

L'entraînement équestre était un des arguments les plus subtils utilisés par Raman. Avec les conseils de ce Maître écuyer, Héri-tep était devenu au fil des jours un excellent cavalier. Toutes ces épreuves étaient éprouvantes, mais il avait fait choix de ne pas s'en plaindre, considérant que cette mise en condition était un préalable nécessaire à la poursuite de son voyage. De telles obligations l'aguerrissaient aux tribulations toujours possibles qu'il était appelé à connaître. Comme consolation, il bénéficiait depuis sa venue en cette oasis, de la paisible, constante et précieuse affection de Saki. Ce jeune guépard lui avait été offert par Raman, en compensation, avait déclaré celui-ci, de l'abandon généreux de son cheval. Depuis, le félin partageait la solitude intérieure du Grand Prêtre. Par sa fidèle présence, il contribuait à édulcorer ce sentiment d'inutilité qui guette tout homme privé de liberté d'action.

Depuis peu, cependant, Héri-tep avait repris espoir en la poursuite de son voyage. Si Raman l'enfermait en cette prison dorée, il lui fallait envisager une autre solution. Aussi avait-il mûrement élaboré son évasion, il avait effectué des relevés topographiques, dressé des itinéraires et rassemblé des denrées de voyages. Il ne fallait pas que son projet soit découvert, aussi fixa-t-il son départ le surlendemain à nuit sans lune. Il emmènerait Saki et Tane ainsi que les deux ânes placés à sa disposition.

L'esprit tendu par cette perspective, Héri-tep ne parvenait pas à dormir. Afin de tenter de calmer cette anxiété, il repassait inlassablement détails et conséquences de son projet. Ainsi, allait-il de son boulier à un tracé d'itinéraire, avec la répétitivité grave d'un stratège la veille d'une bataille. La clarté chancelante de la lampe à huile animait les objets d'ombres folâtres sur la surface des murs. Cette dualité lutinait sur le pelage du jeune guépard, lequel se tenait près de lui, les paupières closes, le corps couché sur le flanc.

Appliquée au mur du fond, une lourde tapisserie ondula sans qu'aucun courant d'air ne l'y oblige. La tête fauve se perça de deux agates brillantes, les babines retroussées laissèrent apparaître un blanc ivoire qui étincela à la clarté de la flamme. Surpris par ce léger souffle, Héri-tep arrêta d'utiliser son calame :

- *Qu'est-ce donc qui t'inquiète, mon brave Saki ?*

Raidi sur ses pattes, la gueule érigée sur une ligne d'horizon imaginaire, le jeune félin était à la fois fébrile et menaçante. Héri-tep enflamma un brandon de résine, qu'il éleva à bout de bras, tout en maintenant d'une main ferme le cou de l'animal. C'est alors, qu'une silhouette évanescente manifesta son relief sur le fond de la tenture.

- *Qui est là ?*
- La voix était assimilable à ces filets d'eau qui gazouillent après l'orage : *Mon nom est Yasâra. Je suis femme du harem... l'une des favorites de Raman.*

Héri-tep maintint sa torche élevée. Ses yeux s'agrandirent démesurément, un court silence suivit cette singulière présentation :

- *Avance vers la clarté, je te prie. Par quelle sorcellerie te tiens-tu en ces lieux, sans en avoir franchi la porte ?*
- La voix se fit hésitante : *Il y a une issue dérobée derrière cette tapisserie, elle donne sur un couloir. Celui-ci, en passant par les sous-sols, conduit aux appartements du Maître.*
- *Je l'ignorais ! Est-ce lui qui t'envoie ?*

- Yasâra marqua un temps de réponse : *Non, Seigneur ce n'est pas lui.*
- *Que viens-tu faire alors, auprès de moi ?*

- La question fut suivie d'un silence. Un rien irrité par la situation, Héri-tep enchaîna : *Si c'est pour m'exalter de tes charmes, je te prie obligeamment de regagner ta couche.*

La flamme finit par consumer le brandon. Avant qu'elle ne lui brûle la main, il l'étouffa d'un geste vif dans l'un des godets disposés à cette intention. La jeune femme avança ses pas jusqu'au sortir de la pénombre, sa juvénile beauté était à la fois prude et insolente. Ses lèvres avaient la fraîcheur gourmande des pulpes de fruits. Elle les entrouvrait à peine pour s'exprimer, sans doute craignait-elle d'en modifier le dessin.

\- Elle dirigea ses noires prunelles au plus profond des siennes : *On dit de toi que tu es Sage parmi les Sages. C'est pourquoi la Maîtresse du harem m'a recommandé de ne pas provoquer la passion de ton corps. Il faut, m'a-t-elle dit, m'en tenir à l'entretien qui motive mon déplacement.*

\- Les sourcils d'Héri-tep remontèrent haut sur son front : *C'est là un bien étrange comportement, que le fait de déléguer une ambassadrice de charme, avec pour recommandation d'en rester à des insignifiances. Voilà que l'on veille sur ma vertu, maintenant ! Je suis assez fort en âge, semble-t-il, pour savoir ce qu'il convient de me comporter... Ne crois-tu pas ?*

\- Les longs cils cernés de mauve observèrent un inopiné battement d'ailes : *Je n'en doute nullement, Seigneur, ne te fâche pas. Les raisons qui m'amènent ici sont toutes autres que celles que tu considères d'évoquer.*

\- *Parle alors ! Qu'as-tu à me relater de si urgent qui pourrait justifier cette présence tardive ?*

\- *Seigneur, il t'en remet peut-être ? Lors de ta venue en ce domaine, la dame responsable du harem t'avait consulté pour un mal, dont elle était alors affligée ?*

\- *Je m'en souviens, en effet !*

\- *Tu l'as guérie, Seigneur, et par volonté de reconnaissance, celle-ci tenait à s'acquitter d'une dette envers toi. Ainsi, par mon intermédiaire, celle-ci t'informe de la duplicité de Raman. Tu cours un risque, Seigneur. On essaye de te tendre un piège !*

\- *Un piège ! Qu'avances-tu là, voyons. Raman et moi vivons en bonne intelligence, malgré le fait de nos dissemblances culturelles.*

\- *Pour ne rien te cacher, Raman sait que tu t'apprêtes à fuir, avec l'intention de poursuivre ton voyage en pays d'Orient.*

\- Héri-tep marqua un silence puis il adopta un ton plus intime : *Ce n'est une révélation pour personne. Tout le monde, ici, sait que je suis retenu contre ma volonté.*

\- *Certes, Seigneur, mais le Maître des lieux est informé de tes préparatifs. Il n'ignore rien de tes projets, il sait que depuis plusieurs jours tu t'actives à rassembler des provisions de route. Aussi présume-t-il de l'imminence de ton départ.*

- Comment pourrait-il envisager la chose... *Je n'ai confié à personne mes intentions ?*

- Ses oreilles et ses yeux sont partout, ils sont multiples et attentifs au moindre de tes gestes.

- Héri-tep balaya le plafond du regard : *Voyons ! Tu affirmes qu'il connaît mes desseins, alors pourquoi n'intervient-il pas ?*

- Peut-être cherche-t-il à amoindrir ta réputation, tout en rehaussant son prestige personnel auprès de sa communauté.

- *Ce serait une duplicité, une perfidie... Hormis les préparatifs que tu dénonces, je n'ai jamais manqué de franchise à son égard !*

- *C'est hélas son état d'esprit, il a l'intention de te laisser partir, sans réagir immédiatement, pour que ta fuite offre les particularités d'une trahison ! Ce qui, selon le code de l'hospitalité bédouine, devient blâmable aux yeux de tous. Après quoi, ayant envisagé les divers itinéraires que tu pourrais emprunter, il lancera ses hommes à ta poursuite, avec l'ordre de te ramener garrotté entre ses murs. N'oublie pas Seigneur que Raman est un fol, assoiffé de pouvoirs et d'actions d'éclats.*

- *Quel intérêt aurait-il à mettre en œuvre une telle machination ?*

- *Peut-être est-il jaloux du renom que tu t'es fait ? Je te rassure cependant, Seigneur. Il ne pratiquera sur toi aucuns sévices, car il est pleinement conscient que ta notoriété sert ses intérêts. L'idéal pour lui, c'est que tu sois docile à son autorité.*

- Oui ! *Je sais combien il affectionne soumettre ses sujets à la volonté de sa personne, mais je pensais bénéficier d'attentions particulières.*

- Raman doute de lui-même. Aussi cherche-t-il inlassablement à entretenir l'image du Maître incontesté. En fait, il n'a de personnalité qu'à travers la crainte qu'il inspire. Ses châtiments sont les palliatifs de ses carences, Seigneur !

- *Tu me parais avoir l'esprit savamment délié, cela tout en étant amère à son endroit. Assouvirais-tu... une vengeance ?*

- Yasâra détourna la tête en direction de la lucarne, elle parut visualiser un événement lointain et douloureux : *Je vivais en total liberté, dans le douar de mon père, en compagnie de mes frères et sœurs. À l'âge de douze ans, j'ai brutalement été soustraite à leur affection. Je suis devenue la plus jeune femme de son harem. Personne n'a jamais sollicité mon avis, Seigneur. Et pour ce qui est de l'esprit de vengeance, tu conviendras que j'ai eu temps de l'aiguiser, les journées sont longues au harem.*

- *Je compatis, Yasâra ! Reconnais toutefois qu'envisager de recouvrer la liberté, c'est accepter de prendre d'énormes risques. Le semi-désert qui s'étale alentour est réputé impitoyable, tu le sais ! Ce qui signifie que, quoi que nous fomentions, nous sommes appelés à courir de grands risques.*

- Les yeux d'ébène coulissèrent sous leur ombrage. Yasâra se rapprocha du Grand Prêtre et Saki se mit à flairer sa parure : *Non, précisément ! Il y a un moyen de déjouer les stratégies de représailles de notre tourmenteur. La dame et moi avons un plan, une solution aux problèmes que nous venons d'évoquer.*

- D'un geste ample, la jeune femme retroussa sa gandoura. Elle en extirpa un petit rouleau de papyrus maintenu par une cordelette : *Au matin de ton départ, lorsque l'alerte sera donnée, et que les hommes de garde auront informé Raman de ta fuite, il enverra ses pisteurs vers l'Est ou le Nord, peut-être vers l'Ouest. Assurément pas vers le Sud où il n'y a que cailloux et sable, avec de très rares puits, qu'il est impératif de connaître si l'on veut demeurer en vie. C'est en cette direction, Seigneur, que tu devras aller !*

- **Vers le Sud**... *Serais-tu folle ? C'est à l'opposé de mon itinéraire !*

- *Précisément, c'est la seule direction où Raman ne pensera pas à aller te chercher. Il te faudra ensuite effectuer une large boucle à l'Est pour retrouver ton parcours initial.*

- *Je n'ai aucun tracé de référence allant vers le Sud. J'ignore tout de cette région et je suis incapable de repérer un puits dans le désert. Si j'adhérais au plan que tu proposes, mes animaux et moi aurions peu de chance de survivre à une telle aventure !*

- *Écoute-moi, Seigneur ! Je suis originaire d'un Douar qui se trouve précisément au Sud de l'oasis où nous sommes. Si tu acceptes ma présence à tes côtés, je t'assisterai et guiderai tes pas jusqu'à ce que tu retrouves ta route. Crois-moi, il n'existe pas de solution plus raisonnable !*
- *Es-tu consciente de ce que tu me demandes ? Sais-tu ce qu'il en coûte à une concubine lorsqu'elle est prise en flagrant délit d'adultère ? Qui plus est, en tentative de fuite avec un étranger ?*

- Fascinés par l'image dominante d'une vision intérieure, les grands yeux étaient devenus fixes, lointains comme indifférents : *Oui... je sais... la mort par lapidation !*
- *L'aventure pour toi vaut-elle le risque ? En as-tu pleinement mesuré les conséquences ?*
- *As-tu jamais envisagé, Seigneur, ce qu'est, une vie d'esclave ?*
- *Il y a peu, j'ai été moi-même réduit à cet état.*
- *Alors, tu dois me comprendre, tu dois accepter ce que je te propose !*

- Héri-tep resta un instant silencieux, il tourna son regard vers Saki comme pour lui soutirer un avis plus judicieux : *Si je venais à accepter ta participation, comment ferais-tu pour me rejoindre sans éveiller les soupçons ?*
- *Seigneur, il te faut me faire pleinement confiance. Notre départ, il est vrai, ne peut en aucun cas passer inaperçu. Mais nous avons la certitude que Raman n'entreprendra rien avant l'Aube.*
- *Es-tu certaine de cela, Yasâra ?*
- *Oui, je connais ses travers. La chasse à l'homme est pour lui une passion. Ce qui signifie que nous disposerons de cinq à six heures pour disparaître dans la nature. Après quoi, nous n'aurons plus qu'à nous remettre aux mains d'Ishtar... J'ai une confiance infinie en cette déesse de mon pays.*

Le regard habité par un éclat inhabituel, le Grand Prêtre s'approcha de la jeune femme. Sans préambule aucun, il dégrafa la fibule qui retenait sa toge. Le bijou se composait de trois petites palmes de couleur verte, harmonieusement disposées en forme de triangle. La favorite de Raman eut un sourire complice :

- *Dans le code pictographique de ma tribu, ce bijou signifie « bonne chance ».*

- *Habituellement, Yasâra, je demeure éloigné des femmes. Mais, je pense que tu m'as été envoyée opportunément pour faciliter la poursuite de ma mission. De surcroît, je puis te dire que je ne suis pas insensible à tes qualités de discernement et… et aussi à ton envoûtante beauté.*

Héri-tep plaça ses mains sur les hanches de la fille des sables. Il l'attira à lui avec une sorte de ferveur contenue. Yasâra n'offrit aucune résistance, elle laissa infléchir sa tête en dévoilant son épaule, juste assez pour que se posent ces lèvres qu'elle devinait enfiévrées. Elle gémit indolemment sous les assauts furtifs que lui procuraient les caresses de l'étranger. Puis l'ombre pâteuse des lampes à huiles absorba graduellement leur étreinte. Le guépard s'allongea de nouveau sur les dalles. Ses yeux d'or suivirent un instant les ébats du couple, comme s'il s'agissait d'un rite cultuel venue d'un autre monde, auquel lui, Saki, avait le privilège d'assister.

La nuit fut courte. Bientôt les premières lueurs nimbèrent d'une aube pâle, le sofa sur lequel le couple était allongé. En une gracieuse attitude, Yasâra lança ses cheveux en arrière pour dégager le galbe de sa nuque :

- *J'ai tellement souhaité, des années durant, me donner à un homme par exaltation intime et non par exigence. Tu es le premier, Seigneur, avec lequel je peux réaliser ce rêve.*
- *Ce vocable de Seigneur me semble inadéquat dans le contexte… Ne crois-tu pas ?*
- *Ce sera selon tes désirs… Maître !* Tous deux se plurent à rire de leurs rôles :*Dis-moi, Héri-tep,* ajouta-t-elle sur un ton neutre, *as-tu connu beaucoup de femmes en ta vie ?*

- *Non ! D'adorables amours d'enfance un peu trop idéalisées, sans doute. Une aventure avec une courtisane à la fête de Min, j'étais adolescent, il y a, tu le vois beaucoup d'années. Depuis rien, j'ai tellement connu d'êtres tourmentés par la passion amoureuse que je n'ai point réitérée, afin de mieux conduire mes aspirations spirituelles.*

- Elle se fit alors plus désinvolte, tout en essayant de rassembler ses vêtements épars sur l'étendue du sofa : *Ce jour passé, n'auras-tu point des regrets, en ce qui concerne... nos... ébats ?*
- *Ne les ai-je point sollicités, Yasâra ? Je vis mon sacerdoce, non dans l'abstinence absurde, mais comme le choix circonstanciel d'un équilibre intégré qui convient à ma nature.*
- *Aimer, ne serait-il autre chose pour toi qu'une fleur que l'on cueille !*

Héri-tep ne répondit pas à cette remarque incisive. De l'extrémité de ses doigts, il effleura la peau satiné de la jeune bédouine. Puis, s'étant saisi de son poignet, il appliqua ses lèvres sur le bleu dessin de ses veines :

- *Tu es un cadeau à la fois inattendu et merveilleux ! Je puis t'assurer que tu m'as procuré d'heureux instants. Cependant, le prêtre que je suis ne peut s'adonner sans réserve à l'acte d'amour... La vie est un choix, Yasâra, c'est le mien !*

Ces paroles aussitôt prononcées, il crut déceler dans les yeux de la jeune femme un sentiment affecté, à moins que ce ne fût l'indice d'un secret reproche. Il enchaîna aussitôt :

- *Il serait temps que tu regagnes ta couche, ma bien-aimée, nous risquerions d'éveiller l'attention.*

Elle se leva. Le jour naissant caressait sa peau nue et animait ses prunelles d'étranges nébuleuses.

- Héri-tep reprit sur un ton plus ferme : *Je serai ce soir à l'orée de la palmeraie située au fond de la combe. À milieu nuit, précisément... d'accord ?*

- *D'accord ! Le premier rendu attendra l'autre. Prends soin de ne pas être en retard, Héri-tep, chaque minute nous sera comptée.*

Une voluptueuse lumière galbait le corps de Yasâra, elle eut un sourire complice à l'adresse de son premier amant et, d'une main experte, se drapa en ses voiles. Puis, légère comme le vent, elle se glissa sous les plis opulents de la tapisserie murale. Il subsista dans la pièce une fragrance de nard aux effluves balsamiques qui semblait émaner d'un songe.

***

La Lune était en ses premiers quartiers et la masse claire de la bastide se projetait comme un œil inquisiteur sur le Ciel étoilé. Les chiens aboyèrent longuement, lors du départ de l'égyptien. Mais maintenant que l'attelage avait atteint le creux de la combe, le calme était revenu. Seuls les borborygmes lointains des canaux d'irrigation troublaient le silence de la nuit. Il essaya de deviner, parmi la confusion des roches, une forme qui serait assimilable à une femme.

Rien, hélas, ne se mouvait en ces lieux. D'un rapide regard, il interrogea l'attitude de Saki, le jeune guépard lui apparut parfaitement serein. Le Grand Prêtre ne s'en trouva pas rassuré pour autant. Où était-elle ? Se pouvait-il qu'elle ait imaginé toute cette histoire... Dans quel dessein ? Celui, peut-être de doublement le compromettre ? À moins, pensa-t-il, qu'elle ne se soit fait appréhender par les gardes à l'instant de sa fugue, mais si tel avait été le cas, les turbulences suscitées l'en auraient informé ?

- *Yasâra... hasarda-t-il à mi-voix... es-tu là ?*
- *Je suis là, Héri-tep !*
- **Il tressaillit d'incertitude.** *Là ! Mais où là ?*
- *Là !*

La surprise fut si grande qu'il recula d'hébétement. Le couvercle d'une bourriche, sanglée sur le dos de l'un des ânes venait de basculer. Une tête échevelée apparut à la lumière glauque du miroir de sable.

- *Par Seth et tous les dieux, mais que fais-tu en cet endroit ?*
- Elle appliqua son doigt sur sa bouche en adoptant un ton chuchoté : *C'était le meilleur moyen de dissimuler ma présence à la vigilance des hommes de garde qui t'ont observé t'enfuir.*
- *Malheureuse, qu'as-tu fais de loutre d'eau, que j'avais placées en cet endroit ?*
- *Nous n'aurons pas besoin de telles quantités d'eau, Héri-tep. Je connais un oued où nous pourrons nous abreuver. Je te l'ai déjà dit… tu te dois de me faire confiance !* Puis en un élan spontané, elle lança ses deux bras autour des épaules du Grand Prêtre : *Merci d'avoir ouvert la fenêtre de ma liberté, même si mes ailes sont petites, tu sais, elles sont faites pour aller loin !*

En se laissant étreindre ainsi avec complaisance, Héri-tep se dit que les pires folies humaines avaient quelque chose de savoureux. Mais les rauquements sourds de Saki, et les hurlements des chiens au loin, les rappelèrent tous deux à leur entreprise.

***

Il y avait cinq heures, bientôt, qu'ils marchaient ainsi en direction du Sud. Un jour pâle commençait à napper l'étendue du ciel et, déjà, la faible lumière leur permettait d'éviter les irrégularités du sol. Hélas, la caillasse laissait régulièrement place à des étendues de sable criblées de traces significatives. Muni de longues feuilles de palmes, Yasâra se tenait à l'arrière de la file. Avec des gestes répétitifs, elle fouettait les empreintes laissées par les bêtes. Il n'en subsistait que d'infimes aspérités, qu'un vent complice se chargeait d'égaliser. Héri-tep venait d'enserrer l'encolure de Tan. La petite colonne s'arrêta :

- *Yasâra… dis-moi, devons-nous marcher longtemps encore, sans faire se reposer les bêtes ?*

En quelques rapides enjambées, la jeune bédouine le rejoignit le front baigné de sueur :

- *Il nous faut contourner ce mouvement de terrain sableux pour retrouver la pierraille. À cette heure-ci, Raman et ses hommes se préparent à relever la piste. Le temps que ses limiers s'aperçoivent de leur erreur, nous aurons sur eux une petite journée d'avance. Regarde, la région devant nous possède un relief accidenté, elle nous dissimulera plus facilement aux regards.*
- *Si ces bandits ne nous ont pas rattrapés à la fin du jour, nous pourrons nous estimer en sécurité, c'est ce que tu veux dire ?*
- *Nous estimer...libres, Seigneur ! En sécurité, avec Raman aux trousses, c'est faire preuve d'un certain optimisme, vois-tu !*
- **Qu'est-ce que cela** ? s'exclama subitement Héri-tep, en indiquant un nuage de poussière en direction de l'Orient.
- *Je ne sais pas !* avoua Yasâra, elle aussi soudainement inquiète. *Il faut faire se coucher les bêtes, vite !*

Habités par une crainte commune, ils pressèrent leurs flancs l'un contre l'autre en interrogeant l'horizon avec une certaine anxiété.

- *Je crains que notre désir de liberté ne se limite à cette escapade. Si ce sont eux, ils ne tarderont pas à nous rejoindre. En ce terrain, il est totalement impossible de progresser sans être vu !*
- *Ce ne sont pas des cavaliers ! La poussière ne s'élèverait pas de cette façon.*
- *Un autre danger, crois-tu ?*

La fille du désert maintint sa main au-dessus de son front pour ombrager ses yeux.

- Elle eut alors un sourire rassurant : *Non... ce sont des autruches ! En cette saison, elles migrent vers des régions où elles trouvent moins de prédateurs.*
- *Des autruches... aussi gigantesques... C'est à peine croyable !*
- *Oui, cette espèce-là se montre très agressive, lorsqu'elle estime*

que sa progéniture se trouve en danger. De tels animaux sont capables de réduire en charpie un groupe de voyageurs comme le nôtre. C'est rare d'en voir autant, celles-ci sont en voie d'extinction. Nous en avions peur, mes frères et moi, lorsque j'étais enfant, je me souviens, nous nous dissimulions derrière les cactus !

- Le nuage au loin s'estompa graduellement. Yasâra se releva en riant : *Leurs œufs sont gros comme ça ! Une omelette pour six hommes…Tu vois !*

Ils rirent de pouvoir ainsi s'exprimer simplement sur les choses de la vie.

- *Dis-moi, Yasâra : sommes-nous encore loin de cet Oued, auquel tu faisais allusion ?*
- La fille regarda le soleil, l'ombre portée, puis de nouveau le soleil : *Deux à trois heures de marche, guère plus, Seigneur Héri-tep, tu pourras alors goûter en toute sérénité au repos du guerrier.*
- *Je pressens une signification osé en cet adage ! Pour le moment, ne perdons pas de temps, favorite de Raman, si tu as pour résolution de conserver ta tête au-dessus de ton cou !*

***

C'est seulement en fin de matinée qu'ils parvinrent en vue de l'oued en question. Le Soleil était brûlant et leur réserve d'eau se limitait à une outre largement entamée. En ce lieu, la configuration encaissée du terrain laissait apparaître une flore attrayante. Elle étonnait l'œil par la diversité de ses tons. Le cours d'eau demeurait inapparent jusqu'au moment où le regard pouvait plonger en contrebas. La vision était alors saisissante, ses méandres contournaient des massifs rocheux enrobés de sable fin, une onde aux tons émeraude étalait son indolence au milieu de berges arborées. Yasâra plaqua sa tête sur le dos d'Héri-tep et entoura sa poitrine de ses bras que cerclaient de nombreux joncs :

- *Qu'en penses-tu, Seigneur ?* interrogea-t-elle sur un ton exaucé.

Un instant encore, Héri-tep se plut à contempler ce paysage idyllique pour le moins inattendu. Puis s'étant retourné, il fit tourbillonner son égérie comme une feuille sous le vent :

- *Il manque un élément essentiel en cette onde inaltérée. Sais-tu quoi... une naïade à la peau nue, s'y baignant ?*

Yasâra ne donna pas son avis, mais elle courut vers la rivière, les voiles retroussés jusqu'aux hanches. Après ce long et brûlant périple, l'eau fraîche de l'oued était un bienfait du ciel. Nus comme aux premiers temps du monde, les deux fugitifs s'inondèrent de gerbes mouvantes, lesquelles finirent par former un joyeux arc-en-ciel. Riant à en perdre le souffle, la fille des sables se jeta de nouveau dans les bras du Grand Prêtre :

- *Je peux mourir maintenant,* dit-elle, d'une voix morcelée de sanglots, *j'ai enfin conscience de ce qu'est le bonheur de vivre. Ils peuvent me martyriser, ils ne m'enlèveront pas cette merveilleuse sensation... Elle est à moi... Elle m'appartient à jamais !* Yasâra fit quelques pas sur le sable, les bras levés dans une sorte d'incantation à l'adresse d'une invisible présence : *Regarde, Shamash, astre du jour, c'est moi, me reconnais-tu ? La petite esclave bafouée, me vois-tu, Shamash ? Je suis nue, libre, impudique et heureuse... heureuse... heureuse, Shamash !*

Yasâra s'effondra brusquement sur la plage. Un sanglot étouffa la fin de sa phrase. Ce réalisme émotionnel fouetta le cœur d'Héri-tep. Il la prit contre lui en tentant gauchement de faire diversion : *Regarde, comme cette herbe tendre semble régaler les animaux.*

- D'un revers de main, Yasâra épongea les pleurs qui humectaient ses cils : *Oui, mais on dirait que Saki n'a pas dénié tremper ses pattes dans la rivière !*
- *L'eau n'est pas son affaire,* précisa Héri-tep, *il préfère gambader, il s'absente un moment, va chasser et revient... toujours fidèle !*
- Elle coucha sa tête au creux de son épaule. *Toujours fidèle !*

répéta-t-elle, le regard absent, elle poursuivit : *Dis-moi, Héri-tep, comment envisages-tu l'avenir, s'il nous est permis d'en avoir un ?*

- Un court silence précéda la réponse du Grand Prêtre ! *Il est pour moi impératif de mener à bien ma mission, Yasâra, c'est primordial, crucial même pour l'humanité future. Ensuite... ensuite, je ne sais pas... le sort en décidera !*

- Un instant, elle demeura silencieuse, puis, la tête haute avec une élégance altière, elle regagna la berge comme on réintègre un destin : *Il est temps pour nous de nous éloigner de l'oued, Héri-tep. Raman connaît ce lieu ! Demain très tôt, ses hommes risquent de sillonner la contrée.*

- *Tu penses qu'il pourrait retrouver nos traces ?*
- *C'est peu probable, le terrain que nous allons parcourir est caillouteux. En outre, tu sais comme moi que les chiens apprécient peu l'odeur de Saki. Je pense qu'ils ignoreront volontairement la piste, même s'ils la décèlent.*
- *Si ce relief chaotique se poursuit, il devrait contribuer à dissimuler notre présence, qu'en penses-tu ?*
- *C'est probable, mais c'est un parcours accidenté, notre progression sera lente. Nous n'aborderons le prochain point d'eau qu'à la tombée du jour.*

***

C'est à l'heure crépusculaire, en effet, que les deux fugitifs parvinrent au pied des roches où se trouvait la source. Une vasque de pierre naturelle retenait un faible volume d'eau. Avec l'aide d'une variété d'épineux, d'un expert frottement des mains et le duvet d'un chardon, Yasâra apprit à Héri-tep, comment on pouvait rapidement allumer un feu. Ils firent cuire les poissons qu'ils avaient harponnés, mangèrent fruits et noix et burent un délicieux alcool que Yasâra avait dérobé dans le service à liqueur de Raman. Depuis un moment déjà, elle dévisageait son libérateur avec un regard éperdu où transparaissait l'inquiétude :

- *Demain, Héri-tep, nos chemins se sépareront... peut-être à jamais !*
- *Il n'est pas question que nous nous quittions ainsi. Ne t'ai-je pas dit que je t'accompagnais jusqu'à la demeure de ton père ?*
- *Non, Héri-tep, le douar est encore loin, il est à deux jours de marche vers le Sud. Et puis... il est temps pour toi de t'orienter vers l'Est. Il te faut maintenant rejoindre par une courbe l'itinéraire que tu t'étais fixé.*
- *Es-tu certaine que Raman ne viendra pas te chercher en ce lieu d'asile que tu prévois ?*
- *Avec lui tout est possible, son comportement est pugnace. Aussi ai-je l'intention d'embrasser ma famille et de fuir plus au Sud encore, loin de son territoire, chez l'une des sœurs à ma mère... le temps de me faire oublier.*
- *Il te faut fuir plus loin, Yasâra, là où moi-même, j'ai croisé le chemin de Raman !* Le Grand Prêtre ôta de son cou l'amulette en or que lui avait offert Chen-Hep : *Tiens, fille du courage, prends cela ! Dès que tu seras en mesure de voyager, dirige tes pas vers l'Égypte. En limite de territoire, ce trouve un poste frontalier, ce bijou te servira de passe-droit. Demande alors à parler au Nomarque, en mon nom.*

- *Au Nomarque d'Égypte... je suis une simple bédouine, je n'oserai jamais, d'ailleurs on ne me permettra pas, Héri-tep !*
- *C'est une relation très chère. Explique-lui notre histoire et sollicite l'asile en son fief. C'est un homme bon et généreux, il ne te refusera pas son aide, j'en suis persuadé.*

Visiblement émue par cette marque de confiance, Yasâra apposa sa tête sur la poitrine du Grand Prêtre :

- *Une fois encore... tu me sauves d'une situation difficile. Je ne sais pas si j'aurai la volonté de... enfin, il le faut... n'est-ce pas ? Tu m'as offert l'amour et la liberté, tu me reprends l'amour... Il me reste la liberté,* **d**it-elle en un sanglot.

***

Héri-tep se sentait merveilleusement bien. Sans doute était-ce l'humidité de l'aube qui baignait ainsi son front d'une fraîcheur délectable. À moins que cette chose ressentie soit un afflux de baisers dispensé par d'angéliques entités venues d'oniriques paradigmes. Mais parallèlement une somnolence tenace l'empêchait d'ouvrir les yeux, et une chape pesante chevillait au sol ses muscles fatigués.

Ce ne fut qu'un peu plus tard, lorsqu'il sentit sur sa peau les premiers rayons du Soleil, qu'il fit l'effort de s'éveiller. D'un geste tendre, il chercha à entourer de ses bras cette fille des sables dont il appréciait les aptitudes à vivre et à penser. Mais sa main caressante ne rencontra que le vide. Yasâra n'était plus là ! Un papyrus ceint d'une cordelette de raphia occupait sa place. L'ânesse était encore là, mais la petite mule était absente, il manquait une bourriche à provision. Le regard rond, Saki ne cessait d'examiner son Maître, comme il l'aurait fait d'une convoitise.

- *Tu l'as laissée partir… dis ?*

Visiblement mal à l'aise, le jeune guépard avança sa patte en feulant mollement au profond de sa gorge.

Rejetant à la volée la peau d'antilope qui le recouvrait, Héri-tep courut jusqu'au dôme rocheux placé à proximité du site. Autour de lui, quelques arbres esseulés et sur eux s'étendait un ciel immense, coupable jusqu'à l'horizon d'être aussi serein.

S'étant assis sur la roche, le cœur meurtri, il laissa sa tête fléchir sur ses genoux. Ainsi demeura-t-il l'esprit absent, jusqu'au moment où une langue râpeuse vint lui humecter l'oreille. Levant alors les yeux, il put constater que Râ avait largement entamé la longueur des ombres, il lui fallait reprendre son périple. Il redescendit la pente rocheuse pour gagner l'emplacement où Yasâra avait entreposé ses bagages. Là, se trouvaient trois feuilles de palmier disposées en triangle. Il se souvint alors de sa réflexion sur le bijou qu'elle portait,

Bonne chance Yasâra, murmura-t-il, le regard troublé par une mosaïque de sentiments qu'à l'ombre des colonnes hathoriques on ne lui avait point appris à maîtriser.

***

Cette zone désertique s'étalait à perte de vue. Elle était parsemée de chénopodes rouges dont les bouquets disséminés formaient des pustules écarlates sur la blondeur des dunes. Héri-tep retint un instant la bride de Tan puis, s'étant redressé sur ses sabots d'étriers, il essaya d'évaluer le chemin parcouru. Le rocher, repère de la source, s'était effacé de la ligne des crêtes. Derrière lui se propageaient les empreintes laissées par ses animaux. Bien qu'à peine décelables, ces imperceptibles bouffissures étaient autant de révélations pour un œil exercé. Aussi s'appliqua-t-il à cheminer à flanc de dune, de telle sorte que le sable croulant puisse combler en partie les traces.

Les animaux s'étaient adaptés sans grande difficulté au terrain, mais depuis peu, le cheval et l'ânesse devenaient rétifs aux injonctions. Était-ce là les premiers signes de fatigue ou était-il question d'autre chose ? Héri-tep descendit de monture. Ayant enfoncé son bâton dans le sable, il évalua l'ombre portée. Celle-ci se prolongeait encore sur deux bonnes coudées. Il se dit que lorsque l'ombre aurait diminué d'une demi-mesure, la chaleur deviendrait insoutenable et il lui faudrait alors trouver un abri. Sans prendre le temps de s'asseoir, il consulta le rouleau de papyrus laissé par Yasâra. Une heure de marche, peut-être plus, était nécessaire pour atteindre la ravine indiquée. Pourrait-il alors bénéficier d'une cavité protégée où ses bêtes et lui seraient à l'abri de l'implacable feu du ciel ? Il était plongé en ses réflexions lorsque le jeune guépard vint lui lécher la main.

- *Tu dois te demander dans quelles péripéties je vous entraîne, mon brave Saki ?*

Tan et le baudet se trouvaient certes lourdement chargés, mais il lui parut anormal qu'il faille les tirer aussi fermement la bride avant de reprendre la marche. Cap à l'Est, la petite caravane persista à ondoyer à travers ce paysage étrange que peuplaient ces milliers de végétaux écarlates sur fond de dunes. Au terme d'une demi-coudée d'ombre, la faille mentionnée n'était toujours pas en vue. À l'opposé de ses habitudes, Tan se mit à frémir régulièrement des naseaux, alors que Saki filait tête basse, oreilles rabattues, en une attitude qui ne lui était pas coutumière.

Héri-tep n'eut plus de doute, une anomalie climatique ou tout autre danger étaient en préparation. Bientôt, le soleil vira au blanc, et le sable transporté par rafales se mit à cingler les épidermes. Héri-tep comprit qu'il s'agissait là de signes avant-coureurs d'un Sirocco, que les indigènes appelaient Khamsin. Il se hâta de passer un bandeau de lin sur les yeux du cheval. Lorsqu'il voulut faire de même pour l'ânesse, celle-ci, flagellée par une rafale plus cinglante que les autres, cassa net sa bride. Elle dévala la pente en chancelant, pour aller se fondre en cette tourmente jaunâtre où le jour filtrait à peine. Il n'était pas question de tenter de la rattraper. Le vent alors redoubla de violence et ses trombes brûlantes les fustigèrent cruellement. Après avoir fait s'allonger Tan et Saki, il déroula sur eux une peau de carrés cousus à l'intérieur de laquelle il se glissa lui-même en maintenant fermement les bords. Dès lors, recroquevillé contre le flanc des bêtes, il attendit que la tempête se calme. Pendant de longues minutes, la tourmente souffla avec une rage intense. Puis, sans transition, elle cessa de se manifester tout aussi brusquement qu'elle était venue. Quelques rafales ébouriffèrent encore la crête des dunes, avant que le soleil ne réapparaisse, torride et impitoyable. Tan et Saki s'ébrouèrent de cette singularité des étendues sauvages. Lentement, la nature parut reprendre ses droits. Le sable transporté s'était infiltré dans les moindres orifices. Il crissait sous les dents, bourrelait aux oreilles et abrasait les paupières avec une cuisante persistance. Héri-tep s'inquiéta aussitôt de retrouver l'ânesse et son chargement. Elle était à quelques pas de là, à moitié enfoui sous le sable, vivante apparemment, mais incapable de se dégager par elle-même. Le Grand Prêtre prit le temps de la délester et de lui nettoyer les yeux. Les bagages étaient épars, certains équipements étaient à jamais ensevelis sous les plis dunaires. Après beaucoup d'efforts pour reconditionner son équipage, il réévalua la direction et la bringuebalante colonne poursuivit au hasard des mouvements de terrain.

Depuis peu, le sol s'affermissait sous les sabots des bêtes et cela avait pour conséquence de soulager leurs jarrets. Une maigre savane commençait à poindre. Il apparut au loin un gros acacia et le Grand Prêtre décida de regrouper sous son ombre l'essentiel de son attelage. Tout autour, le paysage était pesant d'immobilisme, un parterre de touffes rases fit néanmoins le bonheur des deux ongulés.

Après s'être reposé quelques instants, Héri-tep décida d'aller à cheval repérer l'emplacement de la ravine. Aussi dut-il se résigner à laisser l'ânesse en cet endroit relativement ombragé. Ce n'est que lorsqu'il fut sur le point de rebrousser chemin qu'il découvrit une crevasse ayant l'apparence d'un oued asséché. Il constata que les cavités creusées jadis par les eaux n'étaient pas assez profondes pour les abriter tous les quatre, mais il n'avait pas d'autres choix. Dans peu de temps, Rê allait châtier Sekhmet et condamner toutes formes de vie qui auraient l'outrecuidance de le défier. Tournant bride, il se dirigea de nouveau vers l'acacia, au tronc duquel il avait attaché son baudet. L'arbre pointait au loin à demi dilué par les masses d'air chaud. Alors qu'il s'en approchait, Saki se mit à feuler. Le Grand Prêtre descendit de monture pour lui donner à boire, mais la raison était autre. Il finit par comprendre, lorsqu'une envolée de poussière attira son attention. Des chiens au pelage tacheté de noir s'éloignaient en un fracas de hurlements plaintifs. Leurs queues en panache et leurs courtes pattes ne laissaient aucun doute.

- *Des lycaons !* s'exclama-t-il tout haut. *Cette race d'égorgeurs n'augure rien de bon !*

Il savait que ces chiens de savane vivaient le plus souvent en meutes. Lorsqu'ils étaient affamés, ils pouvaient se montrer plus terribles que les fauves. Saki demeurait obstinément à l'ombre du cheval, il persistait à feuler en sourdine de façon préoccupante. Ce n'est que parvenu sur les lieux, qu'Héri-tep jugea de l'importance du drame. L'ânesse avait été déchiquetée par les chiens sauvages. Les lycaons avaient fait preuve d'une telle férocité, que les restes étaient méconnaissables, harnais et cordages se mêlaient aux chairs sanguinolentes de la cage thoracique. Deux outres d'eau étaient éventrées, heureusement une troisième gisait à l'écart apparemment intacte.

Venus de nulle part, des essaims sombres de petites mouches noires bourdonnaient autour de la carcasse. L'air était pétrifié, la chaleur suffocante. Une ombre longue vint souffleter la lumière de ce décor macabre, le vautour se posa à deux pas à peine, sans bruit aucun. Tel qu'un invité de marque investi de sa charge, il scruta d'un œil réprobateur ces glaneurs de festivités. Héri-tep se vit au centre d'un cauchemar. Saki ne se hasarda pas plus avant et persista à se tenir à l'écart, humant le sol, tout en fixant par intermittence un point précis à l'horizon. Le danger demeurait. Si les lycaons se décidaient à terminer leur festin, il serait préférable qu'ils ne trouvent personne à table. Ayant alors soutiré quelques fruits secs de l'une des panières éventrées, il ramassa au passage l'unique outre pleine et remonta en selle. Tout supplément de charge n'était pas envisageable.

La crevasse atteinte, ils gagnèrent une cavité où ils purent se tenir à l'ombre. Il devenait évident que s'ils persévéraient à errer en ce désert, sans itinéraire précis, l'affaire risquait de leur être fatale. Il n'était plus question de poursuivre au hasard, avec l'intention de dissuader d'éventuels poursuivants. Il lui fallait au plus vite s'orienter plein nord, vers les terres fertiles de Mésopotamie. Fatigué, Héri-tep finit par s'endormir sur ses réflexions. Lorsqu'il s'éveilla, le jour entamait son déclin. Tan avait éventré l'un de ses ballots d'avoine et en partie ingéré son contenu. Décidément, les épreuves ne lui laissaient aucun répit. Le ciel rougeoyant annonçait une nuit claire et froide, ils marcheraient d'un bon pas. Un chacal au loin hurla au crépuscule, ce simple fait lui rappela qu'il fallait redoubler de prudence.

La journée qui suivit se passa sans incident majeur. Au troisième matin de ce dur périple, il avisa une dépression au sein d'un amalgame rocheux. Après en avoir fouillé toutes les cavités, il fut assez chanceux de découvrir un puisard, au fond duquel stagnait une eau saumâtre, reliquat probable des pluies antérieures. Ses animaux s'y désaltérèrent, après quoi, il ne put emplir que la moitié d'une outre. Le volume s'avéra insuffisant, pour la zone particulièrement aride qu'il s'apprêtait à traverser. La carte même lui devenait inutile : elle ne mentionnait d'ailleurs aucun point d'eau au-delà de la limite atteinte.

Au cours des quatrième et cinquième journées, les trois formes errantes qu'ils étaient devenus traversèrent une plaine striée d'immenses arêtes de pierre, que balayaient sans cesse les alizés. Par le plus grand des hasards se trouvaient là quelques figuiers de barbarie, dont ses animaux et lui surent tirer le meilleur profit. La fraîcheur des nuits les soulageait à peine des torpeurs du jour. Les heures qui suivirent n'apportèrent pas de changement notable dans l'aspect du paysage. Le sable laissait place à une terre sèche, âpre, parsemée de roches d'aspects chaotiques. En certains recoins, cependant, s'étendaient des bancs de graminacées, que Tan avait pris le parti de ne pas dédaigner.

Le douzième jour, ils ne trouvèrent rien pour se désaltérer et la soif les fit cruellement souffrir. Mais le lendemain, Héri-tep eut l'opportunité de déceler, le long d'une paroi rocheuse, une fissure où suintait entre deux roches un mince filet d'eau. Il fut contraint de patienter une demi-journée pour assouvir la soif des bêtes et remplir les outres. Aussi, leur fallut-il beaucoup de courage pour quitter un lieu aussi privilégié.

Au soir du quatorzième jour, la situation empira. Héri-tep ne parvenait plus à déglutir. Saki gardait les yeux mi-clos et Tan butait sur tous les obstacles rencontrés. Au loin s'esquissaient des mouvements de terrain prometteurs, mais le Grand Prêtre avait atteint un tel degré d'épuisement qu'il n'avait plus assez de discernement pour différencier les mirages de la réalité. Il errait ainsi d'apparences en perspectives, avec le désir obsessionnel de maintenir l'azimut qu'il s'était fixé. En sa situation de mort-vivant, il remarqua que la nuit venue, le guépard léchait d'instinct les rares végétaux rencontrés. Aussi eut-il l'idée de l'imiter, ce qui lui permit à nouveau de faire se mouvoir sa langue devenue solidaire de son palais.

Dès l'aube du quinzième jour, devant la gravité de la conjoncture et l'inutilité des bagages, il prit le parti de trancher les sangles de Tan.

Sacs et cordages, fioles et tissus, arc et carquois chutèrent sur le sol sans distinction d'usage. Le cheval fêta ce délestage par un petit trot d'allégresse vite réprimé par la fatigue. Héri-tep prit sous son bras la peau de zèbre et l'outre déjà plusieurs fois tordue. Il plaça la cordelette autour de ses épaules, ramassa son bâton et sans un regard pour ces objets d'un apparat superfétatoire, il poursuivit en titubant.

Au terme du seizième jour, Tan qui suivait à pas cahotants marqua l'arrêt. Il se mit à humer la poussière avec insistance tout en frémissant bruyamment des naseaux. Tourmenté par son instinct réputé capricieux, il se déporta à droite, puis à gauche, pour enfin revenir sur ses pas. Il s'arrêta alors et entreprit à l'aide de ses sabots de marteler le sol.

Interpellé par cette activité peu ordinaire, l'étonnement d'Héri-tep fut porté à son comble, lorsqu'il vit Saki se rendre près de l'endroit que venait de flairer Tan. Rien cependant ne laissait entrevoir le moindre indice, si ce n'était une légère dépression du sol. Harassé, la gorge en feu, il prit le parti de laisser faire, tout en continuant à observer ce manège avec un intérêt mitigé.

Alors que le creux occasionné par les animaux, affichait douze pouces de profondeur, Saki entra en scène. À l'aide de ses pattes vigoureuses, il entreprit de dégager cette croûte argileuse brisée par les chocs répétitifs des sabots. Devant l'exaltation croissante et le rythme laborieux des bêtes, il n'y eut bientôt plus aucun doute, il y avait de l'eau en cet endroit, mais à quelle profondeur ? Le trou atteignait maintenant deux tiers de coudée. Tan n'était plus à même de fléchir suffisamment les jarrets. Aussi laissa-t-il à Saki le soin de continuer seul la tâche entreprise ! On eût dit que les deux compères s'étaient entendus sur le rôle respectif qu'ils devaient l'un et l'autre assumer. Hélas, la terre s'éjectait mal, elle retombait le long des parois et comblait en partie le volume qui venait d'être extrait. Le moment parut favorable à Héri-tep pour intervenir. Avec prudence, il écarta le jeune félin et plongea son bras dans la cavité. Le fond était humide et le Grand Prêtre fut animé d'un espoir irraisonné, il ôta de sa gaine son poignard de bronze, et se mit frénétiquement à creuser. Après avoir extrait un certain volume, un dépôt boueux lui humecta les doigts.

Transporté par la perspective de boire, il en oublia cette précaution élémentaire consistant à disperser la terre qu'il rejetait. Laquelle terre en son dos, était aussitôt ingurgitée par Tan. Sous les coups répétés de la lame, l'eau se mit à ruisseler, et soudain la vie n'eut d'autre intérêt que ce bouillonnement fangeux qui sourdait du sol. Dès qu'il eut retiré son bras, le guépard que la soif tendait comme un arc, plongea incontinent gueule première dans le trou. Héri-tep eut une réaction pour le retenir, mais en un réflexe plus prompt encore, il se ravisa. N'était-il pas préférable de le laisser boire en premier, sans attiser ses réactions de défenses naturelles ? Résigné, le cheval et lui attendirent la réplétion du félin. Le crâne moucheté réapparut enfin, une eau brune baignait ses babines jusqu'aux yeux.

Héri-tep but à son tour, il lui sembla que toute l'abondance du Nil se déversait en ses veines. En l'instant même, il se fit promesse de rendre hommage, sa vie durant, au moindre filet d'eau. Lorsque vint le moment de quitter l'endroit, Tan s'obstina à demeurer en arrêt, devant la béance aqueuse dont il devait s'estimer propriétaire. Héri-tep dut longuement flatter son cou et baigner son chanfrein avant qu'il ne daigne poursuivre.

La chaleur devint impitoyable. À la faveur d'un affaissement de terrain, tous trois descendirent rejoindre un creux d'ombre. C'est en cet endroit que Tan donna les premiers signes de malaise. Le brave petit cheval s'allongea sur le flanc. Sa respiration était haletante, ses naseaux expectoraient un liquide bulleux. Inquiet, le Grand Prêtre effleura de ses doigts la panse tendue et ballonnée.

- *Mon bon compagnon,* le plaignit-il tout haut, *je crains que cette terre humide dont tu t'es repu à souhait, ne te soit fatale.*

Une heure plus tard, la cage thoracique ne se soulevait plus que par intermittence. Le râle de Tan était affligeant. Héri-tep pensa qu'il lui fallait abréger ses souffrances, il n'y avait d'autres solutions que de lui percer la jugulaire. Cela fut fait, et aussitôt Saki se mit à lécher le sang qui s'écoulait de la plaie. Conscient d'avoir perdu un compagnon d'infortune, le cœur gros, la démarche pesante, Héri-tep s'éloigna sans se retourner.

L'obscurité absorbait la fin de ce dix-septième jour, mais le Grand Prêtre n'arrivait pas à dormir. Ses pensées l'assaillaient de douloureux remords, hommes et bêtes qui l'avaient aidé à vivre, l'assignaient à demeurer vivant en des états de confusion insondable. Puis, tout s'estompait avec des soubresauts et des cris cauchemardesques, qui avaient invariablement pour effet de camper Saki sur ses pattes en un réflexe de défense.

La Lune, alentour, inondait de sa clarté pleutre la misérable savane qui s'étendait à ses pieds. Les séneçons immobiles des jardins de Sélène essaimaient en d'infinis lointains leurs obscurs rinceaux. La nuit paraissait savourer son plaisir, en apaisant les souffrances de la terre, en imbibant chaque racine, chaque veine asséchée, de ses luisances glacées. Le Grand Prêtre avait appris à écouter la nature. La diversité des roches aux déchirures sombres abritait l'expression secrète des choses. On y subodorait des tremblements, des froissements, des glissements. Les premiers frémissements de l'amour côtoyaient, en leur innocence, les yeux jaunes de la mort.

Bien avant que ne se lève le jour, ils reprirent leur marche somnambulique. L'homme et l'animal clopinèrent longtemps sous les étoiles en prenant un soin attentif à contourner les crevasses et les cratères que la Lune persistait à laisser dans l'ombre. Jamais Héri-tep n'avait ressenti une telle communion entre ce qu'il considérait être son état intuitif et cet inaccessible ailleurs qui lui collait à la peau. Il subodorait une alliance secrète, une complicité, un dialogue d'âme à âme, que nulle oraison ne pouvait décrire. Vint l'instant où les constellations s'abolirent dans le firmament. Le guépard, dont la gueule frémissait au vent, marqua résolument l'arrêt. Loin vers l'Est, se tenait un troupeau d'antilopes. Celui-ci attestait la présence d'eau, mais également de prédateurs toujours aux aguets.

Contrairement à l'euphorie de la veille, le matin de ce dix-huitième jour, Héri-tep ressentit une sorte d'adynamie dolente. Il ne pouvait se départir de l'idée que son existence était subordonnée à ces rapaces féaux de Seth, qui tournoyaient obstinément en ce ciel de céruse bleue. En des plongées rapides, ces sinistres volatiles anticipaient sur le moindre de ses achoppements ou le plus insignifiant de ses gestes. Leurs tapageuses criailleries se répercutaient en d'infinis échos, que se plaisait à chahuter la houle du vent. Depuis peu, ses sandales s'étaient éventrées et ses pieds blessés rechignaient sous le poids de son corps. Conscient de son état de faiblesse, il décida de ne plus enjamber les menus obstacles. Aussi les contournait-il sans hâte aucune, avec ce désenchantement résigné que procure le fatalisme. Depuis la journée d'hier, son regard mélancolique errait sans cesse sur la ligne d'horizon, à la recherche implicite de manifestations plus clémentes.

Au cours du dix-neuvième jour, il remarqua que les conditions de vie s'étaient modifiées. Les bosquets étaient plus denses, plus verts, les vols d'oiseaux plus fréquents. À même le sol, une foule de petits rongeurs disputait leur territoire aux reptiles. Un monde insoupçonné s'affrontait en d'inégaux combats, au terme desquels se sustentaient des hordes de nécrophages dont les allées et venues fourmillaient sous leurs pas.

Façonnées par l'érosion éolienne, les roches alentour adoptaient des découpes insolites. Parfois même, esquissaient-elles d'audacieuses effigies, qu'elles épinglaient comme autant de réflexions sur le fond du ciel. En défiant ainsi le surréel, ces épures facilitaient la méditation et une harmonie secrète animait le cœur des choses. Les flamboyantes successions d'aurores et de crépuscules avaient le don de plonger le Grand Prêtre en des visions extatiques ! Leurs luminescences parfois atteignaient au sublime. Il y avait en ces jaunes violacés, en ces nuages de braises écarlates, un influx mystique, une omniprésence qui emplissait son être d'une innocence native. De telles manifestations émouvaient sa nature au point de la rendre solidaire d'une réalité universelle. Ses pensées s'immergeaient alors en une symbiose fluidique, qui attisait sa persévérance et sa volonté d'être !

Le vingtième jour, poussé par la faim, Héri-tep se résigna à assommer quelques-uns de ces rats sauteurs, ces gerboises qui constituaient l'ordinaire de Saki. Le corps de ces petits animaux était composé pour moitié d'eau et de chair, et par le fait même, incarnaient un précieux élément de survie. L'infaillible instinct du guépard et la promptitude inhérente à sa race, lui avaient fait obvier à plus d'un danger. Peu de chose échappaient à la vigilance du jeune félin, du commun scorpion à la redoutable vipère cornue. Ses arrêts brusques, ses rauquements sourds prévenaient instantanément le Grand Prêtre de la proximité d'un danger. Au cours de la nuit précédente, Saki avait une fois encore décelé la présence de fauves. Ce qui les avait contraints à un long détour avant qu'ils ne puissent reprendre leur itinéraire.

Le vingt-et-unième et le vingt-deuxième jour, des arbres aux troncs torves apparurent. La plupart étaient secs, inébranlables et à demi dissimulés parmi les brisures de terrains. Les herbes atteignaient souvent les épaules du guépard, ralentissant ainsi leur progression. Depuis peu, le sol était profondément fissuré. La plupart du temps, l'étroitesse de ces failles permettait de les enjamber. Cependant, certaines étaient si larges qu'il était nécessaire de les contourner ou de les franchir par leur côté pentu.

Au matin du vingt-troisième jour, le ciel se couvrit au cours de la nuit. Afin de se protéger des mouches qui abondaient au niveau des herbes, Héri-tep envisagea de cheminer dans le fond de ces oueds asséchés. L'un d'entre eux retint son attention. Particulièrement encaissé, ses parois verticales s'élevaient à plus de huit coudées. Si son lit était caillouteux et difficilement praticable, l'ombre y était appréciable, les insectes moins nombreux qu'en surface, et surtout il allait dans le sens de sa marche

L'homme et son guépard suivaient depuis peu les méandres capricieux de ce relief, lorsque Saki se mit à geindre en maintenant sa tête au ras du sol. Jamais Héri-tep n'avait constaté une telle attitude sans raison. Il entreprit prudemment d'inspecter les mouvements de terrains alentour. Rien ne justifiait un motif d'inquiétude. Le ciel, certes, était nuageux mais non menaçant. Le plus souvent, d'ailleurs, la pluie n'avait pas le temps d'atteindre le sol, elle s'évaporait en brume fugitive dans l'air surchauffé, et c'est à peine si la végétation en recueillait le plus faible bénéfice. Le guépard n'avançait toujours pas. Il maintenait ses pattes fléchies sous son ventre, ses reins étaient tendus, comme s'il s'apprêtait à combattre un ennemi invisible.

Soudain, deux têtes renfrognées aux oreilles en pointe émergèrent de ce chaos rocheux. Elles furent immédiatement suivies de plusieurs autres. Sans s'interroger davantage, le Grand Prêtre recula jusqu'à la paroi, avec le projet de s'adosser à elle. Saki devança cette manœuvre de repli. D'un bond, il se percha sur l'un des tertres caillouteux de l'oued. Ces inquiétants visiteurs avaient les caractéristiques des hyènes aux pelages longs. Une réputation voulait qu'elles préfèrent la charogne à toute autre nourriture, mais il était notoire qu'en certaines conjonctures, ces fossoyeuses de la savane dévoraient sans plus de distinction tout ce qui se présentait. En cet instant précis, les conditions paraissaient obéir à une telle éventualité.

Une douzaine de gueules aux mâchoires baveuses erraient de roche en roche en leur direction. Elles émettaient de singuliers ricanements dont le charivari s'apparentait à un jargon macabre. D'un coup d'œil, Héri-tep évalua la situation. Aucune possibilité de repli n'était envisageable. Un instant il regretta de ne plus être en possession de son arc, mais lui aurait-il été d'un grand secours ? N'était-il pas préférable de s'en remettre au destin ? En la circonstance, cette mort, qui ne laissait aucun doute, promettait d'être particulièrement horrible.

Les feulements rageurs du guépard l'incitèrent à la défensive. Ramassé sur lui-même, Saki était méconnaissable, son instinctuelle agressivité avait bouleversé sa nature. Des lueurs tueuses fulguraient en ses yeux virevoltants, ses pattes étaient agitées de tremblements, ses poils se hérissaient de colère. À cinq pas de là, une hyène se campa en avant du reste de la meute, nuque tendue, babines retroussées. Elle laissait apparaître une gueule effrayante, affublée de dents jaunâtres et acérées. Quelle que soit l'issue de l'affrontement, il se devait de défendre sa vie, cet état de penser l'incita à anticiper sur la réaction de l'animal. L'hyène accusa le choc de plein fouet, elle observa une pirouette, alors que jaillissait sur sa nuque un filet écarlate. La surprise parut propice au Grand Prêtre, d'un geste précipité, il abattit son gourdin sur le crâne d'un autre carnassier qui s'affaissa en geignant. Un instant, la harde parut décontenancée, allait-elle abandonner la partie ? Mais à peine Héri-tep avait-il relevé son bâton que Saki l'instinct exacerbé bondit à son tour. Griffes et crocs déchirèrent sans distinction tout ce qui se trouvait à leur portée. La lutte était inégale, mais les foudroyants réflexes du guépard, ses retournements spectaculaires, laissaient peu d'initiative à la meute. Héri-tep avait des difficultés à suivre les volte-face du félin. Ses furibondes attaques comportaient des passages sur le dos, ainsi que des freinages empoussiérés d'où jaillissaient des borborygmes colériques. En une envolée tenant du prodige, le guépard regagna le sommet du tertre, ses flancs étaient secoués de battements rapides. Une écume rouge cernait sa gueule, son poil était maculé de traînées de boue et de sang. Deux hyènes gisaient sur le sol la gorge ouverte, une troisième s'éloignait en traînant ses entrailles.

Loin d'être rebutées par un tel carnage, les bêtes valides se regroupèrent. Excitées par l'odeur du sang et les geignements de leurs congénères, elles étaient semblait-il déterminées à achever leur besogne. Le Grand Prêtre déjà, envisageait une stratégie de dernier recours, lorsqu'une douleur lui traversa les côtes : il roula à terre une hyène plaquée sur le flanc. Le reste de la harde paraissait attendre ce renversement décisif. Mais c'était sans compter sur la pugnacité de Saki, lequel n'était aucunement résigné à la fatalité. Gueule grondante, nerfs tendus, il s'élança une fois encore à l'assaut de la furie.

La fougue du guépard fit incontinent diversion. Cela permit à Héri-tep de récupérer suffisamment d'énergie pour faire face. Poignard en main, il frappa plusieurs fois au hasard de ce pelage agressif qui pesait sur lui de tout son poids. Pendant quelques secondes, ce ne fut autour de sa personne qu'un tourbillon d'agitation et de hurlements, au terme desquels son agresseur se fit lâche et flasque. Il sentit un liquide chaud inonder son épaule droite. Sa vision devint trouble, ses oreilles bourdonnèrent. Plaintes, cris et grognements se mêlaient à une cacophonie de crépitements sourds, dont des myriades d'effets se répercutaient sur sa peau nue. Une infinité d'échos martelaient son épiderme d'impacts tièdes, assimilable à des giclées répétitives de sang. La surface du sol ce tuméfiait de crachats agressifs qui prenaient aussitôt l'aspect de cratères boueux. À quelle nouvelle agression avait-il à faire ? En un court instant, il essaya de réaliser ! Autour de lui, la terre fumait en développant une odeur âcre. Toutes apparences se transformaient en un magma fangeux… il pleuvait !

Le ciel semblait s'être affaissé à hauteur d'homme. Cette manne inattendue révolutionnait tout alentour. Les bêtes sauvages se dissipèrent dans cette brouillasse sirupeuse et l'admirable Saki ne répondit plus à ses appels. L'eau tombait drue, dense, suffocante, elle interdisait toute vision au-delà de six pas. Héri-tep eut l'angoissante sensation que l'air allait lui manquer. Ses pieds pataugeaient en un flot sans cesse grandissant. Prisonnier au fond de cet oued, il comprit que, s'il ne réagissait pas au plus vite, le pire était à craindre. S'étant arc-bouté contre la paroi, il se saisit de son bâton, et passa hâtivement la cordelette en cuir autour de ses épaules. La tête lourde, le corps broyé, en titubant, il tenta de gagner le milieu de ce bourbier. C'est alors qu'un grondement sourd lui parvint à la vitesse d'un cheval au galop. Levant les yeux, il assista terrorisé à l'effondrement de tout un pan de la falaise. L'énorme masse provoqua une gerbe gigantesque, qui se confondit avec le bouillonnement terreux de l'oued. En une poignée de secondes, l'environnement devint menaçant. Alors même qu'il hésitait sur la direction à prendre, une vague monstrueuse, un flot irrépressible venu d'on ne sait où, l'arracha du sol et le catapulta au loin.

Tel un copeau de liège chahuté par l'impétuosité du courant, il fut instantanément soumis à cette sarabande de débris que malmenaient d'énormes tourbillons. Ceux-ci l'enroulaient, le propulsaient, le ravageaient, tel une brindille, un fétu, négligeable et insignifiant. Tout ce qui se trouvait au fond et sur les berges de l'oued était immanquablement drainé par cette poussée intempestive des eaux. Animaux, roches, buissons et bois morts se voyaient confondus pêle-mêle en une pulsion gigantesque et désordonnée.

Sonné par les chocs successifs, à demi-conscient, Héri-tep essaya vainement de se diriger vers l'une des rares prépondérances qui émergeaient encore. Peine perdue, les flots en furie vouaient toute tentative d'ancrage à l'échec. Trombes et goulets se succédaient à une cadence infernale. L'horreur était amplifiée par d'immenses pans de falaise qui s'écroulaient en grondant, mêlant racines, terres et branches à la violence torrentueuse de ce fleuve de boue. Cela paraissait ne jamais devoir finir. Il implora Aker, dieu des profondeurs, mais l'impétueux déluge n'en continuait pas moins sa course infernale. Le plus dur était d'éviter ces roches monolithiques, ces monstres aux moustaches d'écumes qui surgissaient dans les courbes de l'oued, et sur lesquelles objets et branchages se brisaient ou rebondissaient telles des baudruches.

Après un temps indéterminable, il lui apparut que la rapidité du courant s'apaisait. Quelques secondes encore, puis les flots diminuèrent de violence et s'épandirent plus largement. L'instant vint où les monticules s'amenuisèrent pour former des haies sur lesquelles vinrent s'entasser des quantités de ramures arrachés à leurs lieux d'origine. Le déferlement meurtrier se mua alors en un cloaque bourbeux, d'où ça et là émergeaient des formes grotesques flanquées de boues dégoulinantes.

Héri-tep s'extirpa avec peine de ces enchevêtrements nauséeux. Il fit quelques pas et se laissa choir sur la berge, le corps meurtri, vidé de toute énergie. Ainsi demeura-t-il, hébété, à demi immergé en cette vase qui le maculait de la tête aux pieds. La pluie avait cessé. Rê dardait de nouveaux ses bienfaisants rayons, et la boue en séchant lézardait sa peau. Près de lui, quelque chose bougea. Il détourna la tête avec difficulté, tant son corps était endolori par l'épreuve. À six pas, se tenait une forme immobile. Elle se situait à mi-chemin entre la motte de terre et le pachyderme avorté. L'entité en question s'ébroua mollement. Ce fut alors comme à regret qu'émergèrent deux yeux mélancoliques qui se mirent à l'observer. Le Grand Prêtre eut quelque difficulté à reconnaître l'un de ses agresseurs avec lequel, il y a peu, il avait livré combat. Qu'étaient devenus le regard cruel et les crocs prêts à tailler les chairs ? L'hyène était là, assise sur son séant, sculpture de boue dans un univers de boue. Le charognard adoptait l'attitude tendre d'un gros chien fautif. Devant ce sentiment d'impuissance, devant ces rôles dérisoires si brutalement redistribués, Héri-tep eut l'impression de dépasser les communes nécessités de l'existence. Une juste acuité lui fit percevoir le précaire équilibre de la nature. Une compassion affective liait à lui-même cette hyène pitoyable qui, toute haine apaisée, émergeait du limon. Comme s'il eût été besoin de souligner cet état paradoxal, un long serpent manifestement apeuré, exerçait des reptations entre cette statue vivante et lui. C'était une trêve, un instant privilégié. Les membres tremblants, toutes sensibilités exacerbées, il ne put réprimer un sanglot.

Combien de temps resta-t-il ainsi prostré, dans le plus extrême désarroi ? Il n'aurait su le dire. La fraîcheur du lieu, alliée aux murmures de filets d'eau s'écoulant des nombreuses fissures de la terre, le tirèrent de sa torpeur. C'est alors seulement qu'il constata qu'il était nu. Son corps était couvert de plaies et d'ecchymoses. Son bâton solidement maintenu par sa lanière l'avait sans doute protégé au cours de l'une de ses projections sur un écueil, mais il avait souffert du choc, une fente latérale état visible sur plus de quatre pouces. Bien que futile compte tenu du contexte, la chose le peina. Son pagne avait été arraché lors de ses roulades successives dans l'oued. La gaine de cuir et son lacet entourait encore sa taille, mais il avait perdu le précieux poignard qui avait contribué à lui sauver la vie. La statue de boue observée il y a un instant, s'était évanouie dans la nature. Alentour, tout était pesant d'immobilisme. Saki n'était pas réapparu, peut-être s'était-il noyé. La terre exhalait une odeur d'épices moisies... Il vivait.

À deux pas, un bosquet de tamaris, dont les branches avaient été malmenées par l'orage, offrait une voûte ombragée. Il s'y rendit en une démarche simiesque, il s'allongea sur le sol et s'endormit.

Lorsqu'il s'éveilla, Rê avait voyagé en sa courbe céleste. Ses blessures étaient douloureuses, surtout celle occasionnée par l'hyène sur son flanc gauche. La boue déjà favoriserait un début de cicatrisation. Mais son souci immédiat était de retrouver Saki mort ou vif. Hélas, malgré les nombreux va-et-vient effectués le long de la ravine, il ne releva aucune trace du guépard. Il lui fallut admettre sa mort probable, sans doute avait-elle eu lieu lors de l'écroulement des falaises et du gigantesque déferlement des eaux. De nombreux cadavres d'animaux demeuraient à demi enfouis. Certains étaient figés en des postures létales, d'autres avaient les membres pris entre des branchages ou le corps pétrifié en des attitudes suscitant la compassion. Sa présence impromptue au détour d'une boucle provoqua l'envol de plusieurs douzaines de charognards, dont la macabre besogne paraissait ne pas souffrir de délais.

L'endroit devenait malsain. Des odeurs tenaces laissaient supposer une décomposition prématurée des matières organiques. De nombreux insectes bourdonnaient sur ce magma devenu putride. Il lui fallait impérativement quitter les lieux. En effectuant un tour d'horizon, le Grand Prêtre repéra, assez loin en direction de l'Est, un îlot rocheux entouré de végétation. Il n'avait d'autres ressources que de diriger ses pas vers un refuge possible. Le cœur meurtri, il jeta un dernier regard sur ce chamboulement qui recelait la dépouille de l'irremplaçable Saki.

Deux heures de marche lui furent nécessaires pour atteindre ce massif. Cette prépondérance géodésique dominait la plaine aride d'une luxuriance insolente. L'accès était rendu difficile par une falaise circulaire aux contours escarpés. Cet obstacle avait probablement dissuadé les grands fauves d'y élire domicile. Il y avait sur ces monticules rocheux une colonie de petits singes, dont il aurait sans doute du mal à faire tolérer sa présence. Ayant gravi le site avec difficulté, Héri-tep constata que toute chose en ces lieux charmait le regard. Des arbres séculaires étaient disséminés parmi des roches aux profondes cavités. L'herbe y était grasse et les fleurs abondantes. Ses pas le guidèrent vers le murmure d'une fontaine, dont il percevait à travers les ramilles la scintillante fluidité. À proximité de cet endroit, il découvrit une excavation naturelle, que la violence répétitive des eaux de pluie avait creusée dans la roche. Des branchages en obstruaient l'entrée, il entreprit de les déblayer pour pouvoir s'infiltrer à l'intérieur. La mousse était généreuse, l'air y était frais, il s'écoulait d'une brèche un filet d'eau qui allait s'abîmer dans la nature.

Cet abri opportun pouvait contenir plusieurs personnes. Mais le Grand Prêtre n'avait plus la force d'explorer plus avant ce refuge inopiné. S'étant laissé glisser sur le sol, il était sur le point de s'endormir, lorsqu'une minuscule configuration grisâtre se détacha de l'obscurité et vint se risquer dans la zone qu'il occupait. En un circuit hésitant, cette petite boule s'employa à suivre le contour de ses jambes pour gagner progressivement sa poitrine. Il en était à s'interroger sur l'hostilité toujours possible d'une aussi singulière présence, quand celle-ci s'arrêta à la base du cou et entreprit de lui fouir les poils du menton. En sa tentative pour éloigner le gêneur, ses mains rencontrèrent une motte duveteuse, affublée d'un museau aux petites dents pointues. A la faible clarté de l'orifice, il identifia un bébé protèle, appelé « loup de terre » par les indigènes. La mère de cette jeune créature avait sans doute subi le sort commun à beaucoup d'animaux, lors de l'orage. Il lui donna aussitôt le nom de Nem-nes, « petite langue » puis, rassuré par cette sympathique présence, il s'endormit.

Le lendemain du vingt-quatrième jour, le Grand Prêtre avisa dans un recoin de la grotte, une fissure rocheuse qui pouvait lui servir de cheminée naturelle. Aussi décida-t-il impromptu, d'allumer un feu. Pour cela, il se mit en quête d'un tronçon de bois tendre, soutira une baguette d'un épineux, puis il amassa des brindilles, tel que Yasâra le lui avait appris. Après quoi, il pratiqua un petit trou dans la bûchette, tout en répartissant autour un duvet végétal. Il engagea alors sa baguette de bois dur et la fit rapidement rouler entre ses mains. Une odeur inhabituelle emplit bientôt l'atmosphère de la grotte. Lorsque la flamme prit l'allure d'un foyer, Nem-nes se mit à geindre, aussi dut-il le prendre dans ses bras pour le rassurer.

Le vingt-sixième jour, après avoir repris goût à l'effort, Héri-tep décida de bouder les sauterelles et autres vermisseaux, pour une nourriture plus roborative. En ce site, les volatiles étaient nombreux. Des compagnies entières construisaient leurs nids sur les branches hautes à l'abri des prédateurs. Leurs œufs étaient faciles d'accès et en grand nombre. « Petite langue » le suivait comme il aurait suivi sa mère en ses pérégrinations. La reconnaissance par le bébé protèle, de son milieu naturel, n'était pas une aventure banale et, plus d'une fois, Héri-tep se plut à rire des pirouettes scabreuses que valait à l'animal la découverte de son environnement. La quête de nourriture n'était pas un problème pour le petit carnivore puisque, fidèle à ses gênes, il se nourrissait de termites qu'il butinait çà et là.

Au matin de la trentième journée d'errance, le Grand Prêtre constata qu'il avait repris des forces. Il se sentait apte à poursuivre son voyage, mais l'endroit offrait une telle sécurité qu'il préféra différer son départ de quelques jours. La veille, il avait récupéré, non sans mal, la peau d'une gazelle victime du torrent de boue. Son premier geste fut de la placer quelques heures durant sur une fourmilière, afin de la débarrasser des minuscules parcelles de chair encore adhérentes. Puis, il la lava, la peigna, la tanna, afin de se confectionner un pagne. N'était-il pas indispensable d'aborder les prémices de la civilisation dans des conditions décentes ?

Le trente-troisième jour, il fit une découverte qui le remplit d'aise, alors qu'à l'aide d'une lanière de peau il avait entrepris de consolider la fissure occasionnée à son bâton, il remarqua un fait étrange. Le soleil en pénétrant l'interstice, faisait luire à l'intérieur même quelques particules métalliques d'origine inconnue. Les glyphes inscrits sur le pourtour laissaient supposer un emboîtement. Cet indice lui avait jusqu'alors échappé, car il se trouvait dissimulé parmi de nombreux cercles caractérisant ce type d'ouvrage. Une mention hiéroglyphique annonçait juste à l'endroit de la fissure « tourne contraire et les astres apparaîtront ». Il en déduisit qu'il pouvait y avoir un pas de vis adroitement dissimulé. N'était-il pas fréquent en Égypte que les artisans placent ainsi leur sceau de façonnage ? Cette canne de voyage lui avait été offerte par Chen-Hep, le Nomarque cependant ne lui avait rien signalé de semblable. Il lui revint en mémoire que lors des ultimes adieux, il l'entendit dire : « *Prends soin de ton sceptre de sagesse, Maître ! Tu verras que sa valeur n'est pas seulement symbolique...* »

Que voulait-il exprimer là ? Héri-tep avait bien remarqué qu'un certain poids affectait le haut de son bâton, mais il avait mis cela sur le compte du motif en ébène bosselé qui le terminait. Peut-être était-il question d'autre chose, mais quoi ! Ayant alors immobilisé l'extrémité de celui-ci entre deux fourches d'arbres, il entreprit de vérifier si l'autre extrémité était en mesure de pivoter sur elle-même. Hélas, la partie haute affaiblie sans doute par l'effet combiné de l'eau et du soleil se rompit brusquement, livrant passage à de petites billes jaunes qui se répandirent sur le sol. Elles étaient en or, et sur leur sphéricité était inscrit le hiéroglyphe Sah, Orion. Si ces minuscules boules, au nombre de 7 ne constituaient pas un pactole, elles pouvaient contribuer à sa réinsertion dans la société des hommes. Ravi de sa découverte, le grand Prêtre s'employa à replacer chacune d'elle en son logement, puis il réajusta solidement à l'aide de sa lanière le motif terminal. Réjoui alors d'une aussi surprenante découverte, il poursuivit ses préparatifs.

Le trente-sixième jour, Héri-tep reprit son périple avec pour unique bagage une cage à feu, qu'il avait placée à l'extrémité de son bâton. Il lui fallait marcher le matin, s'arrêter aux heures les plus chaudes et poursuivre ensuite jusqu'au crépuscule. Les étendues cailloutuses des jours précédents s'étaient muées en des prairies arborées, aux îlots édéniques. Une flore enivrante embaumait l'air. L'eau était partout. Elle sourdait des roches et se répandait en mares peu profondes, au gré des mouvements de terrain. Aux confins de ces terres prometteuses, de fringants impalas profilaient leurs silhouettes sur la face argentée des lacs.

Le Grand Prêtre s'émerveillait de cette exubérante végétation conforme à l'idée qu'il se faisait de l'éden. Les détresses endurées n'occupaient plus que partiellement ses pensées, mais tout danger n'était pas écarté pour autant. La cage à feu en forme de creuset qu'il avait confectionné avec les matériaux dont il disposait, tanguait, fumante, à l'extrémité de son bâton. Elle se composait d'un socle avec une pierre plate incurvée, sur lequel reposaient des braises incandescentes. En cas de nécessité, il lui suffisait d'activer le foyer pour que s'épandent des odeurs dissuasives de chaume brûlé. Ainsi dispensés aux quatre vents, de tels effluves dénaturaient l'odeur humaine et par voie de conséquence éloignaient tout animal nourri de fâcheux instincts. La nuit venue, le rougeoiement des cendres était censé tenir à distance les éventuels agresseurs. Les risques, d'ailleurs, n'étaient pas très grands du fait de l'abondance de la nourriture. Les fauves se montraient repus et peu enclins à s'exposer à des dangers inhabituels.

En ce trente-septième jour, le Grand Prêtre escalada une éminence herbeuse, pour mieux apprécier le chemin qu'il avait encore à parcourir. Peu de temps s'écoula, avant qu'il n'eût le désagréable sentiment d'être épié. C'était une sensation assez forte pour qu'il en ressentît un léger picotement au niveau de la nuque. Autour de lui, aucun élément hostile n'apparaissait, et rien à première vue ne pouvait motiver une quelconque inquiétude. Soudain, tout son corps tressaillit. À ce moment précis, sur la droite, à demi dissimulés parmi les hautes herbes, il entrevit les dos mouchetés de deux félins qui cheminaient côte à côte. L'un deux laissa échapper un grondement significatif. Le premier réflexe du Grand Prêtre fut de chercher refuge sur un arbre proche. Mais à peine émise, cette idée lui parut la plus sotte qu'il pouvait envisager. Ces maudites bêtes grimpaient aux arbres plus vite que lui. Il risquait d'être mis en pièces avant même d'avoir atteint les premières branches. Fuir à travers la savane était s'exposer au même sort. Il avait bien sa cage à feu, mais celle-là se trouvait à dix pas de lui, entreposée sur la roche. Le temps nécessaire pour réactiver la flamme risquait de lui être fatal. Face à ces impitoyables animaux, le voyageur solitaire qu'il était ne disposait d'aucune ressource. L'usage de son bâton ne ferait qu'activer l'agressivité des félins, il prit le parti de s'accroupir dans l'attente de son sort. Était-ce la densité cumulée des difficultés, qui lui ôtait cette ardeur combattante dont il avait toujours fait preuve jusque-là ou était-ce tout autre chose ? Il entrouvrit les paupières, les deux félins s'étaient sournoisement rapprochés. Leurs têtes jaunâtres flairaient l'humus. Leurs pattes ramassées sur elles-mêmes, étaient prêtes à fondre sur lui. Devant un tel acharnement du sort, ne fallait-il pas tenter de jouer une dernière carte celle de la proie énigmatique ? Héri-tep plaça ses bras en croix sur sa poitrine ferma les yeux avec insistance et résigné au pire, il attendit.

La plus proche des deux bêtes s'élança. C'est ainsi que la mort eut ses prémices sous l'aspect d'une énorme langue râpeuse qui lui balaya la moitié du visage, en lui remontant le nez en direction du front. Un instant, il demeura médusé par cette attaque spumescente à l'action indolore. S'étant alors ressaisi, il tenta un ultime et courageux regard vers la nature de son martyre. À moins de six pouces, deux énormes yeux ambrés, ciblés de noir, le dévisageaient. Il se demanda combien de temps cet odieux animal allait avoir la cruauté de prolonger son sort. Peut-être savourait-il en cette attitude jouissive, l'instant suprême de l'égorgement !

Soudain, un insignifiant détail l'interpella ! Là, au-dessus de l'œil droit de cette bête fulminante, se trouvait une légère touffe de poil blanc, certes anodine, mais si familière, que son cœur faillit s'extraire de sa poitrine. *Saki !* Le guépard émit un feulement particulier, dont il cultivait la secrète tendresse.

- *Saki !* répéta Héri-tep avec une assurance telle que l'autre félin à

ses côtés eut un réflexe de crainte. Il s'agissait d'une jeune femelle au pelage feu, laquelle ouvrait des yeux immenses en direction de ce spectacle insolite. Visiblement, elle ne parvenait pas à interpréter les frasques hors-nature de son compagnon de rencontre ! Héri-tep prit son ami par le cou, qu'il enserra en des épanchements irraisonnés :
- *Je te croyais mort ! Comment as-tu fait pour retrouver ma trace... **Hein** ?*

Le Grand Prêtre étreignait si vigoureusement son animal, que celui-ci finit par s'aider de l'une de ses pattes pour dégager son mode de respiration. Désappointée par l'attitude de son partenaire, la jeune femelle décida d'attendre, à cinquante pas de là, un éventuel retournement de situation. S'étant alors mit debout, le Grand Prêtre essaya de reconsidérer sereinement la situation. Saki avait découvert une compagne, la nature reprenait ses droits. Il ne lui restait plus qu'à poursuivre en solitaire. L'ennui, c'est qu'il percevait intuitivement qu'un drame affectif se jouait entre les deux animaux. La demoiselle s'éloignait en marquant de fréquents arrêts. Logiquement, son attitude devait inciter Saki à prendre une décision.

Comprenant le dilemme, Héri-tep dirigea ses pas dans le sens opposé, tout en souhaitant que le jeune guépard retourne à ses légitimes attirances. Le choix apparent que faisait Saki se trouvait à l'opposé de ce raisonnement. Ne sachant comment agir pour indiquer à son ami le sens de la normalité, il ramassa une pierre et la lui lança. Le guépard parut pleinement saisir la signification de ce geste. S'étant arrêté de le suivre, il laissa s'écouler la distance entre son Maître et lui. Le cœur triste, mais l'esprit en paix, le Grand Prêtre accéléra le pas. À la nuit tombée cependant, Saki le rejoignit et il n'eut pas le courage de renouveler son geste.

Le trente-huitième jour s'écoula sans incident notable. Les deux amis côtoyèrent de grands fauves, mais ceux-ci étaient à ce point repus, que certains herbivores se permettaient de croiser leur chemin à portée de gueule sans être inquiétés.

La trente-neuvième nuit, Héri-tep la consacra à méditer et à observer le ciel de nuit. Il s'intéressa plus particulièrement à cette étonnante géométrie que réalisaient les 7 étoiles de Sah, et que Chen-Hep lui avait signifié avec ses 7 petites boules en or. Les mythologues affirmaient qu'il existait un lien secret entre cette constellation, l'astérisme du chasseur et cet intitulé en Égypte de « lointain marcheur ». Héri-tep voyagea en imagination parmi ces multiples joyaux, avant que l'aube du quarantième jour ne lui rappelle que son parcours de pureté prenait fin. Les 40 jours traditionnels de la traversée du désert étaient accomplis, que lui réservait l'avenir ?

Au matin précisément de ce quarantième jour, alors qu'il venait de franchir le sommet d'une colline, il découvrit une nappée de vallons boisés, d'où s'échappaient de petites bouffées blanches. Celles-ci s'étiraient, fugaces et paresseuses sur les monts environnants. Des sentiments confus embuèrent le regard du Grand Prêtre, la société des hommes se manifestait de nouveau ! Il descendit sur l'autre versant et se dirigea vers ces précieux indices de la présence humaine. À peine avaient-ils abordé le replat, qu'il découvrit une piste foulée par de fréquents passages, il l'emprunta suivit par le fidèle Saki.

Lorsqu'ils eurent parcouru moins d'une centaine de pas, Héri-tep sentit une cordelette se tendre à hauteur de son genou. Avant qu'il n'ait eu le temps de réagir, un faible déclic se fit entendre, et une violente douleur lui traversa la cuisse. Il comprit immédiatement qu'il venait d'être victime d'un piège. Une flèche de vingt pouces avait perforé le muscle, sans avoir atteint apparemment d'organes essentiels.

- *Accident stupide !* pensa-t-il. *Je n'ai pas été assez vigilant, souhaitons que cette blessure ne soit pas grave !*

D'un geste vif, il retira de la plaie l'extrémité de la flèche. Un long filet de sang coula le long de sa jambe. Pris d'un doute, fébrilement, il ramassa la pointe brisée pour la porter à ses narines. Une odeur pestilentielle confirma son appréhension. Le trait était empoisonné, il risquait la mort dans les minutes qui allaient suivre.

En Égypte, sa réputation d'expert en antidotes, faisait que l'on requérait fréquemment ses services. Hélas, en ce pays inconnu, Héri-tep ignorait quelle catégorie de poison avait été utilisée. L'aurait-il su qu'il n'était pas en mesure de s'immuniser rapidement. La douleur était intense, il pressa la blessure du mieux qu'il put, afin d'évacuer en partie le sang infesté. Déjà les muscles se tétanisaient autour de la plaie. Il réprima une nausée, elle fut aussitôt suivie d'un vertige qui l'obligea à s'étendre sur le sol. Ses membres s'agitèrent en une convulsion irrépressible, un filet d'écume ne tarda pas à suinter à la commissure de ses lèvres. Son regard se brouilla et ses mornes prunelles s'immobilisèrent sur les lacis du sentier.

CHAPITRE VI

Ce sentier allait en s'amenuisant en direction des sommets environnants. Il y avait vingt bonnes minutes qu'ils avaient dépassé les contreforts du mont Aker. Sur cet étroit layon, la plupart des passages étaient dangereux, mais Aba-djed les franchissait avec aisance. De temps à autre, il se retournait pour voir comment ce garçon que l'on disait émérite, triomphait de ces obstacles. Le spectacle était tellement pitoyable, que lui, Aba-djed, fit choix de laisser courir son regard sur le fleuve-dieu, qui s'écoulait en contrebas. Les mains aux doigts crispés de son client, le jeune Aouâ, cessèrent d'enserrer la roche pour éponger son front en sueur :

- *C'est encore loin...le rendez-vous ?*

Un instant, le guide se départit de l'attitude méprisante qu'il avait adoptée depuis le début du voyage :

Deux fois mille pas... c'est sur l'autre versant !

Sans solliciter une remarque, il détourna la tête et poursuivit sa marche ascensionnelle. Aouâ se trouva de nouveau confronté à ces mollets suintants, qu'il suivait obstinément depuis l'Aube. Il eut soudain un violent ressentiment contre ce fils d'éleveur prétentieux, qui ne tenait aucun compte de son jeune âge :

Hep ! J'ai quinze ans, moi... je n'en ai pas dix-huit !

- Aba-djed s'arrêta de nouveau : *Vous n'apprenez pas à marcher dans vos écoles ?*
- *Si, mais... on ne passe pas son temps à ça !*
- *Y z'ont tort... Ça sert plus qu'à compter les étoiles... la marche !*
- Aouâ haussa les épaules : *C'est un point de vue, je ne chercherai pas à t'en dissuader !*

- Pour toute réponse, Aba-djed tendit son bâton vers le sommet : *Tiens... v'là tes amis !*

Sur un replat, au centre d'un affaissement rocheux, se tenaient une trentaine de garçons. Ils étaient assis à même le sol. Lorsqu'ils aperçurent au loin les deux retardataires, certains d'entre eux se levèrent en agitant frénétiquement les bras. Parvenu à peu de distance, un jeune homme à peine pubère, revêtu d'une toge, se détacha du groupe. Il était accompagné d'un garçon plus jeune au torse nu :

- *Les dieux t'accompagnent, Aouâ, que ce jour te soit favorable. Voici Nef-ouhem, ton concurrent, prétendant au titre. Il vient d'avoir seize ans d'âge.*
- Aouâ se courba en maintenant sa main ouverte sur sa poitrine : *Je ne me connais pas d'ennemi, le choix appartient à Khépri, celui qui transforme.*
- Le garçon aux yeux d'ombre sourit : *Je partage ce point de vue, l'instinct de domination est primaire.*
- *Primaire aussi est le sentiment de rivalité !* répliqua Aouâ.
- Le garçon lui mit la main sur l'épaule : *On te juge mon égal, alors que tu te trouves être plus jeune que moi. C'est la preuve que tu excelles en beaucoup de domaines.*
- *Je suis bien aise d'apprendre que l'on me distingue des autres. J'aimerais que mes Maîtres soient du même avis. Ils disent de moi que mon intelligence est en friche, et que les méthodes, qu'ils utilisent pour me dégourdir l'esprit, s'avèrent désespérantes d'inefficacité.*
- Nef-Ouhem éclata de rire : *Cependant, nous savons qu'ils pensent de toi que tu fais partie des meilleurs espoirs du temple.*
- *Pour le moment je ne suis qu'un souhait, nullement une réalité. J'ai du mal à retenir et à penser juste... Voilà la vérité Nef-ouhem !*

Les autres garçons s'avancèrent et firent cercle autour des trois responsables.

- Je vous rappelle, clama le personnage à la toge, que nous nous trouvons réunis, nous « Les Jeunes adorateurs d'Horus » pour élire notre conducteur de conscience du vingt-et-unième Nome. Le choix préalable s'est porté sur deux de nos compagnons, que nous avons jugé les plus méritants. Nef-ouhem, apprenti Scribe, coloriste de talent, et Aouâ, novice du Grand Temple d'Hathor. Une année les sépare, mais leur intelligence, leur droiture et leur qualité de cœur sont égales. Nous allons, suivant nos critères, les soumettre à l'épreuve du « Courage Ultime ». Cette épreuve déterminera lequel des deux deviendra notre chef, auquel nous devrons jurer obéissance !

Les garçons levèrent le poing qu'ils appliquèrent sur leur front. Après quoi, ils entamèrent un hymne de louange à l'adresse des deux héros. Sur l'invitation du Délégué au Protocole, ils se dirigèrent vers une cavité rocheuse, dont le gouffre d'ombre excitait la curiosité.

À l'intérieur, sur une pierre plate posée à même le sol étaient disposés une coupelle, un coutelas de silex ébréché et un vase à oindre au bec étranglé. Plus loin, dans l'évidement rocheux coulissait une forme mouvante repliée sur elle-même. Elle se dressa lorsque les silhouettes confuses des garçons occultèrent la lumière du jour.

- Un Cobra Royal ! s'extasia quelqu'un. *Regarde,* ajouta un autre, *il a le signe de l'Uræus !*

L'animal se lova à plus d'une coudée du sol, il observait un lent mouvement de balancement latéral. La majesté et la puissance mortelle, qu'il incarnait, fascinaient les regards. Par son attitude menaçante, ce symbole fatal semblait maintenir entre ses jeunes adorateurs et lui une respectueuse distance.

- Qui de vous deux tire la première paille ? interrogea le jeune délégué. Entre ses doigts apparurent deux brindilles, dont la longueur était apparemment identique : *Je vous rappelle que la plus courte est première.*

Nef-Ouhem avança la main, il fut aussitôt suivi par Aouâ. La paille que venait de tirer le jeune scribe était plus longue.

- *Bien !* conclut le maître de protocole. *C'est Aouâ qui tentera de s'emparer de l'un des symboles en premier. Si, l'un ou l'autre ne parvenez à un résultat, vous devrez vous soumettre à l'épreuve suivante, jusqu'à ce que l'un de vous l'emporte par sa bravoure.*

Les deux candidats acquiescèrent de la tête :

- *Que devons-nous faire exactement ?* questionna Aouâ.

Le jeune homme à la toge recula d'un pas, pour que son ombre portée ne gêne en rien la vision de l'épreuve :

- *Voyez, au milieu des spires du cobra se trouvent deux Ankhs. Comme vous le savez, la Croix Ansée symbolise la vie. Mais pour nous, il s'agit de l'accès aux Mystères. Celui qui parviendra à s'emparer de l'une des croix, sera oint d'huile fine et louangé par notre clan. En admettant que l'un de vous se fasse mordre, on incisera sa blessure et il devra boire l'antidote des Sounou Prêtres médecins. Si par l'oiseau du malheur, il venait à laisser échapper l'âme de son corps, Thot l'aurait écrit, et nous pleurerions ensemble sur sa dépouille. Êtes-vous d'accord ?*
- *Je le suis !* déclara Aouâ, le visage apparemment impassible.
- *Moi également !* ajouta Nef-ouhem d'une voix éteinte.
- *Alors ! Que celui qui a été désigné par le sort... commence !*

Soit qu'il se fût accoutumé à ces turbulents gêneurs ou peut être lassé d'être sur la défensive, le royal animal s'était enroulé sur lui-même. Seules les perles humides de ses yeux cherchaient à appréhender la raison de cette effervescence.

Aouâ s'accroupit. Il écarta les bras, ouvrit ses paumes de mains, et invoqua au plus profond de lui-même l'assistance de la déesse Boutou. S'étant alors redressé, il déchira la bandelette de son pagne et s'en voilà les yeux.

- *Que fait-il ?* interrogea l'un des observateurs.

- *Les Cobras Royaux supportent mal que l'on ose les regarder en face,* répondit un jeune homme au teint bistre. *Ainsi notre ami peut voir, sans que le cobra s'imagine être vu. Malgré cela, si l'un de ses gestes est mal interprété, le serpent n'hésitera pas à lui prendre la vie.*

Aouâ mit de longues minutes à parvenir auprès du reptile et plus encore à avancer l'une de ses mains. Il était en effet impératif que l'animal s'accommode de sa présence. Après une tentative hasardeuse, il effleura les anneaux d'écailles sous lesquels se trouvaient les objets sacrés. Ayant agrippé l'une des deux Ankhs, avec des gestes pesants, il entreprit de faire glisser la croix jusqu'à lui. Cette insolite promiscuité irrita l'animal. Son échine vacilla, menaçante et son cou aux rainures palpitantes se renfla, témoignage de son agacement.

Aouâ savait que le cobra serait plus rapide que lui, aussi demeura-t-il quelques minutes, le corps replié sur lui-même en une position fœtale, sans observer le moindre mouvement. Cette tactique parut dissiper la colère du reptile. Prudemment alors, il regagna le cercle de sécurité où il se savait hors d'atteinte des terribles crocs.

La tête vide, le sourire pâle, les jambes flageolantes, il alla déposer la Croix Ansée entre les mains tendues du personnage à la toge. Euphorisés par la prouesse, les garçons sortirent de la grotte pour lui témoigner leur ressenti. Nef-ouhem était des leurs :

- *J'ai apprécié ta manière. J'ai aussi admiré ton sang-froid. En fait, la chose sera plus difficile pour moi. Le cobra maintenant est sur la défensive.*

- C'est exact ! reconnut loyalement Aouâ. *Ne pourrait-on pas différer la deuxième phase de l'épreuve ?*

- *Il n'en est pas question,* trancha de manière péremptoire, le délégué au protocole, *l'épreuve finale doit être menée à terme, aujourd'hui !*

- *Bien !* conclut Nef-ouhem : *Tu es le Commandeur désigné, ordonne aux noms de tous !*

- *Courage,* reprit Aouâ, *tu n'en seras que plus grand si tu triomphes !*

Nef-ouhem évalua ses chances à l'aide de son œil intérieur ! Puis, sans doute mû par le devoir, il se leva, arracha des mains le morceau d'étoffe qu'on lui tendait et, en un élan que l'on pouvait supposer déterminé, il s'engouffra dans l'évidement rocheux. La pénombre se renforça sous le flot précipité des curieux.

Entre-temps, le cobra avait gagné un autre emplacement et la seconde croix ansée était à une bonne coudée de ses entrelacs. Cela aurait pu faciliter la prise, si le reptile ne s'était montré fortement irrité par ce tapage. Bientôt sa colère devint manifeste, ses écailles étincelaient semblables à des copeaux de fer et la moitié de son corps était érigé tel un javelot menaçant. Sa gueule coléreuse demeurait entrouverte en direction de ces centaines de piétinements réitérés, qui lui faisaient vibrer l'échine.

Nef-ouhem resta un long moment accroupi, le regard vague, inhibé par la gravité de l'action qu'il avait à entreprendre. C'est alors que deux sillons brillants s'échappèrent de son bandeau et glissèrent le long de ses joues blêmes. Le face-à-face dura quelques minutes, au terme desquelles le reptile regagna la place qu'il occupait précédemment. Le garçon mit à profit cet instant de diversion, pour raccourcir la distance qui le séparait de la croix.

Hélas ! Nef-ouhem n'observait aucun des paliers d'accoutumance pourtant si nécessaires. Aouâ se dit que s'il tentait trop rapidement de parvenir au but, le cobra pourrait interpréter son approche comme une agression et cette erreur tactique risquait de lui être fatale. Le néophyte du Temple d'Hathor n'était animé d'aucune rivalité à l'encontre de cet apprenti Scribe, il aurait voulu l'aider, le faire bénéficier de son expérience, mais il ne pouvait rompre le silence imposé par le règlement de l'épreuve. D'ailleurs, il n'était pas le seul à s'inquiéter. Flanqué de part et d'autre du cercle, les deux préposés aux bâtons avaient, eux aussi, pressenti le danger. Déjà ils brandissaient leurs houlettes fourchues, pour tenter en cas d'attaque, d'immobiliser le reptile avant qu'il ne morde.

Nef-ouhem se trouvait maintenant à une demi-coudée à peine de l'Ankh de vie. Par crainte ou confusion, sa main indécise ne paraissait plus savoir ce qu'elle avait à faire. Cette conduite inattendue bloqua le souffle dans les poitrines. On pouvait présumer, à l'oscillation nerveuse du cobra, qu'il était prêt à cingler toute chair qui s'exhibait sous ses crocs. Bien qu'il fût conscient d'enfreindre le code du silence, Aouâ ne put réprimer son désir d'intervenir :

- *Ne bouge plus, Nef-ouhem, il va attaquer, ne bouge plus !* murmura-t-il d'une voix transformée par l'émotion.

Un imperceptible sourire modifia la face tendue du Scribe. Aouâ n'eut pas l'impression que ses conseils étaient perçus pour judicieux. Qu'imaginait donc ce garçon, pour afficher une pareille morgue en un moment aussi critique ! Croyait-il qu'il l'exhortait à la prudence pour demeurer le seul candidat ?

Aussitôt formulées, Aouâ chassa ces pensées, indignes d'une démarche spirituelle. Il se mit à espérer fortement que Nef-ouhem allait tenir compte de son avis, et ne pas tendre le bras plus avant. Ce fut le contraire qui se produisit. Inconscient de l'imminence du danger, le garçon agrippa la croix et la tira à lui d'un geste décisif. C'était là l'erreur à ne pas commettre ! Au paroxysme de la fureur, le cobra ouvrit grandes ses terribles mâchoires. Une giclée jaunâtre s'en échappa, alors que sa gueule aux aiguillons de feux se projetait telle une javeline.

Les deux fourches des préposés s'abattirent en même temps. L'une réussit à accrocher le corps de l'animal, qu'elle retourna sur son ventre jaune, alors que l'autre manquait son but et allait s'effriter sur la roche.

Nef-ouhem se raidit, tel un bois mort. Ses yeux prirent l'aspect de deux éclats de marbre alors que ses lèvres se pétrifiaient sur un mot qu'il ne parvint pas à prononcer. Il bascula en arrière, le corps roide, les doigts crochetés sur l'Ankh.

L'émotion était telle, que le préposé à la fourche relâcha son étreinte. Il n'en fallut pas davantage pour libérer le monstre. Rendu furieux par sa blessure, le reptile s'acharna sur sa victime, puis, changeant brutalement d'objectif, il s'élança en direction des ombres criardes, qui s'aggloméraient vers l'ouverture de la grotte. Aouâ perçut le danger : n'écoutant que son courage, il ramassa la fourche tombée à terre, avec l'intention d'immobiliser l'animal. La gueule rageuse se retourna alors contre le bois qui l'échinait et un duel Séthien s'engagea entre le néophyte et le monstre gardien des objets Sacrés.

À l'instant où Aouâ paraissait triompher, son pied glissa, et sa cheville se plaça malencontreusement à portée des redoutables crocs. Avant même qu'il n'ait eu le temps de réagir, la tête du cobra fouetta l'air comme un jet de fronde. Le petit homme eut l'impression qu'un brandon enflammé pénétrait ses chairs. En un tournoiement, ses yeux extasiés virent s'abattre une longue fourche, dont le souffle lui rasa le visage. Ses côtes enserrèrent ses poumons, une bouffée de bile lui monta à la gorge, il s'évanouit.

- *Bois... Bois, pour l'amour d'Horus le divin... Bois, Aouâ !*

On avait glissé une lame entre ses dents crochetées. Sans doute avait-elle pour fonction de maintenir ses mâchoires ouvertes. Il but, ce liquide était tellement infect, qu'il pensa confusément préférer mourir, plutôt que de l'ingurgiter jusqu'à la lie.

Les garçons avaient incisé sa cheville. Il sentait le sang poisser sous son talon, son cœur l'étouffait, celui-ci paraissait ne plus avoir assez de place pour demeurer en sa poitrine. Il s'évanouit de nouveau. Lorsqu'il reprit connaissance, il réalisa qu'il était sanglé sur une civière de fortune. Son corps était durement chahuté par les chaos dus au transport. Les garçons parlaient fort autour de lui. Il percevait des chants, mêlés à des litanies incantatoires, ces louanges n'étaient pas faites pour le rassurer :

- *Loués... Loués... Loués soit les dieux...* braillaient-ils en chœur. *Nef-ouhem a franchi les portes de la douât... Salut éternel à Nef-Ouhem. Sur la barque de la mort est notre héros Aouâ ! Ousir dieu au rayon vert, fais regagner cette rive à Aouâ ! Nous le consacrons… Héri-tep… notre chef… Héri-tep est le nom nouveau d'Aouâ. Que vive Héri-tep, notre Commandeur… Notre Commandeur !*

Il éprouva le désir de relever la tête pour voir lesquels de ses frères scandaient ces litanies dithyrambes. Mais il ne put ouvrir les paupières, devant elles s'agitaient des formes rougeâtres et confuses. Il y eut un temps inappréciable, avant que les paroles prononcées autour de lui ne deviennent à nouveau distinctes. La voix qu'il percevait maintenant était chaude et claire, elle embaumait son cœur fatigué d'une raison de vivre :

- *Mon petit Aouâ, mon cher petit guerrier, ne meurs pas… Tu es toute ma joie. Vis, mon aimé… Vis !*
- *Il ne mourra point, Mes-mery ! Sa constitution est robuste et l'antidote que lui ont fait absorber les jeunes gens du Nome a apparemment produit son effet. Le cœur a presque repris son rythme normal. Il a eu de la chance que le cobra ait préalablement extrait la totalité de son venin. Chance aussi que les garçons connaissaient leur affaire et soient intervenus rapidement. Ton petit Aouâ est devenu Héri-tep. C'est ce qu'ils chantaient, lorsqu'ils me l'ont amené !*
- *Pour moi… il sera toujours Aouâ… Sur cette berge ou sur l'autre !* rectifia Mes-mery en un sanglot.
- *Cesse de te fabriquer plus de mauvais sang qu'il n'en mérite. Avant quatre levers d'aurore, ton garçon sera sur pied. On a d'ailleurs de lui le plus grand besoin. N'a-t-il pas été remarqué par « Le Triangle de l'Antique Sagesse » ? Courage, Mes-mery, courage !*
- *Merci à toi, Maître des Libations, et à toi Grand Thérapeute. Que Thot inscrive vos œuvres !*
- *Qu'ils honorent les tiennes à travers l'affection que tu portes à cet enfant, Mes-mery !*
- Le Grand Thérapeute revint alors sur ses pas : *Il se peut que ton fils soit désormais immunisé contre ce genre de venin, ce qui est une bonne chose. On ne présume jamais assez que parmi les avatars de la vie, une mésaventure peut être un bienfait. Heureuse journée,*

Mes-mery !

Héri-tep entendit le grincement familier du petit portillon aux oies, et de nouveau la voix si mélodieuse de sa mère :

- *Mon petit, parle-moi… Ouvre tes yeux mon enfant !*

L'appel était si pressant qu'il fit un effort désespéré pour revoir une fois encore ce sourire apaisant, la finesse inégalable de ces mains, tant de fois posées sur les siennes.

Mais ce qu'il vit à travers ses paupières mi-closes, lui provoqua un sentiment de répulsion. Cette physionomie au teint sombre était grêlée par une maladie de peau, les mains rugueuses, pesantes comme des battoirs à linge tentaient de lui réveiller les joues. La matrone éclata d'un rire étranglé, lequel laissa apparaître une gencive rose d'où émergeait le chicot d'une dent unique. Elle prononça une phrase marmonnée. Sans doute s'agissait-il d'un patois local. Il retint un mot parmi d'autres… *réveil ou réveillé.* La masse opulente de cette femme occulta un instant la clarté ambiante, avant de disparaître par une ouverture latérale.

Resté seul, le corps plaqué à la couche par sa pesanteur, Héri-tep orienta son regard pour effectuer le tour de cette resserre en laquelle il était allongé. Sur les murs grossièrement chaulés étaient sertis des pitons de bois soutenant des cordages, des binettes, des sarcloirs et quelques autres outils de jardinage. Sa vision brusquement se brouilla de nouveau. Lorsque, quelques instants plus tard, il reprit conscience, il fit un effort pour soulever sa tête et inspecter l'état de son corps. Celui-ci était terriblement amaigri, un pansement maculé de sang noir auréolé de souillures enrobait sa cuisse. Il tenta de mouvoir ses membres, mais ils ne réagissaient que mollement à sa volonté.

Peu de temps s'écoula avant que la pièce ne s'assombrisse sous la masse de deux géants abondements barbus qui firent irruption. Ils étaient vêtus de robes en tissu rêche aux couleurs bigarrées. Les deux hommes se placèrent de part et d'autre de sa paillasse et, sans s'inquiéter plus avant de son état, le saisirent par-dessous les aisselles, l'obligeant ainsi à se mettre debout. La femme corpulente qu'il avait entraperçue, lui jeta sur les épaules une thibaude ternie et largement ajourée. Il fut ainsi maintenu devant l'entrée, la tête dodelinant, les yeux clos, face à l'intensité de la lumière. Ses jambes chancelantes ne parvenaient qu'imparfaitement à le soutenir, les deux hommes durent attendre un instant que leurs fonctions se rétablissent.

Héri-tep éprouva alors le besoin de demander ce que l'on attendait de lui, mais sa langue en son palais refusa obstinément de se mouvoir. Ces deux assistants grommelèrent quelques phrases inintelligibles et sans plus attendre, l'entraînèrent à travers les venelles serpentines qui ressemblaient à une agglomération rurale.

Après avoir traversé plusieurs enclos et longé des murets de boue sèche, le groupe pénétra une sorte d'agora ombragée. Sous celle-ci se trouvaient essaimés des sièges inamovibles constitués de briques cuites. On le fit asseoir sans ménagement sur un tabouret situé au centre d'un demi-cercle, dont l'agencement ressemblait fort à la disposition d'un tribunal.

Courbé de lassitude, il attendit ainsi un long moment avant de voir apparaître une foule jargonneuse émergeant des espaces alentours. Pour l'essentiel, l'assemblée se composait d'hommes portant barbes, dont le corps était recouvert de pelisses brodées. Cet auditoire le dévisageait avec intérêt. S'apprêtait-on à statuer sur son sort ?

Il en était à s'interroger sur cette éventualité, lorsqu'un Notable chenu au visage austère se leva. Ses gardiens, demeurés à ses côtés, l'incitèrent à faire de même. Le vieillard prit aussitôt la parole. Il utilisait un idiome proche du Sumérien que discernait assez bien Héri-tep. L'intonation solennelle adoptée par cet édile donnait à la scène un accent de réquisitoire. Aux premières phrases prononcées, un membre du tribunal s'approcha du prévenu, avec l'intention de traduire dans la langue plus élaborée de Sumer les motifs de l'accusation :

- *Le Gouvernant du Conseil demande… quel est ton nom ?*

Héri-tep voulut dire son nom. Mais il n'arriva qu'à balbutier une phrase incompréhensible. Ce bredouillis fit éclater de rire l'auditoire.

- *Tu es muet ou idiot ?* questionna l'interprète.

Le prévenu tira de sa bouche une épaisse bavette, laquelle lui servait momentanément de langue. D'un doigt démonstratif, il en souligna la malheureuse impuissance.

- *Le Gouvernant dit qu'il n'est pas exclu que tu sois les deux, muet et idiot. Peut-être es-tu un Sémite échappé du désert ou un démon au service d'Ereshkigal ?*

L'inculpé adopta une posture consternée. L'assistance rit de nouveau.

- *Cela, par ailleurs, n'a pas grande importance, tu vas être jugé pour un seul délit, celui d'esclave évadé.*

Héri-tep fit non de la tête.

- *Le Gouvernant objecte qu'il ne peut tenir compte de ta désapprobation apparente. A-t-on jamais vu un condamnable soutenir sa culpabilité devant le glaive qui est appelé à le sanctionner ? Ta négation même est un aveu !*

Face à une aussi tragique engeance, Héri-tep pensa qu'il était vain de déployer un quelconque talent oratoire pour exhorter ces gens à plus d'équité. D'autant qu'il se trouvait dans la totale incapacité de satisfaire cette nécessité. Dès lors, ayant redressé l'échine, il adopta l'attitude digne d'une victime innocente, face aux vilenies proférées.

- *Il y a de cela trois jours d'Enzu,* poursuivit le Gouvernant, *des chasseurs t'ont trouvé pratiquement mort. Tu étais allongé sur le ventre, une flèche empoisonnée ayant troué ta cuisse. La flèche ne t'était pas destinée, elle visait à détruire les cochons longs-poils qui saccagent les récoltes. Jamais personne n'emprunte ce sentier, tout le monde sait bien qu'il y a des pièges. Tout le monde... sauf toi... insensé. Parce que tu es étranger à ce village. Aucun étranger, cependant, ne voyagerait seul en ces abords du désert. Qui plus est, le corps nu comme un Pazuzu.*

Le Gouvernant marqua un temps d'arrêt, il s'épongea le front à l'aide d'une bourre de coton :

— *Il est vrai que, si tu es idiot, ceci peut expliquer cela. Bien qu'on puisse avoir des doutes sur ton défaut de capacité. Seuls les errements d'un esclave en fuite peuvent justifier ce comportement. Si tel est ton cas, il apparaît normal que tu te sois résolu à vivre comme une bête sauvage, loin des demeures des hommes. Des preuves de ton asservissement ont été relevées sur ton corps. Elles justifient les accusations dont tu es l'objet. Notamment ton manque de cheveux, ils ont souvent été rasés, ça se voit à la peau de ton crâne. Et sur ton dos se trouvent des cicatrices de coups de bâton, ceux qu'ont dû te donner tes Maîtres, en juste châtiment de tes mauvais services.*

Le prévenu affichait un impudent mutisme. Mais cela ne semblait pas remettre en cause l'impassibilité du tribunal.

— *Il faut que tu saches, reprit le Vieillard, que par deux fois, tu dois la vie aux habitants de ce village. Une première fois lorsque les chasseurs t'ont trouvé. Tu étais sur le point d'être dévoré par un Jaguar longues jambes. Déjà, celui-là léchait le sang de ta plaie. Tu as eu beaucoup de chance que les chasseurs soient arrivés à ce moment-là. L'animal était furieux qu'on lui enlève sa proie. Aussi, a-t-il blessé l'un d'eux. Ensuite, ils ont dû se mettre à six pour en venir à bout. Regarde esclave, je ne te mens pas... la peau de la bête sèche encore sur le silo, là, sur ta droite !*

La main tremblante apposée sur le cœur, le Grand Prêtre chercha un point d'appui qui n'existait pas. Telle une ramure malmenée par le vent, le teint livide, il fit quelques pas chancelants en direction de la façade où était accroché le trophée. Sur la peau en question, se trouvait une petite tache blanche au-dessus de la cavité de l'œil droit. En titubant, il regagna sa place qui lui était attribuée, le corps secoué par de profonds sanglots.

- *On dirait que tu larmoies ? constata le Gouvernant. Si tu as une peur rétrospective, cela confirme nos doutes sur ta santé mentale. Mais si tu verses des larmes parce que tu estimes avoir fait courir des risques aux chasseurs, c'est bien ! Cela prouve que ton fond n'est pas aussi mauvais qu'il apparaît.*
- *La deuxième fois, c'est la dame Tanguze qui t'a sauvé la vie. Pendant trois jours d'Enzu, elle t'a fait boire du lait de gazelle délayé avec de la bave de mangouste. Les soins qu'elle t'a prodiguée au nom de la communauté te furent salutaires. C'est une aubaine pour ce village, car nous avons besoin de main-d'œuvre pour virer palan au bras de cruche. Ce qui fait que tu ne seras pas empalé, comme il est de coutume pour les esclaves en fuite. On te rasera la tête et l'on te mettra un fer au pied. Tu travailleras avec Tabzuk, le proscrit de la cité d'Ur. Vous palanquerez au Chadouf de Haute Terre pour alimenter les rigoles. Voilà qui est dit ! Moi Gouvernant de Marzeluk, j'ai jugé. Mes mots ont été entendus et appréciés de tous. Que les dieux nous préservent de l'iniquité !*

Les membres composant l'assemblée se levèrent. Les deux gardes empoignèrent le condamné et, sans violence aucune, l'entraînèrent hors de l'enceinte où avait siégé le Tribunal.

***

Sur le plateau de Haute-terre prospéraient cèdres, néfliers, figuiers et autres citronniers. En ce lieu, ils étaient plus nombreux et plus denses qu'aux alentours du village. La glèbe était bien irriguée et les plantes odoriférantes propageaient leurs divers arômes aux vents fureteurs de la plaine.

Le chadouf puisait l'eau d'une source basse. Il la palanquait alors d'étage en étage, pour alimenter le réseau d'épandage qui recouvrait les terres. Une casemate au toit de chaume servait d'abri aux esclaves qui trimaient au palan. On les appelait parias ou crânes-boules. Les enfants leur rendaient de criardes visites, fascinés qu'ils étaient de voir ces hommes glabres, couvert de sueur, manœuvrer cette mécanique grinçante. Elle fonctionnait tout le jour et ne s'arrêtait que pendant l'heure de la sieste. Eux, les gosses, trouvaient là matière à s'égayer. N'avaient-ils point droit à railler ces manouvriers, à les parodier, les singer sans risque d'être rossés pour avoir porté atteinte à leur dignité ?

L'heure du demi-jour résonna à la colonne de cuivre.

Comme chaque midi, le vieux geôlier édenté du chadouf se délecta de cette vision du chien engorgé de brouet, tapageant sur son écuelle à demi vide. Après quoi, la main croche et le pas raclant, il renfonça sa louche dans la barrique pour pourvoir à la pitance des hommes. Ayant alors retiré sa jatte de terre cuite, Héri-tep alla s'asseoir sur la margelle du bassin, Tabzuk l'œil torve, se plaça ostensiblement sur l'autre bord. Sans prononcer un mot, les deux esclaves entamèrent leur frugalité. Le chien jappa de voracité inassouvie, avant d'aller étendre son corps rachitique à l'ombre d'un aloès. En ce lieu, l'épaisse végétation rendait la chaleur supportable. Après avoir saucé le fond de son écuelle, Tabzuk la lécha avec application, puis il s'épongea la bouche dans l'écru de sa robe. Le proscrit avait le front haut, un visage hirsute et une panse redondante. En cette félicité pré-digestive, il darda un regard défiant vers son maillon de misère qu'était ce nouveau crâne-boule :

- *On ne peut pas dire que tu sois causant... le nouveau !*

Le relégué avait prononcé cette phrase sur un ton vif, dont les accents claironnants n'eurent pas exactement les effets prévus.

- *Jusque-là je ne pouvais articuler correctement, j'avais une forte congestion de la muqueuse buccale, probablement due aux antidotes qu'ils m'ont fait ingurgiter.*
- *Hein...hein, mis à part ton léger accent, tu t'exprimes convenablement, pour un esclave en fuite. Tu devais être placé chez des Maîtres de haut rang... pas vrai ?*

- *Je n'ai jamais été placé, comme tu le dis... Par contre, j'ai été esclave... C'était plus pénible... Ici, c'est un havre de quiétude. Certes, le travail est fastidieux, mais il n'est pas aliénant. On est convenablement nourri et l'on jouit d'un apport d'ombre et de lumière appréciable.*
- *Ma parole, tu glorifies l'esclavage. Il est institué pour les bêtes humaines, non pour les libres et honnêtes gens... C'est un comble d'entendre ça !*

Héri-tep alla cueillir une feuille de kola et, après l'avoir broyée entre ses mains, il en huma l'odeur :

- *Il n'y a, sur cette Terre, ni bêtes humaines, ni honnêtes gens. Seulement des êtres plus ou moins évolués sur l'échelle des valeurs absolues.*
- *Alors, tu te juges inférieur à ces jette-semailles, à ces culs-rouilles qui t'assujettissent, lorsqu'eux s'honorent d'être des hommes dignes, libres et intègres ?*
- *Je ne juge pas, Tabzuk, je constate que ces aléas de l'existence nous permettent d'évaluer la réalité du bien et du mal. Face au divin, il nous faut accepter notre destin avec confiance et humilité.*
- *Au divin... Tu y crois, toi... au divin ?*

Héri-tep laissa planer un silence plus éloquent qu'une réponse. Tabzuk enchaîna, l'air courroucé :

- *Moi qui te parle, j'étais Maître Architecte en la ville d'Ur la resplendissante. Les Nobliaux tout comme les gens du peuple me saluaient bas. Car j'avais mes entrées à la cour et je conversais avec les ministres de son Éminence, aussi naturellement que je discute avec toi. Oui, c'est comme je te le dis ! Regarde ce que je suis devenu, expatrié aux frontières du Royaume. Vendu comme une bête au service de ces boucs, qui ne valent pas l'osier de leur berceau. Le divin ! Quel divin ? Où est la justice divine ? Elle réduit à néant un homme d'honneur ayant sa vie durant consacrée aux dieux et au droit. Assurément, plus que certains aux mœurs faciles, lesquels restent en place. Ceux-là continuent sans impunité à gérer les biens des autres, qu'ils se sont appropriés.*

Tabzuk frappa si fort sur son écuelle d'argile que celle-ci se fendit en plusieurs morceaux.

- *Tiens !* hasarda Héri-tep le sourire aux lèvres : *Je prendrai celle du chien. As-tu remarqué qu'il renverse régulièrement son auge pour manger à terre ?*

La colère de Tabzuk s'apaisa. L'œil en coulisse, il dévisagea ce curieux reclus qui allait partager son labeur. S'étant avancé, le Grand Prêtre plaça alors une main sur l'épaule de l'exilé :

- *Espère, et tu trouveras la force de vaincre. Sinon, la haine te rongera de l'intérieur, et ce seront eux, ces culs-rouille comme tu les nommes qui auront gagné.*

Tabzuk éleva à la hauteur de sa poitrine la chaîne qui emprisonnait l'un de ses pieds :

- *Tu philosophes, mais que pouvons-nous raisonnablement espérer... avec ce machin, comme parure... hein ?*
- *Tout ce qui est matière, Tabzuk, a une durée de temps limitée. Les chaînes, qu'ils nous ont placées aux pieds, sont matières. La conscience ne relève pas de la matière, elle s'en sert comme support pour se manifester. Il nous faut donc miser sur la relation esprit conscience. Seule ce duo peut dédramatiser la matière ou en triompher, dans les deux cas... il s'en libère.*

Tabzuk n'objecta rien à ces absconses paroles, son regard las semblait être obnubilé par un minuscule scarabée. L'insecte façonnait une petite boule, qu'il poussait à reculons vers un insoupçonnable destin.

***

Depuis l'arrivée impromptue de ce nouveau crâne-boule, des

conjonctures malignes avaient bouleversé la quiétude du village. C'était à la fête d'Ab que la situation avait soudainement basculé. L'Erib-Bîti, autrement dit, l'archiprêtre officiant du district, s'était ce jour-là rendu au temple, pour faire activer les solennités. Comme chaque année d'Enzu, il s'était adressé au conseil de Marzeluk pour obtenir l'aide nécessaire à ses travaux d'aménagements. Il lui avait été répondu que c'était la période de ramassage, et que les fidèles ne pouvaient pas se libérer de leurs tâches quotidiennes sans dommage pour les récoltes qu'insectes et rongeurs compromettaient.

Tous des renégats ! Avait grommelé l'archiprêtre, avant d'exiger que l'on envisage pour lui venir en aide, une solution de remplacement.

En désespoir de cause, le conseil avait décidé de mettre à disposition de l'autorité religieuse, les manouvriers du chadouf. Les esclaves aideraient à monter le matériel du culte et à préparer l'autel sacrificiel. Ainsi, l'agglomération de Marzeluk afficherait-elle sa bonne volonté à effectuer les préparatifs de la fête, sans entamer l'effectif des récoltants.

Comme tout le monde, l'Archiprêtre avait entendu parler de cet homme que l'on avait ramassé nu, blessé par un piège à cochon. À la vue des deux lascars, l'incident lui revint en mémoire. L'histoire était suffisamment cocasse pour que l'on s'en souvienne. Aussi reconnut-il immédiatement Tabzuk, le proscrit, qu'il ne considérait pas comme un mauvais bougre. L'autre qui l'accompagnait, ça ne pouvait être que l'histoire du cochon. Mais pourquoi, par Shedu et Lamassu, était-il-lui, le responsable du district, contraint d'employer des relégués de la société, pour effectuer des tâches cultuelles ? Comment le conseil de cette cité pouvait-il, sans remords de conscience, remplacer l'assistance habituelle par des gens aussi peu recommandables ?

Il regretta de ne plus avoir assez de temps pour formuler une réclamation en haut lieu. Mais ces pedzouilles du conseil ne perdaient rien pour attendre. En attendant, il n'avait pas le choix, il ordonna aux deux crânes-boules de décharger les mules, en leur prescrivant de prendre le plus grand soin du matériel sacerdotal.

Au soir de cette première journée, les craintes maladives de l'Erib-Bîti étaient dissipées. Rien n'avait été brisé, aucun objet n'avait été fêlé, les parures n'avaient même pas été froissées. Les esclaves s'étaient comportés comme des gens pourvus des meilleures intentions. Ils avaient, ce qui était un comble, fait preuve d'initiative. Or, la chose était rarissime chez des individus de cet acabit. C'est ainsi que l'archiprêtre fut subjugué par l'attitude du fugitif, celui dont le nom avait des résonances du pays de Misr, cet Héri-tep, comme il se faisait appeler. Ce dernier semblait avoir un sens inné pour la disposition des objets du culte, autant d'ailleurs pour la manipulation des symboles. Il est vrai qu'il parlait peu. Son statut d'esclave ne lui permettait pas de s'exprimer sans y être invité. Mais le temps pressait, L'Erib-Bîti chassa ses pensées flâneuses, pour se concentrer de nouveau sur ses préparatifs.

Le lendemain, l'archiprêtre quitta tôt la chambre qu'il occupait au centre de la bourgade et, d'un pas gaillard, gravit le sentier muletier qui menait au temple.

Parvenu sur le dôme de la colline, il fut étonné de la présence matinale de Tabzuk. L'esclave avait une attitude pour le moins détendue. Sans vergogne, il prenait l'orge grillé à la menthe, tout en plaisantant avec les gardes du sanctuaire. D'un geste expéditif, l'Erib-Bîti salua cette regrettable engeance et, à grandes enjambées, il s'engagea dans le couloir de la salle prostyle attenante au Nao. Ses chaussures en peau de mouton ne faisaient aucun bruit sur le dallage. C'est à elles, sans doute, qu'il dut de surprendre dans le Saint des Saints l'énigmatique Héri-tep.

La première réaction de l'archiprêtre fut d'appeler la garde, pour que l'on châtie sur-le-champ cet esclave sacrilège et pour le moins malavisé. Mais les mots restèrent comme suspendus en sa gorge. Aussi se contenta-t-il d'être l'observateur attentif de ce qu'il était dans l'incapacité de comprendre. À son grand étonnement, l'esclave adopta la posture protocolaire des prêtres officiants du pays d'Égypte. Genoux au sol, talons dans le prolongement de l'échine, bras tendus. Les paumes des mains étaient dirigées vers l'unique fenestron situé à l'Orient du Saint lieu. Les collines au loin rougeoyaient à Utù naissant et il lui apparut que l'étranger psalmodiait en invoquant le dieu solaire. S'étant avancé au plus près, l'Erib-Bîti se concentra sur l'écoute de cette langue qu'il avait partiellement apprise, il y avait fort longtemps, lors de son noviciat.

Il ne faisait aucun doute que les incantations étaient empreintes d'une grande ferveur. Ce qui était le plus troublant, c'est qu'elles étaient ponctuées de mots aux vocables sacrés, connus des seuls Pontifes.

L'esclave fit une série de gestes répondant aux critères d'une symbolique universelle, laquelle impressionna fort l'homme de foi Sumérien. L'étonnement de celui-ci fut porté au paroxysme, lorsque ce soi-disant mécréant, traça des caractères sacrés sur le damier de diorite recouvert de sable. Il le fit à l'aide du médius et de l'annulaire, conformément aux critères liturgiques ancestraux. Comme il était d'usage, il brouilla ensuite son épigraphe pour élever la terre en offrande au Principe Créateur. Seul un Initié, Grand en Sagesse, pouvait effectuer ce type de cérémonial ritualisé. Jamais au grand jamais, une fripouille n'aurait eu accès à une telle connaissance. Fortement troublé par cette révélation, l'archiprêtre se fit promesse, dès que la fête d'Ab serait terminée, d'élucider cette énigme. S'étant alors éloigné sur la pointe des pieds, il gagna le dehors en s'efforçant de ne point paraître trop affecté par son indiscrétion.

Le lendemain, la célébration fut en tout point conforme à ses souhaits. Il obtint les félicitations du Shangu, et même du très Sage Grand En-Si en personne. Aussi décida-t-il de mettre à profit la présence inhabituelle du Devin, pour tirer au clair cette histoire d'esclave.

Au risque de se ridiculiser, il fit part au Grand Homme de ses doutes sur la nature peu conforme de ce détenu. Il expliqua comment il avait été témoin de sa gestuelle et l'émotion qu'il avait ressentie devant son profond recueillement. Il lui précisa combien il avait été confondu par les textes psalmodiés, ainsi que par le caractère sacré des nombres inscrits sur la tablette. Instruit des faits, l'En-Si n'arbora pas un étonnement excessif, son impassibilité était, il est vrai, à toute épreuve. Toutefois, il promit de consulter les dieux à ce sujet, et de rendre réponse de leurs exigences aux suivants des jours.

Le surlendemain, le Devin Mage qui séjournait en la cité, fit appeler l'Erib-Bîti pour l'informer du message-réponse des Célestes Entités :

— Les fumigations sacrales ont manifesté une lumière éblouissante à l'évocation du nom « d'Héri-tep », cet esclave, dont tu m'as demandé appréciation. Ce qui déjà est peu banal ! allégua le Devin. *L'autre test était placé sous l'égide d'Inanna. La métagnomie a fait apparaître une divinité léontocéphale, dont la main droite brandissait une chaîne d'esclave aux anneaux brisés. En la symbolique universelle, cela signifie, que cet homme, placé sous la protection des dieux, se trouve en mal de liberté. On peut en déduire que le tribunal l'a condamné à tort. Les autorités de ton fief peuvent redouter le pire s'ils ne l'affranchissent au plus vite et ne lui rendent sa dignité. De l'homme il y a, certes, peu à craindre,* ajouta l'En-Si, *mais des dieux... Sait-on jamais ?*

L'Erib-Bîti se montra satisfait des réponses fournies par le Grand Devin. Aussi, dès le jour suivant, il s'employa avec célérité, à restituer ces arguments devant le conseil du village.

Abasourdi par la révélation, le Gouvernant se sentit contraint de réviser le procès à huis clos. Il s'agissait au plus vite de réhabiliter cet esclave, si l'on ne voulait pas encourir l'ire des dieux. La requête concrétisée, le tribunal s'attendit à ce que la victime exige réparation pour avoir été traité de la sorte. Au grand étonnement de tous, ce Héri-tep ne réclama pour dommage qu'une simple toge et un pagne convenable. Ainsi qu'un bâton, le sien, que l'on avait fini par retrouver enfoui sous des monceaux de peaux, derrière la remise du Gouvernant.

Ce fut une tout autre affaire lorsqu'il se mit en tête de réclamer la libération de Tabzuk, son collègue du chadouf. Le conseil dut refuser tout net, tant il craignait le courroux du Prince d'Ur. Considéré traître à la cause Royale, le proscrit Tabzuk était interdit de réinsertion dans la société des hommes. Et l'on ne transigeait pas avec les ordres du Prince. Les jours passaient, mais ce Héri-tep n'en voulait rien démordre, il avait énoncé de façon péremptoire :

« *J'attendrai ici le temps nécessaire, qu'une décision équitable soit prise pour le maître-architecte Tabzuk !* »

***

Depuis ce jour, un mois d'Enzu s'était écoulé et la situation n'avait pas évolué d'une fibre de coco. On entendait d'ailleurs peu parler de ce fils de Misr. Malgré ce fait, personne n'ignorait qu'il résidait à proximité du village, dans une minuscule casemate située en contrebas de la colline au temple. Libre de ses agissements, il se montrait charitable aux corvées et, même, parfois assez stupide pour aider le proscrit à palanquer au chadouf.

Tout en marchant, la délégation du village se remémorait ces événements subversifs et regrettables. Les conseillers ne pouvaient se départir de l'appréhension qu'était la leur, de reprendre contact avec ce personnage ambigu. Il n'y avait aucun doute que cet ex-esclave conservait des ressentiments à l'adresse des administrateurs qu'ils étaient. Ne l'avaient-ils pas, par inexpérience, considéré fou, ferré au pied, destitué de ses droits et condamné aux travaux forcés ? Peut-être que cet étranger avait décidé d'ébaucher sa vengeance en lançant une malédiction sur la commune ?

Pour pallier à autant de calamités potentielles, le conseil avait fait venir à grand frais, de la cité voisine, deux Isibs conjurateurs de sorts. Malgré cette intercession, la fièvre qui s'était répandue parmi la population persistait. Elle avait déjà occasionné la mort de trois vieillards, en plus des deux malades que la dernière caravane avait déposés. Apparemment, les exhortations des Isibs et autres Masmashus n'avaient pas donné les résultats escomptés. Un sort plus puissant que l'on ne l'aurait imaginé s'acharnait sur la population. Le Gouvernant s'en était ému au point de désigner un Comité de Notables, investi d'une mission auprès de l'ex-esclave. N'était-il pas urgent d'implorer son pardon, de lui demander d'oublier les souffrances vécues et, si possible, de l'inciter à poursuivre son voyage avec l'onction des dieux ?

Le comité arriva en vue de la bâtisse blanche où demeurait ce crâne-boule de tous les malheurs. L'interprète marqua l'arrêt, s'épongea le front et entreprit une dernière répétition des phrases apotropaïques qu'il s'était fait devoir de formuler :

La grâce soit sur toi Seigneur. Nous venons, délégation en tête, pour...

Tu oublies de commencer par les vœux du Gouvernant ! fit nerveusement remarquer un membre du conseil. Le récitant s'épongea de nouveau le front et essaya de se concentrer davantage :

La grâce soit sur toi, Ô Seigneur des Ombres. Le Gouvernant de Marzeluk se morfond des torts et préjudices qu'il a pu causer à ta Seigneurie. Il te supplie d'accepter une fois encore ses regrets pour ces erreurs de jugement. Toutes les prières chantées sont destinées à ta Seigneurie. Que les divinités te pourvoient ! Qu'An, dieu suprême, te glorifie... que...

- *Comment va Semdozor, notre interprète, c'est aimable à vous de venir me rendre visite !*

La voix venait d'en haut. Comme tous étaient subordonnés à l'idée de sortilège, les hommes de la délégation s'empressèrent de courber la tête. Pour rejoindre le chemin, Héri-tep se laissa glisser le long du flanc de roche sur lequel il se tenait :

- *Par Seth, vous avez l'air terrorisés, quel malheur vous frappe, mes enfants ?*

La réponse tardait à venir. Plus courageux que les autres, un membre de la délégation se décida à lever les yeux vers le démon de Marzeluk :

- *Voilà, Seigneur, nous sommes atteints par une maladie ensorcelante, étrange... Aussi venons-nous... venons-nous implorer ton... ton pardon, Seigneur.*
- *Je n'ai aucun pardon à vous accorder... Aucun !*

Les têtes se courbèrent vers le sol, les faciès se renfrognèrent.

- *Pour l'excellente raison, poursuivi Héri-tep, que je n'ai rien à vous reprocher, si ce n'est d'avoir manqué de discernement... C'est le lot de la plupart d'entre nous à tel moment de notre vie, nous ne réfléchissons jamais assez !*

Les physionomies penaudes élevèrent un regard timoré vers ce fléau des dieux. Le Grand Prêtre reprit sur un ton plus intime :

- *Sachez, mes enfants, que les hommes de bonne volonté se fourvoient plus que les autres. Non parce qu'ils sont stupides, mais parce qu'ils sont crédules. Voyons, quel est votre problème, vous paraissez terrassés par je ne sais quel démon ?*
- *Seigneur, la fièvre est là, le village est dans l'émoi, personne n'ose sortir pour aller aux plantations, et tout le monde reste prostré au fond des logis.*

Héri-tep se montra préoccupé par cette révélation :

- *Votre maladie... serait-elle la peste ?*
- *L'Ura... la peste, Seigneur ? Les dieux nous en préservent, il n'y a rien de plus horrible !*
- *Oh, Si !* rectifia Héri-tep : *La guerre est plus horrible que la peste, et la haine plus horrible que la guerre. La chose cependant ne saurait m'étonner. J'ai rencontré les symptômes de cette maladie il y a plusieurs mois, fort loin en direction du couchant. Ce sont les caravanes qui véhiculent le mal. Il se peut que vous ayez eu affaire à des gens contaminés.*
- *Serais-tu assez généreux pour nous accompagner au village ?* reprit l'homme. *Ta noble présence chasserait les mauvais génies du désert, ceux-là mêmes qui charbonnent les corps des nôtres et les tirent au sépulcre.*
- *Je crains que les mauvais génies n'aient rien à voir en cette affaire. Et je ne sais si les maux qui vous affligent relèvent de mes aptitudes. Mais si c'est le cas... alors, je promets de vous venir en*

aide, à deux conditions, que vous preniez en compte mes revendications et que vous vous conformiez à mes directives !

***

Un vent sauvage fouaillait les jardins, javelait les hautes herbes, chahutait les palissades et bâtonnait à souhait les volets des demeures. En miaulant sur les dalles des ruelles, ce souffle en tourment chassait devant lui des boules d'épineux arrachées aux haies infâmes. Ainsi appelait-on ces halliers qui cerclaient les pourtours du village dans l'intention d'isoler les pestiférés du reste du monde. On eut dit, en ce jour fatal, que mille démons en folie s'activaient sur les lieux des activités humaines, pour y semer désordre et souffrance.

Campés sur une colline proche, les réfugiés suivaient avec anxiété les allées et venues des deux anciens parias. Ceux-là transportaient à longueur de temps d'inquiétants fardeaux roulés dans des nattes de raphia. Ces colis longilignes ne laissaient aucun doute sur leur contenu, et par voie de conséquence sur leur destination. Suivaient invariablement ces fumées cruelles. Elles éructaient leurs volutes mornes au-dessus des toits de chaume et chaque plumet apportait son lot de terreur. Chacun redoutait que l'on ne conduise ainsi l'un des siens, de litière en bûcher. Les villageois encore valides confabulaient sur cette calamité, sur cette peste pernicieuse qui traquait les plus robustes et les boutait comme palissades sous le vent. La maladie frappait aveuglément au hasard des familles ne ménageant personne, imberbes et grisonnants, miséreux et possédants. Le désastre était tel qu'il incitait chacun à méditer sur le pourquoi de la vie et la vacuité de l'existence.

Ceux que le drame avait épargnés discouraient sempiternellement sur les causes que l'on pouvait prêter à cette maladie. Ce Seigneur des Ombres, ce Héri-tep, n'était-il pas à l'origine de leurs malheurs ? Les Prêtres le protégeaient pour de biens curieuses raisons ? N'avait-on pas séparé les familles, comme l'on sépare le grain de l'ivraie ? Ne les avait-on pas parqués dans un camp de toiles, à douze cents foulées du village ? Tous, sans exception, avaient dû laisser malades et biens aux mains de ce mage du Grand Fleuve. Quant à son acolyte, le proscrit Tabzuk, il avait pris qualité de fossoyeur, dans le dessein d'assainir les demeures. Et pendant 40 jours personne ne devait assister aux mises en terre, ce qui portait les pleurs aux yeux.

En cet endroit dominant du paysage, les rescapés de la peste scrutaient avec attention les déplacements des deux parias. Au matin, ceux-là avaient été observés en train de brûler les derniers cadavres. Maintenant, ils se tenaient dans la cour patrimoniale, là, où un air putride chargé de tourments accompagnait leurs œuvres. Tabzuk tendit à Héri-tep un récipient aux émanations nauséeuses :

- *Voilà ce que tu m'avais demandé, des jaunes d'œufs battus avec du sang de rat infesté. Mais par tous les démons réunis, que vas-tu faire de cette innommable omelette ?*

Tout en trempant son coude dans la préparation chaudée qu'il était en train de concocter, le Grand Prêtre eut un sourire amusé :

- *Pour le moment je surveille la température, il ne faut pas qu'elle dépasse celle du corps. Ensuite je mélangerai cette macération d'herbes avec ce que tu viens de m'apporter, puis je délayerai le tout dans cette gelée d'os... que voilà.*
- *Beurk ! Par mille colonnes de Pazuzu, j'espère que tu n'as pas l'intention de me faire boire ce bouillon ! À moins que ça serve à réveiller les morts, dans ce cas seulement... je crois que ça devrait marcher ?*
- *Tabzuk, j'ai préparé cette médecine pour les cas suspects dont nous avons la charge. Mais... nous l'utiliserons également pour nous... On ne sait jamais !*
- *Pouah ! Tu ne me feras jamais boire ça, te dis-je. J'aimerais mieux embrasser sur la bouche le Prince d'Ur, plutôt que d'avaler une aussi abominable mixture.*
- *Tu ne réalises pas bien, ce n'est pas fait pour être bu. Je vais pratiquer une petite incision et appliquer dessus un peu de cette préparation, comme un pansement humide sur une petite blessure.*
- *Aurais-tu perdu le bobéchon Héri-tep ? Tu donnes la maladie au*

malade pour le guérir ?

- C'est un peu ça, oui ! Je te rappelle que le rat est porteur des démons de la peste. Il faut donc donner le temps aux bons génies que nous avons tous en nous, de démasquer ces démons, afin qu'ils puissent ensuite les combattre plus efficacement.

- Comment ça fonctionne… ton truc ?

- Eh bien, disons qu'en ce dessein, j'endors les démons à l'aide de ma médecine. Les bons génies alors s'en approchent, ils les découvrent, les regardent, les tournent et les retournent, voient quels sont leurs points faibles. À la suite de quoi, ils réalisent les armes indispensables pour entreprendre la lutte, et lorsque ceux-ci se réveillent… ils les tuent…Tu comprends ?

- Oui…enfin ! Je comprends que s'il y a des mauvais génies qui se présentent pour infecter des personnes saines, les tiens au lieu de se débander face à la pestilence, ils livrent bataille. Et ça marche à tous les coups… ta décoction ?

- Une fois sur trois, mais l'important… c'est que ça marche !

- Ah, ça… ça m'épate ! Ah, t'es un vrai Masmashu toi… un authentique… je t'le dis moi… ah ça, si ça marche… ça oui, ça c'est sur !

- C'est un vieux Prêtre qui m'a enseigné cette thérapie, à l'institut des Wabou-Sekhmet. Il m'a assuré que cette combine était vieille comme le monde. Sache qu'en Égypte, nous n'inventons jamais rien, nous copions les Anciens, et nous méditons sur ce que nous copions. Puis, nous copions ce que nous avons médité, longtemps, tellement longtemps, que parfois… ça peut laisser supposer que nous l'avons découvert !

Un bruit de fardeaux qui choit les fit se retourner.

- Voilà, Grand Homme, de quoi alimenter ton foyer !

Annonça l'un des patients en laissant chuter à terre un autre fagot de bois. Le bas de son visage était recouvert d'un masque de protection imbibé d'alcool de datte, ainsi que l'avait préconisé Héri-tep. Ce dernier cessa de remuer sa préparation :

- *Merci, Tadzouze... Comment vas-tu, et comment vont tous les autres ?*
- *Aucun n'est malade pour l'instant, Maître. Mais beaucoup ont peur de mourir, surtout les deux enfants de la case aux citronniers.*
- *Avez-vous tué beaucoup de rats ?*
- *Des nichées entières, Grand Homme, nous ne les comptions plus et les brûlions aussitôt.*
- *Avez-vous fait courir la flamme des torches le long des murs, sur le sol, et les meubles, ainsi que je vous l'avais prescrit ?*
- *Cela a été fait, nous avons brûlé les paillasses, les coussins et leurs vermines, les vêtements et aussi...* L'homme hésita... *et aussi les réserves de grains... et... les fruits secs.*
- *C'est plus sage ! Je vais vous pratiquer une petite incision à la nuque. Ensuite je vous placerais à chacun un pansement de lin, sur lequel sera inscrite une supplique, à l'aide des Médou-Neter de mon pays. Ceci pour conjurer le mal... Êtes-vous d'accord ?*
- *Agis selon ta science, Grand Homme !*

***

Les jours s'écoulaient et la situation sanitaire allait en s'améliorant. N'ayant plus décelé de symptôme infectieux, Héri-tep déclara aux villageois qu'il était nécessaire de patienter encore quelques jours, pour que l'on ait la certitude que le fléau soit éradiqué. Au cours de cette mise en quarantaine, l'Erib-Bîti s'employa à rendre de fréquentes visites aux convalescents de la Cité. Il aimait à s'entretenir avec Héri-tep sur la manière de guérir, en vertu des aspects particulier de leur religion. Tous deux soulignaient les propriétés qu'avaient les plantes et certains minéraux, ils évoquaient le pouvoir bienfaisant des eaux et les effets du tellurisme en certains lieux. Ils spéculaient sur l'hypnose, les capacités de voyance ou le secret du magnétisme. Lorsqu'Utù-Shamash, le Soleil, disparaissait derrière les collines, les trois hommes montaient sur la terrasse du Gouvernant. Ainsi juchés sur ce promontoire, ils évoquaient la formation des étoiles ou la rotondité de la Terre, considérée plate par une généralité de leurs contemporains. Les deux Prêtres allaient jusqu'à prétendre que la Lune agissait sur la poussée des plantes et modifiait les comportements humains ou encore que les configurations stellaires influaient sur la destinée des royaumes. Aux dires de chacun d'eux, l'âme des morts résidait dans l'inframonde, mais elle était reliée à un état de conscience, lequel en cours de vie, habitait le corps incarné. Ils s'accordaient pour dire que l'esprit, enclos dans le crâne, était lui, relié à la conscience durant la vie. La conscience était influencée peu ou prou par l'intuition provenant de l'âme. Lors de l'existence du sujet, l'âme demeurait dans le soleil en attente, puis la mort venue, elle allait retrouver la conscience en l'ailleurs !

La tête entre les mains, Tabzuk les écoutait des heures durant. Parfois il intervenait, en affirmant qu'il ressentait de telles choses, tout en déplorant ne pas avoir assez de science pour en discourir.

Le jour vint enfin où Héri-tep jugea que le danger de contamination était définitivement écarté : Il est temps pour nous de renouer avec la communauté du village, déclara-t-il dans l'enthousiasme général.

Un matin de très beau temps, ses convalescents et lui gravirent processionnellement le chemin qui les séparait du camp situé sur la colline. C'est alors qu'à bonne distance du sommet, ils furent arrêtés par des jets de pierres, dont ils ne saisirent pas immédiatement la signification. Les chants d'allégresse qui accompagnaient la marche cessèrent brusquement et tous demeurèrent figés dans l'expectative. C'est alors qu'une silhouette se détacha sur le fond moutonneux du ciel :

- *Maudits soient les infestés... N'allez pas plus haut...*

Manifestement, l'homme était en proie à une grande agitation, il reprit sur un ton hurleur :

- *Nous autres, on reste là, sur la butte, pour faire un village pour ceux qui ne sont pas malades... un autre neuf, mieux que celui de l'en bas ! Vous êtes... pestiférés, qu'il a dit le Gouvernant !*

Cette situation imprévisible n'était pas du goût d'Héri-tep :

- *Pourquoi affichez-vous ce comportement ? Ces gens sont vôtres, vos frères, vos parents, la pestilence s'est éloignée de leur corps, ils sont guéris, et ne demandent qu'à réintégrer leur communauté.*

La silhouette sur le mamelon récrimina avec une violence redoublée, le timbre de sa voix était éraillé par la poussé vocale :

- *Le conseil il a interrogé les dieux… C'est eux qu'ont décidé !*
- *Que savez-vous de la volonté des dieux ? Elle est celle de la justice et vous la trahissez en excluant ceux-là de vos familles.*
- *C'est le conseil qui a dit, « Le bon sens, y dicte le choix ». Il a dit aussi que « le Génie de la maladie, Asag, a été offensé ! »*

Héri-tep fit quelques pas en avant avec l'intention de se rapprocher de ce harangueur. Une pierre vint alors rouler à ses pieds. Plusieurs silhouettes brunes rejoignirent l'homme sur la colline, ils accrurent leurs objurgations.

- *Fuis au loin, étranger !* hurla un homme au boubou brodé de couleurs vives. *Emporte avec toi tes cohortes démoniaques. Ce village était tranquille avant ta venue, maintenant nous pleurons nos morts et la séparation d'avec nos frères.*

Animé par l'espoir de convaincre, Héri-tep fit encore un ou deux pas en leur direction :

- *Je vous en conjure… ce que vous faites est injuste,* s'exclama-t-il, *laissez-moi vous expliquer !*

Plusieurs pierres vrombirent à ses côtés. L'une d'elles lui frôla la tête, une autre l'atteignit à l'épaule. Il dut de nouveau s'arrêter. Autour d'eux le ciel d'orage s'était chargé de nuages gris aux panses violacées. Une trouée de Soleil magnifiait le village qu'il venait de quitter, alors que le reste du paysage demeurait enveloppé d'une morne teinte. Les femmes et les enfants pleuraient, les hommes étaient accablés par la conduite de leurs proches. Héri-tep essaya de refouler l'émotion qui lentement le gagnait. Il eut un sourire indulgent :

- *Courage mes amis ! Le plus souvent, le temps arrange les choses. Les vôtres reviendront à de meilleurs sentiments. Pour cela, il faut que je m'éloigne car ils croient que je suis le sujet de leurs maux ! Le jugement des hommes, est souvent motivé par une absence de réflexion. Mais c'est aussi de l'injustice que naît la réactivité, fruit de l'évolution.*

***

L'attitude figés par cette sourde rumeur qui émanait du désert, les trois personnages maintenaient leurs coiffes serrées au vent maraudeur des dunes. Les voiles de lin, qui les vêtaient, virevoltaient au gré des bourrasques et les amples emmanchures leur conféraient un aspect folâtre, qui n'était pas sans rappeler celles des épouvantails.

Tel un reptile géant jaillissant des sables, pavoisée de chamarrures, hérissée de mâts et tintinnabulante de mille grelots, la caravane d'Agadé s'apprêtait à défiler devant eux. Monstres arrogants aux paupières de bronze, les ânes de mer ouvraient la marche. Ils arboraient des pompons de laine rouge, des plumeaux ou des rubans, et leurs mufles s'ornementaient de tresses palpitantes sous la poussée du souffle. Perchés sur leurs énormes bosses, les chameliers ondoyaient de bonnets en capes, telles des entités célestes en quête de châtiment.

Souffrant misère, suivaient baudets, hémiones et ânons. Ces animaux de bâts palanquaient des nacelles ouvragées ou enduraient de profonds couffins chargés d'anonymes trésors. Chaudrons, bouilloires, calebasses, armes et bibelots bataillaient à leurs flancs blessés. Çà et là, le chaos de la marche brasillait d'éclairs brefs le bosselage des cuivres et des breloques. Le vagissement sourd des bêtes se syncopait de claquements de sabots, de frottements de charges et de grincements de bâtis. Tout un tintamarre d'apostrophes, de plaintes, de piailleries, qui rompait de façon dissonante avec le silence des plaines.

L'Erib-Bîti tendit la main en direction d'un attelage de forme baroque qu'escortait une escouade d'hommes dépenaillée :

- *Là !* dit-il, sans détourner son attention du cortège. *C'est lui ! C'est Xantozor le magnifique !*

Médusé, Héri-tep et Tabzuk suivirent du regard ce personnage haut perché, adulé par l'atmosphère bouffonne qui le sustentait. D'une grâce hippopotamesque, le dos arqué, le corps alangui par la chaleur et la tête obombrée dans les plumes, Xantozor le magnifique maintenait cravache à la façon dont les Rois portent sceptre. L'Erib-Bîti fut contraint d'élever la voix pour parvenir à se faire entendre :

- *Xantozor ... Me reconnais-tu ?*

Le Maître d'équipage tourna sa face avinée avec une ostensible condescendance :

- *Je crois bien ! T'es l'Shesgallu de ce district de sauvages ! Que me veux-tu ?*

Pour autant, la caravane n'avait pas ralenti son allure et cette astreinte obligeait les trois hommes à marcher d'un pas vif, pour se maintenir à la hauteur de la nef pontificale.

- *J'ai là deux amis qui se rendent en la cité d'Ur. Aurais-tu la bonté de les accepter dans les rangs de ta respectable assemblée de voyageurs ?*
- *Ont-ils de quoi payer ?*

Pour toute réponse, Héri-tep ouvrit la main, découvrant une pépite aux reflets de Soleil. L'œil d'épervier devint plus noir que le sourcil qui le dominait :

- *T'en as beaucoup comme ça ?*
- *Quelques-unes, de quoi payer notre voyage !* confia Héri-tep sur un ton neutre.
- *Quatre feront l'affaire !* marmonna le Roi au trône de joncs : *Mais au préalable, je vais vous faire examiner par un Masmashu. La peste sévit dans la région et je ne tiens pas à voir se putréfier mes équipages.*
- *Merci à toi,* s'égosilla l'Erib-Bîti, *que les dieux te précèdent !*
- *Je n'en ai cure… ils ont assez à faire avec toi !*

Xantozor leva sa cravache, et son œil las replongea sur les croupes chamelières de son attelage.

Les deux arrivants durent se prêter de bonne grâce à l'auscultation d'un personnage suspicieux. Ils montrèrent le blanc de leurs yeux, tirèrent leur langue et dévoilèrent les endroits intimes de leur anatomie. L'homme prit leur pouls à hauteur de la gorge et leur pressa fortement l'abdomen à l'endroit du foie.

- *C'est quoi cet hématome… là ?*
- *Un jet de pierre !* répondit laconiquement Héri-tep.

Ce médecin de conjoncture finit par hocher de la calotte, ce qui parut signifier que l'examen ne relevait rien de suspect. Ils durent alors attendre que parviennent à leur hauteur les troupeaux de bêtes déharnachées, en les rangs desquelles la caravane puisait ses échanges. On leur procura deux mules et un âne pour les bagages. L'Erib-Bîti embrassa le Grand Prêtre sur les épaules et le front, à la manière traditionnelle des initiés :

- *Si l'hospitalité à Marzeluk t'est refusée, tu sais que le temple de la vallée où ton serviteur demeure, sera toujours attentif à l'écho de tes pas.*
- *Je n'oublierai jamais ce que tu as fait pour nous. J'espère que les dieux non plus !*

Le Shesgallu eut un sourire accompagné d'un geste d'impuissance :

- *Ils ouvrent parfois les yeux des aveugles, mais il leur arrive aussi de fermer ceux des voyants. En tous les cas, qu'ils vous précèdent sur les chemins du futur.*

Ayant levé une main attristée à hauteur de son visage, il laissa s'écouler ce flot grinçant de bosses et de piques, qu'une noria de pattes halait vers le Septentrion.

***

Quelques jours plus tard, alors que la caravane traversait une étendue peu vallonnée, deux cavaliers richement harnachés remontèrent la colonne et engagèrent conversation avec Xantozor. Aussitôt après, ils parcoururent les attelages à la recherche, disait-on, d'un médecin compétent dans la guérison des blessures. Au grand étonnement d'Héri-tep, personne parmi les gens du convoi ne se manifesta.

- *Que cherchez-vous exactement ?* s'informa-t-il auprès des cavaliers.
- *Un Sage homme, capable de soigner le mal du corps. Personne en cette troupe ne paraît être capable de guérir la chair ouverte.*
- *Je puis essayer ! Accepteriez-vous que votre blessé soit soigné par un Égyptien, instruit de cet art.*
- *Doublement !* répondit l'officier dont l'alezan était décoré de passements multicolores. *Ceux-là ont honorable réputation en Mésopotamie.*
- *Alors il se peut que je sois votre homme. Mais mon hémione ne suivra pas facilement vos ânes de montagne !*

L'un des cavaliers amena à lui la monture qu'il tenait par la bride :

- *Si tu sais te tenir dessus, il est pour toi !*

Héri-tep passa son bâton en bandoulière, happa au passage un sac de peau placé sur la panière de l'âne et, sous le regard ahuri de Tabzuk, il enfourcha hardiment le cheval que cet homme lui destinait.

- *Je rejoindrai plus tard la caravane,* cria-t-il à Tabzuk, pétrifié par cette brusque décision. *Je te confie le reste de mon bagage !*

Sans se préoccuper de l'avis de l'architecte, il poussa sa monture au galop avec l'intention de remonter la file caravanière jusqu'à la nef « pontificale ».

- *Xantozor ! Je t'informe que je m'éloigne momentanément de ta troupe pour tenter de soigner un blessé.*
- *N'y va pas !* hurla « le magnifique » les yeux exorbités. *Ce n'est pas un blessé, c'est la peste... elle est partout... Partout !*
- *Peu importe... je ne saurais faillir à ce que je considère être mon devoir, Xantozor.*
- *Fou que tu es ! Tu vas au-devant de la mort ! Ta peau charbonnera comme le bois au brûle... et tu... tu pourriras la terre de ton trou !*
- *N'aie aucune crainte pour moi... Je vous rejoindrai au plus vite !*
- *Sûrement pas... crâne-boule de mes deux ! Crois-tu que je vais attendre ton retour ? Si tu es à ce point stupide, ça te regarde, mais ne compte pas réintégrer la caravane. Sache que la fiente de la peste se répand plus rapidement... que les poux sur un cul.*

Héri-tep fronça les sourcils et tourna bride en direction des deux cavaliers :

- *Allons, cet homme est écervelé, ne perdons pas trop de temps !*

Ils s'éloignèrent, mais Xantozor emporté par une hargne paranoïde continuait à déverser ses kyrielles d'injures :

- *Fous que vous êtes ! Ne revenez pas, chiens galeux ! Pestiférés ! Allez-vous faire pendre... fils de Hampa !*

Les alezans tendaient déjà au vent d'horizon leurs longs chanfreins de coursiers et, très vite, les accents vifs du Roi du voyage se confondirent avec le galop des bêtes.

Ils traversèrent une étendue de terrain légèrement vallonnée où abondait un chiendent court et dru. Leur course rapide mit en fuite des nuages de gazelles, ainsi que des troupeaux d'addax à la mise élégante. Ils virent plusieurs girafes et un grand cob qu'ils surprirent au détour d'un bosquet. Des lions au loin dressèrent brusquement leurs échines, mais ils ne firent que lorgner les chevaux avec une curiosité de fennec. Peut-être s'interrogeaient-ils sur la réalité de ces monstres à deux têtes, courant plaine comme buisson au vent ? Les trois hommes ne s'arrêtèrent qu'une fois pour faire boire leurs montures et grignoter une poignée de fruits secs.

Ce n'est qu'à la tombée du jour qu'ils parvinrent en vue d'une palmeraie où se trouvaient rassemblés des abris de toile. Les mâtures battaient pavillons princiers et leurs auvents flamboyaient d'écarlate. Au creux des allées serpentines, une gent toilettée, apparemment oisive, côtoyait sans distinction de rang soldats et destriers. Au-delà des tentes étaient des parcs où aboyaient des meutes de chiens que tourmentait cet incessant va-et-vient. Il y avait aussi des onagres et des ânes de mer en grand nombre. Des attelages, des chars de combat, ainsi que des fauves retenus dans d'étroites cages munies de roues. Les pensionnaires de ces geôles manifestaient leur désapprobation et les sourds grondements, qui en émanaient, faisaient tirer brides aux animaux domestiques.

Un instant, le regard d'Héri-tep s'attarda sur un amoncellement de cailloux, d'où émergeaient deux pieds humains d'un blanc crayeux. Les soldats en faction saluaient de façon amicale ces convoyeurs connus et sans doute dûment missionnés. Tous trois pénétrèrent les dispositions d'un espace central que cernaient les parois de ces habitations de voyage. Elles étaient brodées d'allégories fastueuses à l'effigie des armes de la cité d'Ur.

Les cavaliers mirent pied-à-terre. L'un d'eux se dirigea vers un auvent près duquel stationnaient deux hommes en armes. Ayant attaché sa monture à une palissade, Héri-tep se plut à se confondre avec l'ombre d'une immense bruyère arborescente. Il goûtait depuis peu à cette généreuse fraîcheur, lorsqu'une ambassade nobiliaire jacasseuse, se répandit en l'allée principale. La confusion des paroles engendrait une cacophonie, complétée d'une gesticulation vive et désordonnée. Selon toute apparence, ce regroupement en grande agitation se dirigeait vers lui. À leur tête se trouvait un jeune homme au sortir de l'adolescence. L'allure désinvolte de celui-ci, son attifement bariolé, ses manières mêmes le classait parmi les originaux. Il courait et marchait tout à la fois, les bras élevés vers le ciel, le regard embrasé, sans que l'on sache si c'était d'ardeur joyeuse ou d'effroi :

- *Ah ! Sauveur... Sauveur !* s'exclama-t-il, avant même d'être parvenu à hauteur du Grand Prêtre. *Enfin te voilà ! Toi dont l'immense talent va nous assurer un retour à la vie. Mes éclaireurs ont eu l'opportunité de te découvrir, ils m'ont certifié que tu étais le meilleur, le plus grand, le plus savant des Thérapeutes du Pays du Nil. Tu as bien voulu t'éloigner un instant de ton honorable caravane. Oint sois-tu, par An et tous les dieux ! Viens cours... Fais diligences de tes pas... chaque paille d'ombre compte !*

S'étant alors saisi de l'une de ses mains, son interpellateur l'entraîna à contresens de la ruée générale. Abasourdi par la débordante faconde du personnage, Héri-tep se laissa guider sans réagir à cette situation dés plus ubuesque. La volte-face imprévisible du meneur de jeux eut pour effet de culbuter avec une singulière goujaterie les gens de la suite, lesquels ne purent effectuer la moindre tentative de conversion. Main dans la main, tous deux s'engouffrèrent alors sous une tente avec la rapidité du zéphyr.

À quelques pas de l'entrée, allongé sur un lit de voyage, se trouvait un jeune homme agonisant. S'étant approché, le Grand Prêtre ôta avec précaution le linge qui lui recouvrait le corps. Ce blessé avait des morsures au thorax, ainsi que de profondes lacérations à l'abdomen. Sans doute, avait-il eu à faire à un félin apeuré. Ayant soulevé l'une des paupières, il laissa courir ses doigts le long du poignet, le pouls était imperceptible. Héri-tep ne se départit pas de son calme :

- Cet homme est au plus mal, mais il est de mon devoir de tenter l'impossible. Puis-je demander assistance à votre Seigneurie ?
- Parle, ordonne, exige, Savant Thérapeute ! Tous ici seront attentifs à tes vouloirs et ordonnances.
- Bien ! Alors, que l'on m'apporte au plus vite un choix d'ustensiles, stylets et couteaux effilés
- Par les démons assemblés, aurais-tu l'intention de me le mettre en pièces ? Oh... que je souffre... pardonne-moi... Fais, selon ta science, mais... épargne-moi le sang !
- Que l'on allume rapidement un brasier, qu'il soit le plus vif possible. Faîtes bouillir de l'eau, et que l'on entretienne des pierres chaudes à proximité du foyer. Apportez-moi des bandelettes de lin et des serviettes de corps. Des récipients en nombre et des alcools pour y baigner mes instruments.
- Oui ! Exige... exige de tous l'impossible, savant que tu es. Mais, écarte mon vaillant capitaine des ailes ombrageuses du trépas.

Le jeune Prince adopta inopinément un ton, tout à la fois confidentiel et infatué :

- Méconnaîtrais-tu que je suis Seski, frère du Tout Puissant Hirib-Nanzu, Roi d'Ur et des quatre régions ? J'exige donc que tu rendes vie à mon officier intime. Le personnage anodin que tu es, deviendra, par la grâce de mon pouvoir, un homme opulent. Je te donnerai rang à la Cour... et ferai de toi...

D'un geste de la main, Héri-tep interrompit ces rodomontades :

- J'entreprends ici ce qui relève de mes compétences, Prince Seski, et seulement de mes compétences. En ce qui concerne le rang, le mien me satisfait pleinement ! Et au-delà, que ce soit clair... seuls les dieux décideront du sort de ce jeune homme.
- Par An tout puissant, que je crains ce genre de propos ! Les dieux sont ce qu'ils sont, mais toi, si tu le désires, tu peux ramener cet homme à la vie. Les Égyptiens n'ont-ils point réputation de thaumaturges ? Tu détiens donc des pouvoirs surhumains... N'est-ce

pas... N'est-ce pas ?

Devant le mutisme du Grand Prêtre, le Prince s'approcha au point de lui frôler l'oreille de ses lèvres :

- *Ce sont des actes, dont mon ami a le plus urgent besoin, et nullement des incantations ou des oblations illusoires et stériles.* Il reprit en un souffle précipité : *il faut que tu saches qu'un exorciseur de ma suite t'a précédé ici à son chevet. Au lieu d'agir, l'impudent s'est contenté de vaticiner. La chose m'a irrité à tel point ! À tel point te dis-je... que j'ai dû faire lapider ce sot ! Oui... lapider ! Il est sous un tas de cailloux, maintenant !*

L'image macabre de ces deux pieds nus émergeant d'un tas de gravats se présenta instantanément à la pensée d'Héri-tep.

- *Je comprends ton désarroi. Aussi suis-je prêt à tenter l'impossible, pour peu que tu cesses de me harceler comme tu le fais. Je te rappelle, Prince, que ton ami se meurt !*

Le Prince Seski se recroquevilla tel un enfant sous la badine du Maître. Sa voix larmoyante devint à peine audible :

- *J'ai mal... O Grand Thérapeute... Sauve-le ! Tiens... prends cet anneau... cette escarboucle peut-être te conviendrait ?*
- *Garde tes apparats princiers, tout cela m'est indifférent. Veille plutôt à ce que l'on me pourvoie du nécessaire au plus vite.*

On avait à la hâte allumé un feu et apporté un choix d'armes de poing. Le Grand Prêtre se saisit d'un stylet et le passa plusieurs fois à la flamme. Ayant amené à lui sa besace, il en soutira des fioles sur lesquelles étaient peints des hiéroglyphes, indiquant la nature de leur contenu. Rapidement, il mélangea quelques gouttes de plusieurs de ses préparations. Puis il chercha à faire s'infiltrer le liquide à travers les dents crochetées du moribond. Ce faisant, il sentit de nouveau le souffle du Prince au plus près de sa nuque :

- *Sais-tu, l'Égyptien, que l'homme auquel tu prodigues tes soins est le plus valeureux de mes capitaines ? Lors du retournement d'un lion, que je m'apprêtais à occire, il n'a pas hésité à me faire un bouclier de son corps, à me cuirasser de ses chairs. Sans son abnégation envers ma personne, c'est moi, qui me trouverais immolé sur cette misérable couche. La sévérité de la mort affecterait alors mon visage, comme en cet instant, elle laque le sien de la pâleur des eaux.*

- *La conjoncture, Prince, ne me semble point favorable à un lyrisme de cour.* D'un geste large, le Grand Prêtre badigeonna d'un liquide brunâtre la poitrine de la victime. Il reprit sur un ton moraliste : *Je n'aurais pu faire davantage pour toi, que je ne m'apprête à faire pour lui, Prince. La vie n'a pas de préséance devant la mort... D'autant, que je ne saurais être certain de sauver ton ami. Il est très mal, et mes soins s'avèrent bien tardifs en ses états... bien tardifs !*

Le jeune Prince observa alors un retournement d'humeur et se campa en une attitude dictatoriale :

- *Serais-tu toi aussi incompétent ? Sauve-le ! Je te l'ordonne, il en va de ta propre vie !*

L'aberration de ces propos parut telle à Héri-tep qu'il toisa son interlocuteur avec un regard où transparaissaient à la fois les affects du blâme, où se mêlaient mépris et pitié :

- *Face à mon devoir, je ne fais pas la différence entre ce que m'imposent ma conscience et les suppliques que tu formules, Prince Seski. Je sais seulement que cet homme se meurt ! D'ailleurs...*

Le Grand Prêtre laissa sa phrase en suspens, il appliqua promptement sa main sous la gorge du moribond. Puis, s'étant redressé, sans prononcer un mot, d'un geste calme, il souleva l'une de ses paupières :

- *Prince Seski, je ne puis plus rien pour lui... le capitaine est mort !*

- *Mort !* répéta celui-ci d'une voix étranglée. *Mo... mo mort ort !*

Ses lèvres se mirent à trembler. Le ton de sa voix passa d'un murmure à peine audible à un flot de paroles vociférantes :

- *Et tu l'as laissé s'éteindre sans crier gare, sans faire ce qui était en ton pouvoir pour le sauver ? Traître... ta boisson ! C'est ta boisson qui l'a tué. Il vivait jusque-là, j'étais empreint de confiance... Honni soit traître... infâme ! Par An, dieu du Ciel ! J'implore un thérapeute et l'on me livre un démon, sorti des entrailles du désert. Je t'abhorre, étranger de malheur. Je te tiens pour responsable de la mort de mon sujet intime.* **Garde ! Saisissez-vous de lui ... Hors de ma vue... félon... chien galeux... dans une cage... Jetez-le dans une cage !**

Ivre de douleur, affligé de bruyants sanglots, le Prince s'effondra sur la poitrine immobile du jeune officier. À deux pas de là, deux poignes de bronze se refermèrent sur les épaules du Grand Prêtre. Sous les regards effarés des Nobliaux, on éloigna le meurtrier hors des dépendances princières.

***

Recroquevillé en sa cage aux barreaux de bois, Héri-tep ne pouvait que méditer sur les effets pervers du ressentiment humain. Du haut de sa prison, il assista de loin à l'enlèvement du corps de la victime, puis au déroulement des cérémonies funéraires. Mais nul jusqu'à ce jour n'était venu légitimer les motifs d'accusations que l'on requérait contre sa personne. Depuis son emprisonnement, chaque matin au lever du Soleil, les gardes de la fauverie le faisaient sortir quelques minutes pour qu'il puisse sommairement se toiletter. Après quoi, il était reconduit en sa cage comme le plus docile des primates. Il ne pouvait se tenir debout en cette étroite cellule, aussi s'adonnait-il journellement à une contemplation intérieure. Cette édifiante sérénité décontenançait les gardiens, lesquels avaient tendance à se montrer bienveillants à son égard. Héri-tep fut ainsi amené à penser, qu'au fond d'eux-mêmes, ceux-là n'adhéraient pas aux méthodes singulières du Prince.

Au coucher du sixième jour, un homme dans la force de l'âge pénétra le périmètre de la fauverie. Il était vêtu d'une pelisse noire, ourlée de fils d'or. En catimini, il s'approcha de la cage où était retenu prisonnier le Grand Prêtre :

- *Comment supportes-tu cette épreuve infamante, étranger ?*
- Héri-tep dévisagea l'inconnu avec un regard soupçonneux : *Témoignerais-tu d'assez de cynisme pour ironiser sur l'inconfort de ma situation ou ta compassion est-elle réelle ?*
- L'homme plaqua ses lèvres au plus près des bois de la cage : *Mon nom est Ab-Kaldar. Je suis Intendant de la Maison Royale.* Il se retourna à demi, sa physionomie reflétait une certaine inquiétude : *Il faut que tu saches que je désavoue fermement les agissements du Prince Seski. Hélas, au cours de cette partie de chasse aux fauves, je ne peux agir comme je l'entendrais. J'ai fait promesse au Roi d'Ur de ne point contrarier l'humeur de son jeune frère, dont il réprouve lui-même les pratiques.* Ab-Kaldar détourna une fois encore son regard en direction du campement. Ayant estimé le calme environnant, le ton se fit plus confidentiel : *Sans doute auras-tu remarqué les mœurs licencieuses du Prince. Celles-ci le font souffrir plus que de raison. Une telle conduite éloigne ce monarque des obligations de sa charge et altère son jugement. Ce qui fait, je le pressens, que tu te trouves encellulé sans avoir commis de faute.*
- Héri-tep ébaucha un sourire de circonstance : *J'ai souvent pâti de l'intempérance des hommes. Avec le temps, leur iniquité m'étonne moins que leur pitié.*
- *J'ai de la sympathie pour toi, étranger. Mais tu comprendras que je dois écourter cet entretien. Sache que j'ai récupéré ta canne, de même qu'un sac de fioles t'appartenant. Les gardes chargés de veiller sur toi sont à ma solde. Ils te procureront quand faire se pourra un régime décent. Si, dans les jours qui suivent, le Prince manquait au devoir de réhabilitation et qu'il ne revenait pas sur son jugement... Alors je m'emploierai à te faire évader. Pour l'heure cela comporte trop de risques ! Courage homme du Nil !*

Avant qu'Héri-tep n'ait eu le temps d'émettre un point de vue et de lui manifester sa reconnaissance, le personnage se fondit dans l'obscurité du couvert végétal. Dès lors cependant, un espoir subsistait ? N'avait-il point un sympathisant parmi cet essaim infatué de nobliaux ?

***

Deux jours s'écoulèrent. D'intenses préparatifs laissèrent supposer un déplacement imminent du village de toiles. La plupart des tentes gisaient à terre, arceaux démontés, vaisselles et étoffes rangées dans des malles en cuir. On avait rabattu les timons des cages à roues et aligné ces dernières en ordre de marche. Les constants va-et-vient des personnels et hommes de troupes conféraient au cantonnement l'allure d'une termitière malmenée par une ondée.

La nuit fut courte. Bien avant l'aube, le Grand Prêtre put constater que l'on s'activait à bâter mules et ânes de mer. Lorsque les coffres furent amarrés, la garde princière hissa les oriflammes et l'imposant cortège s'ébranla dans une cacophonie de tambourinages et de braiments. Dès les premiers tours de roues, le captif qu'il était sentit que le parcours risquait d'être périlleux. La piste au relief tourmenté bringuebalait durement les véhicules, les nombreuses secousses cahotaient tout ce qui adhérait au plancher des cages. Les fauves au comportement irascible marquaient leur désapprobation par de violents heurts contre les barreaux, qu'ils ensanglantaient de leurs gencives.

Ab-Kaldar ne s'était pas manifesté. À plusieurs reprises, Héri-tep l'aperçut au loin, chevauchant dans l'entourage du Prince. Hélas, rien dans l'attitude de l'intendant ne laissait supposer une complicité, ne serait-ce qu'un regard fugitif en sa direction !

Au cours des jours qui suivirent, le Grand Prêtre souffrit de la chaleur. Les larges feuilles de palme qui lui servaient de litière, le protégeaient mal de l'ardeur du Soleil. Les résidents des villages traversés dévisageaient avec une impudence effrontée cet animal à leur nature semblable. Certains le gratifiaient de mimiques bouffonnes, auxquelles ce divertissant primate répondait par de bienveillantes contorsions. Il montrait une préférence pour les bananes tendues qu'il dissimulait promptement sous sa toilière. Les visiteurs les plus cultivés s'étonnaient de ces étranges spécimens simiesques que débusquait épisodiquement dans ses chasses le Prince Seski.

***

Le temps passa sans autre témoignage de sympathie. Héri-tep en était à s'interroger sur l'espoir que lui avait procuré la personne d'Ab-Kaldar lorsque, au matin du quatrième jour de voyage, alors que la caravane s'apprêtait à traverser un profond cours d'eau, il vit s'avancer un homme en souquenille. Celui-ci, étant chargé de vérifier la solidité des attelles, mis à profit sa fonction pour appliquer sa joue contre le bois de cage :

- *Étranger, l'intendant demande si tu sais nager ?*
- *Oui !* assura Héri-tep à mi-voix.
- *Bien... alors écoute ! Le bâton chevillé qui ferme ta porte sautera de ses œillets au moment où ta cage basculera dans le gué. Il faudra que tu sois prompt à réagir, sinon tu périras noyé. Plaise aux dieux, que tu t'en sortes vivant !*

Avant même qu'il n'ait le temps d'émettre un avis, l'homme s'éloigna, aussitôt mêlé aux activités laborieuses de l'assistance. Héri-tep pensa que la chose était suffisamment sérieuse pour qu'il prête toute son attention aux événements qui allaient suivre. Afin de mieux étudier le déroulement des manœuvres, il hissa son corps du mieux qu'il put au plus haut de sa cage.

La coutume voulait que des bovins soient sacrifiés en amont de la rive. Ces offrandes avaient pour but d'apaiser l'ire des divinités locales afin qu'elle tempère la violence des flots. Les premiers attelages atteignirent le sable de la berge et les bouviers, gens prudents, engagèrent avec précaution leurs animaux sur le dénivelé du gué.

En cet endroit, la profondeur était moindre, mais les turbulences demeuraient vives et la hauteur des eaux atteignait facilement le poitrail des bêtes. Tout au long de ce chenal accidenté, des veilleurs, cornes d'échos aux lèvres, jalonnaient les franchissements ardus. Ils étaient censés signaler les bancs de roches invisibles, sur lesquels les charrois risquaient à chaque instant d'achopper.

Dès les premières tentatives, plusieurs équipages s'enlisèrent dans le limon. Pour les en extraire, les charretiers s'arc-boutaient le dos ployé sous les essieux, les efforts produits leur faisaient proférer d'innombrables injures qu'ils dédiaient sans discernement aux bêtes de trait et aux dieux. Confinée autour des attelages, la valetaille, le torse nu, maintenait à grand-peine les radeaux d'outres gonflées, sur lesquels s'entassaient les bagages les plus hétéroclites. Héri-tep observa, au loin, les douzaines de bovins que l'on avait aventurés en aval du cours d'eau. La plupart parvinrent à traverser sans perdre pied, mais d'autres furent entraînés par l'intensité du courant. Leurs têtes apeurées émergeaient des turbulences comme autant de souches arrachées aux berges.

Des hommes aguerris aux muscles saillants avancèrent la première cage à fauve en direction du goulet. Elle maintenait captif un lion du sud à la crinière broussailleuse. Ce spécimen n'était pas sans lui rappeler Hory, que chérissait Ouâti. Cette comparaison un instant le déconcerta, mais il reprit conscience de sa situation et écarta cet attendrissement inopportun. Sur la berge, les charroyeurs venaient d'engager la cage entre deux balises. L'eau inonda le ventre de l'animal. Animé par une subite et grondante colère, le lion se dressa dans sa cellule étroite. Terrifiées par les rugissements du fauve, les mules liées au bât se mirent à tirer en tous sens. Le timon vrilla brutalement, la cage bascula et roula plusieurs fois sur elle-même, noyant le bel animal et trois des mules de l'attelage.

L'incident eut pour dénouement que l'on rehaussa à la hâte les planchers d'origines, afin que les animaux puissent s'y maintenir le temps de la traversée. Ainsi passèrent plusieurs chariots. Bientôt ce fut le tour de celui d'Héri-tep que l'on avait laissé en son état sur ordre du Prince.

Attentif aux diverses manœuvres, le Grand Prêtre remarqua que quatre hommes se rangeaient en amont de sa cage, alors que pas un seul ne se positionnait en aval. Toutefois, aucun geste à son endroit, œillade ou allusion ne laissait supposer une quelconque manigance.

La progression s'effectua sans trop de difficulté jusqu'au milieu du gué, là où le niveau des eaux était le plus élevé. En ces parages, les bêtes de joug qui tractaient sa cage eurent une attitude telle, qu'on aurait pu les croire piquées par mille aiguillons. Elles ruèrent tant et tant autour du timon, que la structure de bois commença à se disloquer. Les roues d'amont gagnèrent brusquement la surface, la porte s'arracha et l'ensemble de l'armature qui clôturait son locataire s'imbiba dans les flots. En homme prévenu, Héri-tep se devait de rester maître de la situation, mais la violence de l'éjection l'avait abasourdie. Sa cage persévérait à se désintégrer parmi les tourbillons, elle cernait sa personne d'un danger plus grand encore, en drainant son corps vers le fond. Aussi, dut-il stoïquement se délester des cordages qui l'environnaient afin de reprendre contrôle de la situation. Le souvenir de l'oued meurtrier hanta un instant ses pensées, mais très vite il s'aperçut que la situation n'avait guère de similitude. Ces eaux vives étaient porteuses d'espoir. Elles allaient lui permettre de s'éloigner rapidement du lieu de l'accident.

La clameur que l'événement avait suscitée s'estompait déjà dans le clapotis de sa nage. Il parcourut du regard le paysage que lui offraient les rives. La végétation était abondante, un relief montueux permettrait facilement de s'y dissimuler. En ces instants où il considérait que la conjoncture lui était favorable, il aperçut à quelques brasses en aval, une sorte de ballot flottant assimilable à une vessie de porc. En s'approchant, il constata qu'il s'agissait d'une robe gonflée d'air. Elle se maintenait ainsi en surface, torchonnée sous l'effet conjugué de l'air et du courant. Cette manifestation disparut en partie sous les eaux, pour resurgir à deux brasses de lui. La tête d'un homme apparut en ses replis, il crût reconnaître l'un des palefreniers impliqué dans sa tentative d'évasion. Celui-ci avait probablement été happé lors du brusque éparpillement des éléments structurels de la cage. Sans plus réfléchir, Héri-tep enlaça les épaules du conjuré et fit en sorte de lui maintenir la tête à la surface du mieux qu'il put. Après une série d'effort, tous deux atteignirent l'autre rive. La première réaction du Grand Prêtre fut de lui pratiquer de vigoureux mouvements respiratoires pour tenter de le ramener à la vie. Le muletier régurgita à plusieurs reprises, pour graduellement reprendre connaissance. L'esprit préoccupé par son sauvetage, Héritep avait oublié sa propre situation. Lorsqu'il jugea urgent de s'en inquiéter, six piquiers de la Garde le menaçaient de leurs armes d'hast.

Dûment encadré, le Grand Prêtre fut contraint de rejoindre le gué. Là, des hommes à demi nus, achevaient d'ôter du chenal les débris de son chariot. Il distingua sur les lieux la présence de Seski. Selon toute évidence, celui-ci venait d'être informé de sa mésaventure. À la vue du fugitif que contraignaient ses hommes de garde, le Prince arbora un sourire sardonique. Ayant alors ployé l'échine, il mima avec ostentation un salut révérenciel :

- *Quel affligeant destin, Ô Noble Mage ! Je vois que tu n'as rien perdu du goût qu'est le tien de ramener les morts à la vie. Toutefois, il serait opportun que nous nous interrogions sur les réelles capacités de tes pouvoirs magiques, dès lors qu'il apparaît que tu ne puisses te soustraire de la poigne d'un geôlier ?* Le Prince ajouta après un silence qui se voulait contemplateur : *Curieux don en vérité, que celui qui consiste à se manifester en catimini, loin des regards. À moins que les faits que tu t'arroges, ne soient... qu'impostures ?*

Parmi les gens de la suite se trouvait Ab-Kaldar. Ne pouvant en supporter davantage, l'intendant désengagea sa monture et vint la placer à l'avant des conseillers :

- *Permettez-moi d'objecter ce point de vue, Votre Seigneurie. Cet Égyptien n'a manifestement pas eu le temps de prouver ses capacités de thérapeute. Le procès que vous lui fîtes, il y a peu, ne préjugeait pas d'un méfait caractérisé ! C'est là, à mon sens, Seigneur, une mesure attentatoire que ne manquerait point de réprouver sa Majesté, le Roi, votre frère.*

Le Prince toisa sévèrement l'administrateur du Royaume :

- *Je suis surpris de l'insolence avec laquelle tu t'exprimes à mon égard, Intendant. Tu n'as pas à anticiper sur les appréciations de nos Majestés, dont tu ne peux et ne dois préjuger le parti. Sache qu'un magicien est un magicien. Si celui-ci se montre incapable de mettre ses qualités en pratique, alors il ne peut être qu'un habile falsificateur, tirant partie de la gent fortunée. La nôtre en l'occurrence !*

Quelques rires complices fusèrent parmi l'entourage. Le Prince visiblement se complaisait en cette attitude sentencieuse. Il eut une moue de dédain à l'adresse du Grand Prêtre :

- *Ce dont tu ne te doutes, c'est que ces coureurs de désert sont le plus souvent à la solde des kurs ! Nous n'avons nul état d'âme à les malmener... Vraiment !*

Ab-Kaldar avait la pâleur exsangue d'un être ulcéré par l'incongruité des propos tenus. *Prince... !* S'offusqua l'intendant, sans oser ajouter griefs au titre.

- *Ne t'en disconvienne mon cher, le privilège du discernement est réservé à l'élite, dont tu m'accorderas la qualité. Dois-je te rappeler que cette grâce nous vient... des dieux !* Sans plus se soucier de la réaction de l'intendant, le frère du Roi tourna bride en enjoignant à ses capitaines : *Faites-le marcher, celui-là, puisque sa cage est détruite. Il fera l'âne après avoir fait le singe. Cette promotion devrait lui convenir !*

***

Le corps rompu, les pieds en sang, la tête bourdonnante de mille échos redondants, le Grand Prêtre leva un visage exténué vers cette mirifique cité, dont on ne cessait de deviser autour de lui depuis son enfance. Ur la grande, Ur la fabuleuse ! N'alimentait-elle pas, à l'ombre de ses murailles, les mythes les plus extravagants.

Il se remémora Pharaon l'ordonnant Légat d'Égypte, Porte-parole de sa Majesté auprès les Rois d'Asie. Que n'était-il alors pourvu de présents fastueux, escorté d'une délégation d'ambassade ! Hélas, le destin aujourd'hui l'entendait autrement. Quelle dérision se jouait de son malheureux sort et l'incitait à méditer sur la précarité des concepts humains en regard de la volonté divine. Aussi se montrait-il indifférent à cette foule qui se pressait le long du parcours. Depuis trois jours, ce bois transversal qui chahutait ses épaules en lui cerclant le cou, atrophiait ses muscles et ses jambes titubantes progressaient en des fonctions d'automates. Une voix tonitruante le tira soudain de la somnolence, en laquelle sombraient ses facultés :

- *C'est lui ! Par Pazuzu et ses légions ! C'est lui ! C'est mon « Soigne Peste »à tête de sauterelle. Que fais-tu là, crâne-boule de mes deux ?* Le ton était à la fois vibrant et caverneux, il surmontait le fracas des chariots sur les dalles, il couvrait le charivari de la plèbe railleuse massée le long du parcours. *Cervelle de cancrelat ! N'avais-je point raison de te mettre en garde ? Tu leur as soigné la peste et ils t'ont payé avec un bois sur le cou... comme je te l'avais dit... pauvre niais !*

- *La peste !* répéta Héri-tep à demi-conscient. Il ouvrit un œil en la direction qu'il croyait bonne. Debout sur un char, une silhouette hérissée de lumière tenait une cravache comme l'on tient un sceptre :
- *J'ai rossé ton compère, le Tabzuk, qui ne pouvait payer sa place ! Les gardes l'ont ferré lourd de pied... Et toi, chacal, t'as ce que tu mérites... Va te faire pendre dans les geôles du Prince !*

Un contre-jour blessant étincelait entre ses cils humides où se mêlaient larmes et sueur. Le rire sarcastique finit par se diluer dans le tumulte général, et l'effigie pontifiante de Xantozor se disloqua en une myriade de bulles d'argent.

Le joug glissa sur les chairs meurtries, le Grand Prêtre réprima une plainte. Autour de lui, la foule continuait à exulter à l'événement. Elle applaudissait au contenu des cages, aux meutes, aux uniformes. Cette populace avide de réjouissances brocardait les gardes et bravait les piquiers, en imitant le solennel de leur démarche. Chose étrange, le chambardement baissait d'intensité à la vue du supplicié au joug, qu'il incarnait. À n'en point douter, le peuple condamnait les complexions querelleuses du Prince. Plusieurs jeunes gens désireux de marquer leur sympathie, entreprirent de marcher à ses côtés. Mais il refusa l'aide que ceux-ci lui offraient, de crainte de les impliquer en une injuste répression. Ces manifestations de sympathie contribuèrent à lui soutenir le moral. Aussi rassembla-t-il ses forces pour franchir le plus dignement possible les portes du palais. Après quoi, on le dirigea vers les cantonnements annexes. Là où, sous les fondations, se trouvaient les infamants ergastules de la cité d'Ur.

***

Il fallait subir ce silence, parfois plus oppressant que celui d'une chambre sépulcrale, alors qu'à d'autres moments, il était tendu telle une corde de lyre. Il sourdait de ces antres d'imperceptibles bruissements, semblables au murmure que provoquait l'eau suintant le long des murailles.

Plus rarement, lui parvenait le son étranglé d'une conversation ou l'écho sonore d'une arme chutant sur les dalles. Puis, c'était de nouveau le silence, un silence palpable à force d'être écouté. Il était assimilable à une onde extrasensorielle, à un prolongement du « soi ». En cette quasi-obscurité, la matière manifestait sa présence en de légers frôlements, en d'infimes crissements. Il lui arrivait de tendre l'oreille à son propre souffle, comme il l'aurait fait pour une entité autre que lui-même dont il aurait sondé les humeurs. Combien de fois s'était-il tourné vers cette grise et unique clarté, filtrée par le soupirail, elle-même émanant de galeries sombres ? Jamais Rê n'avait caressé de ses rayons d'aurore ces dalles marmoréennes. Point davantage un rire d'enfant, jamais, n'était venu résonner dans les profondeurs de ces chapes de l'oubli.

Les reclus perdaient ici la notion du temps, la notion de vie, la notion du soi. Cette déréliction facilitait l'évasion du mental et l'attirait vers les mirifiques confins de l'ailleurs. Le Grand Prêtre s'imaginait errer sans consistance corporelle aux frontières ténues de la matière, voguant sur la barque de Khnoum, dans les profondeurs de la douat ? À d'autres moments, il regagnait sa misérable dépouille et disputait aux rats le contenu de nauséeux brouets que, le plus souvent, par répulsion, son estomac rejetait. Cette insalubrité mortifère avait graduellement sapé sa volonté. Aussi avait-il conscience de verser chaque jour dans une consomption dégradante où s'esquissait un appel presque sensitif, pour les champs d'Ialou.

Chapitre VII

Les houppes de duvet pourpre annelant les lances des piquiers, frémissaient au courant d'air sauvage qui s'engouffrait par la baie. Ce souffle irrévérencieux malmenait le soyeux caftan brodé d'or que portait l'Insigne Grand Sanga. Le corps cassé, le regard chevillé au sol, le Capitaine des Gardes maintenait sa main droite chancelante à hauteur de la poitrine, alors que ses hommes, derrière lui, étaient figés d'immobilisme. Le timbre de sa voix étant passablement altéré, il fit un effort pour employer les termes conventionnels de la bienséance :

- *Ô, Divin Messager des dieux et Très Respectable Pair, pardonne à l'obscur serviteur que je suis, d'être l'objet de ton courroux.* Le Capitaine des gardes tenta de nouveau d'ingurgiter sa salive, mais celle-ci s'obstinait à lui immobiliser la luette : *Mais... Pair divin, les ordres sont les ordres, et... et ce sont ceux... Je veux dire, ceux sont ceux du Pre...Prince, divin Pair... Nu... nul... ne doit l'approcher, a-t-il ordonné !*

De sa voix de stentor, le Grand Sanga déchira l'air confiné des sous-sols :

- *Cet interdit dont tu te réfères à décharge, aurait-il l'impudence d'inclure les sommités régnantes ? Autrement dit, le Roi et moi-même... Réponds, imbécile ?*

Le Capitaine vacilla de saisissement :

- *Le Prince n'a pas jugé b...bo... bon de le préciser, Vo... v... Votre Éminence !* Hasarda le maître geôlier avec un chevrotement qu'il ne parvenait plus à réprimer.
- *Alors, fais ce que je te demande, coquin ! Conduis-moi de ce pas vers le prisonnier étranger.*

Le Capitaine des gardes leva un regard pleutre vers l'Omniscient Grand Sanga, Pair des pairs et Légat des dieux auprès du Roi. La vision qu'il en eut accentua ses craintes. Sertie dans le chambranle de la baie, la haute stature de l'Enki se découpait à contre-jour. Sa silhouette s'empourprait des feux du couchant. L'espace d'un instant, l'officier crut se trouver en présence d'Ud lui-même. Un long voile descendait du hennin tronqué qui lui servait de mitre, dissimulant ainsi son abondante chevelure. Sa barbe tressée accentuait le côté faunesque de son regard. Deux bijoux d'or et d'argent, symbolisant le Soleil et la Lune, étaient encastrés en son camail de cuivre rouge. Un jonc d'or ceignait son caftan, dont l'immaculée blancheur se réfléchissait sur le poli des dalles.

- *Qu'attends-tu ... Que le vent tourne ?*
- L'officier lui adressa un regard extatique : *Pardonne mon dé... désarroi, Très Respectable Pair. Son Éminence a-t-elle l'intention de nous accompagner... en le profond... fin... fond des geôles ?*
- *Je serai dans tes pas, t'ai-je dit... Remue tes membres au plus vite et distribue les ordres à tes épieurs de chiourmes !*

Le capitaine des gardes glissa rapidement un poignard à la lame effilée dans les plis de sa ceinture. Il s'empara d'une torche qu'un homme lui tendait. Les deux piquiers et le portefaix firent de même.

L'un suivant l'autre, tous s'engagèrent dans un escalier aux marches humides qui allait en s'évasant sous les fondations. Après avoir franchi une salle, dont le plafond en voûtes d'ogives reposait sur des piliers, ils empruntèrent un passage enclavé entre deux murs de briques disjointes. Le pavé était glissant, une chaleur moite aux relents fétides s'exhalait de l'endroit.

Depuis un moment déjà, l'Enki essayait de discerner, au-delà du halo des torches, ce qui, de loin en loin, se mouvait de la sorte. S'étant approché, il constata qu'il s'agissait de bras humains. Ceux-ci se contorsionnaient à partir d'orifices pratiqués dans la muraille. Cet hallucinant ballet de membres décharnés s'accompagnait d'une conjonction aux accents cauchemardesques. Accoutumé à de telles montres, l'officier frappait de sa torchère au hasard des rencontres avec une hargne accusée :

- *Gueules de culs ! hurlait-il. Je vais vous apprendre à vous tenir… chiennerie !*

Les bras se rétractaient promptement sous l'effet des brûlures occasionnées par la torche. Saturé d'angoisse ou simplement atteint de compassion, le Grand Sanga grommela en sa barbe :

- *Procédé tortionnaire, geôlier ! Si tu t'abstiens de sévir, tu n'enlèveras rien à la douleur de ces malheureux. Par contre, tu ôteras à ma répugnance… et je te conseille d'y veiller !*

L'officier en déduisit que le Pair des Pairs désavouait sa conduite. Il obtempéra et poursuivit sa marche en silence. Au terme de la coursive était un second escalier. Il menait à une étroite passerelle surplombant les fosses, d'où émanaient des râles oppressants. En ces lieux de désespérance, la flamme fuligineuse des torches projetait une fantasmagorie d'ombres le long des murailles, lesquelles semblaient danser à la détresse ambiante.

- *Est-ce là que se trouve celui que je cherche ?*
- *Que non… ta Seigneurie ! Il est dans l'autre partie des cachots. Pour ceux-là, les ordres sont formels, la postérité doit les oublier. Vois…leur nom n'est même pas gravé ! On ne sait plus ce qu'ils ont fait et pourquoi ils sont là.*

Le Pair des Pairs abaissa sa torche pour essayer d'évaluer la profondeur des oubliettes. Il ne put déceler qu'un vague relief enténébré :

- *Pour autant que l'on puisse en juger… ces fosses sont vides ?*
- *Que non, Monseigneur, que non… cette racaille a la peau dure !*
- L'auguste personnage fronça les sourcils : *Comment peux-tu savoir si ces créatures se trouvent encore en vie ?*
- *L'odeur, ta Seigneurie ! C'est l'odeur qui nous guide ! Si l'air est*

comme il est... c'est bon à respirer. Mais s'il est empuanti, alors, c'est qu'il y en a un qu'est passé dans les jours avant...Monseigneur, et on va quérir les petites peines pour sortir les restes du puits... qu'ont laissé les rats.

Devant l'horreur des termes employés, l'Enki demeura un instant sans voix, comme pétrifié par ce truisme si naïvement émis. Il réalisa soudain que sa vêture contrastait bizarrement avec la réalité des lieux. Il fit un effort pour ôter la pochette qu'il maintenait à l'endroit de ses narines, mais il la replaça aussitôt :

- *Ne perdons pas de temps, trouve-moi cet homme au plus vite, il y va de ta situation, si tu y tiens !*

Le capitaine interrogea ses hommes, contourna plusieurs oubliettes, hésita, revint sur ses pas, pour finalement s'arrêter devant une cavité :

- *C'est là que l'est... l'était en face du lucarnon !*

L'éminent Grand Sanga lissa du regard les pierres humides :

- *Comment comptes-tu procéder pour parvenir jusqu'à lui ?*
- *Y'a là l'échelle... ta Seigneurie !* Indiqua le geôlier.

Celle-ci fut rapidement descendue, et aussitôt l'un des gardes munis d'une torche s'engouffra dans l'oubliette. L'Enki manifesta presque aussitôt son impatience :

- *Que vois-tu geôlier... parle, par tous les démons ?*

L'homme tarda à émettre un avis :

- *L'est allongé, avec un peu les yeux moitiés... Y parle pas, mais que respire un peu, quand même... Monseigneur !*

Le Pair des Pairs tourna une face inquiète vers le Maître Geôlier :

- *Toi...Prends cette torche et suis-moi !*

Les flammes firent valser dans les yeux du cerbère des lueurs d'effroi :

- *Respectable Pair, aurais-tu pour intention de... dess... dans cette fosse à purin ?*

- *Je ferai mieux encore, capitaine ! S'il n'est pas trop tard, j'ai le dessein de soutirer de l'immondice celui que tu dénommes « racaille » et de lui rendre son honorabilité de Palais...Tu entends, de palais !*

L'officier adopta le faciès soumis de ceux que l'autorité concasse de ses décisions. Mais le Grand Sanga ne parut nullement s'en soucier. Ayant empoigné les barreaux de l'échelle, il disparut dans les ténèbres de la cavité. Le capitaine des gardes dut attendre que sa seigneurie pose le pied sur les dalles, avant de s'engager à son tour.

La torchère folâtrait un corps inerte allongé sur des entrelacs de joncs vermineux, les paupières closes, l'homme du long fleuve donnait l'impression d'avoir gagné les félicités du Dilum. Bien qu'émacié, son visage affichait une expression sereine. Une odeur douceâtre, un peu âcre mais sans origine précise, habitait l'endroit. À ses pieds gisait une cruche d'eau aux abords de laquelle s'étalaient des miettes de pain noir qu'avaient dispersées les rats.

L'Enki se démit prestement de sa mitre, qu'il déposa sans plus attendre dans des bras précipitamment tendus. Abandonnant là toute précellence, il s'accroupit avec l'intention apparente de soulever le séquestré. Peu accoutumé qu'il était aux apitoiements de cette classe seigneuriale, le garde se précipita. C'est alors qu'il crut entendre le prélat murmurer « *Mon pauvre frère...* »

- *Aide-moi à le dégager et hissez-le sur mon dos !* intima le Grand Sanga en élevant le ton.

Le garde tourna vers son supérieur un regard hébété :

- *Fais ce que demande notre Très Respectable Pair… Aide-moi, et veille à ce qu'il ne glisse pas.*

La face de l'Enki se rubéfia sous l'effort :

- *Pardon, mon frère !* récidiva-t-il, tout en calant le corps sur ses épaules. *Pardon… je vais te tirer moi-même de ce mauvais pas !*

***

Sacrifiant à l'habitude avec une gestuelle appliquée, le chambellan se pourvut du candélabre cérémoniel qui servait à cette intention. D'un pas mesuré, il alla lui-même ouvrir la porte dérobée de l'enclos, dont la cloche retentissait avec insistance. La vision qu'il eut en cet instant le figea littéralement de stupeur. Jamais au grand jamais, il n'avait vu le Divin Pair en cet état. L'intense effort physique que celui-ci venait d'accomplir avait révulsé sa physionomie. Sa respiration était haletante, sa barbe, objet de tous les soins, fourchait sur sa tunicelle maculée. Il n'avait plus de mitre et le désordre de ses vêtements était innommable. Il maintenait sur son dos un homme repoussant de saleté, et à l'évidence très mal en point.

- *Pair ! Par les mille dieux de Kalam… que signifie ceci ?* La main tremblante, le vieux chambellan frappa sur le clocheton, ballant au portique, afin qu'accourent les gens de maison. *Seigneur Maître !* Poursuivit-il, bouleversé par sa vision. *Que puis-je faire… que puis-je faire, Seigneur ?*
- *Aide-moi… à le transporter à l'intérieur, je te prie.*

De toutes parts, le personnel accourait. L'inexplicable créature que le Pair des Pairs ménageait avec précaution fut soudain l'objet de tous les égards. On l'étendit sur un sofa moelleux pour le reposer de cet inconfortable transfert. On lui rasa ses cheveux imprégné de vermine. Son corps fut ensuite baigné, méticuleusement inspecté, longuement massé, barbifié aux essences de myrrhe et on plaça des onguents sur ses plaies. Après quoi, il fut accueilli en une ambiance duveteuse, composée de pas feutrés et d'effluves de santal. Cet univers était seulement troublé de temps à autre par des trilles d'oiseaux, dont le plumage de feu accrochait le regard. Dès lors, il ne s'écoula point d'heure sans qu'une main délicate ne vienne à effleurer les veines de son poignet, en guettant le plus faible indice d'un retour à la vie ?

Les jours effeuillaient leurs heures sans que le Grand Prêtre réintègre aisément l'existence. Une opposition à l'issue incertaine s'affrontait en lui-même. On eut dit que sa conscience intuitive semblait hésiter entre ce bel enjôlement des limbes de l'ailleurs et le devoir de réintégrer la matière organique. Aussi erra-t-il ainsi trois jours durant entre ces deux extrêmes tendances, sans que l'on puisse présumer laquelle l'emporterait sur l'autre. Le choix finit par s'exercer en faveur de la matière carnée. Sa nuque devint solidaire de sa substance charnelle, alors même que la partie inférieure de son corps lui paraissait flotter au-dessus de sa couche. Progressivement, cependant, cette fraction récalcitrante de son anatomie réintégra ses fonctions corporelles. Il eut le sentiment jamais ressenti jusque-là, d'une sorte de déperdition de sa nature physique, il avait l'impression qu'elle se statufiait en un monolithe oscillant, dont il douta un instant avoir assez d'énergie pour le faire se mouvoir. Son système cognitif se remit lentement à fonctionner, mais le contraste vécu, entre l'asthénie des effets carcéraux et cette vigilance empressée, entre l'insalubrité des geôles et la clémence du palais, provoquait une confusion psychique difficilement gérable.

Le temps passait, le cauchemar s'estompait dans le gracieux des formes et l'apaisante suavité des lieux. Aux lueurs naissantes de ce septième jour, Héri-tep enfin se sentit mieux. D'une main encore fébrile, il écarta progressivement le voile qui le séparait du monde extérieur. Après maintes hésitations, il plaça un pied sur le sol, puis l'autre. La tête lui tournait un peu, cette sensation s'avéra toutefois fugitive. Abandonnant alors la rampe d'ivoire qui bordait son lit, en une démarche vacillante, il gagna la véranda. Un berceau de treillage prolongeait une loggia frangée de glycines, et ces délicates grappes mauves pavoisaient l'étendue du Ciel.

Son regard ébloui resta médusé devant le panorama qui s'offrait à lui. Les eaux du golfe étendaient leurs flots émeraude des murailles de la cité à l'infini horizon. Disséminés sur cette étendue, des îlots d'herbes folles se maillaient en des mottes de végétation trémmulantes, autour desquelles évoluaient de gracieuses felouques. Loin vers le large, au-delà des terres végétales, une aube pâle, calme et glacée moirait la lagune. Le cri aigu d'un oiseau marin transperça l'extase de ce premier jour.

- *Seigneur, n'êtes-vous point trop audacieux, une aussi grande faiblesse requiert plus de prudence !*

Héri-tep détourna son regard dans la direction d'où venaient ces tendres reproches. Deux femmes vêtues de tuniques passementées se tenaient à distance, elles maintenaient leurs échines ployées en signe de déférence.

- *Je suis sensible à l'attention que vous me portez. Permettez-moi toutefois de m'interroger ! Pourquoi ce qualitatif de Seigneur et cette soudaine estime, après m'avoir fait subir tant d'épreuves et de brimades ?*

Elles ne semblèrent pas comprendre à quoi il faisait allusion. Toutes deux paraissaient seulement animées d'affectueux sentiments :

- *C'est notre Très Vénéré Pair qui nous a conseillé de te nommer ainsi. Il a demandé que l'on ait pour ta personne respect et considération.*
- *Vous m'en voyez plus étonné encore. Quel est donc ce Personnage que vous appelez... Très Vénéré Pair ?*
- *Tu es ici Seigneur, dans la demeure de l'En-d'EnKi, Grand Sanga et conseiller de sa majesté, le Roi des quatre régions. Nous, ses servantes, avons à charge de veiller sur la santé de ta personne.*
- *Seigneur...* ajouta celle qui ne s'était pas encore exprimée : *Serait-il indiscret de te demander qu'elle est Ouâti, tu réclamais ce nom féminin en tes songes ? Pour ton bonheur pouvons-nous t'aider à la retrouver ?*
- *Ouâti dans mes songes... Tiens donc ! Je suis confus, vraiment... Oh oui je... mais elle est étrangère à ce pays.*

- *Alouya et moi étions très intriguées, car au cours de tes rêves, Seigneur, tu as…*

Un personnage, que nul n'avait entendu venir, claqua dans ses mains, interrompant brutalement la conversation. Sans ajouter mot, les deux femmes s'inclinèrent et se retirèrent à petits pas pressés.

- *J'ose espérer que leurs babillages ne t'ont point importuné, Seigneur Maître ?*
- *Nullement, par tous les dieux, ces femmes étaient animées des meilleures intentions. À qui ai-je l'honneur ?*
- *Je suis le chambrier du Giparu de Kalam. Mon Maître, ton protecteur, est le supérieur hiérarchique des Sangas et Sabras des quatre régions, Pair des Pairs et oreille des dieux auprès du Roi… Vénéré soit son nom !*
- *Vénéré soit son nom !* répéta le Grand Prêtre en effectuant quelques pas en direction du laudateur. *Quand pourrais-je m'entretenir avec cet Éminent Personnage ?*
- *Lorsqu'il te plaira, Grand Homme. Les ordres sont formels, je dois obtempérer à tes désirs, il suffit pour cela que je prévienne le secrétaire de sa Seigneurie.*
- *Bien ! Fais en sorte que ce soit le plus tôt, en ce jour. J'ai hâte de connaître mon bienfaiteur.*

Le Maître chambrier s'inclina avant de prendre congé. Resté seul, l'esprit préoccupé par ce qu'il venait d'entendre, Héri-tep entreprit de faire le tour de sa chambre.

Le plafond était constitué de deux voûtes, soutenues par des pylônes ouvragés. Les murs étaient recouverts de tapisseries narratives, contant les épopées mythologiques des royaumes de Sumer. De soyeux tapis égayaient l'uniformité bitumée qui servait de dallage. Un monolithe de grès, à l'effigie d'un personnage à la physionomie bon enfant, dont les deux mains étaient jointes, occupait un angle de la pièce. Aucun meuble ou objet n'était apparent, hormis ce coffre marqueté de bois précieux, qu'accompagnait un siège en rotin. Au pied de son lit, on avait disposé un caftan de cotonnade d'un blanc immaculé et une paire de sandales, dont les extrémités recourbées vers le haut l'intriguèrent.

À son passage, une forme embrumée s'agita sur la surface polie d'un miroir de cuivre. Il se montra surpris de ce visage émacié qu'était le sien. Ses traits accusés alourdissaient un regard éteint, la maigreur de ses membres l'effraya.

À peine eut-il terminé sa toilette que la tenture de l'entrée observa un mouvement de vague. Un homme de haute taille aux muscles saillants apparut dans l'embrasure. Il portait une barbe buissonnante et une hache de bronze ouvragée était accrochée à son baudrier de cuir.

- *Les ordres, Seigneur, sont de te conduire aux appartements de notre Divin Pair, c'est selon ton désir !*
- *Bien, attend-moi sur le seuil, je fini de me toiletter et je te rejoins.*

Quelques instants plus tard, accompagné de son convoyeur, ils longèrent plusieurs galeries où alternaient courtines et colonnades. Les briques émaillées flattaient l'œil par les brillances de leurs coloris. Elles s'ornementaient de fresques iconographiques, valorisant les épopées des élus d'An. Les deux hommes croisèrent de nombreux dignitaires, tous investis de la houppelande de prélature. À la vue de cet étranger imberbe au crâne rasé, certains marquaient l'arrêt pour exprimer leur stupéfaction. Héri-tep rendait au mieux de son éducation les civilités qu'on lui témoignait. Pour ce faire, il utilisait les convenances de son pays, ce qui provoquait moult ébahissements.

Après avoir arpenté de nombreux dédales, le majordome et lui parvinrent au pied d'un portail de bronze dont la masse colossale était coulée en un seul tenant. Les efforts conjugués de quatre hommes furent nécessaires pour le faire se mouvoir sur ses gonds. Ils longèrent alors le sérail où s'animaient des ombres babillardes, puis gravirent de nouveau quelques marches pour se trouver à l'intérieur d'une vaste salle. Jumelés par leurs échines, des lions de grès rose étaient adossés aux pieds des colonnades. Un dallage alterné de plaques d'albâtre et de gypse revêtait le sol. L'homme à la hache se retira en silence, alors même que se dirigeait vers eux un jeune homme portant courte barbe, il était mince et sobrement vêtu. Ayant placé une main sur son cœur et l'autre sur sa bouche, il s'inclina respectueusement :

- *Kantus est mon nom, je suis le Dubshar de sa Seigneurie ou si tu préfères, son secrétaire. Je suis honoré, Vénérable Maître, de guider tes pas jusqu'à ses appartements. Le Pair des Pairs te fait dire qu'il est retenu en assemblée synodale et qu'il ne pourra rejoindre ta personne qu'à l'heure du zénith... Sauras-tu patienter jusque-là ?*
- Héri-tep eut un sourire badin : *Oui, Kantus ! J'ai patienté des jours sur les dalles glacées d'une geôle, je patienterai bien une heure sur les coussinets duveteux d'un sofa.*
- Le scribe abaissa la tête : *J'ai ouï-dire de ces... inconvenances ! En la circonstance, Seigneur, je t'assure être affligé de la conduite des miens. Te serait-il agréable de me suivre !*

Lorsqu'ils eurent franchi le seuil des appartements où vivait le Hiérarque, le Grand Prêtre fut subjugué par ce qui se présentait à sa vue. Instruments d'étude, statues, rouleaux de papyrus, animaux naturalisés, bijoux, ustensiles de culte, brûloirs et armes de guerre avoisinaient en un fatras captivant autant qu'inattendu. Le Dubshar sourit à l'étonnement que manifestait cet hôte étranger, il se courba de nouveau vers le sol :

- *Accepte que je t'abandonne en ces lieux, Maître, il est de mon devoir d'informer le Pair de ta venue !*

Sans plus de formule, le jeune secrétaire s'éloigna, laissant le Grand Prêtre à sa muette contemplation.

Il y avait difficulté à se mouvoir parmi ces amoncellements d'origines diverse qui jonchaient tables et sol. Aussi s'engagea-t-il prudemment en ce dédale, d'autant qu'un énorme chat roux, dressé sur ses pattes, le toisait effrontément. Aussi se plut-il à flâner au hasard des étrangetés qui se présentaient à lui. Un astrolabe en métal cuivré attira son attention, il était d'une grande précision, à en juger par l'abondance des repères et des signes dont sa structure était ornés. Il se rappela que les Sumériens avaient réputation de s'adonner avec passion aux sciences astrales. Le fervent astrophysicien qu'il était ne put s'empêcher d'effleurer du doigt l'une de ces sphères en métal dont l'astrolabe était pourvu. Au toucher, celle-ci amorça un mouvement elliptique, qui eut pour résultat de faire se mouvoir des paramètres astrologiques. Tout ici attirait son regard, lequel allait d'étonnement en ravissement. Il s'attarda sur un diptyque de bois patiné représentant les ordonnances royales, elles étaient dictées, y lisait-on, par les voix du Panthéon sumérien.

À quelques pas, se trouvait scellée au mur une clepsydre en porphyre. Cet araire du temps égrenait ses 3 600 pulsations en un 24ème de jour. La montée du liquide déplaçait une petite barrette de métal indiquant les semaines et les mois. La prodigieuse mécanique avait une quantité de fonctions, mais l'insatiable curiosité du Grand Prêtre l'entraînait déjà vers d'autres recoins. Il déplia plusieurs rouleaux de papyrus sur lesquels étaient tracés des relevés géographiques ayant trait aux frontières des royaumes. En cet endroit se tenaient également des dessins de portiques et des vues de villes fortifiées. Là, s'empilaient des plaquettes d'argile. Il souffla la poussière sur l'une d'elles : une calligraphie raffinée apparut, elle contait les épopées dynastiques des peuples d'Asie. Sur la table voisine s'entassaient des instruments de mesure en cuivre, équerres et compas côtoyaient sans apparente antinomie d'énormes œufs d'autruche. Le plus étrange était les applications pratiquées avec ces matériaux transparents dont il appréciait l'usage. Initiés à cet art, les prêtres d'Égypte connaissaient ce minéral à la dureté d'obsidienne, il était employé pour servir de loupe ou de lunette astrale. Héri-tep se remémora sa composition : Voyons se dit-il pour 60 parts de sable, il faut 180 de cendres de plantes sous-marines, 5 de salpêtre et 3 de craie, je serai curieux de savoir s'ils utilisent les mêmes proportions que nous. Lui-même employait régulièrement ce type de lentilles pour les déclinaisons astronomiques. Les prêtres eux, s'en servaient dans divers observatoires des bords du Nil, notamment pour inspecter les cloques sur la surface lunaires. Ces pierres d'une transparence de quartz offraient la possibilité de rapprocher les lointains. Toutefois, rares étaient celles qui avaient une parfaite transparence. La réputée pâte de silice servait aussi à confectionner des bijoux, ainsi que de fins et délicats récipients. En ce lieu, on avait curieusement étendu son usage pour obstruer les ouvertures donnant sur le dehors, la luminosité s'en trouvait certes quelque peu restreinte, mais aucun souffle d'air ne venait effleurer le visage. Cette chambre lui paraissait être l'officine d'un magicien. Il se récréait de ses découvertes, lorsqu'il tomba en arrêt devant un objet familier. Appuyé contre un angle de la pièce, se trouvait son bâton de voyage au pied duquel était entreposé un sac de fioles. Croyant avoir perdu à jamais ce vieux compagnon d'infortune, il s'en saisit et l'examina avec étonnement.

- *Avant que tu ne songes, mon frère, à le reprendre pour continuer ton périple, il me serait agréable de mieux te connaître.*

Le Grand Prêtre sursauta aux sonorités rauques de cette voix. Celui que tout le train de maison appelait le Pair des Pairs se tenait immobile entre les deux pieds droits de l'entrée. Tête nue, le bas du visage dissimulé sous les tresses de sa barbe grise, il était vêtu d'une aube commune d'un gris-perle. Un bracelet ouvragé ornait son poignet gauche. Héri-tep plia obligeamment son corps vers le sol, maintenant ses deux mains ouvertes en direction de l'éminence des Prélats de Sumer :

- *On m'a dit te devoir la vie, Honorable Seigneur. Je te prie de considérer mon humble gratitude.*
- Le personnage fit quelques pas en direction du Grand Prêtre, qu'il releva d'une main ferme : *Le Prince Seski me doit bien davantage, pour lui avoir épargné, avec ta mort probable, l'opprobre général de la communauté sumérienne.*
- *Respectable Pair, je n'ai à l'endroit du Prince nulle intention revanchiste. Pour un monarque non initié, une vie d'homme n'a guère plus d'intérêt que l'insecte sous la sandale. En fin de compte, il m'apparaît louable qu'il ait fait preuve en dernier recours... de mansuétude.*
- *Ce n'est pas à lui que tu dois d'être libre, sache-le. Nous t'avons extirpé des geôles contre sa volonté. Seski est aussi pugnace*

qu'incorrigible. Tu y aurais croupi jusqu'à trépas.

- *Pourrais-je savoir, Seigneur, quelle fut la réaction de ce Prince… lorsqu'on lui fit part de ma libération ?*
- *Qu'importe ce qu'a pu penser ou ce que pense encore le Prince ! Je n'ai cure de ses opinions ou de ses exécrations, dont on fait état. Tant que tu seras sous mon toit, son autorité ne pourra s'exercer sur ta personne… n'est-ce point là l'essentiel ?*

Redressant l'échine, le Grand Sanga se campa dans une pose hiératique, un éclair d'orage passa dans ses yeux sombres :

- *Sache mon frère, qu'aucun mortel, en cette région du monde, n'oserait défier l'Enki. Le Roi lui-même est attentif à mes propos. Il ne prendrait pas de décision sans me consulter. J'ai été te chercher, mon frère, au fond de l'une de ces fosses innommables où l'âme oublie le corps. Je t'ai ramené évanoui sur mon dos. Crois-tu, que j'aurais fait cela pour un quelconque quidam, victime, s'il en était, des incartades princières ?*
- Héri-tep se sentit gagné par l'embarras : *Es-tu à ce point convaincu, Seigneur, que je mérite semblables égards ? Je n'ai rien fait qui justifie de telles faveurs !*
- *Je n'ai nul besoin mon frère, que l'on me déploie tes références pour savoir qui tu es. Mes oreilles s'étendent bien au-delà du Royaume de Sumer.*

Le secrétaire s'était avancé silencieusement vers les deux hommes en conversation, réalisant soudain les obligations de sa charge, le haut personnage fit le choix d'écourter l'entretien :

- *Dans les jours qui vont suivre, Héri-tep, nous aurons l'occasion de mieux nous connaître. Désormais, et afin de simplifier nos rapports, appelle-moi par mon nom initiatique, celui-ci est Yasna ! Je te laisse en compagnie de Kantus, mon secrétaire, qui pourvoira à tes appétences et autres désirs. Il a reçu des ordres en conséquence !*

***

Au bout de la longue terrasse se trouvait la herse de la passerelle du palais, Héri-tep et Kantus prirent alors le chemin du Guet, pour gagner la déclivité qui menait à la cité marchande. Vu d'en haut, une fourmillante animation tourmentait les grandes voies passantes. Ur, la blanche, étalait en contrebas la géométrie crénelée de ses façades, le chaulé de ses toits aux évidures fraîches formées par les patios. La plupart des voies d'accès étaient bordées de canaux, dont les eaux grasses supportaient des couffes circulaires que l'on dirigeait à la gaffe. Alors que sur les larges voies navigables, halées par des chenilles humaines, d'immenses barges longeaient les rives, dans l'attente de débarquer les denrées les plus inattendues. Pour la seconde fois, Kantus s'arrêta. Il attendit aimablement qu'Héri-tep le rejoigne :

- *Tu me parais prendre plaisir au spectacle journalier de la cité, Vénérable Maître ?*
- Surpris par cette question, le Grand Prêtre eut un large sourire : *À vrai dire, l'atmosphère est bien différente de celle de mon pays, Kantus. Les couleurs ont des tons plus vifs, le négoce est important, le peuple volubile et la circulation intense. Il semble que l'on y croise toutes les races du monde.*
- Le scribe adopta un ton jovial : *Il est vrai que notre pluralité ethnique bénéficie à la fois de la passion du sud et de la réflexion du nord.* Le scribe ajouta après un silence, *il y aura bientôt trois Lunes que tu te trouves parmi nous, Maître. J'aurais plus appris avec toi, lors de ton séjour, que je n'en ai eu l'occasion au cours de ces dernières années !*
- *Je n'enseigne rien*, rectifia Héri-tep, *je m'efforce d'éveiller ! Ton cœur, Kantus, est plus valeureux que le mien, puisque j'ai le plaisir de dire... et toi... le mérite d'apprendre.*
- *Ô Maître ! j'aimerais tellement que tu restes à enseigner, parmi nous !*
- *Mon départ ne saurait être trop souvent différé, mais je vais faire en sorte de demeurer le plus longtemps possible. J'ai moi aussi beaucoup à découvrir en Mésopotamie !*

Ils arrivèrent au bas d'un interminable escalier à proximité duquel se trouvait un poste de garde. Les factionnaires les saluèrent avec déférence. Les sobres caftans, dont ils s'étaient judicieusement revêtus sur les conseils de Kantus, les prémunissaient des regards par trop insistants qu'ils auraient côtoyés.

Ils débouchèrent bientôt sur une avenue où ils purent se mêler à la bruyante indifférence qui y régnait. Ils croisèrent des femmes, parées de voiles aux couleurs vives, qui étaient accompagnées de dames de compagnie. En leur sillage se trouvaient de juvéniles beautés aux seins nus, qui portaient sur la tête d'énormes calebasses que leurs maîtresses boudinaient au hasard des échoppes. Accolées les unes aux autres, les boutiques aux senteurs d'épices abondaient d'une tonitruante affluence.

Le Grand Prêtre se plut à discerner dans la foule les multiples appartenances que l'on y côtoyait. La plupart étaient identifiables à leurs accoutrements, tels ceux bigarrés des sémites de type Akkadien. On y découvrait des agglomérats tribaux d'Amalécites, d'Élamites ou même d'Amorrites venues du nord lointain. Ils croisèrent des Mitanniens en grand nombre, ainsi que des lettrés du pays de Canaan, lesquels arboraient barbes courtes et soignées. Ils remarquèrent un équipage de Gutis à demi-barbares. Issus des régions montagneuses, ils étaient vêtus de peau de chèvre et, selon Kantus, de réputation peu fréquentable. Cette foule allait partout et nulle part. Elle se confondait en d'interminables tractations d'intérêts qui paraissaient ravir les boutiquiers, échangeurs de grammes ou trafiquants d'oboles. Ployant sous leurs ballots de charge, des triqueballes émergeaient de cette masse humaine. Ils étaient tirés par des ânes de mer dont têtes et dos dominaient la foule, les lèvres évasées de ces animaux épandaient des filets d'écume dans le cou frileux des passants.

Toutes ces rencontres étaient pittoresques, lorsqu'elles ne s'avéraient pas pathétiques. Une dizaine de mercenaires Hapiroux aux faciès patibulaires vinrent à croiser leur route. Ils maintenaient en laisse un homme d'une maigreur terrifiante dont les bras étaient liés et le nez percé par un anneau de cuivre. À quelques pas de là, sur un kélek surélevé, se tenait exposées des rangées d'esclaves qu'une longue chaîne liait entre eux. Ces hommes et ces femmes étaient sans doute originaires de Phrygie ou de la Cappadoce, car leur teint avait la pâleur des sables. Un gros homme adipeux flattait sans vergogne leurs musculatures et rondeurs. Héri-tep, que ce spectacle affligeait, pria Kantus de s'éloigner des lieux. Ils traversèrent alors le canal et se retrouvèrent face à la cité religieuse. Conscient des dérives entrevues, avec un soupçon d'embarras, le secrétaire tenta d'innocenter les mœurs de son peuple :

- *Il y a en nos cités une grande diversité de comportements !* Le silence du Grand Prêtre persistait. Kantus fut pétri de contritions : *Dès demain, Maître, commencent les fêtes du début de l'En. Elles durent douze jours. Chaque année, elles attirent beaucoup de monde. Ces gens ne sont pas tous motivés par la démarche spirituelle, c'est ainsi Maître, mais tous aiment la fête !*

La ziggourat élevait sa splendeur vers le glacis bleuté du Ciel. Sa masse immense coiffait de son ombre les jardins avoisinants. Avec ces dix-huit gars de base et ses deux cent douze coudées de haut, elle demeurait l'un des monuments les plus anciens et les plus étranges du monde.

- *On dit d'elle qu'elle a été détruite et reconstruite sept fois*, affirma le scribe d'une voix émue, puis il ajouta, l'œil admiratif : *Nous l'appelons « Etemenanki ».*

Depuis sa venue, Héri-tep n'avait pas encore eu l'opportunité d'approcher l'édifice pyramidal. Après l'avoir parcouru du regard, il se montra séduit par la majesté qui en émanait :

- *Si je traduis correctement tes explications, Kantus, il s'agit du « Fondement du Ciel et de la Terre ».*
- *Oui, Maître ! Il y a, dit-on, plus de richesses en les mesures de ce seul monument, qu'il n'y a d'or dans les temples du Royaume.*
- *Je l'admets volontiers, si l'on souscrit à ce que « Richesse » s'accorde avec Connaissance et « Or » avec le mot Symbole !*

Ayant repris leur marche, ils s'apprêtaient à franchir l'un des ponts enjambant le grand canal.

- *Regarde, Maître, l'estacade de la belle digue ! C'est là que désormais travaille ton ami !*

Héri-tep sourit. Depuis qu'il avait obtenu « Le Pardon Royal » pour Tabzuk, il n'avait revu celui-ci qu'une fois, lors de la cérémonie de purification. Son bienfaiteur, un riche marchand d'étoffe avait, selon la coutume, versé de l'eau du fleuve sur sa tête pour l'absoudre des écarts de langage qu'il avait pu commettre en son temps. Grâce aux vertus de cette cérémonie, Tabzuk exerçait de nouveau son métier d'architecte. Les deux promeneurs traversèrent les caillebotis de l'écluse et allèrent rendre visite à l'ancien esclave, lequel ne manqua pas d'exprimer sa joie de retrouver Héri-tep. Le Grand Prêtre et le Scribe se rendirent ensuite à bord d'un bateau couvert où, leur avait-on dit, se trouvait un équipage d'Égyptiens. Ceux-là, hélas, s'en étaient retournés vers leur pays d'origine. Héri-tep se montra déçu, mais il fit effort pour ne point le laisser paraître.

Les ombres s'étaient allongées lorsqu'ils se décidèrent à regagner le palais. Leur trajectoire les conviait à traverser les jardins suspendus de la cité. Des essences rares s'y trouvaient disséminées. L'agencement des parterres floraux et leur système original d'irrigation, justifiait l'admiration que suscitaient ces jardins de par le monde. Divers espaces efflorescents s'étageaient par paliers successifs, jusque sur la terrasse où était construite la citadelle. Un colossal portail d'airain en interdisait l'entrée. Les lourds battants ne s'ouvraient que deux fois l'an, pour magnifier l'importance des fêtes solsticiales dédiées à Utu le juste.

Héri-tep et Kantus atteignirent l'allée supérieure des arcades. Au-dessous, le mur d'enceinte se cuivrait sous les feux du couchant, ils embrasaient les lions d'émaux aux pas glorieux générateurs d'immortalité. L'air était saturé de senteurs exotiques, elles émanaient de ramures à travers lesquelles brasillaient les ultimes rayons du Ponant.

Tamaris, amandiers ou boswalias côtoyaient des arbres étranges tels ces magnolias importés de l'extrême Asie ou ces conifères à longues aiguilles inconnus du plateau mésopotamien. Quelques espèces excitèrent sa curiosité ; la momordique ou l'hydnocarpus dont il connaissait les inestimables qualités. Sur le site dominant où ils se trouvaient, une clarté vespérale safranait la nature. Le regard plongeait sur le lagon. La mer étalait ses eaux plates, au-delà de la grande dune où séchaient les chaluts. D'un geste ample, Kantus se plut à circonscrire l'horizon :

- *Nos Pairs avancent que dans quelques milliers d'années, les eaux que nous admirons se seront retirées vers le midi du golfe. Ils disent, qu'il n'y aura qu'alluvions, là où aujourd'hui nous voyons évoluer les canges.*
- *C'est parfaitement exact,* confirma Héri-tep. *La terre vit et ses aspects se modifient, comme se modifient les mœurs et les aspirations des hommes.*

Alors qu'ils conversaient, un vieil homme vêtu de draps passementés s'approcha du Grand Prêtre. Sans préambule, il passa son bras sous le sien et l'entraîna à l'écart :

- *Demain débute l'A-Ki-Til, « La fête de la force faisant revivre le monde. » Tu n'ignores pas mon frère, qu'il s'agit là du premier des douze jours de Nisan.* Par élémentaire courtoisie, Héri-tep s'efforça de ne point paraître trop étonné. Le personnage poursuivit sur un ton confidentiel.

En la conjoncture, notre Très Honorable Pair me charge de te faire connaître que la cérémonie de « L'épanouissement » se tiendra à l'Esagila du temple d'Enki le très pur, demain à l'aube. Le Divin Reflet de l'En souhaiterait que tu assistes au consentement Royal et que tu prennes rang parmi les Vénérables Adeptes.

Héri-tep acquiesça d'un sourire. Yasna lui avait parlé de cette fête de l'équinoxe de printemps qui marque le début de l'année :

- *Remercie le Pair, mon honorable frère, et dis-lui que je serai présent demain à vos côtés.*

Le personnage se montra satisfait de la réponse. Quand il se fut éloigné, le Grand Prêtre se rapprocha de Kantus demeuré respectueusement à l'écart :

- *Quelle est cette omnipotente sommité ?*
- *C'est l'Ir-Rab-Nouâtimu, informa le scribe à voix basse. Il est Sabra ou si tu préfères, Chancelier de la ville. C'est un excellent homme, mais il passe pour un xénophobe endurci, et je m'étonne qu'il t'ait entretenu avec autant d'affabilité.*
- *L'homme est un miroir pour l'homme, Kantus. Encore faut-il qu'il s'emploie à polir la surface de ce miroir, et surtout, qu'il accepte de voir s'y refléter l'image de l'autre.*
- *J'essayerai de réfléchir sur tes paroles, Vénérable Maître.*
- *Allons !* conclut ce dernier en regardant vers le haut, *nous ne sommes point encore au faîte.*

***

Le Grand Prêtre se leva avant que les premières lueurs n'effleurent l'ajoure du logement monacale où il avait choisi de résider. Après s'être immergé dans l'eau lustrale du bassin, il loua Kheper naissant et rendit hommage au céleste Panthéon Sumérien. Puis, il dégusta quelques fruits, avant de se revêtir de l'aube de lin blanc dont on l'avait doté. Il noua autour de sa taille un cordon de cotonnade et ajusta sa coiffure semi sphérique de Prêtre Grand Initié. En passant devant la surface tranquille des eaux de la conque, Héri-tep sourit à cette image originale de lui-même, tant elle était éloignée des critères de son pays.

L'heure approchait. D'un pas alerte, il traversa l'esplanade, s'engouffra sous le péristyle du Grand Temple, avant de gagner l'Esa-Gila où se tenaient les Prêtres.

Assis mains jointes, parmi les inconditionnels du monde divin, il écoutait maintenant avec beaucoup d'intérêt les chants liturgiques que psalmodiait le chorège.

Revêtus de leurs éphods frangés d'or, les frères affidés étaient rangés par tranches d'âge, derrière le Shesgallu, Maître du Protocole. L'odeur forte des résines s'échappait des cassolettes, leurs effluves se répandaient en nappes bleuâtres le long des colonnes torsadées. Sur un signe du Sanga, Maître du Temple, le chef des chantres entonna un hymne aux consonances gutturales, repris en chœur par la chorale des Grands Psalmistes.

Entre les deux piliers de mosaïque bleue supportant le linteau pentagonal, apparut face à eux, en grand habit de cérémonie, le Pair des Pairs. Il maintenait entre ses doigts bagués, le médou patriarcal, symbole de son autorité. À quelques pas derrière lui, suivait le Lu-Gal, Roi des Quatre Régions - Seigneur d'Ur - de Lagash - d'Uruk et d'Eridu. Sa Majesté était au centre du quadrilatère des Enus. Ces quatre Prêtres étaient chargés des bonnes relations avec les génies des quatre horizons qui soutiennent le monde. Chacun de ces représentants tenait un rameau dont l'extrémité était reliée à la ceinture royale. Derrière le Schâr-U, encore appelé Cercle Divin, venait le cortège des Très Respectables Vieillards, puis les délégations nobiliaires des villes vassales.

Maintenus par des chaînes en or, trois taureaux noirs incarnant la force de la discipline, avançaient en formation triangulaire. Ils précédaient deux géants thuriféraires, qui maintenaient élevées des coupelles d'or et d'argent d'où s'échappaient de larges bouffées de galbanum. Le Roi était vêtu d'une simple tunique pénitentielle de soie bise, au col largement échancré. Des coupelles furent déposées en ses mains tendues, l'or à droite et l'argent à gauche.

Alors que se déroulait la litanie d'ouverture, le Shesgallu, seul Prêtre dispensé des rigueurs du protocole, gagna à petit pas pressés la tribune où Héri-tep siégeait parmi les Sages.

- Il colla sa barbe odoriférante à l'oreille du Grand Prêtre : *Le Roi a émis le désir que tu apparaisses à ses côtés lors du consentement. Sa Majesté affirme que ta présence favorisera la bienveillance du dieu*. Sans s'inquiéter de savoir si son auditeur se rendait à cet avis, il ajouta péremptoirement : *Suis-moi frère !*

C'est ainsi que neuf Grands Adeptes Processionnaires s'engagèrent en la pénombre sacrée de la Cella. Dès qu'ils eurent franchi le seuil, les portes du sanctuaire se refermèrent sur eux. Une odeur forte d'herbes aromatiques imprégnait l'atmosphère. La vision fut saisissante. Disposées en un gracieux mouvement elliptique, 360 lampes à huile entouraient d'une projection allégorique Enki le Juste, Seigneur de la Terre, Principe Suprême des Choses. La statue s'élevait à une hauteur de douze coudées pour le moins. Elle était feuilletée d'or et parée de pierres inestimables.

Le Roi se dirigea vers la table d'autel, là où étaient disposées l'eau et les graines à l'intérieur de deux coupelles de terre cuite. Sa Majesté s'étendit alors face contre terre, les bras disposés en forme de croix, le corps plaqué sur la mosaïque, à l'endroit même où l'harmonie des tons laissait apparaître un cercle en quadrature. Héritep était attentif au moindre détail de ce rituel. Aussi eut-il le sentiment d'être en harmonie avec ce qui lui était donné de voir et d'entendre. N'était-il point chez lui, là où l'homme se montrait respectueux de la Grande Tradition ? Placés en hémicycle, échines droites, mains jointes et yeux étincelants de mille escarbilles, les Pairs étaient attentifs aux obsécrations royales. Le Lu-gal alors s'adressa à la Divinité :

Ô Dieu de notre Terre et des êtres qui l'occupent, tu es en chaque parcelle du vivant, fais de nous un fragment de « l'âme du monde ». Tisse le lien ! Illumine notre esprit des mystères de connaissances.

S'étant relevé, le Roi croisa les mains sur sa poitrine et vint humblement s'agenouiller devant le Pair des Pairs :

- *Toi, le Messager des Dieux, interroge ma conscience et bannis ma faiblesse.*

L'En-d'Enki se devait maintenant de procéder à la cérémonie de réintégration. Il était si près du pénitent que son étole effleurait la personne royale. Grande fut alors la surprise d'Héri-tep : le Hiérarque gifla le Roi à deux reprises, sans que, pour autant Sa Majesté s'en montre offensée ! Le soufflet eut lieu, une fois sur la joue gauche, une fois sur la joue droite. L'étonnement du Grand Prêtre fut porté à son comble, lorsqu'il vit Yasna tirer les oreilles du Roi, tel qu'il l'aurait fait pour un exécrable cancre ! Pire, il se mit à le rudoyer sévèrement sous le regard impassible des autres Hiérarques :

- *Voilà que tu comparais devant nous, amoindri, à genoux, dépouillé de tes royaux attributs, toi le postulant au titre de « Lu-Gal ». Tu n'ignores point que, dans le monde où tu prétends vouloir régner, tout n'est que vacuité. La valeur des uns ne tient qu'à la considération des autres. À la naissance, aucune loi divine n'octroie à la personne humaine primauté sur les multitudes. Cela signifie que lorsqu'il est distingué, l'homme couronné se doit d'être une exception. Il faut qu'il soit doté de vertus rarissimes, nanti d'une sérénité d'âme, pourvu d'aptitudes particulières pour la conduite d'un royaume. Prétends-tu être celui que nous évoquons ? Réponds !*
- *Je ne puis en juger !* rétorqua humblement le Roi : *Je laisse ce soin à plus Sage que moi.*
- *Une telle modestie honore celui qui en est imprégné,* assura le Grand Sanga sur un ton solennel. *Cependant, ne nous leurrons pas, les mérites requis ont tendance à s'estomper dans le bien-être. À se diluer en la constante sollicitude que les sujets octroient à l'homme de pouvoir. Nous te demandons instamment de réactiver ces qualités à chaque nouvelle aurore, comme il sied aux Sages.*
- L'En-d'Enki se retourna vers les têtes chenues, impassibles en la pénombre : *Consentez-vous, mes frères, à renouveler le mandat d'Hyrib-Nanzu ex-Roi des quatre régions ? Consentez-vous à vous astreindre à son autorité et à vous soumettre à ses jugements ?*
- L'Enu parfait rompit le silence : *S'il fait siens ses engagements, il demeurera à la fois lui-même et chacun d'entre nous.*
- *L'Enu a parlé. Acceptes-tu ses dires pour principes applicables, Hyrib-Nanzu ?*
- *J'appliquerai les directives de nos mœurs et les ferai appliquer.*

- *Alors, nous avons devoir d'oindre ton front,* clama le Pair des Pairs. *Nos intercessions ont porté leurs fruits : le dieu a reconnu la légitimité d'Hyrib-Nanzu. Celui-là n'a donc point démérité d'un équinoxe à l'autre. Divin soit le nom du Roi ! Divin soit le numérique secret de son nom ! Nous, ses Pairs spirituels, le reconnaissons Souverain. Qu'il soit revêtu d'or ou nu de peau, dépouillé d'assistance et de tout attribut, il demeure notre autorité, longue vie à lui ! Avez-vous, mes frères, de quoi le parer ?*

- *Oui, noble Pair ! Nous, les Hiérarques de Kalam le nantirons des 7 attributs du pouvoir :*

Du sceptre de pérennité.
De la harpée de justice.
Du bâton de commandement.
Du diadème de reconnaissance.
De la tunique de pureté.
De la ceinture de fidélité.
Des sandales de marche.

- *Une divinité pèsera son verbe, une autre, donnera vigueur à son bras, Noble Pair.*

- *Alors tout est conforme, mes frères. En, dieu des dieux, le pourvoira de « la lumière horizon », symbole de connaissance et sceau du pouvoir. Nous, élus, cerclons le « Schâr-U ». Dotons-le des 360 anneaux de l'année mystique, et des cinq autres pour l'année juste. Voici le carré central. Ajustons le pentagone et associons les trois triangles pour former l'œuf, en sa main.*

Débuta alors la cérémonie de régénération. Elle se termina par l'immersion du Souverain dans le bassin sacré. Enfin, après une longue latrie d'usage, les Élus d'Enki reprirent leur formation processionnaire. Main droite ouverte à hauteur d'épaule, ils se dirigèrent vers la porte aux ornements flabelliformes qui donnait sur la salle hypostyle. Les Galas, chantres officiels du temple, entonnèrent l'Ikipu, chant à la gloire du Souverain reconduit et purifié. Le son pathétique de leurs voix montait solennel et grave le long des colonnes, il s'amplifiait aux échos du faîtage et s'épandait sur l'assistance en béatitude. Ainsi se clôtura la cérémonie du sacre.

***

Rompant sans plus de considération avec la liturgie, le peuple, à l'extérieur du temple, exprimait sa joie dans l'allégresse. Une populace agitée se pressait derrière les boisseaux d'épines, placés là pour restreindre ses allants. Au beau milieu de la foule, des Prédicateurs lançaient aux mains tendues des galettes de blé dur et des bûchettes de caramel. La bière d'orge était particulièrement appréciée et les bouches avides se contorsionnaient sans plus de convenance, sous les filets de mousse généreusement déversés. Telle la naissance d'une rumeur, l'assistance soudain, se mit à scander un mot… un nom peut-être ?

- *Zu-En… Zu-En… Zu-En !*

Le Grand Prêtre détourna la tête. Plusieurs douzaines d'individus aux comportements exaltés venaient de s'éjecter d'un immense alvéole en forme de Lune. Comme chaque année d'Enki, des êtres réputés « innocents » puisaient parmi la théorie des Prêtres les éléments de leur choix. Héri-tep eut l'infortune d'être mêlé à eux. Traîné, ballotté, tiraillé en tous sens, il n'eut bientôt d'autre possibilité que de suivre cet inexplicable déferlement qui le contraignait en tous sens.

La sélection des « Élus innocents » précédait le flot humain cheminant vers l'œil du « Zu-En ». Il s'agissait d'un cirque à ciel ouvert de grande dimension. Le sol était composé de carreaux rouges et blancs à la façon d'un immense damier. Au-delà de cette enceinte quadrangulaire s'étendaient les quarante-huit réseaux de galeries, serpentant à travers les gradins. Chacune aboutissait sur l'un des quatre côtés de ce quadrilatère. Ce qui équivalait à douze sorties pour chacun des quatre horizons exprimés. Comme Héri-tep s'interrogeait sur le bien-fondé d'un tel concept, il se trouva un cours instant à proximité d'un Prêtre qui était chahuté autant qu'il pouvait l'être, l'ayant questionné sur les raisons de ce chahut, celui-ci lui indiqua du doigt le sommet des gradins :

- *Regarde tout à fait en haut ! Il y a un accès départ pour chacun des quatre horizons, c'est là que ça se passe. Nous on sera sur les carreaux.*

- *Mais à quoi cet immense damier vous sert-il ?* hurla le Grand Prêtre en tentant de dominer le tohu-bohu.

- *Aux calculs astronomiques, aux jeux collectifs, aux expositions d'art sacré. Enfin, à bien des choses ! Aujourd'hui, c'est le choix du « Héros Zu-En ».*

- *Soit !* ajouta Héri-tep que la marée humaine ne ménageait guère. *Mais quel est l'objet de cette fête, que font tous ces gens agglutinés en ce lieu ?*

- Son interlocuteur faisait, lui aussi, de réels efforts pour se maintenir à portée de conversation. *Cette cérémonie est millénaire*, hurla-t-il au milieu du tumulte. *Elle se déroule régulièrement à l'approche de l'équinoxe de printemps.*

- *Pourquoi cette multitude déferlante ?* s'obstina Héri-tep. *Y a-t-il une raison à cela ?*

- *Bien évidemment !* Énonça l'autre, que le mouvement éloignait. *Le peuple transporte la grâce de Nana Zu-En sur le damier du choix.*

Hélas, cette phrase sibylline n'éclairait d'aucune manière les interrogations du Grand Prêtre. Les poussées frénétiques de la foule l'écartèrent définitivement de son informateur. Résigné, il attendit que les choses se calment, ce qui ne tarda guère.

Des soldats, flagelle en main, s'activèrent à effectuer un tri. Ils évincèrent sans violence, mais avec fermeté, les éléments infiltrés de la population. Seul restèrent sur le site les 144 membres du clergé répondant à la sélection des innocents. Chacun des participants se devait d'occuper un carreau prévu à cet effet. C'est ainsi qu'Héri-tep se trouva placé au hasard d'une bousculade sur le numéro « 64 » de ce damier géant. Sur l'une des tribunes, en un espace aménagé au centre des hourds, venait d'apparaître le Roi, entouré des dignitaires. Le cortège officiel était encadré de pavillons battant aux vents taquins du lagon, ils représentaient les emblèmes héraldiques des villes placées sous l'hégémonie royale. Sur les gradins alentour, la foule se leva pour ovationner son Souverain. Ce dernier attendit que les marques de sympathie qui lui étaient destinées se soient apaisées. Debout, il maintint ses bras tendus au-dessus de cet amphithéâtre au fond carrelé qu'il dominait du regard. En bas, sur l'esplanade du cirque, se tenaient rangés les favoris au titre de Zu-En. Sa Majesté balaya du regard l'occupation des 144 carreaux blancs consacrés aux Prêtres, c'est alors que sa voix aux intonations solennelles se fit entendre :

- *Soyez loués chers prêtres, d'être parmi ceux que des mains innocentes ont choisi, elles furent guidées par les dieux. Le vainqueur, je l'espère, gravira le premier étage de la Ziggourat et deviendra durant une année l'incarnation du dieu Lune par la grâce de Nanna, héros des peuples de Mésopotamie.* **Nous, Hirib-Nanzu, Roi de Sumer, déclarons ouverts les jeux de la « Croisée des Lunes ».**

Les acclamations reprirent mais, très vite, les regards convergèrent vers le Septentrion. Héri-tep découvrait là, une coutume ancestrale singulière. Au sommet des gradins Nord se trouvait une ouverture de galerie qui débouchait sur une plateforme. Suivait une descente abrupte en direction du cratère. Celle-ci se scindait en trois, et puis de trois en six, pour offrir un choix final de douze portes numérotées, lesquelles occupaient toute l'étendue nord de l'horizon. Il en allait ainsi pour les trois autres directions qui encadraient le carroyage où se trouvait rassemblée la prêtrise.

Les trompettes annonçant l'ouverture des jeux retentirent au septentrion. Elles coïncidèrent avec la venue d'un quatuor écarlate de fauconniers royaux. Ces gens de couleurs maintenaient un aigle géant à la pointe de leurs perches. Des filets furent disposés sur les galeries de manière à ce que l'aigle ne soit pas tenté par des espaces moins contraignants que ceux qui lui étaient imposés.

À un signal donné par le Monarque en personne, les préposés lancèrent le volatile dans l'unique passage aux pentes abruptes du lacis. Très vite, les ailes immenses de l'oiseau se heurtèrent aux cloisons. Ce qui eut pour effet d'ébouriffer ses rémiges, de sensiblement déstabiliser son vol et de calmer son ardeur. Il se mit alors à progresser par bonds successifs, marchant et voletant tout à la fois. À chaque embranchement de cette descente infernale, les fauconniers placés à l'arrière prévenaient ses hésitations en contraignant l'animal à faire rapidement le choix d'un couloir.

De balancements en tâtonnements, l'aigle parvint ainsi à la troisième porte, sur les douze que comprenait l'horizon Septentrional. La foule applaudit, lorsque les arpenteurs royaux fixèrent le jalon emplumé qui en délimitait l'endroit.

C'est alors que les regards enjoués se dirigèrent vers le Levant où, déjà, dans la coursive supérieure, se manifestait un équipage empanaché. Au milieu d'eux se tenait, calme et fier, un Lion à crinière de feu. Probablement était-il originaire des contrées du Sud, car sa taille était étonnamment haute. Il fut lâché lui aussi dans un réseau de galeries descendantes semblable à celui emprunté précédemment par l'aigle. À chaque embranchement, des piquiers se tenaient sur le rebord des murs, afin de prévenir les hésitations du fauve. Ainsi brusqué, l'animal parcourut le tracé avec la féline promptitude des coureurs de savane. Il termina son périple à la huitième porte de l'horizon Oriental.

Le peuple manifestait encore son approbation, que déjà le Midi attirait les regards. Un magnifique taureau noir venait de faire son apparition, une tache blanche en forme de losange ornait son bulbe frontal large et puissant. Les rubans rouge vif de son collier dansaient dans son regard furieux et une multitude de tresses, d'une extrême finesse, contrastaient avec sa musculature d'un luisant ébène. En pesant sur le contrepoids, des bouvières empanachées levèrent la poutre d'accès qui conduisait aux galeries, puis, munies de longues piques, elles incitèrent l'animal à s'engager dans la pente aux coursives.

Le colosse déboula rapidement les premiers méandres, puis il s'arc-bouta, queue haute, escorté par un nuage de poussière. Un instant, son énorme masse parut hésiter entre deux voies qui s'offraient à lui. Ayant effectué son choix, il se dirigea à allure moindre et obliqua sur la gauche pour émerger de son nuage à la septième porte du Midi Cardinal. L'assistance applaudit unanimement. La Haute Prêtrise, rassemblée sur les estrades d'honneur, persista à ovationner le taureau bien après que la foule se fut tue. Lorsque toutes les acclamations eurent cessé, les visages se tournèrent vers le Ponant.

Héri-tep, dont la curiosité s'émoussait avec le déploiement des attractions, fit de même ! Dans le cadre de la symbolique traditionnelle, il s'attendait à voir apparaître l'un de ces êtres ailés, mi-homme, mi-esprit que dépeignaient les légendes. Ce fut une vestale du temple, une de ces vierges purifiées, dont la grâce gestuelle et les qualités vocales avaient pour apostolat de subjuguer l'âme. Elle était vêtue de voiles, que gonflaient avec indolence les vents malicieux de Baal.

Deux assistantes qui avaient bandées ses yeux, s'employèrent ensuite à la faire tourbillonner sur elle-même, après quoi, elles la dirigèrent vers l'unique couloir donnant sur le couchant.

La jeune vestale plaça ses mains en avant. Sa démarche demeura cahotante jusqu'à la fin du parcours. Elle aboutit à la huitième porte de « l'horizon des ombres ». Les assourdissants applaudissements des Prêtres couvrirent un instant ceux de la foule elle-même. Certains d'entre eux visualisaient le point de coordination des axes, lequel, au vu des regards convergents caressaient un endroit qu'il estima à peu de distance en avant de sa position. Cette vraisemblance excita sa curiosité, bien qu'il ne décelât personne dont le faciès ou l'habit relevât d'une quelconque originalité. Le Dubshar, Crieur du Roi, se leva, il étendit les bras sur cette assemblée passablement excitée :

- *Vénérables Pairs et humbles Prêtres en ces lieux réunis,* harangua-t-il sur un ton magistral : *Enki, Maître des sciences et Nabu, Maître du destin, ont tracé le croisement. Par la grâce de Nana-Zu-En, l'astre des nuits s'est posé sur l'un de vous. Veuillez tous demeurer courbés, front contre terre, yeux clos, au Levant d'horizon, jusqu'à ce que les gardes vous incitent à vous mettre debout. Celui, désigné par « Les 4 Principes » restera seul en son nombre et place. Maîtres Arpenteurs, au nom de Sa Majesté le Roi, nous vous autorisons à croiser les nombres sur les cordeaux.*

Un intense brouhaha laissait pressentir la tension engendrée chaque année par cet ultime instant. Comme tout un chacun, Héri-tep se plia au protocole établi. Il observa que ses voisins Prêtres ramenaient sur leur front un pan de la tunique qui les vêtait, dans l'espoir peut-être, de mieux supporter le contact du sol sur lequel le front reposait.

- *Ferme tes yeux, mon frère !* lui souffla un proche. *Aucun d'entre nous ne doit suivre le tracé des Maîtres Arpenteurs.*

Combien de temps ce chambardement dura-t-il, Héri-tep n'aurait pu le dire. Il demeura ainsi recroquevillé sur lui-même de longues minutes. L'asphalte sur lequel il se tenait fut harcelé d'allées et venues, de piétinements, de raclement, puis, le silence se fit, intimidant, presque menaçant en sa plénitude. Scrupuleux par principe, le Grand Prêtre avait clos ses paupières afin de respecter l'esprit de tradition. Mais la situation devenait à ce point contraignante, qu'il était à deux doigts d'édulcorer ce rigorisme, lorsque de nouvelles vibrations se propagèrent. Quelqu'un venait, semblait-il, à pas comptés.

L'écho se fit proche, très proche, puis cessa. Tout bruit au loin s'était évanoui. Un silence inexplicable occupait la place. Qu'était devenue cette foule à la rumeur bourdonnante ? Il était impensable qu'elle se soit dissipée en si peu de temps. Elle était donc là, paradoxalement présente, obsédante même en son mutisme. Il sursauta, lorsqu'une voix à l'intonation posée, vint mettre un terme à ses réflexions :

- *Gloire à toi, Héri-tep, Vénérable Pair d'Ath-Kâ-Ptah ! Les cordeaux sacrés ont croisé leur œuvre sur la 64e case. Tu es L'Élu Zu-En, le deux fois né. Les dieux t'ont placé sous la souveraine tutelle de Notre Majesté. Que ton esprit s'honore de notre affection.*

Une main fleuronnée d'or venait de se poser sur son épaule. Il releva la tête. Seul, défait de son escorte traditionnelle, le Roi souriant se tenait devant lui. Dans une atmosphère frénétique, une tempête de hourras ébroua les tribunes. Sur l'invitation du Souverain, le Grand Prêtre se mit debout. Il croisa ses mains sur sa poitrine :

- *Votre Majesté, suis-je vraiment digne des éloges qui me sont exprimés ? Une erreur d'interprétation... est toujours possible !*
- Hyrib-Nanzu eut un sourire tolérant : *S'il en allait ainsi, Héri-tep, il nous faudrait remettre en cause les fondements de nos traditions... Serais-tu à même d'en évaluer la portée et d'en assumer la réforme ?*
- Le Grand Prêtre sourit à la boutade du Roi : *Vous n'ignorez point, Majesté, combien je suis épris de vos traditions liturgiques, dont les notions symboliques sont sensibles à mon état intime. Je suis également dévoué à votre cause et à celle de Pharaon avec lequel vous entretenez une cordiale amitié. Toutefois, pardonnez-moi de vous rappeler, Majesté, que je suis missionné par mon Maître de conscience, et que je ne peux me fidéliser à vos mœurs, comme il me serait agréable de le faire.*
- *Place ces préjugés sous tes sandales et viens !* Ordonna le Roi, sans prêter grand intérêt à la nature de ces objections. *Regagnons la tribune. Aujourd'hui, ta place est à la droite du trône.*

Ovationné par la foule, Héri-tep reçut de Yasna l'accolade traditionnelle. Quelques instants plus tard, celui-ci lui glissait à l'oreille :

- *Il va de mes obligations de te préciser, mon cher Héros Zu-En, que ces manifestations louangeuses n'ont point seulement pour effet de ta propre nature.*
- *En ai-je sollicité l'expression, Yasna ?*
- *Évidemment non ! Mais je me devais de t'informer qu'elles s'adressent pour une part égale au Roi. Le peuple garde souvenance que sa Majesté a émis le désir que tu l'assistes lors de la cérémonie du consentement. Cela... avant que les dieux ne te consacrent Zu-En. Et j'ajouterais que ce choix judicieux effectué parmi la kyrielle des Pairs, corrobore le charisme du Lu-gal. C'est un très bon présage pour l'avenir. Vois, Ur la blanche est en liesse, grâce à vos doubles et célestes transcendances.*
- *Tu pourrais toi-même revendiquer pareille intuition, n'es-tu point allé me quérir au fond d'une geôle innommable, pour ensuite*

me rehausser au rang des dignitaires de ce royaume. Peut-être même as-tu suggéré au roi l'honneur qui m'est fait en ce choix des Lunes ?

- Oserais-tu, mon frère, m'attribuer un tel pouvoir ? Peut-être aurais-je pu influencer la vierge, de ce jeu... encore que ! Mais à la fois, l'aigle, le Lion et le taureau, c'est m'octroyer de bien grandes facultés. J'apprécie ton humour, mais tout de même ! Viens... des agapes nous attendent !

***

Les convives achevaient ce repas frugal, qu'agrémentaient les lyres des prêtres musiciens, lorsque Héri-tep constata que la foule gagnait, par petits groupes épars, la voie royale menant à la Ziggourat. Rompant avec ce rituel festif, le Grand Sanga rejoignit son ami, dont il entoura de son bras ses épaules enguirlandées de feuillage honorifique :

- Je trouve qu'il serait navrant que cette glorieuse félicité se dilue dans l'indifférence générale, alors qu'il ne tiendrait qu'à toi, mon frère, de l'immortaliser à jamais. Et de satisfaire sa Majesté, ton serviteur et cet aréopage.

- Peux-tu me préciser la signification de tes propos, Yasna ?

- Le Pair des Pairs eut un regard espiègle : La tradition, mon frère, consacrons à la mémoire des traditions, celle-ci souhaiterait qu'en tant qu'élu Zu-En et héros désigné par les dieux infaillibles. Que tu participes... si tu y consens, bien évidement...à l'élévation Suprême.

- L'élévation...mais de quelle élévation s'agit-il ? Par tous les dieux de Kalam, qu'entends-tu par ce verbiage dérobé, Yasna ?

- Pour ne rien te cacher, le Roi et moi avons nécessité de concrétiser, auprès des peuples limitrophes, les choix inspirés que nous avons faits. En d'autres termes, confirmer notre autorité... l'asseoir si tu préfères. Je poursuis... Si tu parvenais à franchir une ou deux de ces épreuves, non seulement tu corroborerais les options du royaume, mais tu pénétrerais vivant dans la légende, mon frère. Tu serais alors qualifié de fils Zu-En, héros du peuple. Rares, à ce jour, sont ceux qui ont bénéficié de telles circonstances honorifiques. Les anciens n'en gardent d'ailleurs aucun souvenir, ce serait une

manne céleste qui nous rendrait, je ne saurais te le cacher, le plus grand service.

- *Je me vois comme l'instrument de votre politique, et tu voudrais que je réussisse, là où des générations ont échoué... moi l'étranger ? Cette absence de discernement m'effraye, Yasna. Puis-je savoir quel type d'épreuves vous envisageriez de me faire subir ?*

- Yasna ne put s'empêcher de sourire à l'attitude interloquée d'Héri-tep : *Ne t'inquiète point, mon frère, cette coutume a le mérite de plaire à la population. Le côté symbolique, vois-tu, ne saurait se départir du côté ludique... Il est de notre devoir d'y adhérer ! Je sais que tu réponds pleinement aux critères de connaissances qu'il est nécessaire de posséder, pour se tirer d'affaire en une ou deux épreuves.* Le Grand Hiérarque ajouta sur le ton de la plaisanterie : *Craindrais-tu davantage l'enthousiasme du peuple que l'ire des dieux ?*

- *Je craindrais surtout que tu me considères comme un pitre, apte à récréer les masses en mal de divertissements. À moins que mes exploits éventuels servent tes ambitions ? J'avoue être dépassé par ta proposition, Yasna ! Par ailleurs, je sais te devoir la vie, c'est un cas de conscience !*

- Un sourire attristé sur les lèvres, le Grand Sanga cessa d'avancer : *Bien, n'en parlons plus ! Ceci étant, je ne te cache pas, que je suis choqué par cette horrible opinion que tu as de ma personne ! La tradition vois-tu, a devancé mes pseudos-manigances de quelques siècles. Chaque année, à l'équinoxe de Nisan, « La Croix des Lunes » honore un Pair. On ne peut que souscrire à une telle élévation... Je ne vois pas où est... la compromission dont tu parles ? Mais si tu as fait choix du refus, nous t'estimerons tout aussi respectable !*

Le visage d'Héri-tep accusa une certaine perplexité. Pouvait-il rejeter avec désinvolture le souhait de cet homme exceptionnel à qui il devait la vie !

- *Et si, par incompétence, ignorance, inaptitude ou tout autre handicap, je ne parvenais pas à franchir ces diverses épreuves. Qu'adviendrait-il de la mandorle dont vous me couronnez ? N'irais-*

je pas alors à l'opposé de vos intérêts ?

- *Ho, je pense que cela n'altérerait en rien l'opinion des dieux,* affirma Yasna sur un ton réfléchi. *Quant à l'opinion des hommes... j'aime à croire, qu'elle t'est secondaire.*

- *C'est possible, mais la tienne ne m'est nullement secondaire, ma seule crainte, vois-tu est de te ridiculiser, Yasna. Cela me ferait plus mal qu'à moi-même.*

Les sonorités aigres des trompettes mirent un terme à leur entretien.

Dans l'après-midi du même jour, vêtu seulement d'un pagne et accompagné d'une petite délégation, Héri-tep l'Égyptien, l'élu Zu-En de Sumer, s'engagea sur la voie processionnaire qui allait du temple aux jardins de la Ziggourat. Tout au long du parcours, une foule nombreuse se pressait sur les barrières de chanvres noués, lesquelles ployaient allégrement sous ces poussées d'enthousiasme. L'allure altière de cet égyptien, son pas assuré et l'impassibilité de son visage, en faisait l'effigie type du héraut des légendes. Les coiffures volaient haut en signe d'encouragement, alors que les grinçants crickets de bois ajoutaient leurs tintamarres à la cacophonie ambiante. Un ludisme bon enfant occupait les esprits résolument tournés vers la fête.

Chapitre VIII

Alignés devant lui, telle une armée de parade, fringants de houppes de baudriers et de cocardes, se tenaient immobiles les gens de métiers. Chaque homme arborait la bannière de sa corporation, crosses sculptées à l'effigie des dieux protecteurs, falbalas de soutaches et cimiers à aigrettes ornementaient le bestiaire héraldique. Droits au vent, barbes frissonnantes, poignes sur l'outil, tous attendaient cet Égyptien que l'on prétendait sorti de l'ombre des geôles pour gagner celle du sceptre. Un vieil homme se détacha du groupe. En clopinant, il vint ainsi au-devant du Grand Prêtre :

- *Je me nomme Kanu, Frère Vénérable. Je suis Maître de Caste, en ce qui préoccupe les gens de métiers. Les Pairs m'ont désigné afin de t'épauler de mes conseils lors des épreuves. Accepterais-tu mon parrainage ?*
- *Avec joie !* dit Héri-tep. *Je fus et demeure l'un des vôtres en mon pays et j'aurai grande oreille à tes recommandations.*
- *Appelle-moi Kanu, Vénérable ! Tu as donc besogné de l'outil avec cœur, avant d'évoluer vers la prêtrise ?*
- *Tout au long de mon noviciat et bien après, Maître Kanu !*
- *Cela facilitera notre dialogue,* reprit l'homme des huttes avec un sourire pétri d'aménité. *Le premier barrage que tu vas devoir affronter, consiste en trois épreuves regroupées. Elles ont trait aux travaux communs. Celles des Métayers, des Bateliers et des Bouviers. Tout homme élevé a assurément quelques notions afférentes à ces tâches. Mais tu sais, comme moi, qu'il existe mille façons de prendre un ouvrage, et mille autres pour le mener à bien. Si ton travail est apprécié des Maîtres d'œuvres, tu obtiendras d'eux l'accès à la seconde épreuve, elle aura pour cadre la Ziggourat.*
- *Devrai-je considérer qu'il s'agit là d'un grand honneur ?*
- *Tout à fait, mon frère. Par le mystère de la croix Zu-En, les dieux t'ont extrait du carré de l'indifférence. Seuls les résultats obtenus*

pourront te permettre de gravir les échelons de la Ziggourat, que tout initié à la fois redoute… et désire !

Héri-tep se souvenait avoir entendu de semblables exhortations en son enfance en pays de Kem. Il inclina la tête par esprit d'acceptation, tout en commençant à discerner le caractère symbolique et particulier de ces épreuves. Sur un signe du Maître de Caste, quatre hommes de haute stature gagnèrent le terre-plein sur lequel ils se trouvaient. Ils étaient porteurs d'outils et poussaient devant eux une paire de bœufs. Kanu se tourna vers l'impétrant :

- *Il s'agit pour toi, de pénétrer les voies subtiles du labeur de la terre. Il y a là deux animaux de trait, un hoyau et son socle de bronze, un aiguillon, un joug et des sangles. La question est celle-ci : Tu es seul, au jour naissant sur un terrain vierge, que tu es appelé à exploiter pour la première fois, tu as pour devoir de tracer deux sillons. Quels seront-ils ? Et comment vas-tu t'y prendre, sachant que la notion hermétique ne peut être étrangère à ton œuvre qui a double signification ?*

Autour d'eux, la rumeur engendrée par ces milliers de personnes s'était muée en un pépiement diffus. Le rôle de « Zu-En », que l'on venait de lui attribuer, était soudainement devenu le pôle attractif de tout un peuple en quête de références. Aussi impersonnel fut-il, cet état de fait le troublait, car il subodorait qu'il allait bien au-delà de l'épreuve.

Le regard d'Héri-tep se posa sur les deux bovins que l'on venait de placer à l'ombre d'un vieux caroubier. Les dés étaient jetés, il n'avait plus le choix. D'un pas décidé, il alla flatter l'encolure des ruminants avec l'intention de vaincre leur réticence. Ce n'est qu'après s'être fait connaître par des caresses répétitives, qu'il se décida de poser le joug sur la nuque du premier, puis de le glisser sur le second. Avec grandes précautions, il entreprit de lier ce bois de jumelage à leurs cornes à l'aide des lanières de cuir. Au fur et à mesure qu'il avançait en sa tâche, les gestes instinctifs de son enfance revinrent animer ses mains. Une voix errante en sa mémoire ouvrit subtilement le dialogue avec lui-même :

- « *Tu t'y prends mal, Aouâ, ne serre pas trop aux emmanchures, tu risques de taler ! Là... Tu peux lâcher gauche et boucler à cheville... Voilà qui est bien, mon garçon ! Maintenant, grattes-les sous le cou, ainsi comprendront-ils que tu les aimes. Ils ont besoin, vois-tu, de se sentir aimés pour avoir force et courage aux sillons. Regarde, Aouâ, regarde comme leurs yeux sont tendres pour toi !* »

La voix chaude et grave de son père était omniprésente, elle envahissait tout son être. Héri-tep se sentit étreint par l'émotion !

- « *Attends, petit ! Attends avant de placer le timon de l'araire. Vérifie si rien ne les pique ou ne les tale. Si leurs sabots se posent francs et si les chasse-mouches sont bien noués.* »

Quelques instants plus tard, le Grand Prêtre réalisa qu'il venait de mener à bien, sans qu'il n'en eût pleinement conscience, une partie de la tâche qu'on lui avait demandé d'accomplir. Comme son père le lui avait appris, il s'éloigna alors de quelques pas pour fixer en terre l'aiguillon de roseau. Ne fallait-il pas apprécier l'orientation de l'ombre ? Il visualisa ensuite l'angle de la perpendiculaire, glissa de quelques degrés vers l'équinoxe et plaça le soc au sillon. Le regard brouillé, le corps gibbeux, les bras ancrés au levier de houe, il héla les bêtes et traça Levant. Après deux gars de parcours, il leva le soc, gagna la croix et traça Midi.

Une longue ovation accompagna ses premiers résultats. Mais Héri-tep l'entendit à peine. Depuis un moment déjà, son cœur voyageait en pays d'Égypte. Précisément dans la plaine d'Akhet, près de l'étang aux deux lotus où, pour la première fois, jeune enfant, son père lui avait confié le mancheron de l'araire.

***

L'épreuve suivante fut celle des Bateliers. Il s'agissait de réaliser les quatorze nœuds des Nautes. Là encore, il fut assisté par les souvenirs de sa prime enfance. En remontant le temps, il se voyait recroquevillé sur le plancher du Nefer-rem, le chalut du père Othy. Derrière son épaule, il sentait le regard impitoyable de ce vieux pécheur, dont la peau était plus tannée que celle des momies :

- *« Tire long au brin, par Sobek !* jurait celui-ci. *Si tu t'y prend ainsi, tu vas filocher sous la charge et ventiler le grain ! »*

Ces résonances lointaines l'incitèrent à une meilleure application. Bientôt, il étala à la vergue les quatorze nœuds des Nautes, tous différents de fonction. Mais déjà, des chants pastoraux annonçaient la venue des Bouviers. Vêtus de leurs plus beaux atours, ceux-là conduisaient un troupeau d'une trentaine de têtes.

- *Félicitation, Héri-tep, maintenant regarde ce cheptel, mon Vénérable Frère !* lui indiqua Kanu. *Deux de ces bêtes sont stériles, trois portent des veaux, et cinq sont âgées. Les autres n'ont rien de particulier, si ce n'est que parmi toutes, il en est une, reine du troupeau. Si tu parviens à la localiser, il te faudra alors lui chapeauter les cornes de ce disque lunaire. Le temps qui t'est imparti est limité,* ajouta à regret le Maître de Caste. *Tu as un ubanu d'ombre au cadran, pour établir ta sélection et désigner au Maître métayer les animaux de ton choix... Que les dieux aiguisent ton discernement !*

Avant d'étudier les cinq thérapeutiques aptes à soulager les maladies humaines, Héri-tep avait eu pour mission de s'occuper du cheptel d'Amon Rê au temple d'Iounou. Aussi étonna-t-il beaucoup l'assistance lorsqu'on le vit établir sa sélection en tâtant ventres et croupes lorsqu'il ne retroussait pas mufles et queues. L'étonnement s'accrut quand on remarqua qu'il crachait dans l'œil des bovins, sans que l'on sut exactement pourquoi.

Il allait de l'un à l'autre de ces ruminants avec l'aisance qu'ont les vachers confirmés. S'étant arrêté net devant une vieille rosse à l'œil pantois, il plaça résolument entre ses cornes écaillées, le disque d'argent dont il était porteur. Puis, apparemment satisfait de la tâche qu'il venait d'accomplir, il regagna l'ombre du caroubier.

Les examinateurs mirent plus de temps à vérifier ses options qu'il ne lui en avait fallu pour les adopter. Lorsque, enfin, ils entérinèrent son choix. Le public manifesta son enthousiasme en projetant coiffes et bannières vers le ciel. Kanu s'étant approché, Héri-tep leva vers lui un regard à la foi affectueux et espiègle :

- *Le jeu ne manquait pas de subtilité, Maître Kanu ! Les 29 vaches sont analogues aux 29 jours du mois lunaire. Les 2-3-5 à identifier sont en décimales équivalentes aux 235 lunaisons. En allant plus loin, 2+3+5 = 10, ce qui revient à 29 moins 10 = 19 ou 19 ans, après quoi, la vieille Lune est Reine. Cela est-il exact, Maître Kanu ou n'est-ce là... que concours de circonstances ?*
- Le visage du vieillard s'illumina : *Je n'ai jamais pensé, mon frère, que la symbolique de ces épreuves pourrait t'échapper. Voilà maintenant que tu vas devoir quitter la Lune pour te trouver en partance pour le Soleil.*

Trois jeunes filles vinrent successivement placer sur les épaules du Héros Zu-En, trois colliers d'amulettes. Kanu précisa que celles-ci les avaient confectionnés afin de mettre en évidence les trois qualités du vainqueur : Les racines, représentent l'ardeur de l'élévation vers la lumière, les dents, le combat nécessaire pour y parvenir et les coquillages, pour inciter à la méditation en l'épreuve.

- *Ton succès, Vénérable Maître, t'a placé sur la voie Royale. La tradition veut que des hommes en armes en défendent l'entrée. Pour que ces veilleurs te cèdent le passage, il sera nécessaire qu'ils t'identifient aux hommes d'honneurs, qui sont censés peupler leurs rangs. Si tu remplis leurs critères de courage et d'adresse, tu peux, mon frère, espérer gravir le premier des sept étages de cette Ziggourat.*
- *Agis selon tes consignes, Maître de Caste, je suis maintenant disposé à relever le défi, dussé-je y laisser la célébrité que pour l'instant on m'octroie.*

***

Accompagné d'une délégation dont il avait gagné l'estime, le Grand Prêtre se rendit dans le quartier des officiers. Ces derniers étaient rangés sous des auvents empourprés, environnés de hampes aux gonfalons flottants. Après les formules d'usage, le Tartan, Général en chef, homme corpulent, entama un énoncé préliminaire :

- *Être un homme d'armes n'est point une sinécure. Il faut savoir obéir sans répliquer et souffrir sans se plaindre. On demande à un tel homme d'être courageux, fort de souffle et de membres, adroit de ses armes, prompt au combat et loyal jusqu'à la mort. Les tests habituels permettant de t'identifier comme étant l'un des nôtres ne peuvent être appliqués dans les temps autorisés. Admettons que, pour cette énumération, l'épreuve soit simplement théorique ; elle a trait au vécu. Tu as, Vénérable Maître, nous le savons, banni à jamais le mensonge de tes propos. C'est en vertu de cette assurance que nous te poserons, sans arrières pensées, les questions suivantes ! As-tu marché des jours durant dans la chaleur du désert ?*
- *Oui*, confirma Héri-tep, *des jours, des jours et des jours !*
- *As-tu eu soif au point de perdre conscience ?*
- *J'ai failli à maintes reprises passer de vie à trépas !*
- *As-tu été en péril... As-tu risqué ta vie ?*
- *Un si grand nombre de fois, qu'il m'apparaîtrait indécent de les énumérer !*
- *Nous croyons, et nous nous imaginons sans peine, que tu as vécu ce que souffrent la plupart des hommes d'armes. Ces derniers ont de surcroît la discipline, laquelle intervient souvent sous forme de châtiments corporels. Aurais-tu, comme la plupart d'entre nous, été meurtri en ta chair ?*

Héri-tep laissa glisser la tunique qui recouvrait ses épaules et sans prononcer un mot, il se retourna. Un silence se fit, mais aucun commentaire d'apitoiement ne provint du groupe des officiers.

- *Ces cicatrices sont éloquentes !* poursuivit le Tartan. *Nous allons passer à l'épreuve pratique ; elle consistera pour toi à cibler juste. Te sens-tu apte à tenter les épreuves ?*
- *Comme chacun d'entre nous, j'ai appris à manier le javelot et tirer à l'arc ! J'ai guidé la main de mon jeune souverain, lorsqu'il m'a été donné d'être son précepteur, mais cela ne présume en rien*

mon adresse.

- Nous verrons ! Que l'on prenne les dispositions nécessaires ! enjoignit d'une voix ferme l'officier supérieur.

Quelques instants plus tard, Héri-tep fut invité à placer une javeline dans un mannequin d'osier. L'éloignement de la cible atteignait la limite de ses possibilités. Il mobilisa toutes ses forces, et la pointe de l'arme alla se ficher dans le flanc gauche de la forme. Elle se maintint ainsi, miraculeusement retenue par quelques fibres végétales. Sans être une performance remarquable, le trait resta planté dans la cible et le lancer fut considéré par les examinateurs comme tout à fait honorable. Cette action lui valut une longue ovation de la foule.

On demanda ensuite au Grand Prêtre d'opter pour une monture. Contrairement à toute attente, il inclina vers les rares chevaux qui se trouvaient exposés. Ce choix surprit fort les hommes d'armes aguerris, car peu nombreux étaient ceux qui cumulaient audace et dextérité pour affronter la monte réputée ardue de ces ânes de montagne. Peu répandus en Mésopotamie, leurs réactions vives étaient estimées imprévisibles et dangereuses. Cette réputation expliquait en partie le manque d'engagement qu'ils suscitaient.

La jument, choisie parmi ces équidés, n'égalait en rien le prestigieux Arou ou l'admirable Tan. Au demeurant, celle-ci avait été dressée et se montrait suffisamment obéissante, pour qu'il puisse envisager une démonstration. Après lui avoir placé une bride à niveau de mâchoire, au grand étonnement de tous, le Zu-En s'éloigna pour lui gratter le cou et lui parler délicatement à l'oreille. Puis il monta en selle et lança l'animal au galop. Il fit alors se succéder à un rythme soutenu, retournements et courts sauts d'obstacles. De mémoire de Sumérien, personne, jamais, n'avait assisté à un spectacle équestre aussi osé. Les officiers, en premiers, manifestèrent un enthousiasme débordant. Quant au petit peuple, il avait repoussé les buissons de sécurité, pour approcher au plus près cet authentique héros que venait de lui donner « La croix des Lunes ». Lorsque, dans un nuage de poussière, Héri-tep sauta à bas de son âne de montagne, la foule se répandit en applaudissements. L'étonnement fut grand, car selon ses affirmations, il n'avait pu réaliser que le tiers de ce qu'il espérait.

Au bord des larmes, Kanu le rejoignit sur la pelouse des démonstrations :

- *Il te reste, Vénérable Maître, l'épreuve dite du « double courage » axée sur le tir à l'arc. Toutefois, les officiers Supérieurs me chargent de te dire qu'ils t'en exemptent, pour te remercier de la savante démonstration équestre que tu viens d'effectuer.*
- *Ce n'est point dans mes habitudes de me soustraire à mes obligations, Kanu. Dis-leur que je me tiens prêt à poursuivre.*

La dernière épreuve, suggérée par les hommes d'armes, se confirma bientôt par la venue sur le terrain de trois personnages. Celui qui se trouvait au centre était porteur d'une longue cagoule, dont les pans en cotonnade baillaient sur une aube blanche. Le trio s'arrêta à portée convenable pour la précision d'un tir à l'arc. On remit à l'homme dont le visage était dissimulé, un plot de liège sur lequel était tracée une cible d'une coudée de diamètre. Le volontaire reçut l'ordre de maintenir celle-là à hauteur de sa poitrine. Après avoir vérifié l'exacte conformité des éléments de l'épreuve, les deux officiers accompagnateurs s'éloignèrent de quelques pas. Demeura cette créature austère, dont le vent seul animait la défroque.

L'épreuve, à n'en point douter, requérait une grande maîtrise de soi. Héri-tep ne se sentait pas l'âme d'un archer, il avait conscience, que si le trait déviait de son but, il risquait de provoquer chez cet homme résolu, une grave blessure à la tête ou aux membres. Une ordonnance vint expliquer au Grand Prêtre que, selon la tradition, on voilait la face de l'homme-cible, pour éviter que les deux regards ne s'ajustent en pareille circonstance et ne viennent à influer sur la précision du tir. Ce qui lui parut être une initiative de bon sens.

Pendant quelques secondes, Héri-tep se livra à des exercices musculaires et respiratoires. Il se remémora trois principes immuables, que les archers Nubiens lui avaient enseignés :

« Garder son calme... Nulle volonté agressive... Laisser agir au mieux l'intuitif ».

D'un geste pondéré, l'arc s'éleva à hauteur du regard. Il y eut un mouvement de foule suivi d'un murmure général. Puis, ce fut le silence. Ce silence était si oppressant qu'il fascinait son mental ; il le sentait suspendu à son souffle, ténu comme un fil que la moindre oscillation pouvait rompre. En cette circonstance, un seul Maître était apte à lui venir en aide. Il n'avait plus le choix de ses souvenirs, il fit appel aux conseils de Raman :

« Ne contracte pas tant tes épaules ! Ne crispe pas tes doigts ! Efforce-toi de désolidariser ta volonté du but à atteindre ! Laisse agir d'autres forces, afin que ce soit toi et non la flèche qui se propulse vers la cible. Surtout, n'oublie pas qu'à l'approche de l'instant ultime, il te faut fermer les yeux. Oui ! Fermer les yeux. À ce moment précis, l'œil se doit d'être à l'extrémité de la pointe, pour guider le trait. »

Tendu à l'excès, le boyau claqua avec la sonorité âpre d'une voilure humide sous l'effet du vent. La cinglante sensation du lâcher brûlait encore l'extrémité de ses doigts, lorsqu'un haro bref, émanant de la foule, le figea d'effroi !

L'improbable s'était produit. Le bélître au visage de lin avait laissé choir le plot de liège, au moment précis du lâcher de trait. Sur la poitrine de l'homme, à l'emplacement exact qu'aurait dû occuper la cible, était fichée une blanche empenne auréolée d'écarlate. Sans proférer une plainte, la forme se laissa glisser mollement sur elle-même, avec le bruit croulant d'une étoffe que l'on froisse.

Aussitôt, de tous côtés, accoururent gardes et examinateurs. Le cœur battant chamade, les yeux extasiés par l'image obsessionnelle de l'impact, Héri-tep se précipita à son tour. Parvenu auprès de la victime, la poitrine haletante, il s'accroupit en tentant de lui soulever légèrement la tête. Afin de faciliter la respiration saccadée de l'homme, il entreprit de retirer avec précaution la cagoule qui dissimulait sa physionomie.

C'est alors qu'il fut frappé d'hébétude : le faciès qui était à une demi-coudée de lui était celui du Prince Seski ! Le visage hâve, le frère du Roi maintenait ses yeux semi-ouverts. Ses doigts fébriles cherchaient à attirer la manche du Grand Prêtre. Sans doute désirait-il s'exprimer, bien que le sang déjà afflue à la commissure de ses lèvres. Tout en suffoquant, il fit grand effort pour balbutier quelques mots :

— *La main qui hier le tua… me tue aujourd'hui. Tu as… ridiculisé mon autorité… es-tu… la manifestation du destin… je te…*

Le Prince, dont les traits se crispèrent, ne parvint plus à coordonner ses phrases. La scène ne dura qu'une minute à peine. L'ombre s'épaissit autour d'eux, la foule se fit plus dense. Le teint blafard, Héri-tep releva la tête. Yasna, le buste essoufflé, se tenait devant lui :

— *Nous allons le faire évacuer en un lieu de soins où des exorcistes s'occuperont de son sort. Ne te lamente point, tu n'es pour rien en cette affaire !*
— *Pour rien !* répéta Héri-tep en se relevant. *Je l'ai tué, Yasna ! J'ai manqué ma cible, et… et… je l'ai tué !*

L'officier d'ordonnance, astreint à l'observation des épreuves, jugea opportun d'intervenir :

— *Nullement seigneur, si nous raisonnons d'après l'impact, la flèche aurait dû atteindre le centre de la cible. C'est l'endroit exact de la blessure. Pour les observateurs dont je suis, tu n'es en rien responsable d'un manque de précision, Vénérable Maître.*

À quelques pas d'ici, les Prêtres accourus se livraient à des déprécations en faveur du blessé. Alors que d'autres s'ingéniaient à le glisser sur un lit d'entrelacs. Héri-tep se sentit concerné au plus profond de lui-même. *Comment peut-on de manière rationnelle s'expliquer ce stupide accident ?* L'officier adopta un air dubitatif :

— *Votre Éminence, est-il crédible de considérer que le plot lui ait échappé des mains à l'instant précis du lâcher ?*

Yasna ne répondit pas, il attira le Grand Prêtre à l'écart de cet attroupement de curieux qui ne cessait de s'accroître :

- *Soyons clairs, Héri-tep. Le plot n'a pas pu lui échapper, des milliers de gens sont témoins. Il l'a laissé choir à dessein un tiers de seconde avant l'impact.*
- *À dessein... Tu penses à un suicide... spectaculaire ? Je ne te cache pas, Yasna, qu'une aussi abjecte hypothèse me paraît improbable. En ce qui me concerne, la vengeance ne fait pas partie de mon éthique, je la confie aux dieux. J'avais oublié jusqu'à la présence du Prince en cette cité, je le pensais à la chasse ou en voyage selon ses tendances ! Mais maintenant une question se pose ! Connaissant le différend qui nous concernait, comment se fait-il qu'on l'ait autorisé à tenir cette cible ?*

Le Pair des Pairs pinça avec une attention appliquée la pendeloque en or qui ornementait son oreille. Il s'arrêta de marcher, son regard se fit à la fois pesant et interrogateur :

- *Il y a peu, le Prince avait demandé audience auprès du Roi. Ayant été informé de la qualité des épreuves au cours des festivités, il avait émis le désir de servir de cible humaine, à condition que le secret en soit bien gardé. Il avait argumenté cette courageuse attitude, par le fait qu'il désirait te manifester ses regrets, tout en te prouvant de manière originale, la confiance qu'il avait de nouveau en toi. En nourrissant l'espoir bien sûr, que le moment venu, tu lui pardonnerais ses erreurs passées. Le Roi, que les frasques de son frère n'étonnaient guère, avait consenti à cette manigance anodine. Cela, dans la mesure où elle s'accompagnait d'un repentir sincère à l'endroit de ta personne.*
- Héri-tep demeura un instant silencieux : *Soit ! Mais alors pourquoi a-t-il lâché la cible à l'instant du coup ?*
- *À mon avis,* conclut Yasna, *son intention était tout autre à l'origine. Il ne vivait plus de la même façon depuis la mort de son ami, dont il t'accusait d'avoir hâté la fin. La perfidie était sa manière à lui de déshonorer ceux dont il avait fait projet de se venger. Peut-être pensait-il ainsi être maître du destin ?*
- *Si ce que tu dis est vrai, il s'agit d'une machination sordide, il*

aura trompé son frère, son roi et son peuple !

- Je ne peux te l'affirmer clairement ! Mais il y a de fortes probabilités pour que mon hypothèse soit exacte. Yasna poursuivit sur un ton plus neutre : *Le Prince aimait le théâtre, il aura mis en scène son dernier acte, en pensant faire coup double.*

- Coup double...c'est à dire ?

- Eh bien ! Disons qu'ainsi, il terminait spectaculairement sa vie, qui ne l'intéressait plus, et par le fait même, il t'entraînait dans l'opprobre et le déshonneur. En peu de mots, il te renvoyait, mon frère, à l'endroit d'où j'ai eu tant de mal à te soustraire. Je veux parler des fosses infamantes où tu as séjourné. Sa seule erreur aura été de croire qu'il pouvait encore bénéficier d'un crédit moral auprès des siens.

- Comme cela est abject et douloureux, Yasna ! s'indigna le Grand Prêtre. *Loin de moi toute xénophobie, mais, je m'interroge pour savoir si de telles rouéries sont envisageables au sein de la noblesse égyptienne !*

Le Pair des Pairs ne put retenir un petit rire sardonique, vite réprimé par la bienséance :

- Quelle touchante naïveté, Héri-tep ! La duplicité n'a pas de frontière, mon frère. De telles rouéries sont l'apanage d'êtres non-initiés, totalement impliqués dans le pragmatisme existentiel et, par surcroît, dépourvus d'état de conscience.

Après un court silence, le Grand Prêtre plaça une main sur l'épaule de Yasna. Il hocha plusieurs fois de la tête :

- Pardonne-moi cette stupide interrogation... c'est l'évidence même !

- Allons, que cela n'entame point ton courage, tu étais bien parti pour nous exalter ! Il ne s'agit là que d'un incident de parcours, rien de plus !

En cet instant précis, un messager de la garde au pas de course s'achemina jusqu'à eux. Il mit genou à terre devant l'En-d'Enki :

- *Pair !* lui dit-il, en s'adressant à lui seul. *Le Roi désire que les épreuves se poursuivent.*
- *Ce n'est guère possible !* objecta Héri-tep en un réflexe incisif.
- *Ne t'émeus point. Le Roi est parfaitement informé de la situation. Un homme éclairé le renseigne depuis toujours sur l'attitude du Prince. Son nom est Ab-Kaldar, il est intendant de la Maison Royale.*
- Le Grand Prêtre eut un regain d'attention : *Je connais ce Seigneur, il a fait ce qui était en son pouvoir pour me tirer d'affaire, lors des sévices que l'on me fit subir. Il n'en récolta, hélas... qu'avanies.*
- *On m'a avisé de la chose !* trancha Yasna. *C'est pour cette raison qu'il ne nous faut point donner à cette affaire plus d'importance qu'elle n'en mérite. Si ce principicule en réchappe, c'est que les dieux lui auront donné une seconde chance. Sinon, il ira rejoindre les légions d'Eres-Ki-Gal où, à n'en point douter, il trouvera écho favorable à ses forfaitures.*
- *Je te trouve bien sévère envers lui, Yasna !*
- *Sévère est le pouvoir, mon frère. Le sceptre doit être rigide, tel le bâton lorsqu'il soutient la marche... S'il est flexible, s'il rompt et oblige le corps, fût-il royal, à se vautrer dans la fange, c'est toute une dynastie patriarcale qui s'abîme.*

Une délégation composée d'Officiers Supérieurs les rejoignit. Après avoir salué l'En-d'Enki, le Héraut du roi se campa devant Héri-tep :

- *Le sang d'un Prince a coulé. Mais le sang des Princes est fait pour couler ou régner. Celui-ci ne saurait entacher nos glaives. Vénérable Maître, tu as satisfait aux épreuves des armes. Aussi, les officiers supérieurs ont-ils décidé de te remettre « La Harpée de Gloire ». Désormais, nous t'assurons protection et fidélité. Si tu le désires, nous, défenseurs des murailles, nous te céderons passage, pour que tu puisses accéder au premier des sept étages de la Ziggourat.*

***

Le jour déclinait sur la voie royale lorsqu'une procession, composée pour l'essentiel de bouviers et de bateliers, se dirigea vers la pyramide à étages. Parmi eux avançait l'homme du Nil. Son visage était triste car l'émotion étreignait encore son cœur. Une populeuse assistance s'était répandue le long du parcours. Il put constater que les effusions jubilatoires n'avaient rien perdu de leur intensité. Paradoxalement, le peuple ne paraissait pas mesurer la portée événementielle de cet accident ou alors, il s'en désintéressait, considérant, comme le contaient les légendes, que la justice divine était le privilège des demi-dieux ?

L'allure martiale, les processionnaires foulaient du pied les pétales de fleurs que des jeunes filles, panières aux hanches, répandaient abondamment devant eux. Au centre de la colonne, cistres et tympanons accompagnaient l'hymne syncopé des chantres. Parvenu aux abords du monument, un fort détachement d'hommes en armes veillait sur l'accès aux gradins. Le Maître de Caste ayant levé le bras, le cortège s'arrêta :

- *Soldats !* proféra Kanu d'une voix altérée par l'âge. *Celui que nous escortons a pour nom Héri-tep l'Égyptien. Il est élu Zu-En et ceint, en ce jour-même, des neuf joncs de la terre. Reconnaissez-le, il porte la Harpée d'or, que vous attribuez au courage. Il sollicite le passage de l'enceinte pour encourir le jugement des Compagnons, gens de métier, Maîtres de la première assise... Y consentez-vous ?*
- *Nous louons ses mérites,* répondit une voix dont les sonorités tranchaient avec la précédente, *qu'il passe avec honneur !*

Les rangs hérissés de lances et de boucliers s'ouvrirent pour laisser place à Héri-tep et Kanu. Ils se refermèrent aussitôt derrière eux alors que, rassemblée sur l'esplanade, la foule les ovationnait.

Le long de l'immense escalier accédant au premier étage étaient échelonnés les Maîtres d'œuvres. Il s'agissait là de la fine fleur du peuple de Sumer. Ces hommes faisaient l'admiration de la caste savante. Respectés par la noblesse, ils jouissaient de la protection du clergé. Ils étaient constructeurs de monuments, de sanctuaires et d'écluses. Ils ajustaient briques et enchâssaient agates. Ils forgeaient le fer, coulaient l'airain, ciselaient l'argent, battaient le cuivre, peignaient les fresques et sculptaient la pierre. Ils connaissaient les rapports des forces qui lient et délient les éléments : l'appréciation des équilibres, la puissance du trait et l'harmonie des formes. Ils méprisaient profit et privilège tout en valorisant conscience et métier. Ne disait-on pas qu'Enki Maître des sciences, les assistait dans chacune de leurs œuvres. Tous portaient barbes et anneaux aux oreilles. Ils étaient pourvus de formidables bâtons et ceints de tabliers blancs de peau, dont la coupe en biseau épousait un seul de leur genou.

Un homme aux longues moustaches se détacha de l'assemblée qu'ils formaient. Animé du pas lourd qu'ont les arpenteurs, il vint à la rencontre du Grand Prêtre. Aucun attribut particulier ne le distinguait de ses frères, si ce n'était ce pendentif en or, de forme pyramidale qu'un cordon retenait à hauteur du plexus.

Encore sous le coup du drame qu'il venait de vivre, Héri-tep n'avait pas l'esprit enclin à la convivialité. Aussi restèrent-ils l'un et l'autre un court instant à se dévisager, sans prononcer le moindre mot. Le Maître Compagnon rompit le premier cette attitude. Ayant fait un pas de plus vers le Grand Prêtre, il se démit de son bijou symbolique et, avec des gestes lents, le lui passa autour du cou :

- *Accepte cet ornement du cœur, mon très cher frère, c'est le signe distinctif des « Maîtres en art du temple ». Rien entre les deux fleuves n'est plus honorifique en nos huttes !*

Comme il était séant de le faire pour les gens de qualité, le compagnon alors fléchit un genou. Puis il abaissa la tête en signe d'allégeance :

- *Étendrais-tu tes mains de paix sur notre communauté, Vénérable Maître ? Nos compagnons sont impatients de te voir effectuer ce geste !*
- *Pardonne cette conception des choses, Compagnon Maître, mais, ne crois-tu pas que l'on est en train d'inverser les rôles ? Le mérite, si mérite il y a, n'est concevable que lorsque l'épreuve est*

surmontée. Or, je n'ai rien entrepris en vos instances qui justifie ce déploiement d'honneurs ?

Le Maître d'œuvre se releva pour de nouveau regarder fixement son interlocuteur. Son regard paraissait ému et son sourire était empreint d'une infinie tendresse :

- *Est-il besoin de te soumettre à l'épreuve, toi dont la connaissance guiderait l'esprit et la main de tous ?*
- *Sans doute serais-je sensible à l'estime que tu me portes si je savais à quoi tu fais allusion ?*

Le Maître d'œuvre adopta un ton solennel et clair, à l'opposé de celui qui était de mise dans ce type d'épreuves à controverses :

- *N'est-il point vrai, Frère Vénérable, qu'à l'âge de douze ans, conjointement à l'école des Scribes, tu faisais apprentissage aux ateliers de Ptah, à Thinis en pays d'Égypte ?*
- Le Grand Prêtre montra une extrême surprise : *Oui, cela est vrai ! Très tôt j'ai appris à tailler poutres et mâts.*
- *Est-il exact,* reprit le Maître d'œuvre, *que deux ans plus tard, tu savais tracer fresques au damier, et broyer couleurs au pilon ? Qu'à seize ans, tu comptais nœuds à l'arpentage, et que tu fus si juste à la corde que les Maîtres te promurent herpédonaptes au bâti ?*
- *Oui !* confirma Héri-tep, *d'une voix éteinte.*
- *Est-il vrai qu'à dix-sept ans tu savais creuser bois au fil, et extraire pierres en lits mieux que personne ? Dès lors tu fus nommé compagnon malgré ton jeune âge ? Un an plus tard, tu croisais outils d'angle et de cercle ? Est-il vrai qu'à vingt-et-un ans... tu œuvrais déjà au nombre ?* Les paupières baissées, Héri-tep se contenta de hocher de la tête. *Les ans passant, à ce que l'on dit, tu dressais front comme Uræus, et devins Maître d'Exception. Qu'à vingt-huit ans tu pénétrais le sentier des mystères ? Fus grandi Frère Vénérable, gagnas les Hauts de Huttes ? Fus scellé Bouche d'Or, et poursuivis en prêtrise « Les voies du silence » à Iounou où la lumière est à l'intérieur des murs ?*

Le Grand Prêtre ne répondait plus. Sa nuque lentement se raidit sous l'afflux des souvenirs. Aucune expression ne témoignait de son embarras, mais deux éclats intermittents étincelaient sur ses joues à la lueur des torches. Son regard était à tel point empli des choses du passé qu'il ne voyait plus le sourire bon enfant du Maître d'œuvre, qui venait de clore son panégyrique.

- *Et tu voudrais,* poursuivit celui-ci, *que l'on teste tes connaissances ? Que l'on évalue ta dextérité à l'herminette ou que l'on tranche de ton nombre à la quadrature ? Je ne vois personne en nos huttes qui aurait l'outrecuidance de le tenter.*
- *Mon frère,* dit humblement Héri-tep d'une voix peu assurée, *la main se perd et l'esprit s'étiole !*
- *Si c'était le cas, Frère Vénérable, tu passerais nos rangs avec le même respect.*
- Le Grand Prêtre sentit son cœur lui monter à la bouche, il se réfugia en un court silence : *Je te sais gré mon frère... enfin... il me serait agréable de savoir où tu as puisé ces renseignements dont tu fais état ?*
- *Ils nous viennent d'Égyptiens, gens de métier, hauts levés de clans. Il y a peu en Lune, ceux-là étaient de passage en nos cités. Ils avaient entendu dire, que sur ordre de Pharaon, un dénommé Héri-tep voyageait au Levant, pour gagner le Toit du Monde. Vénérable Frère, tes mérites ont légendé dans les huttes de ton pays. Tu es la référence des apprentis et l'honneur des compagnons.*

Héri-tep, dont le visage était maintenant baigné de larmes, s'approcha du Maître d'œuvre. Il apposa sur son front et épaules les trois baisers de connaissances :

- *Chaque Homme, chaque femme, mon frère, éclaire sa nuit intérieure. Certains le font avec la flamme du sémaphore, d'autres avec la timide clarté du ver luisant. Mais, lorsque Rê éblouit le Ciel de ses feux, ces deux témoignages s'effacent aux regards, pour n'être que les éléments admiratifs de la divine manifestation. Elle est, je vous le dis compagnons, semblable à la coudée sacrée de 0,523598774, dont il est important de puiser les racines.*

Tous se regardèrent, euphorisés au profond de leurs consciences, sachant bien que l'arcane, était par essence enveloppée de mystères. Plusieurs compagnons s'approchèrent. Ils le ceignirent d'un tablier et lui remirent en main une canne tourbillon. Ainsi pourvu, le Héros pouvait gravir les marches accédant au second niveau. Les frères de huttes gardaient le visage levé, en l'attente de quelques paroles répondant à l'esprit du clan. La tête débordante de souvenirs, Héri-tep observa cette assemblée avec une grande émotion :

- *Frères compagnons, vous êtes le premier des sept étages de l'Etemenanki, l'assise fondamentale sur laquelle repose La Tradition Primordiale. Nos secrets de connaissances nous ont appris à nous défier des croyances naïves, des fortunes confortables, du pouvoir usurpé, ces trois ennemis de l'unité morale. En tout lieu, frères compagnons, soyons un fanal pour l'égaré, une référence pour le juste, un bras pour le faible. Avant de réclamer nos droits en communauté, appliquons-nous à élaborer notre devoir individuel. Car le devoir génère d'instinct le droit, mais le droit jamais n'inclut le devoir en ses doléances. N'hésitons pas à porter un regard critique sur nous-mêmes, c'est le prix de l'évolution. En nous employant à élever la conscience de chaque individu, nous élèverons, mes frères... la société des hommes.*

À peine eut-il terminé que les compagnons entamèrent, en sa langue natale, un chant d'allégresse qu'Héri-tep reconnut pour être l'hymne des corporations de métier.

**

La grisaille du soir enténébrait déjà les alentours de la Ziggourat. Les premières torches s'allumèrent aux bras des portefaix. Elles gravirent de main en main les marches de la pyramide, illuminant joliment ses quatre faces de briques mordorées. Kanu soulagea le Grand Prêtre d'une partie de ses attributs symboliques, mais celui-ci tint à conserver, à son cou, le sceau pyramidal :

- *Ne nous arrêtons pas en si bon chemin, mon Vénérable frère. La seconde assise est dirigée par les thérapeutes et le clergé enseignant.*

Es-tu prêt... à les braver ?

- *Les braver ! Sont-ils si redoutables ? Si je devais laisser parler mon cœur, Kanu, je demeurerais à ce niveau avec les miens. Mais le devoir est ce qu'il est... Allons !*

Il y avait là des scribes à la fonction publique, des Lapicides, des écrivains sur support éphémère. L'ensemble représentait le corps enseignant. D'autres incarnaient la société des hommes médecine. Il y avait parmi eux des Thérapeutes, des experts en aromathérapie et des exorciseurs, lorsque ces derniers n'assumaient pas les trois fonctions avec la même audace ! Enfin, tous ceux dont le domaine de la pensée étaient sensé prévaloir sur le savoir-faire manuel. Ces doctes personnages avaient installé des lais le long des parois. Sur ces étagères reposaient des plantes médicinales, des tablettes d'argile, des palettes de traçage, ainsi que des instruments de chirurgie et des calculis en grand nombre. Alors même qu'Héri-tep se rendait auprès de ses examinateurs, son intuition aiguisée le prévint d'une certaine défiance à l'égard de sa personne. Il attribua cette impression à la préciosité quasi naturelle de cette caste. Presque aussitôt un délégué vint à lui. Il arborait la coiffe ichtyoforme des Isibs. Son allure était hautaine et ses manières empreintes de suffisance :

- *Mon nom est Sakrine. Je suis Ashiput ou si cela t'est abscons, exorciste en chef à la Cour. En l'occurrence, je suis délégué par mes Pairs pour l'examen de tes connaissances... supposées !* En un geste large, l'Ashiput rejeta sur son épaule le pan de sa toge. *Estimable étranger, nous n'avons point manqué d'apprécier avec quelle facilité tu t'es acquitté des tâches qui te furent soumises. À défaut de notre admiration... tu auras suscité notre étonnement. Il n'en demeure pas moins que les métiers impliquant l'esprit requièrent d'autres talents que le tour de main. Ils engagent d'autres responsabilités, que la tenue du levier de labour ou le jeu tragique de l'arc. Mes collègues et moi avons préparé à ton attention des épreuves simples, afin que tu ne sois aucunement gêné pour parvenir à un résultat. Il aurait été de notre part, inconvenant, de te placer dans l'embarras, dès lors que tu bénéficies... des plus hautes instances.*

- *Non, Sakrine, non... absolument pas !* fit mine de s'étonner le

Grand Prêtre sur un ton paisible et convivial. *En me confrontant ainsi à des états pathologiques censés être au-dessus de mes compétences, je suis convaincu que les Maîtres Ashiputs, ici présents, s'emploieraient à m'enseigner comment traiter ces maladies. Rien ne me serait alors plus profitable que l'on m'instruise de ce que j'ignore !*

Le personnage parut quelque peu décontenancé par cette conception des choses :

- *Une telle éventualité apparaît hors de propos dans le cadre de cet examen,* conclut-il, sur un ton faussement détaché. Puis, sans plus d'égards pour son interlocuteur, Sakrine agita le bras. À la vue de ce signe convenu, un jeune garçon émergea de l'ombre et accourut jusqu'à lui : *Montre tes mains... toi !* ordonna l'exorciseur.

Le jeune homme s'exécuta sans enthousiasme particulier. Le Grand Prêtre lui prit les mains, qu'il tourna et retourna entre les siennes. Il lui fit ensuite tirer la langue, après quoi, il lui effleura les glandes situées sous le cou et les aisselles, puis il conclut de manière péremptoire :

- *La maladie qui afflige ce garçon est la gale !*

Ne pouvant alors préjuger de ce que l'on attendait de lui, il alla se caler confortablement au fond de l'un des sièges exposés. Assus, Isibs et Ashiputs se montrèrent abasourdis par ce diagnostic rapide, énoncé avec un rien de désinvolture.

- *Nos félicitations, étranger !* proféra Sakrine, un rictus amer à la bouche. *Peut-on savoir comment tu t'y prendrais pour soigner cette maladie ?*
- *Elle n'est aucunement maligne,* précisa Héri-tep. *Ce sont de minuscules insectes, si petits, que l'œil le meilleur ne peut les distinguer. Ils pénètrent le crible de la peau et l'infectent. Cette maladie se transmet au proche, mais elle se guérit facilement à l'aide d'infusions appropriées et de frottis à l'herbe scabieuse.*

Le Grand Prêtre se dirigea vers l'herbier. Ayant emprunté une torche, il fit courir la clarté de la flamme le long des végétaux entreposés :

- *Voilà !* Conseilla-t-il au garçon en exhibant une herbe des sables : *Il te faudra en trouver d'autres, que tu passeras plusieurs fois par jour sur tes plaies avec insistance !* Il tira affectueusement l'oreille du jeune homme : *Tiens-toi propre, et cesse de jouer avec des camarades huit jours durant. Tu risquerais de leur communiquer ton mal !*

Les hommes médecines se regardèrent avec étonnement. Une médication aussi prestement ordonnée avait de quoi les ébaubir. D'autant que ces fleurs en capitules mauves, que l'étranger avait extraites des lais, possédaient des propriétés connues pour soigner cette maladie. Sakrine affecta de ne point trop paraître affligé par ce résultat :

- *La chance, parfois... favorise le médecin ou celui qui prétend l'être. Cependant, lorsque la maladie se place au profond du corps et qu'elle n'engendre aucun signe extérieur, elle relève d'une tout autre science !*

C'est exact... rétorqua Héri-tep sur un ton formel. D'un geste vif, il approcha sa torche au plus près du visage du médecin-exorciste. Il le fit avec un tel élan scrutateur que celui-ci fit un pas en arrière sous la tiédeur de la flamme.

- *Que fais-tu... Serais-tu pris de folie subite ?* pesta l'Ashiput, soudain très inquiet.
- *Aucunement Sakrine, j'observe le halo au profond de tes yeux !*
- *Le hal... alo, eh bien... qu'y vois-tu... pour... Pourquoi ?*
- *Pour y déceler d'éventuelles maladies !*
- *Voyons... tu tu déraisonnes. Je ne... Je ne suis pas souffrant... des yeux, étranger.*
- *Des yeux, non ! Mais tout est inscrit en l'œil, maladie, franchise et hypocrisie. N'as-tu point ta colonne douloureuse ? Elle doit te*

faire appréhender les stations debout et craindre les menues tâches répétitives ? Voilà que, parfois, tu dois aussi souffrir du gros orteil, et avoir douleur plus vive que s'il t'était tranché ? Oh, mon pauvre ami ! Tu n'as pas de chance, vraiment ! ajouta Héri-tep en poursuivant ses investigations : *Des névralgies crispent ta face, cela provient des dents. Quelques abcès sans doute et, ceci, en plus des difficultés qu'a ton oreille droite à percevoir correctement les sons.*

Ces révélations décontenancèrent à un tel point le délégué qu'il dut s'adosser à la muraille :

- Tu es devin ? murmura-t-il en un souffle : *Je sais habituellement taire mes maux. Hormis mon épouse, nul n'en est informé !*
- Le Grand Prêtre abaissa la flamme de sa torchère : *Rassure-toi, je ne connais pas ta femme, Sakrine. Ces affections sont bénignes. Viens me voir au palais... Nous soignerons ça !*

Bien qu'irritante, la leçon était manifeste. Déjà, on faisait cercle autour d'eux. Dès cet instant, aucun des examinateurs ne se sentit l'audace de poursuivre les épreuves. Un vieillard revêtu de la toge brodée des Ashiputs s'avança :

- *Voilà que tu nous confonds en notre savoir. Serais-tu médecin toi-même ?*
- *Je fus Prêtre de Sekhmet, autant dire Thérapeute en mon pays,* confia Héri-tep, *aussi suis-je loin de pratiquer l'ensemble de ce qui se sait, Noble Vieillard. Il me reste à apprendre, bien plus que je n'ai appris.*
- *Cela serait peut-être suffisant, pour que tu me précises le mal dont je souffre ?* s'informa l'un d'eux.
- *J'aimerais également que tu le fasses pour moi,* susurra un autre.

Héri-tep leva sa torche à hauteur des visages. Les pupilles se rétractèrent à la lueur de la flamme. Il s'approcha au plus près du personnage qui lui faisait face.

- *Là !* s'exclama-t-il, en exerçant une pression rapide sur le pancréas.

Le gémissement qui suivit attesta de la sensibilité de l'endroit. *Kystes,* dit-il sans plus de précisions, il ajouta ;*à surveiller*. Le Grand Prêtre passa ainsi de l'un à l'autre, sans chercher à discourir sur les cas constatés. Se contentant de localiser le mal à l'aide d'un geste ou d'une parole : « *Rien d'important,* affirmait-il ou alors, *il faudra soigner ça* ! »

On eût dit qu'il avait la possibilité de tester les organes intérieurs, comme d'autres auraient décelé des bosses sur un crâne. Ce talent déployé était exaspérant, frustrant même, pour des gens de métier, dont le rôle consistait à rechercher longuement les maladies ; le plus souvent, d'ailleurs, en étant dans l'incapacité de les guérir. Héri-tep parvint à la fin de leur rang. Il s'arrêta devant un groupe d'hommes aux têtes enrubannées et aux robes frangées d'écarlate. C'est alors qu'il crut reconnaître les Ummias enseignants. Instruits par ce qu'ils venaient de voir, ceux-là se tenaient cois, n'osant formuler le moindre apophtegme qui aurait pu permettre d'évaluer la culture de ce Maître étranger. Préjugeant de leur embarras, le Grand Prêtre vint vers eux :

- Chers Maîtres vos meures et pratiques, ne font pas parties de ma culture... Cependant, les rudiments de vos signes écrits me furent enseignés lorsque j'étais enfant, le plus souvent sous la férule à l'école des scribes. Je vais donc tenter de me les remémorer.

Héri-tep demanda à un jeune corroyeur s'il pouvait disposer de sa tablette d'argile molle. Celui-ci la lui tendit complaisamment. À l'aide d'un calame préalablement mouillé, il s'appliqua alors à tracer « les coins » d'une graphie cursive, parmi laquelle figuraient naturellement des pictogrammes. Après avoir, comme il convenait, cerné sa phrase dans un rectangle, le Grand Prêtre tendit le tout à l'un des enseignants. Puis, sans plus se soucier de l'effet produit, il s'éloigna de quelques pas.

- *Qu'a-t-il écrit ?* s'enquit aussitôt un docte Ummia.
- Le Maître des Dubshar hésita un instant : *Il a écrit... il... a...*

écrit, « *le savoir est une nef... sur l'océan universel* ». *Oui...oui, il a écrit ça... !*

- *Eh, quoi d'autre encore ?* interrogea le vieillard, soudainement épris de curiosité.
- *Le Maître scribe lissa sa barbe, sans doute pour mieux se concentrer : « Les pê...cheurs à son bord... se doivent... respect mutuel en tout... humilité... » ! Voilà... voilà ce qu'il a écrit !*
- *J'entends !* médita un instant le vieil homme. *En cherchant à évaluer nos maux physiques, l'étranger aura diagnostiqué un mal bien plus grand, notre orgueil corporatiste, tributaire de l'esprit de clan. La raison, mes frères, s'est peut-être manifestée par la parole de ce Maître étranger. Que la déesse Goula dirige ses pas, qu'elle ait pour parèdres Ninkarrak et Balue !*

Le personnage devait être craint, car tous firent une génuflexion en croisant les mains en signe de respect.

- *Nous te coiffons, Vénérable Maître, de la tiare des Ashiputs, Isibs et Assus. Nous t'octroyons avec honneur « le coin turquoise » des Dubshars enseignants.*
- *J'apprécie votre conduite et votre absence de ressentiments. Si nous sommes frères pour diagnostiquer les maladies du corps, peut-être pourrions-nous l'être pour une certaine déontologie qui implique l'art de savoir vivre ensemble ?*

Kanu et ses assistants s'approchèrent, afin de soulager l'élu Zu-En des trophées dont ses bras étaient chargés. Prévenant, le Maître de Caste jeta sur ses épaules nues une cape de laine.

- *Craindrais-tu que l'air frais me pénètre ?* fit remarquer Héri-tep à mi-voix.
- *On ne sait jamais, frère...* répondit malicieusement Kanu... *avec l'altitude !*

Au moment où ils allaient aborder les premières marches du troisième niveau, ils furent rejoints par un homme coiffé de la tiare des Isibs. Il avait escaladé les marches à grandes enjambées et paraissait passablement excité. Avec impertinence, le personnage se campa devant le Grand Prêtre :

- *Maître, tu as su localiser les maux du corps et donner l'herbe juste pour les soins. Mais d'aucune façon, tu n'as parlé des démons qui obsèdent les êtres et hantent les parties malades. Serais-tu démon toi-même, pour ainsi feindre de les ignorer ?*
- *Ce n'est point impossible, tout est dans la nature des choses !* proclama Héri-tep à la surprise de tous. *Si tu as du courage, regarde au plus profond de mes yeux, peut-être y verras-tu, le signe que tu redoutes ?*

Sans réfléchir plus avant, l'homme examina avec insistance la vision qui s'offrait à lui. En un instant ses prunelles s'agrandirent sous l'effet de la concentration et ses lèvres, gauchies par l'entêtement, accrurent ses traits d'hallucinés.

- *Si tu ne trouves en mes yeux le démon que tu cherches,* professa Héri-tep, *va t'enquérir s'il ne se dissimule sous les sandales de tes confrères.*

L'Isib aussitôt se plaça à quatre pattes et s'empressa d'aller flairer les pieds de ses collègues. Son comportement était celui d'un homme en proie à de grands tourments intérieurs. Les rires fusèrent à ce spectacle grotesque, mais le mage égyptien intervint rapidement :

- *Ne riez point de lui plus qu'il n'est décent ! Présentement, votre confrère est privé de conscience, celle-ci a été inhibée par une volonté plus forte que la sienne. L'état mental qui le fait encore agir est celui de la mobilité animale, dont nous sommes tous pourvus en dehors de notre réflexion. La condition primaire est suggestible, le comportement peut être ainsi influencé dans le sens du bien... ou... du mal.*

L'assemblée était partagée entre l'admiration et l'effroi. Héri-tep, que cette démonstration ne satisfaisait guère, rendit incontinent à l'Isib ses facultés mentales. Puis, l'ayant aidé à se relever, il conserva un bras secourable autour de ses épaules. Le vieillard avec lequel le Grand Prêtre s'était précédemment entretenu, gagna les premiers rangs :

- *Maître Vénérable, ce fait démontre combien sont élevés tes dons et connaissances. Ne pourrais-tu point, sur cet exemple de morale, t'exprimer en termes plus assimilables, afin que ton enseignement s'édifie en nos cœurs ?*

Héri-tep chercha parmi les objets entreposés ce qui pourrait l'aider à corroborer sa pensée. Il avisa sur les lais des « bullas à calculis ». Ces boules, en terres cuites, servaient aux gens de Mésopotamie à garantir l'authenticité de leurs opérations marchandes. Il s'agissait de containers sphériques familiers à des générations de sumériens. Il s'empara de l'une de ces bullas, jugea de son poids et la plaça en évidence devant eux. Il en prit une autre apparemment identique, mais vide. Il la remplit de sable et la scella à l'aide d'argile molle. Puis il posa celle-ci à côté de la première :

- *Regardez ! Comparons ces petites sphères à deux entités humaines. Rien à priori ne les différencie, si ce n'est quelques détails de moulures qu'il serait logique d'attribuer à l'aspect physique et forcément dissemblables des individus que nous sommes. Nous pourrions espérer qu'en nos états de consciences invisibles, il en est de même, puisqu'il ne nous est pas donné d'en percevoir l'indice. Hélas, la différence peut être grande ! L'une de ces bullas possède des calculis, ces éléments façonnés, auxquels vous attribuez une valeur transitive, l'autre... n'a que sable en son volume. Les deux pourtant ont aspect semblable, et même poids, devant les hommes et leurs lois. Employez-vous donc à plus de discernement en sachant briser l'enveloppe des apparences, afin de découvrir l'authentique nature des êtres.*

Pour corroborer ses dires, le Grand Prêtre frappa les deux bullas l'une contre l'autre et les brisa. De la première, il s'en échappa une quantité de miniatures d'argile de formes diversifiées. Les ayant placées dans le creux de sa main, Héri-tep les exposa aux regards de l'assistance :

- Cette première sphère brisée, recèle en son sein ce qui est assimilable à des unités de conscience, dûment et péniblement acquises au cours des vies. Vous remarquerez que ces formes symbolisées n'épousent pas nécessairement leur contenant, ce sont elles pourtant qui définissent la personnalité de chaque individu. L'autre, dit-il en laissant s'échapper le sable entre ses doigts disjoints, n'a de conscience que celle de la multitude, ses pensées sont conformistes et ses mérites subjectifs. Et si son modelé échappe à notre analyse, il ne saurait gauchir l'aune des dieux.

- La voix de Kanu se fit implorante : *Maître Vénérable, je crains que les dignitaires de la suite royale ne s'impatientent.*

- Héri-tep sourit, il lui revenait en mémoire l'une de ses paraboles qu'aimaient à répéter les Sages du Per-Ankh de Thinis : « *Il faut attendre que la terre soit prête au labour, il faut attendre que l'herbe soit en épis, il faut attendre que la graine soit panifiable. Chaque seuil a sa nécessité et chaque nécessité... sa raison d'être.* »

Chapitre IX

La Lune, éternelle complice des mages, nappait de ses langueurs blêmes la mosaïque des toits de la cité. Accrochés aux murailles, d'énormes béliers en bronze bataillaient de leurs cornes mordorées avec ces mouvants effluves qui provenaient des torchères. Ces flammes haletantes des brasiers purificateurs animaient de leurs frémissements les marches de la Ziggourat. Là-bas, sur les berges du fleuve, des milliers de vermisseaux témoignaient encore de l'activité des hommes.

Héri-tep et son assistant Maître d'œuvre étaient parvenus au faîte du troisième niveau, celui des Vizirats. Il y avait là des Légats, et autres administrateurs de villes et de fiefs. Ces petits groupes étaient entourés d'une gent prévenante, attentive à leurs exigences. L'assistance cessa de discourir lorsqu'apparut celui que l'on appelait déjà « Le héros des Lunes ».

Le sourire aux lèvres, mais sans hâte aucune, Héri-tep porta un regard circulaire sur ces officiers ministériels, parmi lesquels se trouvaient de hauts fonctionnaires élevés en titres. Certains étaient pourvus de barbes postiches, sortes de houppes de laine constellées de paillettes chatoyantes. Sceaux, coiffes, joyaux et attributs attestaient de leurs charges. Leurs robes de lin blanc s'ennoblissaient de baudriers d'argent, sur lesquels saillaient d'impressionnants yatagans. Leurs épaules larges rehaussées de cotonnade, étaient masquées par des colletins à pétales de nacre.

- *Nous présumons,* déclara l'un des Vizirs au plus près de lui, *combien il doit être astreignant pour toi de subir ce genre d'épreuve et de faire étape en ces divers paliers ?*
- *Certes, Votre Éminence,* approuva Héri-tep, *l'oiseau est moins vulnérable en vol que sur la Terre. Mais s'il n'avait pas la Terre, en quel fleuve s'abreuverait-il ?*

L'assemblée eut un gloussement de décence rapidement étouffé.

- *Maître Vénérable, nous ne nous sommes pas réunis pour faire barrage à ta volonté ascensionnelle, si tant est qu'elle se manifeste en toi. Nous ne t'imposerons à notre étage nulle épreuve désobligeante. Il nous serait cependant agréable que tu nous éclaires sur ce que devrait être... selon ton raisonnement, « La société idéale ». Tu es, à ce qu'il paraît, un narrateur de qualité et le sujet nous préoccupe. Par notre fonction, n'avons-nous point à charge de conseiller le Roi ? Nous serions heureux de connaître ton opinion de Prêtre érudit. Mais aussi d'homme libre, natif d'un pays en tout point respectable.*

Héri-tep orienta vers l'assistance le siège d'ébène en ivoire marqueté, qu'un jeune esclave venait d'avancer à son intention :

- *Si vous agréez mes convictions, mes Seigneurs, « La société idéale » selon moi, n'existe pas et n'existera probablement jamais à l'échelle humaine.*

Tout en écoutant le début de ses propos, les sommités seigneuriales se placèrent en hémicycle autour de l'orateur. Le silence se fit lorsque l'un des membres, parmi les plus âgés, prit la parole :

- *N'est-il point osé d'émettre une telle opinion, Héri-tep ! Sans doute, as-tu l'argumentation nécessaire pour en préciser les raisons ?*

- *Oh ! Les raisons sont, on ne peut plus réalistes, Mes Seigneurs. Du fait que les individus composant nos sociétés relèvent de la plus grande dissemblance. Le paradoxe, voyez-vous, c'est que la société dans sa diversité aiguise notre évolution, nous y puisons, le plus souvent à notre insu, référence et divergence. Nous pouvons estimer que tout homme se différencie de son semblable par ses mœurs, son apparence physique et ses capacités cognitives. Il se différencie tout autant par ses activités coutumières, ses biens et ses acquis, que ces derniers fussent héritage, travail, compétitivité ou... escroquerie. Mais, ce qui différencie plus encore l'homme de l'homme, c'est son état de conscience. Par voie de conséquence, mes Seigneurs, ce constat général rejette au loin toute possibilité de société intègre, qui se voudrait... idéale !*

- Nous pouvons concevoir cela, mais tu as évoqué les états physiques et mentaux, Héri-tep. Tout être humain peut constater, dès l'enfance, la pluralité de ces dissemblances. En ce qui concerne spécifiquement les états de consciences, ne pourrions-nous envisager une élévation collective, une sorte d'aspiration vers l'exemplarité ? Sans que cette idée soit assimilable à une panacée universelle, elle permettrait de placer les qualités morales sur un plan supérieur. Qu'en penses-tu, Héri-tep ?

- Cela ne peut être, Votre Éminence. Le niveau de conscience individuel ne dépend pas de ce qui serait comparable à un quota intellectuel ou tout autre critère évaluable de la cérébralité. Le niveau de conscience propre à chaque individu dépend essentiellement des existences antérieures, autrement dit, du vécu, que l'on conçoit en mon pays, comme étant les épreuves de l'âme.

- Le raisonnement que tu nous tiens est inédit ! Qu'entends-tu exactement par... épreuve de l'âme ?

- Par ce vocable, j'entends la multiplicité des expériences antérieures, impliquant joies et souffrances, félicités et tourments. Chaque être doit nécessairement cumuler ces phases d'élévation en cours de sa vie, mais aussi en bien d'autres vies. En réalité mes seigneurs, ce cursus est celui d'une quête pour acquérir l'éminente sagesse. Ainsi va la loi divine en son absolue équité. Pour nous, égyptiens, une seule vie ne saurait suffire à atteindre cette absolue équité dont il est question ! S'il devait en aller autrement, le facteur chance en l'existence interviendrait plus souvent que le mérite.

- Alors, selon toi, l'agent conscience de chacun de nous serait impliqué dans des épreuves formatrices, conditionnées par un vécu antérieur. Bien que tu n'aies pas prononcé le mot de « réincarnation », c'est ce que nous avons tous cru entendre. Tu devrais savoir, Héri-tep, que rien de tel ne nous est enseigné à Sumer, le peuple est loin d'adhérer à ce modèle de croyance. Entre les deux fleuves, nous pensons que l'élévation de la conscience est tributaire des agissements d'une seule vie. Ce n'est apparemment pas ce que tu enseignes ?

- Mes Seigneurs, je n'aurais pas l'outrecuidance de me livrer à un

prosélytisme, dans le sournois dessein d'attenter à vos croyances, que par ailleurs, je respecte profondément ! Cependant, si nous devons évaluer le degré de fiabilité d'une société, il faut que nous soyons à même d'en expliciter les mécanismes. Selon la tradition égyptienne, il est impossible d'atteindre la plénitude d'un état de conscience en une seule existence. Cela pour une raison simple, une pluralité d'expériences est indispensable à l'élévation de notre âme, et nous ne pouvons réaliser celle-ci en une seule existence.

Lorsque j'étais en fin d'études, mes Maîtres se plaisaient à comparer la progression de la conscience au cours des diverses existences à l'exemple que nous offrent les quatre apothèmes d'une pyramide. Il faut vous imaginer, nous enseignaient-ils, que les assises de ces monuments, expriment sur leurs pentes, l'étalement de l'ensemble de nos vies. Supposez un instant, que ces blocs de pierres alignés qui composent le monument, sont autant d'existences que nous nous devons de vivre. Chaque dimension de pierre, chaque teinte dominante, chaque aspérité sont autant d'expériences qu'il nous faut assimiler. Pour chacun d'entre nous et selon nos parcours antérieurs, l'assise à gravir est différente, de celle que nous venons de franchir ou de celle que nous n'avons pas encore abordée. Comprenons, que cette gigantesque échelle que nous dépeignons, va en s'amenuisant vers le sommet. Si les parcours effectués sur les quatre faces sont dissemblables, tous deviennent identiques en atteignant le point sommital. Ce qui compte, ce ne sont donc pas les dissemblances constatées au cours d'une vie d'un individu à l'autre, ce sont les vertus accumulées qu'il est de notre devoir posséder pour atteindre l'éminence.

Lorsqu'il y a incarnation en l'existence terrestre, celle-ci s'effectue à la hauteur même, mais sur une face autre que celle que nous venons de quitter. C'est ce que nous pourrions appeler « le destin ». Ce dernier est tributaire de ce qu'a été la somme de nos vies antérieures. Ce qui explique et justifie l'aspect complémentaire des épreuves qu'il est de notre devoir de subir en cette futur existence. Ceci afin de pouvoir gravir les assises restantes en se méritant soi-même. Ne doutons pas que la pierre sur laquelle nous reprenons vie est notre juste destin, elle peut être solide, rugueuse, fissurée, glissante, voire passablement désagrégée ou encore d'un équilibre précaire. En d'autres termes, c'est là que s'expriment les difficultés, les souffrances, mais aussi les faveurs que recèle chacune de nos existences. Beaucoup d'entre nous stagnent sur leur assise ou recherchent à hauteur semblable un endroit plus facile pour tenter l'ascension, fut-ce sur le dos des autres ! Crimes, malversations, compromissions, forfaitures, tout semble bon pour élever déloyalement des illusions. En ces atermoiements, nous stagnons péniblement sur l'assise que nous avons déjà gravie et, par le fait même, nous négligeons le choix judicieux auquel nous conviait le destin. Dans une autre vie, nous repartirons à la même hauteur, encore et encore. Cela, jusqu'à ce que nous assumions notre légitime parcours en lieu et place et sur la face que nous avons cru pouvoir éluder.

- Si nous nous rendons à tes arguments, Héri-tep, quelle serait selon toi la société la mieux adaptée aux situations que tu décris ? Pourrions-nous, par exemple, envisager une communauté qui ne serait pas tributaire du boisseau des lois ?

- Lois, devoirs et droits sont des conventions sociétales indispensables aux communautés, Votre Éminence. L'art consiste à faire en sorte que les usages canalisent d'un bord à l'autre le système fédératif. Sans ces précautions d'usage, les insatisfaits de l'extrême ne manqueraient pas de bafouer toutes orientations, fussent-elles de bon sens.

- Pourquoi n'entrevoir que le juste-milieu, Héri-tep ? Si ce boisseau des lois était plus orienté vers la rigueur, les sociétés humaines n'en tireraient-elles pas un plus grand profit ?

- Non point, Votre Éminence, s'il en était ainsi, la vie serait trop contraignante pour un bon tiers de la population. Je veux parler de ceux qui viennent de s'extraire de l'animalité. Le Grand Prêtre balaya du regard son auditoire attentif.

En ce tiers émergent, il y a ceux qui, dévoyés par moult désirs, ne peuvent les maîtriser. Ceux qui errent en leur situation intérieure sans se dégager une plage d'évasion. Ceux dont l'esprit est peu éclairé. Ceux dont la conscience est occultée par les pratiques matérielles. Ceux enfin qui vouent un culte au rationalisme et n'ont jamais été effleurés par une démarche intuitive ou spirituelle, qu'ils considèrent débilitante. Si, comme vous le suggérez, Votre Éminence, cet état de droit était orienté vers la rigueur, toute cette frange primaire au sortir de l'animalité aurait grande difficulté à triompher de ses déviances par la réflexion. Ainsi marginalisés, cette tranche de l'humanité se trouverait écarté des strates naturelles de l'évolution. La situation décrite endiguerait ce tiers inférieur, au point qu'il devrait refouler ses pratiques, avant même d'avoir eu la possibilité de les remettre en cause. De surcroît, ces lois trop contraignantes entraîneraient à échéance un climat délétère et par voie de conséquence subversif.

- Poursuivons le raisonnement, Héri-tep : Que se passerait-il si c'était l'inverse ? Nous songeons à une certaine mansuétude, un léger laisser-aller des principes fondamentaux, avec l'arrière-pensée de vouloir régner en paix ?

- Il ne pourrait être question de régner en paix, la licence s'installerait à tous les niveaux. Aucun art, aucune pratique, aucun métier ne pourrait établir durablement ses références. Sans la rigueur des lois, toute manière d'agir deviendrait tendancieuse, équivoque ou suspecte. Nous nous acheminerions très vite vers un chaos anarchique, lequel dénaturerait le fond moral des structures. En réaction à autant d'outrances, la monarchie que vous souhaitez préserver, serait alors contrainte de faire volte-face et de s'imposer par la rigueur. Ce qui inverserait le régime préconisé, c'est ainsi que le laxisme engendrerait l'autocratie, frontière du despotique.

- La raison voudrait que l'on adhère sans restriction à tes arguments. Mais le tiers-milieu que tu préconises est loin d'être la panacée, puisqu'en toute logique, il mécontente les deux extrêmes ?

- Il est vrai, mes Seigneurs. Mais reconnaissez que, sans chercher à lui attribuer toutes les vertus, il s'agit en l'occurrence du moindre mal. Tentons, si vous le voulez bien, d'effectuer une division de la société en trois tiers :

Le tiers supérieur *supposé évoluer, nous l'avons dit, tend vers une rigueur morale que nous imaginons être la « sagesse ». On lui prête donc des capacités de prudence, de tolérance, d'indulgence et surtout de patience. À la limite il se passerait des lois, ayant suffisamment de bon sens pour se gérer lui-même. Ne se doit-il pas* *d'être suffisamment conciliant pour tolérer les carences du tiers inférieur, tout en acceptant les imperfections du tiers milieu.* **Le tiers inférieur,** *qu'on le veuille ou non, est tiré vers l'évolution par l'exemple. Il est astreint à des efforts de discipline, contraint aux respects des lois, tout en étant convié à la prudence, dont la première qualité est de préserver la vie. De ce fait, la sociabilité devient pour lui envisageable au sortir même de l'animalité. La bride est certes sur le cou, mais les chaînes ne sont pas aux pieds.*

Reste **le tiers-milieu.** *Eh bien, disons que les lois sont faites pour lui. Selon ses inspirations morales, il peut contourner ces lois, les accepter par nécessité ou les idéaliser. Il n'est pas, mes Seigneurs, de préceptes communautaires rationnels qui ne puissent ignorer ces trois principes, loi, devoir et droit.*

- *Tu places les lois en premier et les droits en dernier, cela pourrait surprendre !*
- *Votre Éminence, sans le principe des lois, aucun devoir n'est profitable et sans devoir moral, aucun droit n'est applicable.*
- *Cette société, dont tu exhortes les qualités et que tu dis être le moindre mal, a-t-elle en ton esprit une forme symbolique référentielle ?*
- *S'il en était une, Mes Seigneurs, je dirais... que vous êtes assis dessus !* Un mouvement de houle parcourut l'auditoire. L'un des conseillers se leva et fit mine d'inspecter son siège. Héri-tep eut un rire spontané : *Non, Mes Seigneurs. Il ne s'agit pas de votre siège, mais de la Ziggourat elle-même, sur laquelle nous nous trouvons. Là encore, nous devons raisonner avec la forme pyramidale. Cette symbolique était la référence universelle de nos ancêtres, souhaitons qu'elle demeure la nôtre.*
- *Une référence de forme pyramidale ! Si nous adhérons à tes allégories, un sommet unique impose alors sa précellence !*
- *Oui, nécessairement !*
- *Quel serait-il, selon toi ?*
- *Il est essentiel que figure au point sommital de l'édifice, un être charismatique, un Sage parmi les Sages. Une entité d'exception*

capable d'établir le lien, entre l'inframonde et le temporel. Le peuple doit se nourrir d'une référence vertueuse, pour que sa conduite s'en trouve inspirée. Il est un vieil adage égyptien qui dit ceci : « Tout pour le peuple... rien par le peuple. »

- *Soit ! Admettons pour ce qui concerne le sommet de l'édifice, mais pour l'assise la plus basse, laquelle, selon toi, occuperait la première rangée. Si ce sont ces êtres, que tu dis émerger de l'animalité, ils sont en nombres, mais ils ne peuvent constituer une base fiable, pour la société ?*

- *Votre Éminence, l'assise en question est immensément large, ceux que vous citez comme étant extrait de l'animalité, ne suffiraient pas à la remplir. Considérez plutôt que cette assise conglomère une foule d'individus plus ou moins stagnants, sur le plan de l'élévation spirituelle. Par exemple, ceux qui, après avoir effectué plusieurs existences à caractère humain, n'ont pas encore gravi une seule assise. Aussi est-il paradoxal de constater qu'ils occupent parfois des positions hiérarchiques importantes au sein de la société. Par le fait même, ils donnent l'illusion d'une moralité dominante et référentielle, alors, que leur état de conscience est en léthargie, si ce n'est... en déchéance chronique !*

- *Tu leur prêtes alors des qualités d'esprit qu'ils ne sont pas censés avoir dans leurs conditions élémentaires ?*

- *Il faut se garder de confondre fonction de l'intellect et conscience, votre seigneurie. Le cerveau est une boite à outils, la conscience est une identité. Si l'identité est faible, c'est la boite à outil qui conduit la mécanique physique, et celle-ci va toujours où se trouve son intérêt. L'idéal, c'est la parfaite collaboration du cerveau et de la conscience, mais cela ne peut se produire qu'au seuil de la sagesse.*

- *Comment vois-tu l'avenir en ce monde ?*

- *Dans un futur lointain, nos communautés humaines auront tendance à occulter le sens du sacré, ce qui aura pour conséquence immédiate de déprécier l'évolution intérieure. Seule comptera l'apparence que procure la notoriété. Les populations alors se laisseront facilement manipuler par la capacité à séduire de certains phraseurs à la dignité usurpée. La masse se nourrit de promesses, plus que de réalités concrètes. Le peuple a besoin de louer ou d'encenser, plus que d'évaluer ou d'apprécier. L'erreur la plus fréquente est de considérer que l'état de conscience va de pair avec la faculté intellectuelle, le pouvoir acquis ou les honneurs octroyés. Ce genre de bévue a déjà égaré nombre de civilisations qui se sont laissé abuser par des êtres d'apparence... et seulement d'apparence.*

- *Nous saisissons fort bien la nuance, Héri-tep. D'autant que les gens vertueux se mettent rarement en évidence !*
- *Nous pouvons regretter qu'ils ne le fassent, Mon Seigneur. Lorsque trop se diluent les références, elles laissent libre cours à l'opportunisme alimenté par la suffisance.*
- *Selon toi, la lutte pour l'évolution n'est donc pas une aspiration que l'on pourrait qualifier de conditionnelle, mais un combat nécessaire et quotidien ?*
- *L'ambition, Mes Seigneurs, occupe toujours la place délaissée par le mérite.*
- *Si nous t'avons bien suivi, Héri-tep, la seconde assise de la pyramide de l'évolution serait une sorte de promotion morale, plus que sociale ! Puisque tu viens de nous en souligner les côtés pervers ?*
- *La lumière, Mes Seigneurs, nous vient toujours d'en haut, quand elle nous vient d'en bas, nous la nommons éclairage et l'obscurité l'entoure !*
- *Vénérable Maître, s'il nous était donné de te résumer, « l'intelligence conscience » dont tu flattes les mérites influe sur le comportement et préside aux principes d'élévation, que tu qualifies « d'assises ». Il semblerait qu'à l'inverse, dans une société dépourvue d'ascendants spirituels, l'élévation ne peut-être qu'expérimentale. En ce cas, elle est favorisée de nos jours par des facteurs peu convaincants, privilèges du lignage, absence de scrupules, besoin de dominer, recours à la force ou je ne sais quelles autres carences. Es-tu de cet avis ?*
- *Oui, mon seigneur, pour l'opportuniste, la fin justifie les moyens. Pour le Sage, ce sont les moyens mis en œuvre qui justifient la fin ou encore... le début d'autre chose.*
- *En cultivant à l'excès ce point de vue, peut-on imaginer qu'un homme élevé en sagesse, ayant atteint les assises supérieures, puisse*

être soudainement relaps à la cause et infidèle à sa ligne de conduite ?

- Lorsque l'on a passé sa vie et bien d'autres, à gravir une à une les marches de la dignité, il est rare que l'on emprunte la glissière de la licence. Rien cependant n'est jamais acquis, si tel était le cas, « l'âme universelle » rappellerait toujours à l'ordre le mortel esprit.

- Cette question Vénérable Maître n'était point innocente : Chacun d'entre nous s'interroge sur la limpidité de son état de conscience, sur ses capacités à raisonner judicieusement, à discerner en soit, ce qui est bien... de... ce qui est mal.

- Bien ou mal, Mes Seigneurs ! Peu de choses sur Terre ne divisent les êtres plus que ces deux mots. Peut-être vais-je vous surprendre, en vous révélant que si les conséquences de cette dualité sont gravissimes sur le plan de la déontologie vécue, leurs implications sur un plan spirituel se trouvent être relatives. Pourquoi ? Parce que le bien ne pourrait se définir sans la présence du mal et inversement. L'homme a le choix de son destin final, il peut donc en toute liberté, se consacrer à l'évolution de sa nature ou la maintenir en stagnation. Ce choix n'implique pas la communauté dans laquelle il évolue, puisqu'elle est indépendante de son comportement. Une légende ancienne nous précise qu'à l'origine des temps, les dieux se plurent à disséminer la vérité parmi la multiplicité des êtres. Aucun individu ne peut donc se targuer de la détenir, aimer et convaincre d'aimer la nature du crée, c'est déjà rallier les premiers éléments de cette vérité. Voilà la référence, Mes Seigneurs ! Ignorer la notion d'amour universel, c'est ignorer la vie, la vraie, celle que ne peut encore percevoir l'animal hominisé, car elle a plus de réalité en l'instinct qu'en la déduction. L'intelligence est le mariage du cognitif et du ressenti, de l'intuitif et du discursif, le reste n'est que le produit infécond de l'intellectualisme. Une seule chose importe mes Seigneurs, c'est de nous mériter nous-mêmes, pour aller vers les dieux, non par crainte, mais par désir.

- Kanu avait saisi discrètement le bras d'Héri-tep : *Vénérable Maître !* Chuchota-t-il confidentiellement, *je te rappelle que le temps imparti nous est compté, nous sommes attendus sur le palier supérieur !*

- *Le Roi est-il parmi ces autorités ?* questionna le Grand Prêtre,

soudainement intrigué.
- *Non, il est au chevet de son frère blessé.*
- *Quelle fatalité... Comment va le Prince ?*

À cette question posée à voix haute, l'un des légats, situés hors du halo des torches, se détacha de l'ombre :

- *Pour l'instant, Maître... l'état du Prince est stationnaire !*

Héri-tep venait de reconnaître Ab Kaldar, l'intendant du Royaume.

- *Oh ! Que mon cœur est heureux de te retrouver. Je ne saurais oublier ton attitude courageuse face à la vindicte du Prince.*
- Ab Kaldar eut un mouvement de tête significatif : *J'ai écouté ton exposé avec attention, Maître, j'adhère à tes propos, si nous désirons harmoniser nos relations avec le divin, des réformes doivent êtres entreprises.*
- Héri-tep opina du chef, *oui, si on laisse des interstices entre les pierres de l'édifice moral, les risques sont grands à ce qu'ils servent de refuges à quelques indésirables.*
- L'intendant acquiesça un sourire aux lèvres : *C'est pourquoi, il est juste que le bâton du voyageur ou la flèche du héros soit l'instrument du destin.*
- Héri-tep ferma les yeux. Voulait-il tenter d'effacer cette vision qui le hélait avec assiduité : *Je suis navré, Ab Kaldar, de me trouver à l'origine de ce drame, je n'aurais jamais eu à cœur de frapper par esprit de vengeance. Je ne crois guère, il est vrai, en la justice immanente, mais... j'espère beaucoup en la justice divine !*
- *Je sais cela, Maître ! C'est pourquoi je te dis : Tu as été, en ce jour, l'instrument du destin et tu as conquis à jamais notre estime. Permets que je pose sur ton chef « le rond melon » des notoriétés de Lagache, emblème de sagesse et de discernement.*

***

Après avoir gravi les marches du quatrième étage, Héri-tep et Kanu furent accueillis par le Dubschar-Biti, lequel avait rôle de Scribe Principal à la cour. Ce personnage disert au comportement distingué courba l'échine devant eux :

— *Vénérable Maître, je suis chargé de te dévoiler le caractère de l'épreuve que les Nobles en Titre ont fait choix de te soumettre. Ensuite, mon humble fonction sera de te conduire à la place assignée par cette élite.*
— *Il n'y a pas d'humble fonction, mon cher scribe, il n'y a que des devoirs. Dois-je aller révérer ce parterre princier ?* s'informa avec ironie Héri-tep.
— *Je crains qu'ils ne l'espèrent, Vénérable Maître ! En l'absence de Sa Majesté le Roi, ces Princes et Hauts Dignitaires semblent observer une réserve de principe à l'encontre de ta personne. Il me faut t'informer que la noblesse reste dubitative envers l'apparente facilité avec laquelle un Nilote a pu franchir ces épreuves. J'en déduis que tes exploits auront aiguisé leur endémique xénophobie et cela les incitent à éprouver tes connaissances en l'anthologie traditionnelle. Je fais allusion à la tradition lyrique, l'épopée de Gilgamesh ou d'autres complaintes des temps anciens.*
— *Curieux choix ?*
— *C'est le leur ! En résumé, il s'agit pour toi de citer des Odes. Si tu y parviens, cela confortera ta situation d'Égyptien imprégné de la culture asiatique. De toi à moi, Maître, les nobles prennent ombrage que « Le héros des Lunes » ne soit point originaire de leur fief ou des Quatre Régions.*
— *Les Princes seraient-ils à ce point chauvins en ce pays de lettrés ? Ton opinion, quelle est-elle ?*
— *Oh, il y a longtemps que je n'ai plus d'opinion, Maître ! je me contente de noter celle des autres. Vois, un siège t'attend, face à la Noblesse de Cour. Aurais-tu l'amabilité de t'y rendre et d'écouter ce qu'il y sera dit... Je te souhaite bonne chance ?*

Héri-tep n'ajouta rien à cette pensé de philosophe. Il inclina la tête et se rendit à pas lents à l'endroit désigné. Un entourage composé de gens de maison se tenait à distance. Alors que, rassemblée sous la clarté des torches, drapée en ses mantes et molletonnée en ses douillettes, la flore Seigneuriale patientait. À peine venait-il d'occuper le siège qui lui était destiné que l'un des Princes de cette noble assemblée se dirigea vers lui. Campé en une attitude fringante, il apostropha le Grand Prêtre sans plus d'affabilité :

- *Je te salue, étranger ! Nous, Sujets Royaux, sommes très étonnés de l'aisance avec laquelle, jusqu'ici, tu as gravi les étages de La Montagne Sacrée. À n'en point douter, la cité d'Ur te prouve, au-delà de toutes espérances, son sens de l'hospitalité.*
- Piqué au vif, Héri-tep, ne laissa pas à cet insolent le temps de reprendre son souffle : *La conjoncture, en effet, est pour le moins paradoxale, Seigneur. C'est précisément la réflexion que je me fis, lorsque couvert de chaînes et ruisselant de sang, j'eus à franchir les murs de cette cité. Il est vrai que je m'étais fait cette réflexion avec humour, ce qui n'émerge point clairement de ta conduite.*

Le parterre Royal sentit comme une boule d'orage fondre sur son essaim alangui. Une rumeur confuse s'échappa de l'obscur et chacun renforça son maintien. Le Prince, alors, adopta un ton faussement affecté :

- *Nous sommes instruits de tes avatars. Hélas, nous étions en droit d'espérer que ta réputée Sagesse aurait effacé cette bévue. Nous constatons qu'il n'en est rien !*
- *Le pardon, Seigneur, est une vertu... l'oubli... une carence !*

Un silence embarrassé amplifia soudain le grésillement des torches.

- *Tu nous obliges à présumer qu'il demeure en toi un restant d'amertume. Ferais-tu preuve d'intolérance, toi que l'on dit pétri de Sagesse ?*
- *Le mot « intolérance » n'est pas absent de mon vocabulaire, mais il l'est par contre... de mon éthique !*

Placé au centre de l'auditoire, un Vieil Homme se mit debout avec difficulté. Il affichait un aspect débonnaire sous sa mante brodée d'or :

— *Allons !* dit-il de sa voix chevrotante. *Ne faisons point un procès d'intentions à ce Prêtre valeureux. Qu'il nous récite les hymnes des « Deux fleuves », puisque le Conseil en a décidé et que cessent ces joutes acrimonieuses.*

— *Fort bien !* condescendit le Seigneur délégué. *Sans doute sauras-tu émouvoir avec ta prose, plus qu'avec ton fiel. Je te laisse le choix des mots, puisqu'il ne m'est point permis d'avoir celui des armes.*

— *Je suis peiné que tu te complaises en cet esprit caustique,* déclara Héri-tep. *Tu manies la langue comme on manie l'épée. Veille à ne point te blesser en prétendant ranger celle-ci en son fourreau.*

Les sons mélodieux d'une flûte vinrent opportunément adoucir les propos doux-amers de cet entretien.

— *Maître, nous t'écoutons... Conte ce que tu sais !* énonça le vieillard d'un timbre flageolant.

Tel qu'il était séant de le faire, Héri-tep se mit debout. L'émoi consécutif à cette faconde désobligeante bloquait sa réflexion. Étant novice, il gardait souvenir de ces chants glorieux. Ceux-ci exaltaient en d'infinis versets les épopées des demi-dieux. Toutefois, en sa prime jeunesse, il ne voyait là que devoirs fastidieux, aussi préférait-il à ces hymnes solennels des complaintes plus prosaïques. Il avait souvenance que ces Maîtres de l'époque les engageaient à se pénétrer de la culture des peuples. Un tel enseignement, prétendaient-ils, stimulait l'intelligence, aidait à la comparaison et contribuait à l'entente cordiale. Hélas, depuis, la clepsydre avait écoulé ses millions de gouttes et le temps érodé en sa mémoire ces anthologies livresques. Le Grand Prêtre essaya de se concentrer, mais aucune lueur engageante n'apparut dans le gouffre sombre de sa mémoire. Rien, pas la plus infime évocation. Était-ce la fatigue, le climat peu propice ou était-il encore sous l'influence de cette algarade stupide ?

La flûte cessa d'émettre ses notes plaintives. Un contraignant silence lui succéda, troublé par les gloussements désobligeants de l'auditoire. Aussi s'apprêtait-il à formuler des excuses pour cette impardonnable absence, lorsqu'une musique lui parvint. Elle émanait d'un psautier, qu'effleurait un jeune page, il était accompagné de l'homme qui l'avait reçu. Ces unités harmoniques lui étaient familières, elles appelaient des mots, puis ce furent des bribes de phrases qu'il se mit soudain à fredonner.

Le tout bientôt devint plus cohérent. La mnémotechnie musicale exerçait son œuvre. L'ode remontait des profondeurs de l'oubli. Le Grand Prêtre s'enhardit. Il clama soudain d'une voix grave, non dépourvue de charme :

La demeure que nul ne peut quitter après y être entré,
sur la route d'où l'on ne revient pas.
La demeure dont les habitants privés de lumière vivent
de poussière et se nourrissent de terre.
Ils sont vêtus comme les oiseaux, ils ont des ailes pour parures.
Ils ne voient pas la lumière étant au séjour des ténèbres.
En cette demeure de poussière où j'ai pénétré
J'ai vu des Souverains qui ne portaient plus de couronnes
Et des Princes Royaux qui avaient régné sur le pays
en des temps passés...

Un instant déconvenue par ces prémices silencieuses, la gent suzeraine envisageait à contrecœur d'accorder sa clémence, lorsqu'elle se trouva prise sous le charme exercé par cette prose. Formulé avec un talent exotique qu'accompagnait un léger accent, cet étranger extirpait des brumes du temps les spicilèges mystiques du pays des deux fleuves. L'air ambiant vibra d'émotion à la descente « d'Ianna aux Enfers », ainsi qu'aux tribulations ésotériques de Gilgamesh et d'Endiku. Ces poèmes épiques ne formaient-ils pas la base de la culture traditionnelle sumérienne, à laquelle cette classe nobiliaire était profondément attachée ? Cette diction personnalisée parvenait graduellement à dissiper les vapeurs glacées du différend. L'étranger démontrait qu'il était imprégné des sentences didactiques de Sumer. Toutes considérations faites, il ne pouvait y avoir imposture, puisqu'il était apte à prouver sa sensibilité à cette culture. Dès lors, on écouta avec une attention accrue ce fils de Misr. Lorsque ces analectes furent épuisés, il y eut comme un murmure de regret, l'auditoire se mit debout et applaudit longuement.

Une femme, dont la chevelure d'écume parachevait la distinction, s'approcha du Grand Prêtre. Elle était accompagnée par ce jeune homme aux humeurs belliqueuses qui, un instant plus tôt, l'avait si vertement apostrophé.

- *Je suis Shulgui, Mère du Roi !* annonça-t-elle d'une voix encore exaltée par l'émotion.
- Aussitôt, Héri-tep mit un genou à terre : *Par définition, tu es donc la Mère de ce Prince que le destin a si cruellement placé sous mon arme ?*
- Elle releva le Grand Prêtre de sa main gantée : *Je fus sa mère, mais il y a bien des Lunes que j'ai renié ce mécréant. Puisse-t-il n'être jamais sorti de mon sein. Quoi qu'il en soit,* ajouta-t-elle sur un ton résigné, *nous avons appris il y a peu que le trépas l'a gagné.*
- *Je suis peiné pour toi et affligé d'être l'instrument d'une telle conjoncture.*
- *Chasse au loin ce sentiment de culpabilité, Maître. Seski était la honte de la société de Kalam. Tu le sais, on ne peut porter atteinte à la vie d'un Prince de sang, sans s'exposer à l'ire des dieux, c'est notre tradition. Il aura fallu attendre le châtiment divin. Il s'est exprimé en ta personne, sans que ce fût ta volonté, et nous voyons là le sceau d'Enlil apposé sur la chartre d'Ur la fervente.*
- *Votre Altesse, le prince aurait pu, si tel avait été la pugnacité de sa haine, me faire assassiner, lors de mon séjour parmi vous. Sans que l'on ose lui attribuer ce crime ! Il ne l'a pas fait, il a préféré se justifier en cet acte mortel, ce qui révèle un aspect plus tolérant qu'il n'apparait de sa personne.*

La Reine Mère essuya d'un revers de main un pleur inconvenant, qui venait de rouler sur sa joue, puis faisant diversion, elle se tourna vers l'homme qui se tenait à ses côtés.

- *Le garçon que voilà est son jeune frère, le Prince Ene-Hursag.*
- Héri-tep se contenta d'incliner la tête : *Pardonne mon attitude*

peu amène, Prince, j'ignorais ce lien de parenté, lequel pourrait justifier ton ressentiment à mon égard.

- Ene-Hursag s'empêtra en une attitude embarrassée : *J'ai été injuste envers toi, je le reconnais, Maître. Je venais d'apprendre la mort de celui qui fut mon compagnon de jeux et, malgré ses frasques répréhensibles, je n'ai jamais pu totalement l'évincer de mon cœur. J'ignorais de sa part cette duplicité, cela m'aurait permis d'avoir plus de discernement !*
- *Oublions ce différend, Prince. Mais le feu avec lequel tu combats pourrait être celui avec lequel tu t'éclaires.*

Ene-Hursag eut un sourire confus, alors que la Reine Mère passait son bras sous celui d'Héri-tep, tout en chuchotant :

- *Il a compris la leçon, Maître !*

Tous deux firent quelques pas jusqu'au bord de l'esplanade donnant sur les étages inférieurs.

- *Regarde ! dit-elle, en embrassant le vide d'un geste large. Que vois-tu ?*
- *Toutes ces torches disposées en spirales font penser à un serpent de lumière autour de l'Etemenanki. C'est impressionnant, il y a là des centaines d'hommes.*
- *Des milliers veux-tu dire. Vois, ils gravissent la pente. À chaque niveau, ce serpent laisse un tronçon de son corps. Ces fragments correspondent aux taux de connaissances répartis parmi les hommes. Tu peux remarquer que leurs nombres vont en s'amenuisant vers le sommet. Un seul être devra accompagner le Zu-En jusqu'à la septième et ultime plate-forme, il s'agit du Roi, mon fils. Tu auras à charge, Héri-tep, d'ouvrir à Sa Majesté l'accès à La Protection Divine. Ce n'est pas seulement un très grand honneur, l'Égyptien ! C'est une redoutable responsabilité ! Réalise, que lors de cet instant solennel, tu feras office de lien entre le Ciel et la Terre, entre le monde subtil et la fonction royale. C'est dire en quelle estime nous te portons désormais.*

Sans même se préoccuper d'une éventuelle réponse, la Reine Shulgui détourna la tête vers l'assemblée seigneuriale : *Que l'on approche le Kaunakés et que l'on en vête celui qui respire l'haleine des dieux !*

Trois personnages se détachèrent du groupe. Ils tenaient sur leurs bras tendus une longue mante en peau de chèvre ourlée de fils d'or. La Reine Mère se conforma à un bref cérémonial, et les hommes présents placèrent un genou au sol.

- *Ô, Toi ! Nammu, adorable déesse qui a engendré le Ciel et la Terre, intercède auprès de la confrérie des dieux. Toi, Héros Zu-En, implore leur clémence pour nos misérables vies. Qu'ils daignent protéger les récoltes, éloigner les maladies, ainsi que les barbares cupides de nos cités. Que les dieux octroient à notre Souverain la prescience des choses !*

***

Une demi-heure plus tard, revêtu des Attributs Sacrés, le héros des quatre régions achevait de gravir la rampe conduisant au cinquième étage de la Ziggourat. Seul Kanu l'accompagnait. À chaque plate-forme gravie, ils pouvaient constater que le plateau était plus étroit, et par voie de conséquence la surface disponible restreinte. Aussi, ces paliers limitaient-ils le nombre de participants, en excluant d'office esclaves et gens de maison.

À cette altitude, Héri-tep se montra surpris de voir l'ensemble des Grands Hiérarques maintenir les bras levés, paume de main orientée en sa direction. Kanu lui glissa subrepticement à l'oreille, qu'il s'agissait d'un geste de bienvenue signifiant, « *Gloire à toi* ». Deux douzaines de hauts dignitaires revêtus de chapes immaculées se tenaient en ce lieu. Des Erib-bîtis et quelques Enus étaient disposés autour du Shegallu Principal, lequel fraternellement vint l'embrasser :

- *Maître Vénérable, tu es ici parmi les tiens sur ce cinquième étage, symbolisant « Le seuil du Ciel ». Jusqu'ici, les frères et moi,* craignions qu'Eres-Ki-Gal, souveraine des enfers, ait encore pouvoir à perturber tes sens. Mais à ce niveau piédestal, baigné par les faveurs d'Enki, les risques sont définitivement écartés. Les Hiérarques, ici présents, vont procéder à un examen qui n'est que pur énoncé, sachant que tu ne peux être élevé en nos connaissances spécifiques, puisque tu n'as point fait école parmi nous. Toutefois, nos sources hermétiques sont communes, il est donc des critères où ta haute science ésotérique peut s'exercer. Il s'agit des nombres inhérents aux principes de déification. Accepterais-tu, dans le dessein de sacrifier à la tradition, que l'on te pose quelques questions se rapportant à ce thème ?

- *Agis selon ta science, Frère Respectable. Sache qu'aucune ambition personnelle ne me pousse vers les sommets.*

- *Voilà qui est raisonné avec sapience, car éloges ou avanies ne doivent point atteindre celui qui est épris de vérité. Regarde, Maître Vénérable, il y a sur cette pierre trois statues d'argile. L'une représente En, l'autre Enlil et le troisième Enki. Tu peux l'observer, leurs socles ont besoin d'être revêtus de métaux distincts ! Quelles sont ceux qui t'apparaîtraient convenir à leurs personnes divines ?*

Sans empressement aucun, le Grand Prêtre s'approcha des figurines :

- *Je vois l'or pour En, l'argent pour Enlil et le bronze pour Enki… N'est-ce point logique, mon frère ?*

- *C'est logique, en effet !* confirma le Grand Shesgallu. *Relève-t-il pour toi de la même logique, que l'on puisse leur attribuer des nombres ? Regarde, il y a là les douze dieux primordiaux. Ils représentent les 470 références trônant sur les 3 600 divinités de notre panthéon.*

Héri-tep fit un effort de mémoire, cela aussi il l'avait appris, mais en avait-il encore souvenance ?

- *Voyons,* se dit-il ! *Leur système est sexagésimal. Il est donc normal que soit affecté à En, dieu du Ciel, le nombre 60, c'est le principe du triangle équilatéral. Enlil et Enki, tous deux composent les valeurs air, eau, terre cumulées, soit 50 pour le Seigneur de l'air et 40 pour le Seigneur de l'eau, le carré de terre ne fait-il pas 90° d'angle. Zu-En Nanna, la Lune, fait 30, cela va de soi. 20 Pour Hutu, Ud, dieu Soleil, patron du 20e jour, et 15 pour Ian Anna dont le signe est « l'Étoile du matin ».*

Pendant plusieurs minutes, Héri-tep poursuivit l'énumération de cette Guémétria sumérienne. L'épreuve consistait à écrire les nombres sous chaque divinité. Après quoi, le pas hésitant, il revint vers le groupe des Sages :

- *Pardonnez mes erreurs, si erreurs il y a, mes frères ! J'avoue avoir une méconnaissance du rôle respectif de vos divinités et je n'ai pu qu'établir des comparaisons avec les dieux du Panthéon égyptien.*
- *Raison de plus pour nous émerveiller, Maître, car il n'y a pas d'erreur ! Voilà que nous t'ouvrons grandes les portes du sixième et avant-dernier niveau, celui des Douze Pairs du Royaume.* Le Grand Shesgallu poursuivit sur un ton paternel : *Avant que tu ne t'éloignes, réjouis-toi, Héri-tep, car nous t'élevons au titre de « Soleil Horizon ». Nous te dotons de son symbole, le Cercle Bâton, autrement dit, Le Babbar Naissant, L'Ud Nouveau, le Chen égyptien. Voilà que, semblable à lui, tu es monté des régions obscures de la Terre. Ta science a gravi les pentes du Ciel pour contribuer à éclairer le monde. Demain, tu te devras de retourner aux ténèbres afin que ton pouvoir active les germinations futures. Chaque homme ici-bas se souviendra de ta lumière dispensée.*

Héri-tep écouta attentivement ces paroles. Elles n'étaient pas sans lui rappeler la tradition du mythe osirien, celui d'Ousir, dieu mort et éternellement vivant. C'est alors qu'il vit venir à lui un prêtre de haut rang, porteur du « Soleil Horizon ». Il s'agissait d'un cercle, au-dessous duquel était liée, par sept brins, une mesure placée horizontalement. Lorsque le personnage se fut suffisamment approché, quelle ne fut pas sa surprise de se trouver en présence de l'Irib-Bîti de Marzeluk ! Cet admirable ami n'avait-il point pris tous les risques pour le délivrer de l'esclavage. Le visage du prêtre exultait d'une joie intense :

- *Je ne peux que me féliciter Héri-tep, d'avoir exhorté mes supérieurs à s'intéresser à toi. Mais aujourd'hui, je m'interroge, n'ai-je point eu prescience de ton exceptionnel destin ?*

- Héri-tep lui ouvrit largement les bras, afin de le presser sur son cœur. *Il nous faut avoir conscience que nous sommes parfois les jouets des dieux, mon frère ! Quand j'étais jeune apprenti carrier, une plaisanterie circulait au sujet des destins prétendus « exceptionnels » : Lorsque les dieux te viennent en aide, se plaisait-on à dire, et que tu t'emploies à porter allègrement les pierres qu'ils soulèvent à ta place, le résultat ne se fait point attendre. Le chef de chantier remarque ton aisance et te charge ipso facto des blocs les plus lourds. Hélas, soupirait-on, c'est le moment précis que choisissent les dieux, pour se reposer des efforts qu'ils ont fait pour toi.*

- L'Irib-Bîti sourit à cet humour fort à propos qu'il appréciait : *Je suis témoin que les dieux ne t'ont pas toujours favorisé. Vois, Maître, s'exclama-t-il avec une flamme d'admiration dans le regard : la délégation des Pairs vient à nous. Elle s'apprête à t'accompagner vers le sixième niveau, celui de la Consécration !*

Héri-tep se retourna ! La rampe en effet était occupée par les douze Pairs du Royaume de Sumer. Chacun d'eux se tenait sur l'une des douze marches d'accès menant à la plate-forme sommitale. Robes, barbes et teints s'harmonisaient étrangement avec la pâleur évanescente de l'aube, d'un blanc laiteux, les robes nimbaient leur minois séraphiques d'un halo surnaturel.

Le Héros Zu-En fut convié à s'engager en l'escalier. Il gravit posément les dernières marches en compagnie de la cohorte pontificale toute étincelante de ses lustres. Un composé d'émaux bleus marquetait chacune des marches qui permettaient d'accéder à l'ultime palier sur lequel était construit le Gi-Gun, pavillon culminant et Saint des Saints de l'Etemenanki.

Pour la première fois depuis le début des épreuves, Kanu ne fut pas autorisé à suivre le Grand Prêtre. Les petits yeux plissés du Maître d'œuvre étincelaient de fierté à la lueur des torches. Plus que les mots, son regard émerveillé arborait l'estime ressentie pour ce frère de hutte, dont la personnalité s'était graduellement extraite du limon de la terre. Après avoir étreint le Maître de Caste sur son cœur, Héri-tep entreprit de gravir les dernières marches accédant au sixième niveau. Parvenu au pied de ce gigantesque pyramidion, il fut saisi d'anxiété.

Face à lui, se trouvaient quatre formes humaines de quatre coudées de haut. Toutes étaient affublées de têtes cornues, dont les tresses de crins multicolores battaient aux cataphractes. Des masques d'or martelés, aux yeux incandescents, dissimulaient leur faciès supposé humains. L'effroi qu'ils inspiraient avait pour but de chasser démons et profanateurs si, par défi sacrilège, ceux-ci avaient tenté de se risquer en ces lieux.

- *Je suis « le feu d'Ud »* clama d'une voix caverneuse l'un des conjurés. *Je suis complément des trois que voici, et ils le sont de moi-même. Ils incarnent « l'air, l'eau et la terre ». Nous sommes les Gardiens du Seuil. Nous sommes les surveillants des Quatre Horizons...* **Qui es-tu étranger ?**
- Le Grand Prêtre cassa son corps vers le sol : *Je vous salue, Gardiens du Seuil. Je suis Héri-tep, sujet de Pharaon, Divin Maître des pays du long fleuve. Je me trouve en ce voisinage par la grâce du peuple de Sumer. Je n'ai nulle intention de passer outre le seuil, que l'on ne m'y prie, au Plus Haut !*

Dans le prolongement de sa vue était une porte dorée, devant laquelle se découpait un personnage. L'aube naissante, moirait de lueurs pâles les reflets de sa robe. Précédé des quatre Cerbères, le Grand Prêtre fut invité à effectuer quelques pas dans cette direction. C'est alors qu'il reconnut son ami Yasna, dont la majestueuse diaprure imposait l'obédience. Il était accompagné par deux Uri-Gals de haut rang, lesquels se tenaient respectueusement en arrière de sa personne. La voix du Pair des Pairs se gratifiait d'une intonation vibrante, qui se voulait la plus cérémonieuse qui soit :

- *Bienvenue Zu-en, en tes fiefs et places ! Voilà que tu es parvenu au seuil où jamais profane n'a accédé. Que tu te montres ou non apte à résoudre chacun des secrets recouvrant ces neuf marches, tu auras accès au royaume et boiras à la coupe du divin. Tu guideras la main du Lugal et tu auras à charge de la placer en celle de la Grande Prêtresse, La Nin-Dingir « la Dame du dieu ». Cela, afin que s'accomplisse au cours du règne de notre Souverain, l'alliance hiérogamique Ciel - Terre. Dès lors, si tu l'exiges, nul n'osera porter regard sur toi sans mettre genou bas et paupières closes.*

Le Grand Prêtre fut pris du vif désir de clamer son refus qu'on le tienne ainsi en grâce. Mais le solennel du cérémonial l'obligea à surseoir à cette objection.

- *Vois !* Contraignit le verbe pénétrant du Pair des Pairs. *Chaque marche a été masquée par un élément naturel. La première est recouverte d'eau, la seconde est pétrie d'argile, la dernière est sertie de pierres précieuses. Chacune de ces marches dissimule une symbolique adaptée à sa finalité. Le thème comporte invariablement une couleur, un nombre et une forme. Pour que ces éléments deviennent parfaitement harmonieux, il te faut agencer leurs particularités. Ce sont leurs principes primordiaux inapparents, qu'il te convient de découvrir, mon frère. Chacun des Pairs ici présents a intégré la connaissance d'une marche et d'une seule, ignorant volontairement les autres. C'est donc tour à tour à chacun des neuf Pairs que tu auras à faire pour tenter d'ouvrir « Les neuf portes zodiacales » de l'horizon des deux fleuves. Dans un peu plus d'une heure, Ô ! Héri-tep, Hutu apparaîtra à l'horizon d'Orient. Ce serait un excellent présage que le Roi ne soit point seulement porté par les devoirs de sa charge, mais par la symbolique révélée. Ainsi apparaîtrait-il dans la lumière de l'esprit.*

Je ne te cache pas mon frère, malgré le fait de ta science, qu'il s'avère hautement improbable que tu sois en mesure d'élucider les secrets des neuf marches. Si cela était, par un prodigieux destin, toi, le proscrit, le molesté, l'humilié, toi le sans-titre, l'étranger, sur lequel la noblesse était dubitative et le peuple indifférent, toi l'humble frère et le brillant ami, tu pourrais prétendre en toute légitimité au trône de Kalam. Hirib-Nanzu le Roi y souscrirait. Il ne ferait que considérer qu'il s'agit là d'un Signe des dieux. Lorsque la volonté théologale se manifeste, mon frère… elle ne se conteste pas !

Le Grand Sanga fit quelques pas en direction des Pairs du Royaume et d'un geste ample les convia à s'installer. Les Vieillards se répartirent en demi-cercle. Alors que les quatre cerbères, pourvus d'arcs immenses, se postaient sur chacune des faces du cube. En cet instant, Héri-tep fit le rapprochement avec les sibyllines paroles de l'Our'ma, dont à l'époque, il n'avait pas saisi le sens : « *Ainsi les quatre fils d'Horus ont été conçus. Lorsqu'ils seront nés, ils partageront le cercle en leur endroit, comme les quatre arcs de feu, sous les pieds du héros.* »

Des chants gutturaux montaient maintenant des étages inférieurs. Sous les grondants mystères de ces poussées vocales, il fut persuadé sur l'instant que le monument lui-même entrait en vibration. Puis, sans autres protocoles, tout cessa et un calme pénétrant fit s'apparier symboles, hommes et dieux. Malgré son épais Kaunakés, le Grand Prêtre frissonna. Peu de temps s'écoula avant que s'avance vers lui le premier des neuf Sages.

Le Vieillard s'accroupit alors près de la marche initiale. D'une main fébrile, il s'employa à rendre apparente l'énigme à décrypter. L'eau sableuse s'étant écoulée, elle laissa apparaître un graphique, suivi du chiffre « 1 ». Héri-tep se pencha sur l'épaule du vieil homme. Inspiré par le merveilleux de toute une vie de recherche, il ne put taire plus longtemps son impatience :

- *Accepte, Respectable Pair, que je te commente la géométrie qui s'impose sur le secret de ce premier nombre.*
- *Parle mon fils !*
- *Il s'agit d'un carré, sur la base duquel on abat la semi diagonale. Il en résulte une base allongée, laquelle représente un rectangle aux divines proportions. Le nombre idoine est formé par la racine carrée de « 5 », on ajoute « 1 » et de la moitié résulte ce total.*

À l'aide de son calame en roseau, il avait rapidement inscrit sur l'argile molle, le nombre en question, 1, 6180339. Stupéfié par cette fermeté de jugement, le Vieillard demeura un instant silencieux :

- *C'est bien là son symbole numérique mon fils. Il y a longtemps que tu connais ce nombre et les possibilités qu'il offre, en ses critères d'harmonies ? Notamment pour la nature des plantes.*

- *Depuis mon plus jeune âge, Pair Vénérable ! J'étais encore novice à cette époque, nous le nommions « Le nombre d'Or ». Nos Maîtres nous incitaient à estimer ses proportions au simple coup d'œil. La leçon était devenue un jeu, aussi calculions-nous à l'infini les proportions des édifices sacrées, 1,618033 au carré nous donne 2,618030 lequel divisé par les 4 fois 14 d'Ousir le divin, nous et...et...*

Une main amicale venait de se poser sur l'épaule du Grand Prêtre, coupant court à son exaltation verbale :

- *Dans moins d'une heure, mon frère,* énonça Yasna avec gravité, *Hutu versera sa lumière entre les lèvres de l'aurore, huit énigmes sont encore à résoudre, celle-là était la plus simple.*

À la suite de cette judicieuse remarque de Yasna, le Héros Zu-En poursuivit ses recherches de pénétrations des secrets sans relever la tête. Il hésita à la troisième et à la quatrième marche. Il demanda l'aide d'un boulier à la cinquième et réfléchit longuement sur la septième. Mais les feuilles d'or de la huitième venaient d'être ôtées sur sa réponse, et plus un seul des Vénérables Vieillards n'étaient assis. Le Grand Sanga en personne avait abandonné sa place, on percevait sous les masques, le souffle épais des Gardiens du Seuil... il n'en restait plus qu'une. Pour autant, Héri-tep n'apparaissait pas déstabilisé par l'émotion qu'il suscitait. Ses lèvres arboraient un inexprimable sourire et il y avait comme une jubilation en ses prunelles d'ébène. Depuis peu, le patriarche Uri-Gal se trouvait à ses côtés. Comme les autres avant lui, il finit par aller baiser le pan du Kaunakès que portait le Héros. C'était le signe conventionnel, attestant qu'une fois de plus, celui-ci venait de triompher de ce qu'il avait été invité à déchiffrer.

Malgré ses convictions sur les capacités remarquables de son ami, Yasna eut en cet instant précis une sensation de vertige. Comment un simple mortel se trouvait-il en mesure de triompher d'énigmes hermétiques aussi complexe à résoudre ? Parallèlement, comment pouvait-il se satisfaire en cette semi-errance presque misérable qu'était la sienne en ce monde ? Sa main devenue incertaine se dirigea vers la crosse de sa canne patriarcale. Le pas lourd, il gravit sans hâte les huit marches qui le séparaient de celui qu'il avait, il y a peu, soutiré des ténèbres :

- *Les dieux font plus que t'inspirer, Héri-tep ! Ils t'assistent... ils te guident... ils te charroient de terre en ciel !* Yasna attendit un instant comme pour reprendre haleine : *Dans peu de temps, Utu le divin va darder son premier rai sur le Magistère. J'aimerais, mon frère, mon ami, que le Roi et toi figuriez en bonne place à l'intérieur du Gi-Gun.*

Le Grand Sanga se pencha sur la dernière marche de l'escalier hélicoïdal, dont le plan vertical se trouvait dans le prolongement de la première marche :

- *Je vais retirer ce masque de pierres précieuses recouvrant la neuvième marche, afin, mon frère, que tu tentes de percer cette ultime énigme.*
- *N'en fais rien, Yasna, je sais de quoi il retourne. La neuvième ne peut être que la synthèse numérique, regroupant l'unité du quatre fois neuf 360 le cercle de lumière, qui émane des deux mains en prières... C'est aussi le nombre qui unit les pyramides d'Égypte construites sous l'égide des dieux ! Ce sont les jours de l'année sans les cinq épagomènes. Ce nombre est assisté de part et d'autre de deux autres nombres. Celui qui le précède est le nombre d'années regroupant un degré d'arc, c'est le nombre 72, celui qui le termine regroupe les signes du grand cycle, c'est le nombre 12. C'est ainsi qu'ils forment le nombre 7 236 012 inscrit en kilomètres, celui-ci nous donne le périmètre d'une étoile à 6 pans placée dans le disque du Soleil. Et la coudée sacrée de 0,523598774 accompagne cette réalité par sa racine.*
- Yasna interrogea d'une voix à peine audible : *Et quel en serait la finalité, mon frère ?*

Héri-tep tira à lui le boulier qu'il avait entreposé sur l'une des marches. Il fit rapidement coulisser les petits disques d'ivoire, après quoi il exposa cette ordonnance numérale au regard abasourdi du Pair des Pairs :

- *Ce nombre-là et ses multiples s'associent à la nature des astres. Il n'est rien moins qu'une grande constante universelle, il s'agrège en tous les supports d'harmonie. Il est à la fois le vecteur et le lien de toute chose...il témoigne d'un Principe Créateur Universel.*

La main de Yasna observa une sorte d'agitation passagère. Lentement, elle repoussa les rangées de topazes, de chrysolites, de lapis-lazuli, d'améthystes, de jaspes, d'émeraudes, et de saphirs qui recouvraient les marches. Les traits figés par l'émotion, celui que l'on appelait « Le Giparû de Kalam » tourna vers son protégé, un regard à la foi admiratif et interrogateur. Le nombre affiché était identique à celui qui figurait sous les joyaux de la neuvième marche.

- *Suis-je digne de ton amitié, Noble Zu-En...* ânonna le Pair des Pairs d'une voix d'outre-tombe.
- *Est-elle en péril ?* s'inquiéta Héri-tep.
- Le visage de Yasna devint grave : *Ton avènement provoque en moi un douloureux sentiment de lucidité, que je n'avais pas ressenti jusqu'alors. Que ne suis-je, comme toi, humble, serein et imprégné de sciences ? Les conséquences de l'instant m'obligent à m'interroger sur le rôle effectif que je tiens en ce Royaume. Face à la réalité de ta démonstration, la vacuité de mon existence trouble mon âme. Pour l'essentiel, cette fonction de pontife, n'est-elle point composée de solitude et d'apparat ?*
- *La solitude, Yasna, est l'apanage des Rois, et l'apparat une nécessité de l'ordre. Ce qui te grandit, c'est précisément d'avoir ce réflexe d'examen intrinsèque, lorsque nous nous interrogeons sur nous-mêmes, c'est le signe évident d'un franchissement de seuil.* Involontairement ou non, le Grand Sanga laissa s'insinuer un silence chargé de détresse. Héri-tep comprit qu'il lui fallait pallier à l'affliction de son ami : *Je t'estime Yasna... et il y a peu d'êtres évoluant dans l'ombre du soleil qui me semble estimables !*
- L'Hiérarque eut un sourire affecté. D'un rapide revers de main,

il essuya ses joues humides : *Moi, Grand Sanga, représentant sur Terre d'Enki le Juste, j'ai le sentiment d'être un adolescent à qui l'on viendrait de dire... C'est bien, pour ton âge !*
- Le Roi... le Roi !
- Le vocable était chuchoté de bouche en bouche. Le Zu-En plaça sa main sur l'épaule du Pair des Pairs : *Yasna, j'entends que Sa Majesté est apparue auprès des Sages !*
- Ah... bien... bien !

Le second personnage du royaume parut s'extirper comme à regret de cette autocritique sacrificielle. S'étant alors redressé, il rectifia d'un geste las la position de sa tiare. Puis, le corps droit, l'œil austère, une fois encore, il se drapa en cette prestance qui seyait si bien à son ordinaire :

- *Suis-moi, mon frère, il est temps pour nous de rejoindre Sa Majesté !*

Hirib-Nanzu avait le visage fermé de ceux que le protocole effarouche lorsqu'ils ne le régissent point eux-mêmes. La face blême, mais le port altier, le Roi se trouvait désormais en présence de ces deux Prêtres, dont il redoutait les facultés occultes. Selon les instances protocolaires, le Lugal fléchit en premier le genou, pour être aussitôt imité par le Pair des pairs et le héros Zu-En. Cela signifiait qu'en l'instant, toutes préséances étaient abolies et que la trilogie représentative, corps, esprit, âme, s'en remettait à la volonté divine.

Deux Vénérables Vieillards s'avancèrent. L'un était porteur du casque bicorne, l'autre de la tunique en peau d'ongulé, vêture légendaire des premiers Rois de Mésopotamie. Héri-tep avait été informé qu'il s'agissait là des Symboles historiques, représentant le double pouvoir, temporel et spirituel. Avec une cérémonieuse gestuelle, le Roi et le Grand Sanga placèrent le trophée cornu sur la tête du héros. Après quoi, celui qui régnait sur les hommes et celui que les dieux assistaient de leurs expressions, gravirent main dans la main les marches sacrées du Gi-Gun.

***

Voilà que s'élevait devant eux le Gnomon de lumière, le Pyramidion, le Naos Secret dont la porte d'accès en électrum était damasquinée de monstres aux gueules effrayantes. Muni de ses emblèmes héraldiques, Héri-tep frappa trois fois quatre fois, selon le rituel consacré. Aussitôt, les deux vantaux s'ouvrirent de l'intérieur. Le fait lui parut saisissant, car nulle présence physique ne les avait fait se mouvoir. Une rampe d'escalier se présenta à eux. L'ensemble totalisait quatre fois neuf marches, toutes étaient enrobées de lamelles d'argent, constellées de glyphes aux formules incantatoires.

À pas comptés, ils pénétrèrent alors cet antre mystérieux, ce cœur où palpitait le divin. Posés sur des trépieds d'argent, de larges godrons en céramique laissaient échapper des vapeurs d'encens. Au centre de la pièce était une coupole hémisphérique au sommet de laquelle se trouvait exposé un calice. Son extrême finesse et sa surface délicatement ciselée réjouissaient le regard. S'étant placés en état de réceptivité, le Roi et son Héros attendirent en silence que le premier faisceau de lumière s'infiltre par l'orifice triangulaire, pratiqué dans la muraille. Ils n'eurent point longtemps à attendre. À l'heure prévue, Utù vint opportunément illuminer de ses rayons le nectar contenu dans la coupe. Fidèle à ce que leur imposait l'ancestral rituel, les deux hommes enlacèrent leur bras droit. En un geste commun, ils portèrent la coupe à hauteur de leurs mentons. Le premier, Héri-tep humecta ses lèvres en ce sirupeux breuvage, puis ce fut le tour du Roi. Les sens aiguisés du Grand prêtre décelèrent aussitôt la présence d'une macération aux effets anagogiques, mais avant qu'il ne s'attarde sur l'analyse de ce contenu, une porte dérobée s'entrouvrit à l'Orient de la pièce. Le violent apport de lumière les obligea tous deux à baisser les paupières. Lorsqu'ils les rouvrirent, une femme à la grâce parfaite se trouvait devant eux. De par sa stature immobile, seuls les voiles en mouvance autour de son corps lui communiquaient une vie secrète. Au premier regard, le Roi appréhenda l'aspect divin de cette créature. Aussi plaça-t-il prestement un genou à terre :

- *Par l'En du firmament, tu es la Houri des dieux, l'Inauanna, la*

Nin-Dingir de l'Etemenanki... Bénie soit ta présence en ces lieux !

Cette entité féminine avait en effet l'apparence d'une divinité. Elle maintenait à main gauche un rameau de palmier. Héri-tep se souvint que ce végétal évoquait le nombre « 28 », avec la particularité de pousser à chaque nouvelle Lune. Dominant sa chevelure, un diadème en forme de cercle, composé de brillants, nimbait son front d'une aura bleutée. Des voiles légers estompaient le galbe de son corps, laissant apparaître un visage d'une inégalable beauté. Il était empreint d'une suavité grave qu'exhalait toute la fascination de l'Orient. Ses yeux pers avaient le ton des houles océanes et le fard bleu de ses lèvres tranchait sur la pâleur de son teint :

- *Que la grâce des dieux t'accompagne, Ô... Roi ! Tu as gravi les sept étages de l'Etemenanki, tu as franchi le seuil du Gi Gun. Le héros Zu-En précédait tes pas. Ce Grand Prêtre Égyptien, au cœur de cristal, aura su te protéger des tourments que suscite toute élévation vers le divin. Tu te dois, Ô Roi, de te conformer aux aspirations des dieux. Si, par sa présence légale en ces lieux, Héri-tep était appelé à revendiquer la couronne que tu portes, sache qu'elle lui reviendrait de droit. Consentirais-tu en toute légalité à sacrifier souveraineté et privilèges au héros de la Ziggourat ? Prononce-toi devant nous en l'instant et sans ambiguïté.*

Avec une gestuelle protocolaire, le Lugal ôta de son cou le Sceau Royal, qu'il tendit spontanément vers la divinité :

- *Ô ! Incarnation de Nin Gal, je ne disconviens nullement de ce droit. Vois, je m'en remets à la volonté des dieux, dont Ma Majesté redoute le courroux !*

Le Roi orienta alors son regard vers le Grand Prêtre. Apparemment satisfaite par cette attitude, l'Inauanna éleva à la hauteur de ses épaules sa main droite ouverte en signe de proclamation :

- *Toi, Héri-tep, dont le nom a pour signification cachée « Discernement de la subtile présence », exprime, je te prie, tes ambitions personnelles. Je veillerai à ce qu'elles soient exaucées. Te conviendrait-il de plein droit, de succéder à Hirib-Nanzu, sur le trône de Kalam ?*

Devant l'incongruité soudaine de la proposition, la logique du Grand Prêtre fut un instant ébranlée. Aussi laissa-t-il involontairement peser quelques secondes de méditation, lesquelles auraient pu laisser augurer d'un opportun pragmatisme. Au terme de ce léger silence, il se tourna vers le Roi, dont la tête était demeurée résolument abaissée par signe volontaire d'humilité :

- *Ô, Roi ! J'ai grande difficulté à conduire ma propre destinée. Comment ferais-je pour gérer celle d'un Royaume ? Nos parcours existentiels sont divergents, nos atavismes génétiques ne se comparent pas, comme sont distincts les expériences accumulées. Seul, l'intention spirituelle, vers laquelle toi et moi convergeons, est à nous deux semblables.*

Une lumière âpre raclait la pelisse aux longs poils qui recouvrait les épaules de sa Majesté.

- *Si telle est ta volonté, Héri-tep, je persévérerai en cette tâche que le destin ma confié.*
- S'étant alors saisi du sceau, le Héros en entoura le cou du souverain de Kalam. *C'est là mon vœu, Hirib-Nanzu, puisqu'il m'a été demandé de l'exprimer !*
- *Vos attitudes sont nobles !* conclut la dame de la pyramide, puis, elle demeura silencieuse un instant, avant de reprendre sur un ton plus intime : *Le peuple entretient volontiers cette légende, selon laquelle la Nin-Dingir se livrerait à une prostitution sacrée. Si la libre jouissance des corps est pratique courante en certains temples dédiés à l'esprit de la Terre, de tels épanchements ne peuvent être perpétrés en ce site prestigieux. Ô, Roi ! Je ne puis m'unir à toi, si ce n'est par les liens du cœur. La femme qu'il vous est donnée de voir est un corps d'emprunt. Je ne puis en disposer à des fins charnelles, sans offenser gravement l'âme en lequel dépend cet organisme. Le cœur prévaut sur l'esprit et l'esprit sur le corps. Aussi m'est-il agréable de sceller mon alliance avec toi en t'offrant ce bracelet, gage à vie de mon omniprésence à tes côtés.*

En un geste gracile, la Nin-Dingir fit glisser le long de son poignet un jonc d'or, qu'elle tendit au Lugal. Animé par la ferveur de sa conviction mystique, le Roi porta aussitôt le présent à ses lèvres :

- *Fasse, Votre Divinité, que sa symbolique s'ajuste à mon âme, comme sa forme s'ajuste à mon bras.*
- *J'adhère à ce souhait, Ô Roi ! J'espère ne jamais avoir à te le rappeler !*

La Nin-Dingir oignit le front de Sa Majesté, puis elle orienta vers le Grand Prêtre un regard d'une profondeur qui le troubla jusqu'à l'âme :

- *Toi et moi, sommes de vieilles connaissances, n'est-ce pas… Héri-tep ?*

Interpellé par cette confidence aux accents indiscrets, le Grand Prêtre fit appel à ses souvenirs, mais en vain. Cette étrange entité avait sans doute le don de jauger le soudain désarroi qui affligeait ses pensées. Elle eut alors un sourire qu'il estima de compassion :

- *Ne cherche pas, Aouâ. Je n'avais aucune apparence physique. Néanmoins, j'étais souvent près de toi. Lorsque tu es né, lorsque Ténéssa, la vieille servante, t'a tiré à la vie, lorsque Mes-Méry, ta jeune et gracieuse mère, pour la première fois, t'a serré sur son cœur. C'était en cette maisonnée de boue sèche construite par ton père, sur les pentes rocheuses de la vallée de Sia-djed.*

Le corps figé, les yeux démesurément agrandis, Héri-tep tenta de remuer les lèvres, mais il ne s'en échappa aucun son. Feignant d'ignorer l'émoi qu'elle suscitait, la divinité poursuivit avec une inflexion nostalgique, comme si elle eût le sentiment de se remémorer des faits qui lui tenait à cœur :

- *J'étais à tes côtés, Aouâ, lorsque, enfant, tu jouais avec ton chien Aphi, au lieu-dit « la crue des marais ». Ce jour-là, le petit animal faillit se noyer. Te souviens-tu de ce gros chagrin, et des ferventes invocations que tu fis à « la Bonne-dame ? »*

Subjugué, le front humecté par l'émotion, le Grand Prêtre hasarda un hochement de la tête tout en cherchant de la main un appui de proximité.

- *J'étais en l'esprit, Héri-tep, quand Jeshou le Prêtre enseignant, a remarqué tes précoces qualités et qu'il s'en est ouvert à ses supérieurs. J'ai assisté... ta pudeur eut-elle à en souffrir, à tes premières voluptés ! Tu n'as pas oublié, j'espère, la jeune Tyliouâ... et l'esquif de roseau sur l'étang des bondes ?*

Le Grand Prêtre se sentit soudain assiégé par une tiédeur inopportune. Un instant, ses mains cherchèrent à réajuster sa pelisse, laquelle n'en avait nul besoin. Puis, tête baissée, il plaça malgré lui un genou à terre. Les yeux étincelants, la Nin-Dingir reprit sans plus d'étalage :

- *J'ai tenu ta main fiévreuse, Héri-tep, lorsque tu fus mordu par le cobra. Il en fut de même lors de ta prime initiation. Remémore-toi, c'était dans le temple de Khnoum. Tu avais eu chagrin que l'on eût obligation ce jour-là, à te couper les cheveux. J'ai suivi le contour de ta main sur les métiers de bois, dans l'atelier de Maître Skeet. Mais aussi en la maison de vie, et en l'hospice des Sem.*

J'ai imploré les dieux, pour qu'ils modèrent les vagues de la mer furieuse. J'ai insufflé la volonté en l'esprit de Kemi. J'étais sous la patte du bon Saki, dans le cœur du vieux Sallédou, dans la main tendue de Yasna.

Demain, je serai encore à tes côtés, Héri-tep. Mais il faut, pour cela, que tu demeures égal à toi-même. Sinon, les dieux s'éloigneront, ils écourteront ta trajectoire en cette vie. La mission dont l'Our'ma t'a chargé doit mobiliser tes forces, tu sauras un jour toute l'importance qu'elle revêt !

Le regard extasié, les mains chancelantes, Héri-tep donnait ainsi l'apparence de ne plus tout à fait appartenir à ce monde. Après un silence chargé de mystères, la divinité maintint ses mains sur le haut de son crâne, puis elle reprit sur un ton plus ferme :

— *Pour t'aider à l'accomplissement de cette tâche peu commune, il te faut un outil, que tu ne trouveras nulle part en ton périple, si je ne te le procure en l'instant !*

L'énigmatique entité s'empara d'un coffret de forme cubique, lequel jusque-là, avait échappé à l'attention des deux hommes. D'un geste précis, elle fit jouer le déclic qui en provoquait l'ouverture. Elle en retira un cordon de fils tressés, au bout duquel pendait un cristal de roche. De structure hexagonale, il mesurait environ trois pouces de longueur et projetait alentour d'ondoyants reflets. La divinité s'avança au plus près de son corps, les fragrances parfumées de ses voiles prédisposaient à l'extase mystique. Avec des gestes qu'Héri-tep tint pour maternels, elle passa la cordelette de cet étrange bijou autour de son cou, le spath côtoyait ainsi la pyramide compagnonnique.

— *Ce n'est pas là un quartz banal, il a des propriétés inattendues, que je me garderais de te révéler. Je préfère te laisser le plaisir de la découverte. Fais-en bon usage, Héri-tep !*

Ayant prononcé ces mots, elle s'adressa de nouveau au Roi, dont la physionomie reflétait, elle aussi, l'interrogation :

— *Nos chemins vont devoir ici se séparer. Je vais accompagner sa Majesté sur trois des cinq étages de la Ziggourat. Cela, afin que les phalanges dirigeantes, et les gens du peuple, tiennent pour authentique ma présence en ce lieu. Ensuite, accompagnée des gardiens du seuil, je regagnerai le Gi-Gun et m'effacerai à toutes visions mortelles, en rejoignant le Panthéon par la voie de l'âme universelle.*

En ce qui te concerne, Héri-tep, tu vas devoir poursuivre ton voyage. Puisque celui-ci est axé sur la transcendance de la forme pyramidale, sachez tous deux que nous sommes ici à la verticale d'un point nodal géocentrique important. Il convient donc, Héros

Zu-En, que tu regagnes le socle de la Ziggourat, non par les marches circulaires extérieures, lesquelles ont permis ton ascension, mais par celles, intérieures, que matérialise le Beith-El. Ce cordon ombilical symbolise l'authentique lien de l'esprit. Il est manifeste, et se situe entre l'état d'âme que nous incarnons et le corps de la Terre Mère.

À quelle voie faisait-elle allusion ? Héri-tep parcourut discrètement du regard le mobilier alentour, puis les enfonçures des parois. Rien, en cette pièce restreinte, ne laissait supposer la moindre échappatoire en dehors de l'entrée où ils avaient eues accès. La Nin-Dingir parut saisir le sens de son interrogation :

- *Le nombril du monde, Héri-tep...* **est là !**

S'exclama-t-elle subitement, tout en effectuant un geste énergique en direction de la coupole. Elle fit ainsi se mouvoir un cliquet de retenu, qui avait pour fonction de maintenir en son logement la parabole hémisphérique autour de laquelle tous trois se trouvaient. Le couvercle se dressa alors brutalement, avec un bruit métallique, révélant à leur regard éberlué le contour d'une trappe. Il y eut un appel d'air, accompagné d'un grondement de forge. Sous la poussée intempestive de ce souffle, tous trois reculèrent d'instinct. Ce vent fou s'engouffrait sous les vêtements, il malmenait tout alentour avec la vigueur d'une tornade. Stoïque, face à cette manifestation insolite, la Nin-Dingir s'adossa à la paroi. Elle gardait les mains plaquées sur ses voiles que cette tourmente ne ménageait guère. Aussi fut-elle contrainte de hausser le ton pour se faire entendre :

- *Ce gouffre, devant nous, symbolise le Luz que je viens d'évoquer. Il est nécessaire que tu t'y engages, Héri-tep, et que tu tentes de cheminer en ses galeries. Peut-être auras-tu l'opportunité d'y découvrir ce que tu cherches. Ce souffle, malgré la crainte qu'il inspire, n'est qu'un appel d'air. Lorsque tu auras glissé ton corps en cet endroit, le Roi et moi refermerons la trappe. Toutes désobligeances cesseront alors ! Que les dieux guident tes pas !*

Lorsque l'étrange créature eut terminé sa phrase, il crut déceler sur ses lèvres exquises un sourire de ruse, à moins que ce ne fût de complicité.

Devant cette béance ouverte sur un espace inconnu, le Grand Prêtre hésita. Avait-il le choix ? Il ne pouvait qu'obtempérer. Nanti de ce miséreux courage que procure la fatalité, il engagea ses jambes à l'intérieur de l'orifice. À peu de distance, ses pieds rencontrèrent une surface plane, sur laquelle il parvint à prendre appui. L'échine ployée, la tête rentrée entre les épaules, les yeux larmoyants sous l'effet du souffle, il attendit que s'effectue le verrouillage de l'abattant. Celui-ci se produisit sans ménagement, avec un affreux bruit de résonance. Un silence suivit. Les turbulences s'évanouirent. Une atmosphère impressionnante s'installa en cet espace restreint.

Il réalisa alors qu'il était accroupi sur une dalle. Devant-lui, la largeur de l'escalier n'excédait pas deux coudées de large. Au bout de quelques pas, les marches amorçaient un virage serré, laissant supposer une continuité de configuration elliptique. En ce silence abyssal, l'instinct l'avertit qu'il se trouvait en présence d'un phénomène étrange. Quel était-il, pour qu'il perturbe ainsi l'ensemble de ses facultés ? Il sursauta soudain, face à l'évidence. Les lieux étaient nimbés d'une atmosphère lumineuse, celle-ci lui permettait d'apprécier les conformations de l'architecture, sans qu'aucun orifice apparent ne vienne à conduire cette lumière. D'où provenait-elle ?

En se penchant plus avant sur la disposition des briques, il discerna aux niveaux des interstices cimentés, des quantités de petites bulles microscopiques. Bien que chacune de ces particules dispensât une clarté infinitésimale, leur grand nombre, procurait une luminosité suffisante pour que le visiteur de ces lieux puisse évoluer sans risque. Comment cette chose était-elle possible ? Il se dit qu'au-delà de cette étrangeté sa préoccupation devait être de progresser plus avant vers le niveau du sol. Ayant noué sa pelisse autour de sa taille, l'esprit en alerte, le cœur battant, il entreprit alors une prudente désescalade à travers les entrailles de la Ziggourat.

La pierre commune, exploitée sur les bords du Nil, était absente de cette construction : plafond et parois étaient constitués de briques jaunes, luisantes d'humidité. Disposés à hauteur d'homme, toutes les trois ou quatre coudées, se trouvaient scellés des anneaux de bronze, dont la fonction lui échappait. Les marches étaient glissantes, parfois fracturées et, en certains endroits, brisées ou inexistantes. La muraille exhibait çà et là des moignons suintants, comme autant de pièges qu'il fallait franchir avec précaution. Au cours de son avancée, Héri-tep se reprocha de ne pas avoir compté les marches, leur nombre ne pouvait qu'être associé à la symbolique sacrée. Telle une colonne vertébrale, cet escalier en colimaçon se trouvait dans l'axe de l'édifice. Sans doute avait-il pour affectation principale de drainer vers le haut les énergies telluriques.

Au terme d'une descente prudente, il déboucha sur une pièce voûtée de dimensions restreintes. Elle se situait au centre même de l'ellipse formée par l'escalier. Sous celui-ci se dessinait une cavité rocheuse d'où émanait une clarté vespérale. Il s'arrêta, un silence impressionnant dévorait l'écho du moindre bruit.

S'étant approché de l'enfonçure rocheuse, le Grand Prêtre découvrit une surface mosaïque de la largeur des deux bras ouverts. Les tracés schématiques qui la composaient, comprenaient des cercles, des carrés, des triangles finement tracés. Le plus surprenant était la représentation dessinée de sept corps humains dont les têtes de bovidés étaient de facture hathorique. L'œil droit était symbolisé par un diamant de forme étoilée. Il se dégageait de l'ensemble une harmonie d'enluminures sur papyrus. Il sursauta soudain à l'analogie qu'il venait d'établir. Les joyaux sertis dans les yeux de ces entités étaient conformes à la répartition graphique des sept étoiles traditionnelles de la constellation d'Orion. Depuis son enfance, cet amas stellaire était stylisé en son cœur. Plus bas sur la gauche, ce trouvaient deux diamants jumelés en forme d'étoiles. L'une de ces gemmes étincelait de mille feux, alors que l'autre était beaucoup plus discrète. Par rapport à la position de Sah-Orion, il pouvait s'agir de Sirius et de son étoile sœur, dite l'accompagnatrice. Les textes traditionnels mentionnaient ces astres, en soulignant leur caractère sacré.

Héri-tep était perplexe, que pouvait bien signifier tout ceci ? Après de longues minutes d'observation, il n'était toujours pas parvenu à établir une relation satisfaisante entre la constellation, la pyramide et le cheminement schématique qu'il avait sous les yeux. Manquait-il de références, mais où les trouver ? Il en conclut qu'il se devait d'explorer les lieux à la recherche d'indices plus substantiels. Ayant alors franchi le seuil de l'alcôve, il pénétra à l'intérieur d'une chambre ouvragée. Sur la partie droite se trouvaient trois sarcophages vides, alors que les murs de la pièce étaient recouverts d'une écriture idéographique. Ces pétroglyphes retinrent son attention mais, sans étude préalable, il se trouvait dans l'incapacité d'en aborder la signification. Son regard s'attarda sur plusieurs personnages ichtyoforme. Ces entités étaient porteuses de petits paniers caricaturaux, un rien ridicules. Peut-être s'agissait-il de ces dieux antiques rattachés aux légendes de Sumer, ces An – nun – na – ki « ceux qui sont venus du Ciel », que l'on disait porteurs des connaissances primordiales, tel cet Oanèsse qui émergeait de l'onde, et que les lettrés de Kalam prétendait initiateur du genre humain ?

Le phénomène ayant trait aux parois luminescentes retint de nouveau son attention. Il remarqua que les galeries parcourues s'illuminaient progressivement à son approche, puis, invariablement réintégraient l'obscurité après son passage. Il en déduisit que sa présence provoquait une activité moléculaire, capable de stimuler les éléments photonique de ces millions de petits cristaux. Une étude rapprochée lui fit penser à des fragments de calcite blanche, en lesquels se seraient trouvées à l'état natif de l'azurite ou de la pyrite. À moins que ce ne fût du dioxyde de silicium ou des extraits broyés de météorites aux propriétés inconnues. Un pressentiment lui fit effectuer un rapprochement avec ce quartz, cadeau de la Nin-Dingir. N'était-il pas censé receler des pouvoirs particuliers ? Pour tester ce ressenti, il lui vint l'idée de le déposer sur le sol et de s'en éloigner de quelques pas. Quelle ne fut pas sa surprise de constater que la luminosité ambiante cessait de progresser avec le déplacement de sa personne ! La zone de clarté demeurait circonscrite en un périmètre visible autour du cristal de roche. La preuve était ainsi faite que ce n'était pas lui, mais le quartz, qui était l'élément excitateur du principe luminescent. Le Grand Prêtre ne put toutefois s'en expliquer les raisons. Peut-être s'agissait-il d'interactions magnétiques dont il ignorait les propriétés.

Il en était à s'interroger sur la portée physique de cette

démonstration, lorsqu'un bruit feutré à caractère répétitif vint troubler le silence des profondeurs.

Bientôt, il n'y eut plus aucun doute, quelqu'un descendait les marches de l'escalier qu'il avait emprunté un instant plus tôt. Il déposa son cristal sur le sol et, l'esprit quelque peu désemparé, il choisit de demeurer en la pénombre le temps d'observer ce qu'il advenait. Les pas se firent plus résonnants. Il distinguait maintenant une sorte de halo lumineux semblable au sien, qui gagnait en intensité. Soudain, sans qu'aucune ombre ne la précède, une forme svelte apparut en l'étroitesse des deux murailles. Héri-tep n'eut aucun mal à identifier cette présence. Ce charme félin qui le disputait à une élégance naturelle, ce ne pouvait être que la Nin-Dingir. D'instinct, il tomba un genou à terre, tout en tenant abaissé son regard vers le sol.

- *Votre Divinité*, avança-t-il le timbre de voix bouleversé, *je ne pouvais vous imaginer côtoyer ces lieux austères... Pardon d'être décontenancé par la présence de votre divinité !*
- La sublime apparition eut un sourire amusé : *Relève-toi, Seigneur ! Je ne suis pas celle que tu pressens, je suis... une simple vestale du temple.*

Les quelques pas qu'entreprit le Grand Prêtre pour se rapprocher de l'apparition furent hésitants. Cette jeune femme avait le minois et l'élégance gracieuse de la divinité. L'aisance naturelle, les gestes et le timbre de voix étaient ceux qu'il avait appréciés un instant plus tôt. Certes, son corps se trouvait présentement drapé en un sari sombre, mais pouvait-il se méprendre à ce point ? Il fit effort pour dominer son émoi :

- *Une vestale, dites-vous... dis... dis-tu... votre... ta divinité ! Comment se peut-il, je suis confondu en mon propre jugement, éclaire ma pensée, si tu le peux !*
- Elle eut un rire spontané commun à ces gens bon vivants que l'aspect drolatique d'une situation ne manque pas de divertir : *Ne te montre pas aussi déçu, Seigneur. La Nin-Dingir habitait mon corps, il est vrai, lors de l'entretien qu'elle eut avec toi et le Roi de*

Kalam, mais elle s'en est allée, sa mission accomplie. Aussi, ai-je dû regagner ma propre anatomie qui n'a autre perfection que ce dont la nature m'a pourvue. Je suis consciente qu'en t'impliquant en cette situation peu commune, je compromets l'estime que tu pourrais m'octroyer, mais qu'y puis-je, Seigneur ?

L'aisance et les gracieuses paroles de la jeune femme contrastaient avec l'attitude éberluée de son interlocuteur. Les pupilles dilatées du héros ressemblaient aux brillantes agates des poupées de son, qu'elle chérissait dans son enfance. Après être parvenu à déglutir de nouveau, le Grand Prêtre s'exerça à adopter un ton de voix plus assuré :

- *Tu veux dire que la divinité a intégré momentanément ton corps, avec le désir de s'acquitter de certaines obligations. Que celles-ci étant satisfaites, elle s'en est allée, te laissant de nouveau libre en ta nature corporelle... c'est... c'est cela ?*
- *Oui, Seigneur ! Permets-moi d'ajouter que je tiens ce choix de ma personne physique pour un grand honneur. Ce n'est d'ailleurs pas la première fois que Sa Divinité empreinte mon corps pour manifester ses intentions. Mon état d'esprit se trouve alors en sommeil. Je vois, j'entends, mais je n'ai point davantage de décisions que nous n'en avons dans le déroulement de nos rêves. Comprends-tu ce que je tente de t'expliquer ou suis-je par trop confuse en mes explications ?*

Profondément troublé par ce qu'il lui était donné d'entendre, le Grand Prêtre chercha du regard un siège pour s'asseoir. N'en trouvant pas, il s'accroupit les jambes croisées sur le dallage :

- *T'est-il permis de me dire ton nom, jeune vestale ?*
- La jeune femme prit, elle aussi, le parti de s'asseoir sur l'une des marches de l'escalier : *Nadjelda est mon nom ! Je danse, psalmodie, je joue de la harpe, ah, et aussi je prédis l'avenir. Les Prêtres de la cité font parfois appel à moi pour entrer en relation avec les Baalims de Kalam.*
- *Tu es Sémite, alors... Vestale et peut-être Prophétesse ?*

- *Médium serait plus juste, Seigneur ! On dit cela de moi... Oui !*
- *Ces lieux où nous nous trouvons, te sont-ils familiers, Nadjelda ?*
- *Je connais le labyrinthe, c'est par lui que l'on gagne le faîte, mais j'ignore beaucoup des secrets qu'il recèle, pour n'avoir eu jusque-là loisir à l'étudier.* Nadjelda opta pour un ton plus confidentiel : *La divinité, auprès de laquelle tu viens de t'entretenir, m'a demandé de guider tes pas, Seigneur. Elle aurait aimé que je te signale certaines curiosités qui figurent en ces lieux. Cela, afin que tu puisses réfléchir à la portée de ces écrits et à leur éventuelle application dans tes recherches !*

Envoûté par le charme délicat de cette voix, Héri-tep demeura un instant silencieux. S'étant alors levé, il dirigea ses pas vers l'alvéole rocheuse située au pied de l'escalier :

- *Ton aide, en effet, pourrait m'être précieuse, Nadjelda. Pour commencer, j'aimerais savoir ce que signifie pour toi cette mosaïque constellée de diamants ?*

Animée d'une aisance naturelle, Nadjelda s'inclina au-dessus de l'épaule du Grand Prêtre. Sa peau exhalait le suave parfum de la Nin-Dingir, et les effluves embaumés qu'escortaient chacun de ses gestes, provoquaient chez le Grand Prêtre un trouble inhabituel :

- *Les lignes blanches, vois-tu, représentent le circuit souterrain de la Ziggourat.* Sa main courut sur une partie de la surface mosaïque et son index se posa sur l'axe central. *Nous nous trouvons exactement... ici !*

Le peu d'accoutumance qu'avait le grand prêtre à approcher la gent féminine, provoquait chez lui un certain émoi, mais il fit effort pour n'en rien laisser paraître :

- *Dis-moi, Nadjelda, pourquoi ces sept entités mythiques sont-elles ainsi réparties ! Leurs situations allégorisées auraient-elles pour dessein de guider l'explorateur des lieux ?*

— En effet ! Le schéma représente la partie sud du pré céleste ou, si tu préfères, la projection du plan souterrain où nous sommes. Tu auras, je pense, établi une relation entre la constellation du Taureau en haut à droite et les « entités hathoriques » à l'œil droit étoilé. Elles représentent la constellation d'Orion, la distance séparant l'étoile Bételgeuse de l'étoile Saïph correspond à l'une des travées principales, celle qui concerne la partie ouest... là, derrière nous !

— J'ai remarqué que cette même galerie se prolongeait vers le Levant et sa perpendiculaire que nous devinons en la pénombre, irait ainsi du sud au nord.

— Oui, nous sommes ici au centre du schéma ! La longueur des deux galeries est identique, il faut compter le même nombre de pas et quelques pouces pour chacune d'elles.

— Y aurait-il une relation à établir avec un cycle précessionnel et la longueur des galeries. Je trouve curieux qu'il suffise de doubler le nombre que tu cites, puis de le multiplier par dix, pour avoir les années de ce grand mouvement des étoiles ?

— Je n'ai pas assez de science, hélas, pour pouvoir l'affirmer, Héri-tep, mais la chose n'est pas impossible, puisqu'il est fait mention, par ailleurs, qu'un pas de trente pouces équivaut à « dix années ».

— Si mes présomptions sont exactes, la verticale de la pyramide où nous nous trouvons symbolise le point de recoupement des étoiles, cadre de la constellation d'Orion.

— Je ne saisis pas pleinement le sens de tes paroles, Héri-tep !

— Je conçois que cela puisse paraître sibyllin à un esprit non averti. Sans doute aurai-je l'occasion de m'en expliquer ? Nadjelda, j'aimerais savoir où aboutit cette galerie Septentrionale, pourrais-tu me conduire en ces couloirs !

Le plafond voûté se limitait à l'écartement des murs latéraux, et le sol bitumé était à certains endroits composé de briquettes, flanquées de rigoles profondes. Des scènes en relief d'un art raffiné s'étalaient sur les parois latérales, alors qu'en d'autres secteurs la rupestre était plus évidente. À en juger par les représentations de ce lointain passé, les personnages figurés semblaient avoir d'amicales affinités avec les dieux. Au fil des pas, Héri-tep regrettait de ne pouvoir décrypter les pictogrammes de ces bas-reliefs. D'autant que Nadjelda affirmait avec persuasion leur proto-historicité :

- *Les fresques que tu vois en ces lieux, Héri-tep, peuvent te paraître complexes. En fait, elles évoquent les joutes socioculturelles auxquelles durent se livrer des siècles durant les civilisations des premiers âges.*

Par intermittence, tous d'eux pouvaient constater que de petites coursives s'évadaient perpendiculairement le long du passage central qu'ils avaient emprunté, elles étaient semblables à des arêtes de poissons. Selon Nadjelda, un concept original faisait que les panneaux de ces galeries adjacentes décrivaient les annales chronologiques des régions frontalières :

- *Regarde Héri-tep ! Un analyste qui s'avérerait curieux pourrait comprendre pourquoi les ramifications à caractères anecdotiques ont pu, en période de trouble, infléchir le cours de l'histoire. Cela en agissant sur les évènements important compilés dans la travée principale.*

Au cours de leur marche cahotante, tous deux parvinrent à proximité d'un pont enjambant une rivière souterraine. Héri-tep marqua l'arrêt. Les flots grondant provoquaient de sourdes résonances. Il fut contraint de hausser le ton pour se faire entendre :

- *Si, comme tu l'affirmes, chaque pouce parcouru en ces galeries représente des événements historiques, que peut-on évoquer pour cette brisure occasionnée par la rivière ?*

Nadjelda ne répondit pas immédiatement. Son visage donnait l'apparence d'être affligé. Ayant entouré le bras du Grand Prêtre, elle l'entraîna à l'écart du tumulte des eaux :

- *Cette rupture provoquée par la rivière illustre un déluge partiel qu'a subi ce pays. Par rapport à d'autres, ce dernier fut peu* conséquent. *Regarde, on devrait pouvoir l'évaluer ! Sa largeur fait moins de quatre pas.*

- Héri-tep se montra soudainement intrigué : *Qu'énonces-tu là ? c'est fabuleux ! Cela voudrait dire qu'à l'aide des références qui nous sont dispensées en ce lieu, nous pourrions estimer l'intensité de ce déluge, et le situer dans le cours du temps, déterminer ses nuisances. Les gens qui ont imaginé ce parcours labyrinthique étaient géniaux.*

- *J'ai mieux encore à te montrer !* dit-elle en lui prenant la main. *Viens, c'est à quelques pas d'ici !*

Tous deux étaient parvenus en un endroit de la galerie sans singularité apparente. Si ce n'était cette profusion de pictogrammes, occupant la totalité de l'espace mural. Nadjelda avança à pas comptés. Tout laissait supposer qu'elle était impatiente de lui faire découvrir une chose peu commune. Elle s'immobilisa soudain et se retourna pour entamer une marche à reculons. S'étant alors saisi des deux mains d'Héri-tep, elle le tira à elle, tout en continuant de progresser à petits pas comptés :

- *C'est ici !* énonça-t-elle soudain en marquant l'arrêt. *Ne remarques-tu rien d'anormal ?*

- Le Grand Prêtre eut un instant d'attention accrue où ils ne perçurent que le rythme de leurs respirations : *Non... non pas vraiment... si ce n'est...*

- Elle lui coupa la parole : *Ne remarques-tu pas que tu es baigné d'une légère dominante verte, alors que moi, je me trouve en une dominante bleue. Regarde, juste à la rencontre de nos mains se dessine un faible rai de lumière incolore... Sais-tu ce que cela signifie ?*

- *Je... je crois deviner ! Ce rai de lumière blanche pourrait représenter le temps présent. Ce qui m'incite à penser qu'en cet emplacement, je me trouve encore dans le passé, alors que toi, Nadjelda, tu es déjà dans le futur... c'est cela ?*

- *Exactement ! Et j'ai eu l'occasion de vérifier, que cet infime faisceau de lumière blanche se déplace chaque jour insensiblement, sans que l'œil soit en mesure d'apprécier son mouvement. Et si nous n'avions les quartz que nous portons, nous ne verrions rien.*

- Mais alors, c'est merveilleux, nous pouvons évaluer combien d'années il reste à l'humanité, pour atteindre le milieu du cycle précessionnel. Il suffit de compter les pas jusqu'au terme de la galerie. Maintenant, nous ne devons plus en être très éloignés !

- À cela près, Héri-tep, que le cycle étant par essence immuable, c'est-à-dire en perpétuel recommencement, le point zéro se réduit à une convention ou, si tu préfères, à une logique spécifique qui peut être différente pour chaque peuple initié. As-tu pensé à cela ?

- C'est précisément ce qui m'intrigue, Nadjelda, pourquoi nos ancêtres ont-ils pris pour référence la constellation d'Orion ? Ont-ils été motivés par des observations à long terme, des visions intuitives, des révélations spirituelles ou ce qui serait sot d'éluder, des apports de connaissances venues de l'espace infini ?

- Si je laisse parler mon intuition... elle me dit qu'aucun de ces facteurs n'est à écarter, ceux-là se trouvent simplement répartis sur une vaste période de temps.

Lorsqu'ils arrivèrent au terme de la galerie, ce fut comme s'ils pénétraient à l'intérieur d'une demi-sphère. La voûte de cette cavité artificielle d'un bleu de lapis-lazuli était constellée d'étoiles, elles représentaient le Ciel de l'hémisphère Austral. Chaque joyau évoquait un astre se détachant sur le fond céleste. Héri-tep localisa aisément les principales constellations. Il réalisa que leur disposition paraissait conforme à ce qu'un homme du futur pourrait observer dans environ 5 000 années, en ce lieu, à vingt-deux heures, en direction du Sud. Il remarqua avec émerveillement que la constellation d'Orion était évaluée à sa plus haute altitude au méridien, par rapport au mouvement de précession équinoxiale. Cette position apparente était si réaliste qu'elle justifiait à elle seule la présence de cette structure souterraine. Nadjelda, qui s'était tendrement rapprochée d'Héri-tep, enlaça ses épaules d'un geste affectueux :

- Regarde... s'exalta-t-elle un doigt tendu vers le sommet du synoptique ! *C'est l'étoile Bételgeuse. Elle est symbolisée par cette magnifique émeraude... cela doit avoir une signification ?*

Touché par cet enlacement cajoleur, autant que par l'intérêt que soulevait sa question, le Grand Prêtre prit spontanément l'une des mains de Nadjelda entre les siennes :

- *Je pense qu'en cet endroit nous avons atteint le point nodal. Le sol, que tu vois là, représente l'équateur céleste. Cela signifie que la hauteur séparant nos pieds de l'étoile est comparable à la distance que nous venons de parcourir, depuis cette bifurcation dans la travée. Tout ce qui se trouve ici semble posséder un code numérique en rapport avec... une échelle de temps.*
- *Si je suis bien ton développement, notre parcours est assimilable à un demi-cycle de 12 960 ans, et l'allée parallèle que nous allons emprunter au retour, devrait boucler ce cycle d'autant, soit 25 920 ans environ.*
- *C'est ce que je présume, Nadjelda. À notre époque, nous sommes à un peu moins de cinq mille années de la fin de ce demi-cycle, autrement dit de l'altitude maximale qu'atteindra la constellation d'Orion avec cinquante-huit degrés d'arc. C'est ce qu'illustre ce synoptique. Après quoi, cet amalgame céleste redescendra graduellement d'année en année vers les neuf degrés d'horizon. C'est simplement merveilleux car, en fait, il ne s'agit là que d'une apparence. C'est bien évidemment la Terre qui par un mouvement gyroscopique engendre cette vision d'élévation et de déclin !*

Elle posa sa tête sur son épaule. De l'extrémité de ses doigts, il se plut à caresser le velouté de sa joue :

- *J'ai l'impression... jusque-là jamais éprouvée, qu'une femme, toi... Nadjelda, aime ce que j'aime, ressent... ce que je ressens. Je suis troublé... Je n'ai encore jamais vécu un tel sentiment...c'est si... soudain !*
- *Oui, nous sommes dans un état de parfaite symbiose, Héri-tep, j'en conviens moi-même c'est très troublant !*
- *Tu prétendrais ressentir un état...semblable... au mien !*
- *Oui...je veux parler de cette inclination mutuelle, enfin... je veux dire l'un pour l'autre... tu vois !*

- *Oh, Nadjelda... il me faut réagir à cela, sur un sujet aussi délicat, je pense qu'il serait judicieux... et même... prudent, que je réfléchisse...*

Héri-tep ne put terminer sa phrase Sans plus de retenue, les lèvres de Nadjelda s'apposèrent sur les siennes. Ce long baiser eut le don d'éveiller sa nature assoupie, il l'enveloppa dès lors d'étreintes passionnées. Sous l'impulsion de ces tendres assauts, la jeune femme ferma les yeux. Elle balbutia des paroles confuses lorsque des lèvres insatiables se mirent à parcourir la peau frémissante de son cou.

- *Non...non... Héri-tep !* dit-elle, en se dégageant de cette étreinte avec l'onctuosité d'un désir refoulé. *L'endroit me paraît peu propice à ce genre d'ébats... j'ai mieux à te proposer !* D'un geste ardent, elle rejeta ses cheveux en arrière et lui chuchota au creux de l'oreille : *Je connais en ce lieu une cavité rocheuse où nous pourrons nous aimer !*

La Nin-Dingir s'empara de la main du héros. Sans plus de sollicitations, elle l'attira dans les dédales tortueux du souterrain. La tête vide, le cœur tambourinant, Héri-tep comprit en cet instant qu'il n'était plus maître de ses aspirations. Alors qu'impassibles en leurs vêtures de pierres, les dieux renvoyaient aux confins des galeries l'écho crépitant de leurs pas. Le couple passa rapidement le point central, pour s'engager au sud dans une étroite travée. Après avoir parcouru quelques dizaines de mètres, tous deux eurent à franchir une autre rivière considérablement plus large que la première.

- *C'est le Grand Déluge Universel, dont je t'ai parlé !* hurla Nadjelda dans le grondement des flots. Elle ajouta, en lui pressant la main : *Chaque fois qu'il m'est donné de traverser ce pont, je suis saisie d'angoisse... Tu dois comprendre que ces flots matérialisent l'événement. C'est une véritable rupture, la largeur du torrent nous indique le nombre d'années où les êtres qui peuplaient alors la Terre eurent à souffrir de ce terrible chaos.*

Ils poursuivirent à travers une suite de galeries étroites où seules, sans doute, pouvaient évoluer sans appréhension, les entités des lieux. Puis, inopinément, ils s'engouffrèrent dans une faille de la roche, dont la coursive aménagée conduisait à une cavité spacieuse. Sculptées sur les parois de ce havre secret étaient des fresques aux dominantes pastels. On pouvait y admirer des scènes festives à la gloire des dieux ancestraux. D'étranges personnages, dont le bas du corps se terminaient en queue-de-poisson, lutinaient des nymphettes on ne peut plus humaines aux formes élancées. Sous la voûte en berceau se trouvait un lit cérémonial en pierres ouvragées, dont les bas-reliefs représentaient des phases mythiques de la tradition sumérienne. D'épais tapis en poils de chamelle recouvraient un dallage de marbre blanc. Rien d'autre n'était apparent, aucun objet, si ce n'était un petit meuble bas sur lequel était entreposée une cassolette de parfum et un long vase égueulé à l'élégance un peu vieillotte.

- *Je vais te montrer le plus surprenant !*

Héri-tep se contenta de sourire. N'était-il pas entièrement soumis aux desiderata de cette belle inconnue. Nadjelda l'entraîna dans un passage étranglé qu'il avait à peine entrevu. L'atmosphère tiède était légèrement humide. La hauteur restreinte les obligea tous deux à courber l'échine. Ils descendirent quelques marches et débouchèrent sur le flanc d'une vaste excavation taillée à même la roche. L'atmosphère vaporeuse exhalait des senteurs sauvages, composée d'un panachage d'ambre gris et de résine d'aloès. La jeune femme ôta ses sandales, fit glisser sa toge le long de ses épaules, déboucla sa ceinture et, sans plus de réserve, laissa choir l'ensemble sur les dalles.

- *Viens !* dit-elle avec une brillance inconnue en ses yeux pers.

La volonté inhibée, Héri-tep ne put se soustraire à cette généreuse providence : il ôta lui aussi ses vêtements, et tous deux descendirent les trois marches qui menaient à cette coquille de bain. L'eau était tiède presque chaude, une multitude de bulles montaient à la surface, leur gazouillement rappelait les chants mystérieux des marais. Une ambiance lumineuse alternait ses effets au gré des heurts aléatoires de leurs pendentifs. La fantasmagorie que créaient ces petits chocs répétitifs, excitaient les sens et favorisaient d'insouciants ébats. Nadjelda repoussa sur le côté les mèches ruisselantes qui hachuraient ses joues. Les paupières lourdes de passion contenue, les yeux étincelants, d'un pouvoir à eux secret, elle appliqua voluptueusement son corps contre le sien. L'extrémité turgescente de ses seins frôlant sa peau ranima la sensualité d'Héri-tep. Ses lèvres avaient l'aspect de ces fruits qui s'entrouvrent sur des soifs inextinguibles, et sa bouche cultivait le don d'une impudicité lente qui rendait irrésistible la suavité de son haleine. La chair savourant la chair, tous deux s'enrobèrent longtemps en cette eau vaporeuse, brûlante encore des forges de la terre.

Nadjelda entoura de ses mains le visage d'Héri-tep. Une agréable somnolence ravissait leurs corps épuisés. Elle eut un sourire malicieux :

- *Si tu étalais un plan de la cité d'Ur à la surface du sol, sais-tu où se situerait ce lieu où nous nous trouvons ?*
- Le Grand Prêtre fit un effort pour se dissocier du contexte envoûtant en lequel il avait sombré : *Non, Nadjelda, j'ai suivi ta personne plus que l'itinéraire. En fait, cela ressemble à l'idée que je me fais des jardins d'Eden... Ai-je tort de les imaginer ainsi ?*
- Son rire d'enfant raisonna comme des notes musicales sous la voûte : *Je vais t'initier, mon aimé ! Nous nous trouvons exactement sur l'emplacement d'un temple attribué à l'étoile Sirius, que tu dis être dédié à la déesse Isis. Quant à ce bassin, lieu de... nos ébats, sa position est celle de son étoile sœur. Ne m'as-tu pas dit l'attribuer à Nephtys ? Cet astre observe un mouvement elliptique d'une cinquantaine d'années autour de la plus belle des étoiles, elle se trouve dans la constellation du grand chien !*
- En un réflexe, Héri-tep rectifia cette position lascive qu'il avait inconsciemment adoptée. *Par tous les dieux du Panthéon, comment es-tu instruite de ces choses, Nadjelda ? Elles sont par tradition réservées aux vieilles barbes de Sumer.*
- *Où est ta barbe ?* s'exclama-t-elle, en lui caressant la joue d'un geste affectueux. *S'il est admis que le poil fait la distinction, souffre alors, mon aimé, de ne point paraître parmi les immortels.*

- *Nadjelda, connais-tu l'historique de ces deux déesses, Isis et Nephtys, dont tu faisais à l'instant allusion ?*
- *Je ne connais pas ces déesses, mais il m'apparaît naturel de les concevoir intimes l'une pour l'autre, tout en leur prêtant des comportements différents.*
- De l'un des coffres placés en bordure du bassin, Nadjelda retira une serviette de cotonnade, qu'elle tendit au Grand Prêtre : *Sans doute vais-je te surprendre plus encore, Héri-tep ! Selon le tracé des cartes et la disposition des lieux, le cycle de cet astre appelé par les Sages Sirius double, passe à la verticale d'un petit temple dédié au dieu Nergal. Il se juxtapose au sanctuaire d'Ishtar, la vénérée.*

Le sujet évoqué paraissait suffisamment sérieux pour dégriser le Grand Prêtre de ces frivolités érotiques en lesquelles il se complaisait. Il gravit les marches du bassin, l'esprit déjà absorbé par les révélations de Nadjelda :

- *Je vois très bien où se situe ce temple dont tu parles. Depuis mon arrivée, j'ai déjà eu l'occasion de méditer en ce lieu... Je le ressens comme étant porteur d'un afflux tellurique important.*

Tout en conversant, les deux amants regagnèrent la pièce principale. Nadjelda déroula fébrilement un papyrus extrait un instant plus tôt d'une anfractuosité de la roche. Elle arborait un sourire mutin. Ses yeux étaient baignés de lueurs étranges où l'amour semblait le disputer au devoir de transmettre :

- *Regarde, Héri-tep, et n'oublie surtout pas ce que je m'apprête à te décrire. C'est l'un des volets de ma mission, il me fut assigné par la Nin-Dingir avant qu'elle ne se désolidarise de mon corps.* Nadjelda pointa son index en un endroit précis de ce tracé architectural. *Si tu le veux bien, revenons au sanctuaire d'Ishtar ! Vois... En prenant place sur le seuil de l'entrée principale, à partir du troisième pilier de la série de gauche, sous la quatrième dalle le long de la muraille, se trouve... un trésor !*
- *Un trésor... que m'importe Nadjelda ! Crois-tu que je sois homme cupide, avide d'opulence, de pouvoirs et d'honneurs ? Je*

n'ai que faire de trésors qui entraînent l'individu en une rapacité gangreneuse de l'âme !

- *Ne parle pas sans connaître les intentions qui motivent le fait ! Cet or, depuis toujours, est dédié au Héros Zu-En... donc... à toi, mon aimé, puisque tu en as récolté les lauriers !*

- *Un trésor... bon soit, Nadjelda, dans quel dessein me serait-il concédé, à quel devoir est-il assujetti ?*

- *En vertu d'une louable intention, Héri-tep, celle d'aider à préserver la pérennité des valeurs à caractères hermétiques relevant de La Tradition Primordiale Universelle, à laquelle nous te savons attaché par les liens de l'âme !*

- *Nous ?*

- *Oui, nous... les gens qui t'aimons ! La Nin-Dingir a tenu à me préciser que ce pactole, bien que modeste, se trouve être suffisant pour que tu puisses poursuivre ton voyage avec sérénité. Ainsi pourrais-tu envisager sans consentir au confort que tu réprouves, de t'octroyer une escorte ou d'armer un bateau... que sais-je de tes aspirations et nécessités, toi tu le sais ?*

- La voix émue par autant de sollicitude à son égard, le Grand Prêtre entoura de ses mains la taille de la jeune femme : *En cet instant... tu es le seul trésor qu'il m'est agréable de convoiter... le seul... tu es ma plus belle découverte !*

- Elle inclina la tête au creux de son épaule. Il eut la surprise de ressentir une larme chaude lui glisser sur la peau : *Mon aimé !* reprit-elle d'une voix éteinte. *Je me dois de te révéler un fait conséquent, tragique peut-être ! Je ne suis pas une femme commune, banale... je veux dire ordinaire... enfin...comme les autres...*

- *Si tu considères que par ta beauté, tu incarnes une erreur de la nature, Nadjelda... ce n'est pas grave, je suis prêt à assumer, mieux que cela, je saurais me satisfaire de cette singularité, j'ai un sens aigu du sacrifice, tu sais !*

- *Je ne plaisante pas, Héri-tep... je suis...* Elle hésita encore.

- *Quoi donc ?* ajouta-t-il sur le ton de la plaisanterie : *Une envoûtante harpie, une séduisante vestale, la Nin-Dingir en personne ou peut-être... peut-être une déesse anonyme en quête d'idylliques et fougueuses rencontres au fond des gouffres de la*

Terre ?

- Devant les grands yeux luisants de larmes qui le dévisageaient dans toute leur pureté, Héri-tep réalisa que ses phrases désinvoltes ne convenaient guère. Il enchaîna sur un ton plus modéré : *Pardonne-moi, Nadjelda ! Mais quel crédit donner à ces atermoiements. Ne nous apparions-nous pas sur tous les plans, c'est merveilleux... je n'ai jamais ressenti une telle passion, tu es comme un double... un double de moi-même.*

- *Un double...évidemment !*

- *Que veux-tu dire par... évidemment ?*

- *Mon aimé, la passion que tu nourris à mon égard, et qui... je m'empresse de le souligner... est réciproque... vient du fait que... que je suis... enfin...*

- *Que tu es... tu m'inquiètes... parle !*

- Elle le regarda droit dans les yeux : *Je suis Héri-tep... le complément féminin de ta nature pensante !*

- *Quoi ! Mon pensant... de ma nature !* Le sourire figé par l'étonnement, le Grand Prêtre observa un silence dubitatif, dont les influx semblaient osciller entre le rire débridé et la peur panique. Il reprit sur un ton hachuré : *Mon complément... mon double féminin ! Tu plaisantes, Nadjelda... Nous sommes en plein délire... en plein fantasme !*

- *Hélas, non ! Je suis une émanation de ta personne ou, si tu préfères, le dédoublement momentané d'une partie de toi-même que tu ne pouvais soupçonner. Cela explique notre attirance passionnelle l'un pour l'autre, mon aimé. Ce que tu ressens, je le ressens au même titre que toi... au même moment que toi... tu comprends ?*

- *Non ! Enfin, je ne vois pas comment la chose est possible. J'ai entendu mes Pairs s'exprimer sur le sujet, mais jamais en ces termes. Selon toi, il s'agirait d'une sorte de pouvoir séparateur de la personnalité ?*

- *Oui ! La Nin-Dingir a jugé opportun d'envisager cette relation sentimentale, dans le dessein de t'aider à découvrir l'autre aspect de ta nature existentielle. Comme la plupart des êtres humains, tu as une fâcheuse tendance à refouler cette partie féminine intégrante, si ce n'est à l'exclure. Quand je dis, ta personne, c'est en fait notre corporéité, la tienne et la mienne associées, c'est pour cela que nous fusionnons si bien !*

Un cours instant, le Grand Prêtre donna l'impression de sombrer en un abîme ou l'esprit était en sustentation par la simple incapacité à concevoir. S'étant repris, il dévisagea Nadjelda avec une sollicitude extrême :

— *D'accord... d'accord, après tout... Si ce que tu dis est vrai je ne vois pas où est le désagrément ? Il est sans doute permis à peu d'êtres sur cette Terre de rentrer en relation charnelle avec leur double. Surtout lorsqu'il incarne autant de charme, suscite autant de ressentis...de désirs et...*

— *Ne te complais pas en la dérision, Héri-tep. Je comprends que, présenté ainsi, sans développement psychologique aucun... le phénomène peut dépasser ton entendement. Cependant, celui-ci a ses avantages, auxquels je t'invite à réfléchir.*

— *Ça c'est un comble, Nadjelda ! Alors, d'après toi, je devrais me réjouir d'un tel paradoxe ?*

— *Ma tristesse est grande, mon aimé. Cette corporéité féminine, momentanément désolidarisée de notre gémination, n'est pas pour me déplaire. Mais par nécessité absolue, je vais devoir réintégrer cette nature à nous deux communes. Je ne puis rester plus longtemps dissociée de ce monophysisme auquel nous sommes tous deux dépendants. Et puis, par devoir et éthique, je me dois de rendre ce corps d'emprunt à sa propriétaire. Il s'agit d'une jeune akkadienne spiritualiste, qui a consenti à cette prise de conscience, avec... pardonne-moi de le mentionner, l'option sensuelle, pour que je puisse mener à bien les substrats affectifs inhérent à ce rôle...disons... délicat.*

— *Par tous les dieux, je n'ai jamais rien entendu de plus déconcertant. Mais alors que vient faire le corps en cette histoire d'âme ?*

— *C'est précisément l'âme, Héri-tep, qui te donne un aperçu de sa beauté cachée, une escapade dans le temporel, si tu préfères ! Tu ne saurais ignorer que lors des réincarnations, selon ce que nous avons été dans les précédentes, nous changeons de sexe et de sensibilité.*

Mais notre âme demeure consubstantielle en son évolution.

- *Je sais cela bien évidemment. Mais alors Nadjelda tu n'es qu'un leurre…une illusion… un mirage !*

- *Non, Héri-tep, je te fais promesse de demeurer affiliée à ton esprit, je participerai à tes réflexions, tes déductions. Non point comme il en était par le passé, de manière intuitive et sporadique, mais de façon plus ponctuelle. Par exemple, avec l'expression d'une voix intérieure… Serais-tu d'accord avec cette proposition ?*

- *Une voix intérieure…comment cela ?*

- *Seulement lorsque tu la solliciteras, afin qu'elle ne soit aucunement contraignante. Il n'est évidemment pas souhaitable, en raison du principe immuable, homme, femme, dualité complémentarité, que nous ayons toi et moi le même point de vue… Mais, mon aimé, nous avons… la même âme !*

- *Nadjelda, cela est si soudain… si complexe ! Tout allait si bien entre nous, pourquoi se compliquer la vie par des phantasmes psychiques… des suppositions nébuleuses… des…*

- *L'incarnation, en laquelle nous sommes tous deux intégrés, nous oblige à une parité corporelle inévitable. Mais il n'en sera pas de même à la fin des temps. Ou si tu préfères, lorsque nous parviendrons au stade de notre désincarnation terrestre, nous nous retrouverons en couple et en une admirable harmonie, car nous aurons effectué le même parcours à travers les âges. Nous aurons partagé les mêmes joies, les mêmes souffrances, toi et moi enfin nous.*

- *Quitte à te paraître obtus, insatiable ou égoïste, Nadjelda, je ne saurais attendre les bénéfices de cet hypothétique bien-être. Je te l'ai dit, pour la première fois je me trouve en parfaite symbiose avec un état féminin, c'est stupéfiant… c'est…*

- *Tu t'obstines, mais que tu le veuilles ou non, nos relations changeront, Héri-tep. Je ne suis que projection de l'esprit, un corps emprunté au merveilleux, pour satisfaire à ta prise de conscience à travers l'émanation de ton ressenti. Il faut te faire à cette idée, je ne suis… je ne suis qu'une apparence !*

- *Une apparence… Tu n'es qu'une apparence…*

En un réflexe affranchi, le Grand Prêtre souleva la jeune femme dans ses bras et la transporta dans la cavité où se trouvait cette curieuse couche cérémonielle. Les réactions passionnelles de leurs corps entrechoquèrent de nouveaux leurs cristaux. Mais cette fois et contre toute attente, ceux-ci provoquèrent des tons d'orage que les parois rocheuses se plurent à répercuter en autant de flashs pourpres à la limite de l'effroi. Affecté par mille sensations confuses, leur esprit atteint d'une ivresse psychédélique projetait leur nature somatique en des espaces incorporels, hors du temps. Aussi n'eurent-ils d'autre ressource que de se laisser consumer par ce transport extatique, dont nul ne pouvaient pénétrer l'inexplicable essence.

Très vite cependant, le cœur d'Héri-tep fut malmené par ce rythme angoissant. Ses yeux s'embrumèrent, une froidure inexplicable s'interposa bientôt entre ses sens exacerbés et sa raison consciente. Une sensation plus troublante encore gagna ses facultés : il ressentit une vacuité immense, une profonde frustration. Il lui apparut que son crâne était oppressé par un bloc à consistance lisse et dure. Ses mains affolées cherchèrent encore à étreindre ce corps de femme aux formes fuyantes, mais ses doigts malhabiles ne rencontrèrent que la surface glacée d'une dalle de pierres.

Que se passait-il ? Il s'efforça d'ouvrir les yeux. Par une trouée située au plafond, il pouvait apercevoir les étoiles. De frêles lueurs décrochaient alentour les découpes sombres d'une série de chapiteaux. Sa tête était douloureuse. L'atmosphère était fraîche, presque froide. Le cristal de roche pendait à son cou mais, en ce lieu, il ne provoquait aucun des effets lumineux qui les avaient, l'un et l'autre, tant intrigués. Rien d'autre que cette crainte inexplicable, muette, insondable, dont la pugnace intimité lui collait à la peau.

- *Nadjelda !*

Il prononça son nom à haute voix sans que son esprit conscient eût à le formuler. Un silence glacé, oppressant, fit écho à cet appel de détresse. Un mot lancinait son cœur blessé :

- *Une apparence…*

Obnubilé par cette aventure dont il redoutait l'imaginaire, il dirigea ses pas chancelants vers les fades lueurs du dehors. C'est alors seulement qu'il réalisa : il se trouvait sous le péristyle du temple de Nergal, lequel, il s'en souvenait, était contigu à celui d'Ishtar.

Un hibou lança en la nuit inquiète un hululement bref. Le Grand Prêtre frissonna à cette étrange présence qui venait attiser son mal intérieur. La rue était vide de toute animation. De loin en loin, des torchères lançaient au Ciel de nuit leur faisceau d'étincelles. Il reconnut le kiosque à musique avec ses stores de joncs. Ces palmiers esseulés, au bord du canal, le rassurèrent. Ces repères lui étaient familiers : sa demeure se situait à quelques travées d'habitations. Son cœur était larmoyant ou offensé peut-être, sa démarche oscillante, ses idées confuses.

Il longea les bâtisses des dockers, traversa l'orangeraie pour aussitôt s'engouffrer dans la petite ruelle apparue à main gauche. Très tôt, la forme drapée du héros se confondit avec la morosité des ombres. Alors que derrière lui, l'illustre cité absorbait sous sa voûte étoilée la résonance de ses pas.

GLOSSAIRE

Anu – *(Roi des dieux) il délègue ses pouvoirs à* **Enlil** – *Il n'intervient pas dans les affaires humaines* –

Aby – *(panthère) - Terme égyptien -*

Ath-Kâ-Ptah – *(deuxième-cœur-de-Dieu ou la demeure du ka de Ptah) Égypte Ancienne -*

âq-ib d'agathe *(le sceau de l'amitié) Qualité de cœur – ipy-ib exact de cœur -*

Amorite – *(Moyen –Euphrate) Royaume de Mari – Tel Hariri -*

Accad – *(Akkadiens territoire de Mésopotamie) Langue et peuples.*

Apopis – *ou Apophis le bien nommé, (gigantesque serpent de la manifestation du chaos) -*

Ankh – *(Croix de vie – miroir) Symbole porté par les divinités du Panthéon égyptien -*

Astarté– *(déesse mésopotamienne astralisée) – Déesse guérisseuse et de la fécondation -*

Aker– *(Divinité des profondeurs de la Terre) Les Akerou sont les gardiens redoutables* –

Âcha – *Lézard en ancien égyptien -*

Apotropaïque– *(Formule visant à détourner les influences maléfiques) -*

Amalécite – *(Nomades sémites itinérants) – Assimilés aux Hapiroux par les égyptiens* –

Astérisme –*(Astrologie) – figures dessinées dans le ciel selon la* *disposition des étoiles -*

Boréen – Hyperboréen – *(Au-delà du vent du nord) borée – allusion à la Grande Bretagne –*

Bullas – *(ou Bullis – boules de terre cuite sumériennes) – Les Bullas servaient pour compter troupeaux et objets – Pour commercer et certifier par leurs contenus – les calculis –*

Babar – *Babbar – (brillant – nom de l'oiseau à tête de lion) –*

Boutou ou Bouto – *(Per-Ouadjyt) – Déesse cobra –*

Batensoda – *(Égypte) – poisson du Nil -*

Cananéen – *(protectorat égyptien) Amorrhéens de la Bible – langue sémitique –*

Cholla – *ou chola - (Epineux dont les tiges se cassent au moindre contact et s'accroche à la peau et vêtements) –*

Calculi – *(Petits éléments de forme géométrique composant les Bullas en terre cuite - Sumériens) –*

Couffe – *(Petit bateau rond et plat utilisée sur les canaux par les Sumériens) –*

Chadouf – *(Appareil à bascule employé en Égypte pour puiser l'eau) –*

Chlamyde – *(Manteau de lin fixé au cou par une agrafe) -*

Dubshar – *(Celui qui écrit sur la tablette) – Dub – sar – Dubshar -*

Djam – *(unité de mesure) –*

Dilmun – *(La terre du Dilmun est sainte, la terre de Dilmun est pure) – Mythe de la création -*

Djed – *(Pilier axe du monde – stabilité – émergence de la vie) –*

Dingir – *(pour les dieux)*

Douat – (Lieu de l'autre monde) – Sas par lequel l'âme accède à l'autre monde – Égypte -

Elamite – *(Habitants du Territoire de l'Elam)* - *Iran actuelle* –

Enkidu – *(Sumer) – dieu au vaste entendement – organisateur de la vie sociale* –

Endiku – *(Sumer)* –Gilgamesh et Endiku, poème épique des héros sumériens – tribulations -

Enki – *(Le seigneur de la Terre) – il inventa l'homme – il est seigneur de l'abîme* –

Enlil – *(dieu détenteur de l'ordre du monde) – Il impose son autorité au mépris des personnes* –

Erib-Biti – *(Archiprêtre d'un district) – Sumer* -

Ergastule – *(Prison souterraine) – Cachot sordide – réservé aux esclaves* -

Goubliyé – *(celui qui navigue vers Byblos – navire de haute mer) Navire hauturier* –

Gigun – *(Saint des saints) – lieu que seuls les prêtres pouvaient voir* –

Gala – *(Chantres)* –

Hast– *(Arme d'hast) – à fer pointu* –

Hallier – *(Réunion de buissons touffus)* -

Her-tep – *(au nom de…) Héri-tep (Celui qui dirige, celui qu'il faut écouter) - La référence* – **Himyarite** – *(Habitants Somalie - Yémen – Erythrée)* -

Héliaque – *(Qui a lieu peu avant le lever du soleil) – Etoile héliaque* –

Hathorique – *(Hommage à la déesse Hathor) parures, colonnes* –

Hyksos – *(Cavaliers des steppes) Race ouralo-altaïque – envahisseur de l'Égypte –*

Héraikhou – *(grand prêtre)*

Hâpy – *(Génie du Nil en crue) – Égypte –*

Hapiroux – *(Peuplades des déserts, bédouins itinérants, ainsi nommés par les égyptiens)* -

Hypostyle – *(plafond soutenu par des colonnes) – Salle ouskhit –*

Hampa – *(Roi des mauvais esprits de l'air)* - *Pazuzu est son fils –*

Harpédonapte – *(Harpédonapte royaux) – Agents chargés des mesures* -

Isib – *(Prêtre aux cérémonies d'incantation, de conjuration et de purification)*

Inanna-Ishtar – *(la grande déesse de l'amour) – Inanna - La dame du ciel –*

Ialou – *(L'autre côté de la vie) –*

Ibar – *(Cheval) – Étalon voir Sesemet* -

Khepresch – khâou *(couronne)* nemes *(coiffure) – sekhemty –hedjet (couronne blanche) –*

Kemet ou Ta-meri - *(Kmt)- Pays d'Égypte –*

Kheperou –*(forme) kheperer (scarabée) – Khépri, un des état du soleil – état de transformation* -

Ka – *(Constituant de la personnalité de tout individu) – Double immatériel* -

Khab – *Hippopotame –(cheval du fleuve)* -

Kur – *(montagne) Habitant de… - ancien terme sumérien –*

Kélek – *(Bateau pour le transport des marchandises)* –

Kaunakés– *(Long manteau)* -

Lugal – *(Le Roi)* – Mésopotamie -

Métagnomie – *(Faculté de clairvoyance)* – cryptesthésie -

Mahakerou – *ou maâkherou (justifié) personnage hautement initié, titre d'Akhou.*

Mastaba– *(sépulture)*

Ménate– *(Instrument de musique, bruissement de papyrus)* –

Médou– *(Bâton de commandement ou de protocole)*

Maât – *vérité – déesse de la justice – Ordre cosmique – Engendrée par Atoum -*

Mer – *pyramide* –

Misr – (Égyptien, chez les sémites, *Cananéens - Araméens - Accadiens*) –

Masmashu – *(Prêtre aux formules incantatoires pour éloigner le mal du corps) – Sumer -*

Nilote – *Nilotes habitants des bords du Nil -*

Nome – *(Province de l'ancienne Égypte) Préfet, le Nomarque.*

Neter – *(dieu – netjer)*

Naos – *(c'est le Kem skhem) le lieu que l'on ne doit pas connaître. Le saint des saints du temple -*

Naga –*(Époque de Nagada) type de bœufs égyptiens aux grandes cornes -*

Nin-dingir – *(La Dame du dieu) Grande prêtresse)* –

Nagada – **(***Égypte*) – *nécropole – cité prédynastique – Avant la première dynastie - pictographie*

Nergal – *(Le mot est associé aux armes, aux monstres, aux combats) – dieu des enfers –*

Nanna – *(le grand dieu d'Ur)Nouvelle Lune il est jeune en « Su'en » père de Nanna pleine Lune*

Ourma - *Le chef du clergé égyptien, le Grand Voyant. Celui qui trône au sommet de la spiritualité*

Oupouaout – *dieu* – *(Ouvreur des chemins)*

Oudjat - *(œil d'Horus soigné par le dieu Thot) symbole de plénitude –*

Sujet central de la symbolique égyptienne – l'œil universel -

Ousir - Osiris - *(dieu égyptien fils de Nout et Geb, frère d'Isis) – dieu vert de la végétation et du renouveau. Il est tué par son frère Seth – dépecé en 14 morceaux – dieu égyptien le plus populaire -*

Oued – *(Ouadi – lit d'une rivière asséchée) –*

Ouralo-altaïque – *(Région de Mitanni) Turquie actuelle, La Cappadoce –*

Prostyle – *(Édifice présentant un portique à colonne sur sa façade antérieure) -*

Per-ânkh – *(Maison de vie) Ateliers culturels de développement de la nature humaine –*

Pazuzu –*(Divinité de Mésopotamie) – Démon des déserts à l'effigie ridicule – la Lamashtu son épouse voyage entre les déserts et les enfers -*

Pount – *(Pays non localisé scientifiquement) – Inde ou côte de Somalis – mer Erythrée – Iles des doubles – Iles des ancêtres – entre l'Arabie et l'Inde -*

Précessionnel – *(Il s'agit du cycle de 25 920 ans, Précession des équinoxes)*

Perséa – *(Égypte) Arbre consacré à Isis – Son fruit ressemble à un cœur et sa feuille à une langue -*

Revenala – *(Arbre exotique dont les feuilles contiennent de l'eau)*

Sar – *(Unité de mesure) L'ikû ou arpent valait 0 sar – Sar = écrire -*

Shasou – *(Pasteur nomade assimilable au Hekaou-khasout chefs étrangers) -*

Sekhem – *(Temple) –*

Seski – *(frère de la terre)*

Sépedet – *(étoile Sirius) prt-'spdt (lever héliaque) – shotis –*

Shamash – *(Le Soleil, dieu président à la justice, il ne permet pas le mensonge) –*

Sanga – Personnage éminent - *(Grand administrateur) –*

Sekhmet – *(Égypte déesse lionne)*

Sistre – *(instrument de musique partie en métal tintant) – Égypte -*

Sokar – *(Ancienne nomination du plateau de Gizeh) – Royaume de Sokar, cinquième division du Douat. Implique le dieu Osiris – La constellation d'Orion – Les 3 pyramides –*

Sobek – *(dieu des eaux et de la fertilité) Effigie d'un crocodile –*

Sesemet – *(Égypte) Cheval – bar = étalon – renep = poulain –*

Sounou – *(Égypte) – Personnage spécialiste dans les antidotes –*

Su'en – *(Sumer)* ou **Zuen** – *dieu - Le terme représente la nouvelle Lune où il est jeune – chiffre 30*

Thouéris – *(Déesse Taourèt – la grande – incarne la fertilité)* –

Tarsier – *(mammifère insectivore à grands yeux)* -

Utu– ou - Ud – *(Le dispensateur de vie) Ud désigne le jour – Le dieu Ud maître de la lumière* –

Urigal – *(Fonction administratives importantes)* –

Ur –*(Sumer)*cité de la Mésopotamie – La Ziqqurat pyramide en briques d'argile -

Uraeus – *(Cobra royal disposé en relief sur la tiare des rois d'Égypte)* -

Ziggourat – *Ziqqurat - (Pyramides sumériennes)*

Suite : Tome II – L'Our'ma – Ou l'hiérophante.

Déjà parus

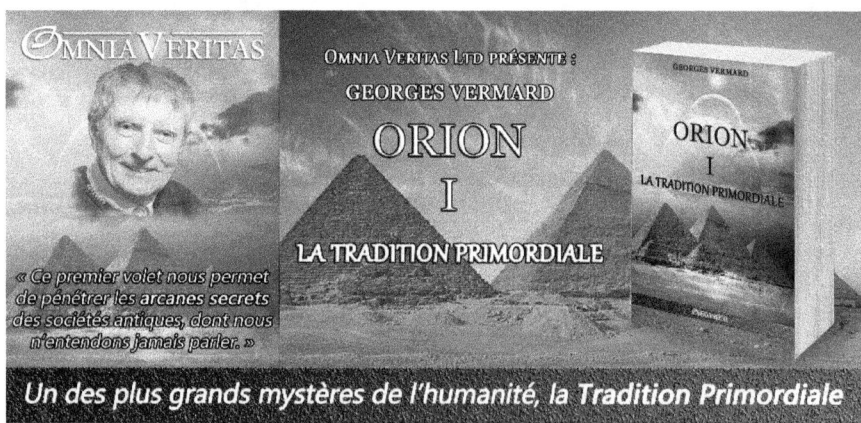

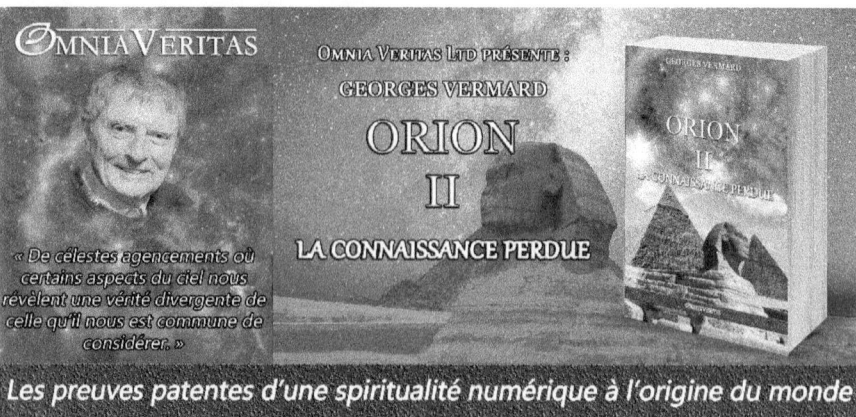

www.omnia-veritas.com

www.ingramcontent.com/pod-product-compliance
Lightning Source LLC
Chambersburg PA
CBHW060816190426
43197CB00038B/1660